KB120311

영국 사회주의의 두 갈래 길

김명환 지음

한울
아카데미

국립중앙도서관 출판시도서목록(CIP)

영국 사회주의의 두 갈래 길 / 지은이: 김명환. -- 파
주 : 한울, 2006
    p. ;   cm. -- (한울아카데미 ; 894)

표지서명: 영국 사회주의의 두 갈래 길
참고문헌과 색인수록
ISBN 89-460-3611-7 93330(양장)
ISBN 89-460-3612-5 93330(학생판)

301.45-KDC4
335.14-DDC21   CIP2007000026

책머리에

　학생들에게 사회주의에 대해 떠오르는 단어를 물어보면 대개 공산주의, 마르크스, 북한 등을 이야기한다. 우리 사회에서는 사회주의가 이런 단어와 등식화되었음을 보여주는 셈이다. 그러나 사회주의는 본래 영국에서 탄생한 사상이다. 산업화가 사회주의를 만들어낸 사회적 조건이었다는 점을 생각해 보면 이는 너무도 당연한 결과였다. 그런데 왜 우리 사회에서 사회주의는 영국과는 별로 연관되지 않은 별개의 것으로 여겨지는 것일까? 거기에는 나름의 이유가 있다고 생각된다. 우리 사회에 사회주의라는 이데올로기가 수입된 시기와 경로가 중요하다. 우리나라에 서구의 사상과 이념이 수입되기 시작한 것은 일제 강점기였으며 사회주의는 특히 러시아에서 혁명이 일어나고 난 뒤 이 사건에 크게 영향을 받으며 수입되었다. 즉 우리나라에 사회주의가 들어온 사회적 배경은 일제치하의 억압적 환경이었고, 시대적 배경은 러시아에서 볼셰비키 혁명이 일어나고 있는 시기였다. 민주주의를 생각할 수 없는 이런 사회적·시대적 배경으로 말미암아 우리나라에는 사회주의 갈래 중에서 혁명적 사회주의가 선택적으로 수입되었다. 게다가 해방 후 북한에서는 사회주의를 표방하는 정권이 세워졌고, 이 정권은 마르크스-레닌주의를 내세웠으므로 사회주의는 북한의 질서와 동일시되는 고정관념으로 굳어질 수밖에 없었다.

그러나 사회주의는 앞서 지적했듯이 영국에서 출현했으며 사회주의 운동의 중심은 서유럽이었다. 단지 사회주의는 유럽 각 국가에서 정치체제의 억압 정도와 맞물리면서 점진적 사회주의와 혁명적 사회주의로 분화되었을 따름이다. 전자는 의회를 인정하면서 민주주의적 방식으로 자신들의 주장을 실현시키려 한 데 반해 후자는 의회를 인정하지 않고 혁명을 실현시키려 했다. 민주주의의 씨앗이 살아 있는 나라에서 사회주의는 점진적 사회주의로 발전해 나간 반면 민주주의가 요원해 보이는 나라에서는 혁명적 사회주의로 발전해 나갔다. 영국, 프랑스, 독일의 사회주의는 점진적 사회주의로 발전해 나가 사회주의 정당이 의회 내에서 활동하며 정권을 잡기에 이른다. 독일은 1차대전 후 사회민주당이 집권했고, 영국 역시 1차대전 이후 노동당이 집권하여 이런 현상을 보여주었다. 반면 러시아에서 진행된 사회주의는 혁명적 사회주의로 발전해서 결국 볼셰비키 혁명을 불러왔다. 이런 두 갈래의 사회주의 중 우리나라는 후자의 영향을 받았다. 그러다 보니 우리 사회에서는 사회주의라고 하면 혁명을 떠올리게 된 것이다.

민주주의의 길을 벗어나지 않은 서구 사회주의에 대해 혁명을 떠올리는 것은 커다란 오해이다. 서구 사회주의자들이 중요시한 것은 혁명이 아니라 그들이 진단한 사회 문제를 현실적으로 개선시키는 것이었다. 그들은 이전 사회에서는 볼 수 없었던 전혀 새로운 문제를 발견했다. 산업화로 말미암아 나타난 공장과 산업이라는 새로운 현상, 즉 임금노동자의 출현, 저임금 문제, 빈곤 문제, 직업병, 비인간화 문제 등을 발견한 것이다. 그들은 이런 문제에 대해 땜질 방식이 아닌 체계화된 해결방식을 찾으려 했으며 그런 문제의식이 사회주의라는 이데올로기로 구체화된 것이다. 사회주의라는 용어 자체가 산업화와 함께 나타난 파편화된 개인들의 황량한 개인주의를 극복하려는 시도를 보여주고 있다.

  그러므로 민주주의의 씨앗이 살아 있던 영국에서는 사회주의가 우리가 생각하는 것과는 전혀 다른 방식으로 발전해 나갔다. 사회주의는 민주주의를 전제로 하며 자본주의의 성과와 바탕 위에서 성장해 나가는 것으로 인식되었기 때문이다. 그런 전제를 지녔으므로 사회주의를 나누는 데 본질적인 부분은 방법론이 아니라 사회주의 질서의 내용이었다. 영국의 사회주의자들은 산업화로 인해 생겨난 낯선 문제가 경제 문제라는 점을 간파했다. 그리고 이런 문제에 대한 총체적인 해결 방식은 민주주의를 경제적 영역으로 확대시키는 것이라고 생각했다. 즉 사회주의는 정치적 권력의 민주화를 넘어서서 경제적 권력의 민주화를 실현하는 것을 의미했다. 정치적 권력의 민주화가 국가권력의 민주화를 의미한다면 경제적 권력의 민주화는 산업권력의 민주화를 의미했다. 그런데 여기서 산업권력의 민주화가 무엇을 의미하는지에 대해 의견이 갈렸다. 즉 산업권력을 도대체 누가 통제해야 하는가 하는 문제에 대해 답변이 달랐던 것이다. 페이비언들은 산업권력을 소비자가 통제해야 한다고 주장했다. 그리고 시민들이 결국 소비자와 동일한 지위를 가지므로 시민들이 뽑은 대표들이 산업권력을 통제해야 한다는 주장으로 이어졌다. 이런 주장은 결국 국가가 산업을 통제해야 한다는 논리가 되고 말았다. 한편 신디칼리스트들은 산업권력을 생산자들이 통제해야 한다고 주장했다. 이런 주장은 작업장과 노동자 조직의 대표들이 산업을 통제해야 한다는 주장으로 이어졌다. 이런 논의는 두 입장 중 어느 쪽에 서거나 사회주의는 결국 민주화의 문제로 귀결된다는 점을 보여준다. 페이비언들의 경우는 산업권력의 민주화를 달성하는 수단이 국가이므로, 정치권력을 장악하면 산업권력의 민주화를 실현시킬 도구를 자동적으로 획득하게 된다. 그러나 신디칼리스트들의 경우는 산업권력의 민주화를 달성하는 수단은 노동조합이며 시민들이 뽑은 정부는 산업권력을 민주화하는 주체가 아니었다. 민주화의 내용에 대한 의견 차이가 영국 사회주의에 커다란 두 갈래 길을 만들었다.

사회주의에 대한 논의는 결국 다음과 같은 질문을 연루해야 할 것으로 보인다. 정치권력의 민주화는 과연 산업권력의 민주화로 확대되어 나가야 하는가? 민주화되어야 한다면 그 민주화는 어느 정도까지 추구되어야 할 것인가? 산업권력을 민주화한다면 그 권력을 누가 통제해야 하는가? 소비자들이 통제해야 한다면 소비자들은 어떤 방식으로 자신들의 주권을 행사해야 하는가? 과연 의회는 소비자들을 대표하는 기구라고 볼 수 있는가? 생산자들이 통제해야 한다면 산업은 생산자들을 위해 존재하는 것인가? 생산자들이 산업권력을 통제한다면 산업에 대한 소비자들의 요구는 어떻게 수용될 것인가? 이런 모든 논의는 생산과 소비가 산업을 매개로 하여 이루어지는 현대 사회에 대한 여전히 의미 있는 질문이라고 생각된다.

두 갈래로 갈라진 영국 사회주의자들은 서로를 비판했다. 페이비언들에 대해서는 관료제 국가를 만든다는 비난이, 신디칼리스트들에 대해서는 생산자 이기주의라는 비난이 가해졌다. 그러나 어느 쪽도 문제의식은 산업화로 생겨난 거대한 산업권력을 어떻게든 민주적으로 통제해야 한다는 데서 비롯됨을 알 수 있다. 영국 사회주의에 대한 논의는 사회주의의 본질적인 문제의식이 어디에 있는지를 다시금 생각해 보게 한다.

이러한 논의가 사회주의 사상에 대한 이해의 폭을 넓히고, 다양한 이데올로기의 진정한 의미를 둘러싼 건설적인 논의로 연결되기를 기대해 본다.

　요즘 역사 서적을 보면 재미를 추구하는 경향이 두드러진다. 재미있는 책이 결코 나쁘다는 말이 아니다. 그러나 때로 역사연구는 재미를 의식하지 않고 수행할 필요도 있다. 역사연구 과정에 재미가 함께 따라갈 따름이다. 역사 연구서는 때로 모든 사람을 위한 책이면서도 단 한 사람만의 책도 될 수 있어야 하지 않을까 하는 생각을 아울러 해본다.

　연구 과정에 많은 도움을 주신 부모님, 석·박사 과정의 지도교수이셨던 민석홍·나종일 선생님을 비롯한 여러 선생님들, 선후배, 동료와 지인들 모두에게 감사드린다.

2006년 12월
연구실에서 김명환

영국 사회주의의 두 갈래 길 __ 차례

영국 사회주의의 두 갈래 길 __ 차례

1부

페이비어니즘

Fabianism

1장

자본주의에 대한 페이비언들의 역사적 분석

1. 머리말

페이비언(Fabian)들의 이념이 무엇이었고 또 그들이 무엇을 추구했는 지를 밝히기 위해 먼저 살펴보아야 할 점은 페이비언들이 자본주의라는 현실을 어떻게 인식했는가 하는 것이다. 페이비어니즘(Fabianism)이 내린 자본주의에 대한 엄밀한 진단은 다음 단계 사회에 대한 복안만큼이나 중요했다. 왜냐하면 현실에 대한 분명한 인식을 토대로 할 때 비로소 다음 사회에 대한 전망이 제시될 수 있기 때문이다. 페이비언들이 자본주 의 발달 과정을 어떻게 파악했는지를 검토하여 당시 자본주의에 대해 그들이 어떤 판단에 도달했는지를 가늠해 볼 필요가 있다.

2. 자본주의의 혁명성

웹 부부에 따르면 자본주의는 산업과 법률 제도가 발전해 나가는

과정에서 나타나는 특수한 단계를 의미했다. 역사는 수천 년 동안 사회제
도가 연이어 나타나고 발전하며 쇠퇴하는 모습을 보여주며 이러한 과정에
서 낡은 제도는 당대의 필요에 따라 좀 더 알맞은 새로운 제도로 대체된다
는 것이다.[1) 자본주의는 바로 이런 변화와 발전 과정에 위치하는 하나의
제도이며 문명인 것이다. 여기서 노동자 집단은 생산수단의 소유에서
분리되어 임금노동자 지위로 전락했으며 그의 생계, 안전, 개인적 자유는
소수의 손에 맡겨졌다.[2)

웹은 이러한 자본주의를 유지시키는 동인으로 이를 지배하는 정신,
곧 사적 이윤 동기를 지적했다.[3) 웹 부부에 따르면 이윤 취득자는 다른
사람의 노동력을 가장 싼 가격에 사서, 이를 이용해 만든 상품을 가장
비싼 가격으로 판다는 것이다. 이것이 바로 노동착취 혹은 이윤형성이다.
이윤은 이윤 취득자가 타인의 노동력을 빌리는 대가로 주는 임금과 이
노동력으로 만든 상품을 시장에 내다 파는 가격 사이의 차이를 의미한다.[4)

페이비언들은 이와 같은 노동력의 상품화 현상에서 자본주의의 이윤
동기가 잘 드러난다고 강조하지만 자본주의가 여기서부터 시작되었다고
는 보지 않았다. 왜냐하면 이윤 동기는 산업혁명 이전에 이미 유럽에서
두드러지게 나타났으며 보편화되었다고 보기 때문이다. 그들이 자본주
발단 시점을 언제로 잡고 있는지를 분명히 단언할 수 없으나 다빈치
시대의 자본주의정신에 대해 언급하고 있는 것으로 보아서는 대체로
16세기까지 소급한다는 것을 알 수 있다. 페이비언들은 사적 이윤 동기는
자본주의의 발달에서 진정 혁명적인 역할을 해냈다고 보고 있다.[5) 자본
주의 발달 초기에 자본가는 자신의 활동을 방해하는 모든 것을 철저히
파괴시켜 나갔다. 초기 자본가들은 모든 면에서 자유를 제약당했다.
이런 경험을 안고 있는 자본가들은 의회와 언론, 대학의 도움을 받아

자신을 방해하는 많은 제도를 냉혹하게 파괴해 나갔다. 구체적인 예로 자본가들은 튜더(Tudor)와 스튜어트(Stuart) 시대의 임금과 물가에 대한 통제를 깨뜨려버렸으며, 또 장원제를 파괴하고 해외무역독점권을 폐지했을 뿐만 아니라 특허조합, 길드, 도제제도 등도 파괴했다.6)

페이비언들은 자본주의가 제도와 관습을 파괴하는 현상은, 비단 자본주의 초기 발달 단계에서만 나타난 것이 아니라 19세기에도 계속되었다고 보았다. 웹 부부에 따르면 자본가들은 구빈법을 통해 보조금 생활을 하던 실업자 집단을 파괴했으며, 가내공업을 하는 가정도 붕괴시켰다.7) 자본주의는 심지어 영국 의회마저 파괴했다. 즉 독점선거구에 기초한 선거법을 1832년에 개정함으로써 왕과 봉건지주가 이끄는 의회를 파괴한 것이다.8) 페이비언들의 눈에 비친 영국 자본주의의 발달은 철저히 혁명의 과정이었으며 이런 까닭에 자본가는 지난 수백 년 동안 그 시대의 볼셰비키였다고 평가한 것이다.9) 다만 그 혁명은 순식간에 일어난 것이 아니라 수백 년에 걸쳐 제도와 법률을 바꾸고 관습과 태도를 바꿈으로써, 그리고 무엇보다도 인간의 이윤 동기를 주도적인 것으로 만듦으로써 완수되었다. 즉 자본주의는 새로운 문명을 이룩한 것이다.

그런데 웹 부부에 따르면 자본주의체제는 본질적으로 자본가들에 의한 계급독재체제였다. 이것은 한 사람의 자의에 의해 통치되는 체제는 아니었으며 자본주의 사회 내의 어떤 자본가도 자신을 독재자로 생각하지 않는다. 그러나 개별 자본가는 사적 이윤을 소유하려는 제도 앞에 무력하며 경쟁적 자본주의에 대한 그의 통제력은 선원이 바람을 통제하는 것보다도 미약하다.10)

그 단적인 예가 1799년과 1800년에 제정된 결사법(Combination Act)인데 웹 부부는 이 법이 노동자의 단체행동을 금지시킴으로써 국가가

'한 계급', 즉 부르주아지의 자의에 완전히 굴복한 것으로 평가했다.[11] 웹 부부는 자본주의는 하나의 운동으로서 변화·발전한다고 파악했다. 즉 자본주의는 처음부터 우세한 것이 아니라 오히려 미약하게 나타났지만 점차 제도와 관습을 파괴하며 우세한 체제로 역사에 떠올랐으며 결국은 자본가에 의한 계급독재까지도 이루어냈다고 보았다. 이와 같이 자본주의는 혁명적 성격을 띤 것으로 파악되고 있으나 초기의 성격과 후기의 성격은 확연하게 구분된다. 웹 부부는『자본주의 문명의 부패』에서 초기 단계의 자본주의는 역동적 성격을 지녔다고 보았으며 따라서 19세기 중반까지의 자본주의 발달은 긍정적으로 평가했다. 웹 부부의 지적에 따르면 자본주의 독재는 그것의 해악에도 불구하고 18세기 후반에서 19세기 중반까지는 그래도 이로운 점이 많았다. 그러나 "19세기 후반에 들어서면서부터 자본주의의 성공은 의심받기 시작했고 20세기에 접어들면서 자본주의의 단점은 장점을 능가하고 있다"고 주장했다.[12]

3. 자본주의의 부패

웹 부부는 자본주의가 채 성숙하기도 전에 부패하기 시작했으며 따라서 궁극적으로는 실패했다고 평가했다. 부패한 현상 중 첫째는 전체적인 생산이 상대적으로 크다 하더라도 다수가 빈곤하게 살고 있다는 점이다.[13] 자본주의는 다수를 빈곤한 상태로 몰아넣었으며 이런 사실은 진부한 역사교과서 기록에서도 확인할 수 있다고 했다.[14] 웹은 또한 1888년 왕립통계학회에서 발표된 자료를 토대로 하여 런던 각 지역의 빈곤계층 비율을 제시했다(<표 1>).

〈표 1〉런던 각 지역의 빈곤계층 비율

(단위: %)

베스널 그린(Bethnal Green)	45
세인트 조지와 화이트채펄(St. George and Whitechapel)	43
쇼디치(Shoreditch)	40
북람비스(North Lambeth)	40
세인트 세이비어스(St. Savior's)	37
포플러(Poplar)	36
홀본(Holborn)	35
세인트 올라브(St. Olave)	35
마일엔드와 스텝니(Mile End and Stepney)	30
세인트 자일스, 소호, 세인트 제임스와 스트랜드 (St. Giles, Soho, St. James, and Strand)	30
그린위치(Greenwich)	30
판크라스(St. Pancras)	25
캠버웰프(Camberwelf)	25
완즈워스(Wandsworth)	25
루이셤(Lewisham)	25
해크니(Hackney)	23
이즐링턴(Islington)	20
울위치(Woolwich)	20
풀햄(Fulham)	15
첼시(Chelsea)	15
세인트조지 하노버 스퀘어(St. George's, hanover Square)	15
람버스(Lambeth)	15
메릴본과 햄스테드(Marylebone and Hampstead)	10
패딩턴(Paddinghton)	10
런던 시티(City of London)	10
켄싱턴(Kensington)	5

자료: Fabian Tract 8, *Facts for Londoners*(London, 1889).

〈표 2〉 이스트 런던 지역의 빈곤계층에 관한 통계

(단위: 명, %)

A. 건달, 준범죄자	11,000	1.25
B. 주당 18실링 미만인 자 (만성적 빈곤상태)	100,000	11.25
C. 주당 18실링에서 21실링 (비정기적 수입)	74,000	8.25
D. 주당 18실링에서 21실링 (정기적 수입)	129,000	14.5
E. 정기적 수입이 있는 장인층 (주당 22실링에서 30실링)	377,000	42.25
F. 주당 30실링에서 50실링의 고급 노동자	121,000	13.5
G. 하층 중간계급, 점원, 서기	34,000	4
H. 상층 중간계급	45,000	5
합계	891,000	100
기타	17,000	
1887년 추정인구	908,000	

자료: S. Webb, *Facts for Londoners*(London, 1889)

자본주의가 초래한 빈곤한 계층의 존재를 웹은 ≪페이비언 소책자 (Fabian Tract)≫ 8에 실린 이스트 런던(East London) 지역의 지역 센서스를 토대로 하여 <표 2>와 같은 통계자료를 만들어 이를 입증했다.

이 중 빈곤 상태에 놓인 부류는 A, B, C, D로 조사인구의 약 34퍼센트 에 달했다. 1889년 런던 인구가 430만 6,380명이었으므로 웹은 이 통계를 토대로 런던 전체에서 100만 명 이상이 빈곤 상태에 처해 있다고 추산했다.

둘째는 국가의 소득이 각 계급에 분배되는 방식의 불평등이었다. 웹 부부는 이와 관련해 영국의 소득분배 상태에 대한 통계적 자료를 제시했다.[15] 자료에 따르면 영국의 연간생산량은 20억 파운드에 달하나

이 중 약 반 정도를 사회의 9분의 1에 속하는 연소득 160파운드 이상인 사람들이 소유하며, 남은 이익의 3분의 1 정도는 인구의 약 9분의 2를 차지하는 새로운 계층(nouvelle couche sociale), 즉 서기, 교사, 하위 공무원, 소상점 주인, 소상인 등 '검은 코트를 입은 프롤레타리아(Black-coated proletariat)'에게 돌아갔다. 육체노동자는 전체 인구의 3분의 2에 달했지만 평균 주 25실링의 소득으로 가족을 부양해야 했다.16)

이러한 소득의 불평등은 여러 가지 면에서 악영향을 미치는데 우선 비효율적인 상품과 용역의 소비 현상을 예로 들 수 있다. 소비의 왜곡 현상은 "뉴욕의 한 숙녀는 그녀의 죽은 개를 위해 관을 주문하지만 어린아이들은 맨발로 굶주린 배를 안고 얼어붙은 시궁창을 배회하는"17) 부조리로 나타났다. 이것은 결국 산업을 왜곡시켜18) 사람들은 교사들을 원하지만 실제로는 경마 기수들이 더 많아지고, 더 많은 놀이터를 원하지만 실제로 는 경마장이 더욱 늘어날 뿐이다. 또 사람들은 더 많은 제빵공, 양복공, 석공, 목공이 있었으면 하지만 실제로는 마부, 사냥터지기 등이 더 늘어날 뿐이다. 결국 이로 말미암아 기생적 계층이 양산되는 것이다.

나아가 소득의 불평등은 기생적인 나태함을 초래하고, 이 나태한 태도는 사회 전체를 오염시킨다. 웹 부부는 나태한 부유층을 모방하거나 이를 따라가려는 노력은 전염성이 있어, 심지어는 정신적인 빈자까지도 타락시킬 것이라고 보았다.19) 자본주의 사회의 지배계급은 세계사의 다른 단계에서 발견되는 지배계급과는 달리, 사회에서 어떤 특별한 기능도 떠맡지 않는다. 이런 연유로 그 기생적 나태함의 해악이 더욱 강조되었다. 세계사를 통해 볼 때, 지배계급은 비록 생산 활동에서 벗어났다 해도 고유한 사회적 기능을 맡고 있었다고 페이비언들은 생각했다.20) 그들은 식량을 위해 사냥을 했고, 방어를 위해 투쟁을 했으며 때로는 사제직분을 감당해 냈다. 고대 그리스에서 그들은 철학자요 예술가였고 로마 공화정에서는 정치가요 법률가였다. 그리고 때론 정복자나 행정가였다. 그런데 자본주의는 생산 활동에서 광범위한 사람들을 해방시키기는 했으나 그중 많은 이들이 특별한 기능을 떠맡지 않았던 것이다.21)

그러나 페이비언들은 자본주의가 처음부터 이런 나태함을 조장했다고 보지는 않았다. 부르주아에 속하는 다빈치의 아버지가 한 "개미를 모범으로 삼아라"라는 말에 비춰 보건대 초기 자본가의 태도는 나태나 사치와는 거리가 멀었다고 지적한다. 그러나 자본주의가 발달함에 따라 기능 없는 부유층이 나타나고 이들의 태도가 전 인류를 감염시킨다고 보았다.

페이비언들은 소득의 불평등이 가져온 또 하나의 해악으로 인류에 대한 우생학적 영향을 들었다. 즉 배우자 선택은 자연적으로 이루어지는 것이 아니라 계급적으로 분리되어 이루어지며 이것은 부에 의해 좌우된다는 것이다.22) 쇼(Shaw)의 다음 글은 이런 견해를 단적으로 드러낸다.

> 현재 어떤 일이 일어나고 있나를 생각해 보라. 나는 옥스퍼드 거리를 걷고 있다. 내가 젊은 청년이라고 하자. 나는 나를 사로잡는 여성을 발견했다. 나는 그녀와 사랑에 빠졌다. 내가 모자를 벗고 이 여인에게 "죄송합니다만 당신은 나를 매우 강렬하게 사로잡는데 당신이 아직 약혼하지 않았다면 나의 이름과 주소를 적고 나와 결혼할 것에 대해 생각해 보시지 않으시렵니까?"라고 말하는 것에는 별 문제가 없어 보인다. 그러나 지금 나에게는 그런 기회가 없다. 아마도 내가 그런 여자를 만났다면 그녀가 빈곤한 하급계층이라서 내가 그녀와

결혼할 수 없거나 혹은 귀부인이라서 그녀가 나와 결혼해 주지 않을
것이다.[23]

이렇게 화폐가 지배하는 배우자 선택은 우생학적으로 나쁜 결과를
초래할 것이다.[24] 소득의 평등만이 전 사회구성원을 아무 거리낌 없이
서로 결혼할 수 있게 한다.[25]

자본주의에서 나타나는 세 번째 부패 현상은 재산이 없는 자와 재산을
소유한 자 사이에서 개인적인 자유가 매우 불평등하다는 점이다. 페이비
언들은 근대 산업사회에서는 어떤 사람도 생활을 위해 필요한 모든
것을 스스로 만들어낼 수는 없으므로 개인적 자유는 다른 사람이 생산한
재화를 획득하는 능력과 필연적으로 연결된다고 생각했다.[26] 걸식하는
방랑자도 자유인이라면 그가 가진 자유는 죽을 자유뿐이기 때문이다.[27]
그래서 웹 부부는 개인적 자유를 "우리의 능력을 발전시키고 우리의
욕구를 충족시킬 기회를 갖는 것"이라고 규정했다.[28] 또 왈라스(G.
Wallas)는 자유란 "끊임없는 창의력의 가능성"으로 정의했다. 그러므로
페이비언들이 말하는 자유란 자신의 개성과 능력을 발전시키기 위해
재화를 사용할 수 있는 것을 의미한다. 자유는 적어도 휴가와 여행에,
사회적 교제와 오락에, 자연과 예술을 향유하는 일에 돈을 쓰는 것을
의미하는 것이다.[29] 그러나 재산이 없는 임금노동자에게 자유는 기아
수준에서 생존을 계속해 나가는 것을 의미하며 따라서 소득의 불평등
자체가 개인적 자유의 불평등을 초래하고 있는 것이다.[30] 예를 들면
재판 과정에서 부자들은 능력 있는 변호사와 전문 증인들을 고용할
수 있고 재판지를 변경하며 이 법정, 저 법정으로 끌고 다니며 판결을
지연시킬 수도 있다. 설령 선고가 내려지더라도 대부분의 경우는 가벼운

벌금형에 그친다.

　네 번째로 자본주의는 페이비언들에 의하면 생산수단을 부패시켰다. 웹 부부는 이 점과 관련하여 기계와 생산의 관계에 대해 이렇게 설명했다.

　　돌을 망치로 쓰고 막대기를 지렛대로 쓰는 야만인은 그것을 10분을 쓰든 10년을 쓰든 그런 것을 고려할 필요가 없다. 이것이 나올 데는 무수히 많다. 그러나 만약 만드는 데 하루가 걸리는데 반나절만 쓰면 부서져 버리는 도구를 사용한다면 그는 파산하고 말 것이다. 같은 방식으로 고용주가 500파운드를 지불하고 기계를 샀는데 그 기계가 300파운드의 물건을 생산하기도 전에 닳아버린다면 이것은 그를 파산시키고 말 것이다.[31]

　상품을 제조하려는 사람에게 도구나 기계가 지니는 의미는 이를 이용해 만든 상품의 가치가 구입하는 데 든 비용보다 더 크게 하는 데 있다. 얼마나 생산하여 이윤을 극대화할 것인가? 이것을 계산하는 것은 미묘한 문제이기는 하나 감정적인 것은 아니다. 기계의 감정은 고려할 필요가 없으니 말이다.[32] 그러나 생산수단이 기계가 아니라 살아 있는 유기체라면 문제는 더없이 복잡해질 수밖에 없다. 최고의 이익을 뽑아내기 위해 얼마 동안 말을 살려둘 것인가를 계산해 내야 하기 때문이다. 이에 대해 웹 부부는 다음과 같이 지적했다.[33]

　　북미에서 노예제가 폐지되기 전 어떤 농장에서는 가장 이윤을 많이 내기 위해 흑인 노예를 8년 동안 혹사시켜 노동력을 다 뽑아내는 방식을 받아들였다. …… 마차 수송이 런던에서 일반적이었을 때 가장 큰 이윤이 나는 방식은 말을 4년 동안 맘껏 부리는 것으로 계산되었다.

이러한 계산은 자본주의 발전과 함께 노동력 일반으로 확대되었다. 더욱이 잉여 노동력이 존재함으로써 자본가는 생산수단을 구입하기 위해 써야 하는 비용조차 들이지 않고 노동력을 보존하기 위한 최소의 경비만으로도 노동력을 이용할 수 있게 되었다. 마치 증기 엔진을 공짜로 사서 그것에 기름을 공급하는 것같이 고용주는 생산수단으로서 노동자를 공짜로 사서 최소의 생계비만을 주면 되는 것이다.[34] 광산주는 광산에서 말이 한 필이 죽으면 새로 사야 한다. 그러나 소년 한 명이 죽으면 그는 소년을 살 필요가 없다. 단지 다음날 문 앞에 서 있는 다른 소년을 먹여주는 조건으로 데려오면 되는 것이다.[35] 이것이 생산수단으로서의 노동을 부패시키는 현상이었다.

자본주의는 나아가 또 다른 생산수단을 부패시키고 있다. 이윤형성자의 부를 축적하려는 무한한 욕구는 자연을 계속 파괴하고 있다. 모피를 가진 동물들이 사시사철 사라지고 멸종될 위기에 처해 있다. 삼림은 사라져가고 자연녹지는 황폐화된다. 자본주의하에 놓인 대부분의 지역에서는 삼림 훼손이 심각하다.[36] 또 석탄, 철강, 석유, 가스 등이 낭비되고 고갈되며 강은 말라버리고 이상기후 현상이 나타나는 것이다.[37] 웹 부부는 전형적인 예를 하나 제시하고 있다.

캘거리(Calgary)에서 1차대전이 일어나기 전에 소규모 유전이 발견되었는데 48시간도 채 지나지 않아 인근의 토지가 전매되는 현상이 나타났다(에이커당 1만~1만 2천 파운드). 자본이 들어오고 임대계약은 기관총을 쏘듯 체결되었다. 만약 규모가 큰 유전이었다면 이것은

이미 고갈되고, 무절제한 투기꾼들에 의해 황폐화되었을 것이다.[38]

결국 자연의 황폐화와 파괴 현상의 원인은 몇 사람의 악의에 있는 것이 아니며 또 자본가의 악의에 있는 것도 아니다. 이 모두가 이윤을 획득하려는 자본주의에 기인하는, 불가결한 것이다. 따라서 자본주의는 생산수단으로서의 토지를 부패시키고 있다.

다섯 번째로 페이비언들은 자본주의가 상품마저도 부패시키고 있다고 주장했다. 부패의 종류는 여러 가지이지만 가장 심각한 것은 식품의 오염이다. 예컨대 어떤 사람이 아침으로 먹는 고기, 생선, 고추 등에 점토, 빨간 물감, 심지어 수은이나 진사 등이 들어 있을지도 모른다.[39] 왜 이런 현상이 나타나는가? 그것은 독을 먹여서 타인을 살해하려는 악의에서 비롯된 것이 아니라 산업을 조직하는 유일하고 충분한 방법으로 이윤 동기를 신격화한 데서 나타난 결과인 것이다. 상품의 질을 떨어뜨리고, 가짜 상품을 제조하고, 상품 무게를 줄이는 것 등은 경쟁의 한 방법이기 때문이다.[40] 이윤획득 동기를 토대로 하는 자본주의는 결국 상품까지도 부패시키는 결과를 가져온다.

여섯 번째로 이윤획득 동기가 가져온 또 하나의 부패 현상은 산업의 왜곡 현상이었다. 먼저 들 수 있는 것은 이윤의 원천으로서 단순교역 부문의 이상비대 현상이다. 즉 기생적인 중간 상인들이 두텁게 성장했다는 점이다. 또 경쟁적이고 허위에 찬 상품선전을 위해 수억 파운드를 지출하는 현상 역시 상품생산보다 상품판매에 더 많은 지출을 하는 왜곡 현상이다. 상품이 소비자에게 알려지지 않으면 상품은 존재하지 않는 것과 마찬가지이므로 광고는 인정되지만 이윤 제도에 의해 발전된 유통 과정은 정교한 강매 제도로 나타나는 것이다.[41] 이와 같은 유통 부문의 비대 현상은 생산보다는 판매를 통해 더 큰 이윤을 획득할 수 있다는 사실에서 야기된 산업조직의 부패 현상으로 볼 수 있다. 웹 부부는 이것이야말로 가장 의미심장하지만 그리 알려지지 않은 부분이라고 보고 있다.[42]

일곱 번째로는 자본주의가 국가경영마저도 부패시켰다는 것이다. 웹 부부는, 19세기 후반기에는 국가가 자본가들이 가장 큰 이윤을 획득할 수 있는 외교 정책을 수립하기 시작했는데 이는 이윤형성에 대한 욕구가 국가경영으로까지 확대된 결과라고 주장했다.[43] 실로 무역상은 자본주의 문명의 선구자가 되었으며 이들은 선교사나 군인을 앞세웠다. 그리고 자본주의는 기존 시장을 유지하고 새로운 시장을 얻으려는 제조업자, 무역상, 재정가 등 자본주의자들의 욕망에 의해 기어코 국가 간의 전쟁을 야기한다.[44]

이와 같은 부패 현상은 왜 나타났는가? 그것은 이윤 추구가 모든 제도 속으로 파고들어 가서 정착되었기 때문인 것이다. 이것은 결국 국내적으로는 계급갈등을 야기하며 국제적으로는 국가 간의 전쟁을 유도한다.

페이비언들은 바로 자본주의를 지배하는 정신이 이 모든 부패와 왜곡을 야기한다고 보았다. 이와 같이 자본주의를 정신적인 측면에서 분석하는 것은 사회주의를 규정하는 의미 있는 준거점을 찾았다는 점에서 매우 중요하다. 자본주의를 사적 이윤 동기라는 정신이 지배하는 체제로 그 성격을 규정함으로써 자본주의 내에서 일어나는 모든 변혁운동이 설사 지배계층이나 기득권층을 향한 저항운동의 성격을 띤다고 하더라도 그것이 사적 이윤 동기라는 정신에서 벗어나지 않는 한, 그래서 "정신의 급진적인 변화를 이룩하지 않는 한"[45] 새로운 사회로의 이행에는 결코 도움이 되지 못할 것으로 파악했다.

　이러한 생각은 신디칼리즘에 대한 페이비언들의 평가에서 잘 드러난
다. 그들은 신디칼리즘은 노동자들이 제기한 산업사회의 제반 모순에
대한 반발이라는 것을 인정하면서도 그것이 자신들의 집단이익을 추구
하는 이기적 동기에 기초하고 있으므로 사회주의적 제안과는 무관하다
고 파악한다. 웹 부부는 다음과 같이 주장했다.

　　신디칼리스트 사회의 기초는 잘못된 것이다. …… 우리는 이익을 기
　　초하는 것이 아니라 봉사의 공동체라는 의식. …… 이웃의 의식을
　　기초로 하여 사회를 새롭게 세워야 하는 것이다.46)

　그러므로 페이비언들이 보기에 신디칼리즘은 자본주의정신의 연속선
상에서 발현한 또 다른 변종에 불과했다. 즉 신디칼리즘은 자본주의에서
나타난 사회적 질병의 또 다른 징후인 것이다. 웹 부부의 견해로는
호전적인 노동 운동가들은 그들이 자본가의 이기심에 얼마나 전염되었
는지를 보여줄 따름이다. 페이비언들은 이익추구 동기를 극복하는 것을
사회주의 실현의 준거점으로 간주함으로써, 그들이 말한 중요한 사회적
과제는 새로운 정신에 기초한 제도나 운동을 발견하고 개발하며 확산시
키는 일이었다.47)

4. 맺음말

　페이비언들은 당대의 자본주의를 부패한 문명으로 규정했다. 그들은

자본주의가 변하지 않는다면 국내적으로는 혁명을, 국제적으로는 전쟁
을 야기할 것으로 보았다. 제1차 세계대전을 부패한 자본주의의 결과로
보는 그들이 영국 사회에서의 혁명 가능성을 부인할 리 없었다. 그러나
페이비언들은 전쟁이 일어나야 국제적 문제가 해결될 수 있다고 말하지
는 않았다. 마찬가지로 혁명이 일어나야 사회주의를 건설할 수 있다고
말하지도 않는다. 페이비언들의 자본주의에 대한 평가는 냉혹하다. 그들
은 준엄하게 사형선고를 내리고 있다. 자본주의를 마치 자신의 무덤을
파기 위해 마지막 삽질을 하는 모습으로 그리고 있다. 그러나 새로운
문명의 탄생48)은 자본주의가 출현하고 발전한 것과 같이 진실로 혁명적
인 변화를 거칠 것이나, 그것은 오랜 기간에 걸쳐 점진적으로 이루어져
가는 과정으로 파악되었다.

2장

페이비언 사회주의의 렌트 이론

1. 머리말

페이비언들은 자본주의 현실을 이론적으로 어떻게 파악하고 있는가? 그들은 추상적인 경제학을 거부하지만 자본주의 현실을 분석하기 위해 유효한 이론을 제시한다. 렌트 이론이 바로 그것인데 페이비언들은 렌트라는 개념을 이용하여 자본주의의 착취구조를 밝혀내고 있다. 페이비언들은 고전 경제학자들이 분석한 지대의 개념에서 출발하여 렌트 개념을 만들어나갔다. 이렇게 확대된 렌트 발생과 성격에 대한 분석은 자본주의 현실에 대한 정교한 파악으로 나타났다. 그래서 혹자는 이 렌트 이론은 자본주의적 착취의 초상화이며 페이비어니즘(Fabianism)의 핵심이라고 평가한다.[1] 따라서 렌트 이론은 사회주의로서의 페이비언 사상의 출발점이다.

2. 새로운 잉여가치론

웹은 ≪페이비언 소책자(Fabian Tract)≫ 15에서 인간의 역사를 렌트를 획득하려는 투쟁의 역사로 파악했다. 그는 다음과 같이 지적했다.

인간 진보의 기록을 돌아보면 모든 사회의 배후에 깔려 있는 한 가지 중요한 특징을 발견하게 된다. 즉 생산이 생계유지를 넘어설 만큼 풍부해지는 즉시 어디에서나 잉여생산물에 대한 치열한 투쟁이 벌어진다는 것이다. 사회적 권력을 장악한 개인이나 계급은 의식적이든 무의식적이든 다른 사람들이 생계유지 수준을 넘어서지 못하게 그 권력을 이용해 왔다. 한계경작을 넘어서는 모든 생산물은—토지, 자본, 모든 종류의 기술에서 생산성의 차이에 기인하는—이 희소한 생산 요소를 통제하는 자들에게 돌아간 것이다. 이 경제적 렌트를 혹은 잉여를 획득하려는 투쟁이, 혼란스러운 유럽 역사에 대한 열쇠이며 모든 혁명에 잠재된 동기인 것이다.[2]

이 지적은 페이비언의 렌트 이론이 곧 하나의 착취이론이며 잉여가치 이론이라는 것을 보여준다.[3] 그러나 페이비언들은 마르크스의 착취이론 과는 다른 전제에서 출발했다. 페이비언들은 노동가치설을 비과학적인 것으로 보아 거부했다.[4] 마르크스에 의하면 만약 자본가가 10실링의 재료에 노동을 투입해 20실링 가치의 상품을 만든 뒤 판매하여 그중에서 3실링만을 노동자에게 되돌려준다면 자본가는 7실링을 착취한 셈이 된다.[5] 그러나 쇼는 단지 노동만으로 물건의 가치가 증가한다는 생각은 상품가격이 떨어질 경우 전체 소비자를 착취자로 내몰 수 있다는 점을 지적했다. 쇼는 다음과 같이 가격이 떨어지는 과정을 묘사하고 있다.

> 경쟁적인 자본가는 고객을 확보하기 위해 6실링의 이윤에 만족할
> 것이다. 그는 테이블을 19실링에 판매할 것이다. 그는 고객을 확보하
> 기 위한 선물로 그의 이윤 중 1실링을 구매자에게 허용할 것이다.
> 그래서 첫 번째 자본가는 그 가격을 19실링으로 낮추게 된다. 그리고
> 상인들의 경쟁은 테이블 가격을 13실링 6펜스까지 낮출 것이다.[6]

가격이 13실링 6펜스로 떨어진다 해도 원래 가치는 20실링이라고
가정한다면 어떤 현상이 일어나겠는가? 쇼는 "만약 노동자가 7실링을
빼앗긴다면 구매자는 그중 6과 2분의 1실링, 즉 7실링 중 14분의 13을
도둑질하는 것이며 따라서 모든 영국 소비자가 도둑인 셈"이라고 지적했
다.[7] 쇼는 노동가치설에 입각하여 노동자의 착취를 설명한다면 결국
착취자는 영국의 소비자 전체가 된다는 결론을 이끌어낸 것이다.

그러므로 페이비언들은 노동가치설을 거부했다. 비에트리스는, 가치
는 능력과 욕망의 결합, 즉 능력을 발휘하여 욕구를 충족시킴으로써
발생하는 것으로 보았다.[8] 그래서 페이비언들은 경제적 욕구가 항상
존재한다고 가정한 점이 마르크스가 범한 오류로 보았다.[9] 즉 마르크스
는 능력이 특별한 욕구와 결합되는 과정을 간과한 것이다. 비에트리스는
충족될 욕망의 존재를 의식하지 않고도 이윤을 만들어내는 '자동 기계
같은 소유자' 개념을 매우 기괴한 것으로 간주했다.[10]

페이비언들은 오히려 실현된 가치 중 일정 부분은 생산자가 만든
것도 기업가가 만든 것도 아닌 소비자가 만들어낸 것이라고 주장하면서
사회 전체가 공유해야 할 것으로서의 잉여가치 개념을 만들어냈다.

이 개념은 렌트 이론의 핵심적 부분에 해당하는 것으로서 19세기 말 영국의 사회·경제적 상황과 긴밀하게 연관되어 있었다.

1880년대 영국에서는 토지 문제가 커다란 사회적 쟁점으로 대두되었으며 페이비언들은 바로 이 토지 문제를 자신들의 사상과 활동의 출발점으로 삼고 있었다. 영국 사회주의 운동의 부활은 다소 기이하지만 자본에 대한 적대감에서 출발한 것이 아니라 토지 문제에 대한 비판에서 시작되었다. 영국의 토지는 특권 계급이 독점하고 있었고 또 여러 법령은 이를 뒷받침하고 있었다. 따라서 토지제도는 자유주의와 급진주의가 비판할 수 있는 적절한 대상이었다.[11]

토지 문제에 대한 비판은 부재지주제도와 고액지대를 주요 대상으로 하여 아일랜드에서 19세기 후반에 반복해 일어났다. 그러한 비판은 1860년대와 1880년대를 걸친 기간 동안 아일랜드에서 영국으로 파급되었다.[12] 동시에 영국에서는 토지소유방식에 대한 자체적인 비판이 제기되고 있었다. 당시 박물학자 왈라스(R. Wallace)는 영국의 토지보유 방식을 세계에서 가장 야만적인 것이라고 비난했는데 이러한 생각은 영국의 중간계급 지식인들 사이에서 지지를 얻었다.[13]

이런 상황에서 여론을 형성하는 촉매가 나타났다. 그것은 1년 사이에 10만 부 이상 팔릴 만큼[14] 폭발적인 인기를 끈 『진보와 빈곤』이라는 책의 출현이었다. 이 책의 저자 헨리 조지(H. George)는 토지의 국유화를 제창했는데 그는 토지 국유화가 신의 작업으로 빈자와 타락한 자를 구원하며 영국의 법을 더욱더 도덕률에 순응하게 할 것으로 보았다.[15] 이러한 주장은 돌파구를 찾고 있던 급진주의 운동에 큰 활력소로 작용했다.

조지의 책이 폭발적인 인기를 끈 것은 그의 이론이 갖는 매력 때문이라기보다는 그가 제시한 것이 바로 당시 대중들이 원하던 내용이었기 때문이다.[16] 토지개혁 문제, 노동쟁의, 슬럼가에 대한 신문의 보도 등이 대중의 의식 속으로 확산되어 가는 상황에서 조지의 작업은 이에 대한 명쾌한 해답으로 작용하는 행운을 얻은 것이다.[17]

게다가 버밍엄에서 한때 시장으로 활동한 체임벌린(Chamberlain)이 토지독점에 대한 반대운동을 편 것도 사회주의적 주장이 대중 속으로 파고들 수 있는 분위기를 만드는 데 일조했다.[18] 1880년대 초 사회주의자들은 토지국유화운동에서 자신들의 모습을 드러내기 시작했다. 사회주의 단체였던 민주연맹(Democratic Federation) 회원 다수 — 모리스(W. Morris)만 제외되었다 — 가 토지국유화협회에 가입했으며 1883년 봄에는 더욱 공격적으로 지주들을 비판할 목적으로 토지개혁동맹이 조직되었다.[19]

페이비언의 렌트 이론은 조지의 지대론을 바탕으로 전개되었다.[20] 조지는 렌트를 "소유함으로써 토지 소유자들에게 증액되는 가치의 부분"으로 해석했다.[21] 즉 렌트는 독점의 대가인 것이다. 그것은 인간의 노력으로 생산하지도 증가시키지도 못하는 자연을 개인이 소유함으로써 발생한다.[22] 그런데 조지는 이러한 렌트 발생이 광산, 어업 등 토지가 아닌 다른 부분에서도 일어나고 있다고 지적하면서 토지의 경우 렌트는 "동일한 노력으로 가장 생산력이 떨어지는 땅에서 얻을 수 있는 생산물 이상의 초과분"에 따라 결정된다고 지적했다.[23] 페이비언들은 이런 렌트 개념을 그대로 채택했다.[24] 쇼는 토지의 렌트에 대해 이렇게 설명했다.

삽질 한 번 하지 않은 광대한 푸른 평원을 마음속에 그려보라. 그리고 여기에 첫 번째 아담이 도착한다. 그는 가장 비옥한 토지부터 경작하기 시작할 것이다. 그리고 두 번째 아담이 도착하고 그 역시 가장 비옥한 땅을 경작할 것이다. 이러는 동안 자연의 변덕이 시작된다. 특별히 비옥한 땅은 모두 점유되어 버리고 이제 두 번째로 비옥한 땅만 남아 있을 것이다. 또 시장에서 먼 장소에 있는 땅은 생산물 수송에 비용이 많이 들고 시간이 많이 소요되는 불리한 점이 있다. 여기서 렌트가 발생한다. 즉 아담이 경작하여 얻은 연간소득이 1,000파운드라 하자. 그리고 한계지에서 경작하는 자가 500백 파운드를 번다고 하자. 그러면 같은 노력을 들이고도 첫 번째 경작자는 500파운드의 이득을 더 얻는다. 이것이 경제적 렌트인 것이다.[25]

그런데 소유자를 변경한다고 렌트 발생이 정지되지 않는다. 렌트 발생 과정에 비추어 볼 때 토지소유가 지주에게서 실제로 경작하는 노동자들에 이전된다 해도 렌트 발생은 그치지 않는다. 물론 토지소유자가 욕심이 없더라도 렌트를 수취하게 되는 것이다.[26] 결국 토지의 재분배 같은 것으로는 렌트 문제를 해결할 수 없음이 분명했다. 렌트는 생산성의 차이에서 발생하기 때문이다. 그래서 비옥한 지력과 유리한 위치로 인해 더욱 높은 소득을 올리는 자는 이것을 임대하여 렌트를 수취할 수 있다.[27] 더욱이 렌트 수취는 한 번에 그치는 것이 아니며 몇 번이고 반복되는 까닭에 렌트를 수취하는 계층을 늘려놓는다. 쇼는 렌트 수취 계층이 늘어나는 과정을 다음과 같이 설명했다.

그런데 이제 경작 가능한 토지가 점차 침식당해 연간 100파운드밖에 소득을 올리지 못하는 곳이 한계지가 되었다고 하자. 그러면 임대하여 경작하는 두 번째 경작자는 비록 임대한 땅이지만 다시 900파운드에 재임대할 수 있게 되는 것이다. 그래서 세 번째 경작자가 1,000파운드를 생산하여 100파운드는 자신이 가지고 나머지 900파운드를 두 번째 경작자에게 지불하면 이 경작자는 400파운드는 자신이 가지고 500파운드는 아담에게 지대로 바치는 것이다. 이렇게 하여 아담이 소유한 토지의 사유재산은 세 사람에게 분배된다. 첫 번째 사람은 아무것도 하지 않으면서 생산물의 반을 얻게 되고 두 번째 사람은 아무것도 하지 않으면서 생산물의 5분의 2를 갖게 되고 세 번째 사람만이 노동을 하는데 그는 생산물의 10분의 1만 가진다.[28]

페이비언들의 렌트 이론은 특별한 무엇이 아닌 일반적인 지대에서 출발하고 있다. 그러나 그들은 렌트 발생을 토지 생산성의 차이로 설명함으로써 그것을 토지 외의 다른 생산수단에까지 확대시키는 계기를 만들었다.

3. 렌트 개념의 확대: 자본의 렌트

렌트 개념은 다른 생산수단에도 적용되어 자본의 렌트로 확대되었다.[29] 웹은 한계경작지에서 노동자에게 필요한 '최소한의 자본'보다 더 많은 자본이 투입됨에 따라 생산물이 증가한다고 보았으며[30] 자본이 투입됨에 따라 얻는 더 많은 수입을 자본이 만들어내는 렌트라고 보았다. 웹은 자본의 렌트를 경제적 이자라고 표현했는데 여기서 렌트는 자본에 대한 이자가 아니라 생산 요소의 독점과 그 질적 차이에서 발생하는 생산량을 의미했다.[31] 웹은 경제적 이자를 "한계경작지에서 비숙련노동자가 자본을 사용해 노동했을 때 경제적 임금 이상으로 얻게 되는 생산물의 양을 말하는 것"이라고 정의했다.[32] 여기서 '경제적 임금'은 "최소한의 자본을 가지고 가장 척박한 토지와 가장 나쁜 자연환경에서 평범한 비숙련노동자가 벌어들이는 수입"을 가리킨다.[33]

자본의 렌트가 자본의 질적 차이에서 발생하는 것을 다음과 같이 설명해 볼 수 있다. 동일한 100파운드의 가치를 지닌 배와 기계를 두 사람에게 각각 나누어주었다고 가정하자. 배를 가진 사람이 20파운드를 벌고 기계를 가진 사람이 50파운드를 벌었다고 하자. 그러면 기계를 가진 사람은 기계를 30파운드에 임대할 수 있을 것이다. 그러나 만약 자본이 가장 적게 생산해 내는 양이 10파운드라고 한다면 기계를 임대받은 사람은 이것을 다시 40파운드에 재임대할 수 있을 것이다. 그렇다면 10파운드 이상되는 부분은 모두 렌트에 해당된다고 볼 수 있다. 그러므로 결국 경제적 임금에 해당하는 양을 제외한 모든 부분은 렌트로 분류되는 것이다.

그런데 자본의 렌트는 때때로 이윤과 같은 의미로 쓰이기도 한다. 이 경우 자본의 렌트는 순수하게 자본이 발생시킨 렌트 부분을 가리키는 것이 아니라 자본이 투입되면서 증가한 생산물 전체를 지칭한다. 즉 종종 자본의 렌트는 함께 투입되는 경영자의 능력, 특별한 행운 등이 생산에 기여한 부분을 포함하여 사용되고 있다. 예컨대 "이윤은 자본에 대한 보상이다"[34] 또는 "기회의 렌트가 경제적 이자의 상당 부분을 차지한다"[35] 등의 표현에서 자본의 렌트는 자본이 투입되면서 증가한 생산물과 동일한 것으로, 즉 좀 더 넓은 개념으로 쓰이는 것을 알 수 있다.[36] 이같이 용어가 담고 있는 의미의 차이는 자본의 렌트 혹은 경제적 이자에 대한 이해를 어렵게 하고 있다.

　그러나 렌트의 전반적인 체계 속에서 본다면 자본의 렌트의 고유한 의미는 순수하게 자본에 의해 증가된 생산 부분으로 볼 수 있다. 하지만 실상 그것을 구별해 내는 것은 현실적으로는 어려운 일이다. 그래서 자본이 투입된 생산 과정의 산물 전부를 그냥 자본의 렌트라고 지칭하는 경우가 생기는 것 같다. 토지의 렌트 발생 과정에 비추어 보면 자본의 렌트 발생도 역시 생산수단의 우열에서 그 원인을 찾아야 할 것이다. 즉 자본의 생산성 차이에서 렌트가 발생한다고 보아야 한다. 그러나 자본의 사용은 필연적으로 다른 생산요소를 필요로 하므로 자본이 투여된 생산물을 순수하게 자본에 의한 것이라고 볼 수는 없다. 이 때문에 웹은 자본에 대한 보상에는 '자본의 정상적 생산물'과 함께 '자본가의 경영 능력', '기회'가 포함되는 것으로 보았다.[37]

　그렇다면 '자본의 정상적 생산물'이 순수한 자본의 렌트를 지칭하는 것일까? '자본의 정상적 생산물'의 발생 과정이나 그 구체적 내용에 대한 설명이 없으니 우리는 이것을 페이비언들의 토지 렌트 개념에 비추어 조명해 보아야 한다. 우선 자본의 정상적 생산물이라는 개념은 추상적인 비율이 아니라 규정할 수 있는 양의 개념으로 보아야 할 것이다. 토지의 경우를 빗대어 생각한다면 이것은 토지를 이용해 비숙련노동자가 만들어낸 생산물에 해당한다고 생각된다. 그러면 자본에 이것이 적용된다면 그 양은 어떻게 규정될 수 있을 것인가? 페이비언들은 어디서도 '자본의 정상적 생산물'의 양을 규정하지 않았지만 토지의 렌트로 유추해 본다면 자본을 이용해서 벌어들인 수입 중 두뇌를 이용하지 않고 순수하게 육체노동만을 투입해서 생산해 낸 양만큼이라고 추측해 볼 수 있을 것이다.

　육체노동을 전제로 하는 이유는 토지 렌트의 경우에서 볼 수 있듯이 렌트가 지력의 차이 때문에 저절로 발생하는 것이 아니라 육체노동이 토지에 투입된다는 전제하에 렌트 발생을 설명하기 때문이다. 따라서 자본의 렌트의 경우에도 육체노동의 투입이 전제된다고 보았다. 예를 들면 자본을 어선이라고 가정할 때 자본의 정상적 생산물은 비숙련노동자가 어선을 이용해 얻는 소득을 지칭하는 것이다. 그가 만약 머리를 써서 좋은 위치와 시간을 골라 어획하여 높은 소득을 올렸다면 그것은 그의 능력에 기인하는 소득이 될 것이며, 때마침 고기떼를 만나 풍성한 수확을 거둬들였다면 그것은 기회와 행운에 기인하는 것일 게다. 따라서 자본에 대한 보상 중 자본의 정상적 생산물은 비숙련노동자가 자본을 가지고 벌어들인 수익 중 경제적 임금을 제외한 나머지 부분이라고 해석해야 할 것이다. 결국 자본이 투하됨으로써 얻은 경제적 임금 이상의 높은 생산물은 모두 렌트에 해당하며 이것이 자본의 렌트에 해당한다는 것을 페이비언들은 밝혀냈다.

여기서 맥브라이어(McBriar)는 자본이 생산한 것을 부당한 것으로 볼 수 있는가 하는 질문을 제기한다. 맥브라이어는 과연 자본이 생산한 것이 '노동에 의하지 않은' 것으로 볼 수 있는가 하는 질문을 제기하며 페이비언들이 토지에서 출발한 렌트 이론을 다른 분야로 확대하는 데 대해 의구심을 품고 있다. 즉 자본 자체가 자본가의 저축에 의한 것 혹은 즉각적인 소비를 참음으로써 만들어진 것은 아닌지, 주주들이 위험 부담자 기능을 하고 있는 것은 아닌지를 질문하고 있다. 이것은 나름대로 따져봐야 할 문제이다.

그러나 페이비언들의 특별한 점은 경제적 임금을 상회하는 초과 생산물을 렌트라는 개념으로 지칭한 데 있다. 렌트를 만들어낸 것이 특별한 생산요소인지 아니면 특별한 능력인지 그래서 그것이 노동이나 능력에 의한 것인지 노동에 의하지 않은 것인지 등은 상관할 바가 없는 것이다. 그것이 부당한지 정당한지는 문제가 되지 않는 것이다. 그것이 정당하다 하여 그 렌트를 개인이 모두 전용해도 좋다고 말할 수는 없는 것이다. 렌트 이론은 경제적 임금 이상의 생산이 실현되는 한 그 생산수단은 임대될 것이고 그 과정 중에 렌트만으로 생활하는 유한계급이 누적적으로 발생할 것임을 보여준다.

4. 능력의 렌트

렌트 개념은 여기서 그치지 않고 노동영역까지 확대해 나갔다. 즉 생산수단 중 하나인 노동에서도 그 능력과 기술의 차이로 말미암아 렌트가 발생한다고 본 것이다. 페이비언들은 이것을 능력의 렌트라고 부른다. 쇼는 이에 대해 다음과 같이 지적했다.

> 비옥한 토지가 렌트를 산출한다면 영리한 머리는 왜 렌트를 산출하지 못할 것인가? 만약 프롤레타리아가 이제까지 1,000파운드밖에 산출하지 못했던 땅에서 그의 머리를 짜내 새로운 용도로 땅을 이용해서 연간 1,500파운드를 생산한다면 어떻게 될 것인가? 그렇다면 1,000파운드를 렌트로 지급하고도 500파운드를 자신이 갖게 된다. 이것이 능력의 렌트이다.[38]

즉 쇼는 육체노동이 아닌 다른 능력에 의해 벌어들이는 소득 부분도 렌트로 보고 이를 능력의 렌트라고 했다. 이러한 능력의 렌트를 수취하는

계층은 숙련 장인에서 수상에 이르기까지 다양하고 광범위하다고 파악
했다.[39]

그러나 특별한 능력이 곧바로 능력의 렌트 수취로 연결되지는 않는다.
특별한 능력을 지닌 많은 사람들이, 예컨대 위대한 천문학자, 화학자,
수학자, 물리학자, 철학자, 사회학자, 성직자들이 매우 가난하다는 점을
페이비언들은 인정한다.[40] 그러므로 자본주의 사회에서 능력의 렌트가
발생하는 경우는 그런 뛰어난 능력이 화폐 소득과 직접 연결되는 경우에
만 해당하는 것이다. 즉 능력이 시장에서 상품화될 수 있는 경우에
발생하는 것이다. 대중 가수의 높은 소득은 그 능력이 상품화되어 렌트를
발생시키는 좋은 본보기이다. 능력의 렌트가 발생하는 전형적인 본보기
는 경영인들에게서 발견된다. 이들은 바로 생산을 증가시키는 능력을
가진 사람들이었기 때문이다. 경영이라는 능력에 대한 페이비언들의
태도는 매우 긍정적이었다. 조직화된 산업사회에서의 효율적인 산업통
제를 구상한 페이비언들에게는, 관리나 경영은 매우 중요한 의미를
지닌다. 이 능력으로 말미암아 노동과 자본이 조직되고 따라서 그 이전보
다 몇 배나 많은 생산이 가능해진다고 보았다.[41]

능력의 렌트를 가려내는 작업, 즉 한 사람이 노동 혹은 능력으로
얻은 소득 중에서 렌트 부분을 가려내는 작업은 토지의 렌트, 자본의
렌트와 마찬가지로 경제적 임금을 기준으로 가능할 수 있었다.[42]

쇼는 ≪페이비언 소책자≫ 146에서 천부적 능력의 렌트(rent of natural
ability)와 교육의 렌트(rent of education)를 구분하려 했다.[43] 이것은 그가
선천적으로 타고난 능력이든 후천적으로 획득한 능력이든 이 모두를
렌트를 발생시키는 요인으로 간주했다는 것을 시사한다. 따라서 렌트를
제외한 노동 생산물이 경제적 임금에 해당하는 것이다. 능력의 렌트를

전용하는 문제는 능력의 렌트는 노동의 대가라는 주장이 나올 수 있으므로 다소 복잡해진다. 워커(Walker)는 1887년 4월 ≪계간 경제학 저널 (Quarterly Journal of Economics)≫에 높은 이윤의 발생 요인을 설명하는 논문을 실었다. 여기서 그는 이윤은 두 개의 요소로 구성된다고 보았다. 즉 자본에 따른 정상이윤과 이보다 더욱 중요한 자본을 경영하는 능력에 대한 보상인데 후자가 거대한 이윤을 가져온다고 보았다.[44] 워커는 후자를 능력의 렌트라고 불렀는데[45] 이 용어는 윤리적으로 중립적인 의미로 쓰였으며 착취의 개념을 담고 있다기보다는 높은 생산적 기여를 반영하는 것으로 정당화되었다. 워커가 렌트 개념을 지대 이외의 부문으로 확대시킨 것은 기업가의 높은 이윤을 정당화하기 위한 것으로 볼 수 있다.[46] 즉 이윤이란 기업가의 우수한 능력에 기인하는 차별적인 수입이라는 것이다.

여기에 대해 웹은 1888년 1월, 같은 잡지에 이에 대한 반박문을 게재했다. 그는 반박문을 통해 경제적 임금을 넘어서는 모든 소득은 타자와 공유하지 않는 생산력의 결과로 규정했다. 이것을 전제로 하여 웹은 모든 소득을 경제적 임금과 토지의 렌트(rent of land), 노동의 렌트(rent of labor), 자본의 렌트(rent of capital)로 나누는 모델을 구성했다.[47] 노동의 렌트는 곧 능력의 렌트를 지칭했으며 그것이 노동자들 사이의 소득 차이를 설명한다고 생각했다. 그러나 웹은 이윤의 상당 부분이 특정 자본가가 상대적으로 우월한 능력을 가지고 있기 때문에 발생한다는 워커의 주장에 반박했다. 웹은 자본에 대한 수익을 경제적 이자(economic interest)라고 불렀으며 이것을 세 개의 렌트로 구분했다. 첫째는 자본의 정상 생산력에서 연유하는 것이었고, 둘째는 자본가의 능력에서 연유하는 것, 셋째는 기회에서 연유하는 것이었다.[48] 워커가 두 번째 것을 강조한 반면 웹은 세 번째 것을 강조했다. 워커가 탁월한 두뇌에 의해 얻어진 노동의 대가가 이윤이라는 것을 밝히려 한 반면, 웹은 이윤을 반드시 능력과 연관시키지는 않았다. 그래서 웹은 능력의 렌트를 기업가에게만이 아니라 모든 비숙련노동자에게도 적용한 것이다.

그렇다면 이러한 능력의 렌트에 대해서는 정당한 보상이 주어져야 하는 것인가? 만약 워커의 주장대로 이윤이 기업가의 능력에 기인하는 것이라면 그에 대해 합당한 보상을 해야 할 것인가? 웹이 굳이 기업의 이윤을 기회의 렌트라는 개념으로 설명하려 한 것은 능력의 렌트가 사적으로 전용되는 것이 부당하다는 확신을 갖지 못했기 때문일까? 그러나 여기에 대한 대답은 모두 '그렇지 않다'이다. 웹은 이미 1887년에 쓴 글에서 능력은 사회 전체에 속한다는 견해를 피력했다. 그는 "숙련노 동자는 정확히 지주나 자본가의 위치에 있으며 그의 두뇌는 그 자신에 속하는 것이 아니라 전체 사회에 속하는 것이다. 그리고 그의 두뇌는 자신을 위해서가 아니라 전체를 위해 남김없이 사용해야 한다"[49]고 분명한 논지를 전개했다. 따라서 능력의 렌트를 사적으로 전용하는 것이 부당하다는 생각은 일찍부터 형성되었다.[50] 페이비언들이 펼친 렌트 개념의 확대 과정에서 능력의 렌트 역시 처음부터 사적으로 전용될 수 없는, 사회에 속하는 부분이라는 인식이 뚜렷했다.

능력의 렌트를 사적으로 전용해도 좋은가 하는 문제는 쇼와 말록(W. H. Mallock) 사이의 논쟁에서 제기되었다. 말록은 ≪더 타임즈(The Times)≫에 발표한 글에서 "능력이 존재하지 않았다면 노동이 생산해 냈을 만큼만 가져가라"고 주장하여 특별한 능력으로 생산된 부분에 대해 노동자들은 몫을 요구할 근거가 없다는 견해를 제시했다. 여기에 대해 쇼는 「사회주의와 우수한 두뇌(Socialism and Superior Brain)」라는 글에서 말록의 주장에 반박했다. 그는 능력의 렌트 문제가 말록이 생각하는 것처럼 간단하지 않다는 것을 지적하며[51] 능력의 렌트가 무엇인가에 대한 분석에 착수했다. 쇼는 분석을 통해 말록이 거론한 능력의 렌트 안에는 자연적 능력의 렌트와 함께 여러 가지 요소의 렌트가 같이 존재하고 있다는 점을 보여주었다. 쇼는 능력의 가격은 능력에 의존하는 것이 아니라 수요·공급에 의존한다고 지적했으며[52] 능력에 대한 부당한 판단으로 말미암아 상상의 렌트가 발생한다고 주장했다.[53] 쇼는 이와 같은 요소가 혼합된 까닭에 순수한 천부적 능력의 렌트를 구분해 내려면 수입에서 다음과 같은 몇 가지를 제해야 한다고 주장했다. 첫째로 토지의 지대와 자본에 대한 이자, 둘째로 모든 정상 이윤(자본의 경제적 렌트), 셋째로 공직의 특정한 지위에 부가되는 모든 비경쟁적인 수입, 넷째로 중등교육이나 기술교육 그리고 사회적 기회의 장점 때문에 생기는 모든 수입, 다섯째로 부유한 사람들의 경쟁으로 예술가나 여타 전문가가 받는 높은 수입, 여섯째로 대중의 무지나 상상으로 인해 명성을 쌓은 이들이 받는 높은 수입 등이다.

그런 이유로 쇼는 이제까지 제시한 토지의 렌트, 자본의 렌트, 능력의 렌트 외에 다른 종류의 렌트를 제시했다. 첫째로 공직의 특정한 지위에 부가되는 모든 비경쟁적인 수입이란 곧 '지위의 렌트'를 가리키는 것이며 같은 능력을 가진 사람이라도 어떤 지위에 앉음으로써 높은 수입을 얻게 되는 경우를 설명한다. 쇼는 다음과 같은 예를 들고 있다.

만약 6명의 사람이 바다에서 표류하고 있다면 그들은 선장을 뽑을 필요를 느끼게 된다. 가장 능력 있는 사람을 뽑을 수 있다면 이것은 간단한 문제다. 그러나 가장 능력 있는 사람을 뽑기 어려운 경우가 많다. 6명 모두 혹은 넷 혹은 둘이 지위에 적합할지 모른다. 이 경우에 선장은 추첨으로 선출되어야 한다. 그러나 뽑히는 순간부터 그는 권위를 갖게 되며 그 지위가 그를 배에서 가장 능력 있는 사람으로 만드는 것이다.[54]

그러므로 여기서 얻는 높은 소득은 능력의 렌트가 아니라 비정상적인 지위에서 정상적인 능력을 행사함으로써 얻는 소득인 것이다.[55] 둘째로 중등교육이나 기술교육, 사회적 기회의 장점 때문에 생기는 모든 수입도 순수한 능력의 렌트는 아니다. 이것은 후천적으로 얻어진 능력에 의해 발생하는 렌트이며 이러한 능력의 렌트는 토지의 렌트나 자본의 렌트를 얻은 이들의 자녀들에게나 특별히 주어지는 기회이기 때문이다. 셋째로 부유한 자들의 경쟁에 의해 예술가나 다른 전문가에게 돌아가는 높은 지출은 인플레이션의 렌트라고 할 수 있다. 여기에는 자본도 토지도 능력도 연관되지 않는다. 여기에는 사치스러운 자들의 허영심이 연관될 뿐이다. 예술가들이 얻은 높은 소득은 예술가의 능력에 기인하는 것이 아니라 단지 서로 부의 우월을 과시하려는 부자들의 값 올리기 경쟁에서 비롯된다는 것이다.

넷째는 대중의 무지나 상상으로 인해 명성을 얻은 이들에게 돌아가는 수입으로 상상의 렌트[56]로 불린다. 단지 수술을 많이 했다는 이유로 또는 단지 변론을 많이 맡았다는 이유로 사람들이 몰려드는 의사나 변호사의 높은 수입을 들 수 있다. 실제 능력과는 상관없이 단지 소문 때문에 유명해져서 높은 수입을 얻는 경우의 렌트를 설명해 주는 것이다.

결국 쇼는 우리가 능력의 렌트라고 부르는 것들 속에는 실상 순수한 능력의 렌트는 많지 않다는 점을 지적한 셈이다. 더욱이 그는 수요·공급

의 렌트를 제시함으로써 우리들의 능력과는 상관없이 수요와 공급의
불균형에 의해 능력의 렌트처럼 보이는 렌트가 발생한다고 주장했다.
그의 표현을 빌리면 경영하고 관리하는 능력은 생선처럼 시장에서 판매
되는데 그것이 마치 철갑상어처럼 비싼 이유는 희소하기 때문인 것이
다.57) 웹도 수요·공급의 불균형에서 나타나는 렌트의 발생을 "그가
소유한 능력의 상대적 희소성에 따라 보수를 받는 것"으로 이해했다.58)
그리고 이런 렌트의 배후에는 독점이 깔려 있다고 보았다. "문학, 예술
혹은 상업적인 모든 종류의 독점을 소유한 자와 육체적이든 정신적이든
독특한 기술을 소유한 자들"이 바로 이 렌트를 발생시킨다고 보았던
것이다.59)

  그래서 페이비언들은 특별한 능력을 가졌다는 것이 금전적으로 높은
보상을 받아야 할 정당한 이유는 아니라고 생각했다. 많은 전문가들이
가난한 생활을 하는 것60)처럼 특별한 능력을 가졌음에도 불구하고 거기
에 대해 특별한 금전적 보상을 받지 못하는 것은 자본주의 사회의 시장
메커니즘에 그 원인이 있는 것이며, 특별한 능력이 높은 소득을 발생시키
는 것도 능력에 대한 보상이라기보다는 역시 자본주의 시장 메커니즘에
그 원인이 있다고 본다.61) 따라서 능력의 렌트를 전용하는 것은 금전적으
로 보상받지 못하는 많은 다른 사람들의 특별한 능력을 고려해 볼 때
부당한 것이다. 능력에 대해서는 비화폐적인 방법의 보상이 있어야
하는데, 예컨대 능력을 발휘함으로써 얻는 만족감, 그 능력의 발휘를
통해 도움을 받는 사람들의 감사, 사회적 봉사에 대한 보람 등을 들
수 있다.62) 그러므로 페이비언들은 능력의 렌트를 전용해서는 안 된다고
보았다. 능력의 렌트를 전용하는 것이 부당하다는 생각은 "나는 그가
의사든 누구든 그의 노동 생산물 전부를 원하는 사람을 참을 수 없다"63)

는 쇼의 지적을 통해서도 확인된다. 웹 부부 역시 『영국 사회주의공화국 헌법』의 마지막 부분에서 "여론은 특별히 재능 있는 사람이 사회로부터 그의 능력에 대해 완전한 렌트를 받아내려 할 때 그를 비열한 사람으로 간주하게 될 것"이라고 지적했다.[64] 이것은 바로 자신이 생산한 것이라 고 하여 전부 전용할 수 없다는 주장인 것이다. 그렇게 생각하는 근거는 누구도 ─ 심지어 로빈슨 크루소조차도 ─ 그 존재가 전적으로 자신에 기인 한다고 말할 수 없다는 데 있는 것이다.[65]

그러므로 페이비언들은 노동가치설을 배격한다. 생산물은 노동에 의 해서만 만들어지는 것이 아니며 설사 노동에 의해서만 만들어졌다 해도 그것의 가치를 실현시키는 것은 사회라고 보는 것이다. 따라서 생산물은 사회의 몫이지 생산자의 것이 아니라는 결론이 나오게 된다. 지적 노동이 든, 단순노동이든 인간을 사회적 존재로 보고 사회에 의해 형성된 존재로 보는 페이비언들은 경제적 임금을 넘어서는 부분을 사회의 몫이라고 생각하고 있는 것이다. 그러한 능력의 획득조차 결국은 사회적 요인으로 환원될 수 있다는 것이다. 능력 있는 사람들이 사회로부터 렌트를 수취하 는 현상이 나타나는 것은 결국 우리의 문명이 불완전하다는 것을 보여주 는 것에 불과하다.[66]

따라서 페이비언들의 렌트 개념이 노동에 대한 대가와 노동 없이 얻은 부당한 소득, 이 양자를 구별하는 개념이라고 보는 것은 잘못된 지적이다. 페이비언들이 노동하지 않고 얻은 소득을 사적으로 전용할 수 없는 부당한 소득으로 본 것은 사실이지만 렌트는 단지 이것을 구별해 내는 데만 그치지 않는다. 노동에 대한 대가라고 생각되는 소득 중에도 렌트의 요소가 존재한다는 것을 페이비언들은 밝히고 있다. 그러므로 렌트는 '노동을 하지 않고 얻는 부당한 소득'이라는 의미는 아니다.

렌트는 각종 생산수단에 의해 발생하는, 경제적 임금을 상회하는 모든 소득 부분을 가리키는 중립적인 용어인 것이다 — 그 생산수단이 자본이든 토지든 노동이든 간에. 이런 주장을 근거로 페이비언들은 국유화·시영화 주장을 하게 되는 것이다. 바로 여기에 페이비언들이 주장한 렌트 이론의 핵심이 있다고 할 수 있다.

5. 렌트에 대한 처방

그래서 페이비언의 렌트 이론은 두 가지 점에서 마르크스의 잉여가치 이론과 크게 다르다. 양자는 노동자의 경제적 임금 이상의 생산을 잉여가치로 본 점에서는 동일하다고 할 수 있다. 그러나 마르크스는 잉여가치를 모두 노동자의 노동의 산물로 본 데 반해 페이비언들은 이것을 다양한 렌트의 구성물로 보고 있는 것이다. 즉 노동 이외의 여러 요소가 잉여가치를 만들어내고 있다고 본다. 둘째로 마르크스는 이것이 모두 노동자들에게 돌아가야 할 몫으로 본 반면에 페이비언들은 이것은 노동자의 전유물이 되어서는 안 되며 사회구성원 모두가 공유해야 한다고 보았다. 설사 잉여가치가 전적으로 노동만으로 생산되었다 하더라도 그것이 모두 노동자에게 돌아가서는 안 된다는 주장을 하고 있는 것이다.

사회 전체가 렌트를 공유해야 한다고 페이비언들이 생각한 데는 다른 근거도 있다. 페이비어니즘의 렌트 이론은 독립된 소생산자로 해체되어 있는 상황이 아니라 거대한 산업체계 속에 모두 결합하고 협동하여 생산이 이루어지는 상황을 전제하는 것이다.[67] 두 사람이 협동하여 생산해 낸 것을 두 사람이 나누어 갖는 것은 당연하다. 열 사람이 협동하

여 생산해 낸 것이라면 열 사람이 나누어야 한다. 누구에게 더 많이
주고 적게 주지 않는다. 모두 나름의 부분에서 기여했기 때문이다. 백만
명이 협동하여 생산해 냈다면 그것은 백만 명이 나누어 가져야 한다.68)
페이비언들은 이런 협동의 개념을 단위공장에서 확대하여 전체 사회로
넓힌 것이다. 결국 전체 사회의 협동을 기반으로 모든 사회적 생산이
이루어지고, 우리도 존재한다는 생각을 하고 있는 것이다. 렌트 이론은
이러한 생각을 뒷받침해 주는 이론적 지지물이다. 더구나 사회구성원
모두가 협력하여 이 거대한 문명사회의 한 부분을 맡고 있는 것으로
생각될 때 그들의 노동의 대가를 각기 구별하여 계량적으로 산출해
내는 것은 불가능하며 무의미하다. 쇼는 "모든 사람에게 정확하게 자신
의 노동생산물을 돌려준다는 계획은 세울 수 있지만 각 개인이 얼마나
생산했는지를 산출하는 것은 완전히 불가능하다"69)고 지적했으며 웹
역시 "산업주의의 진보는 우리 모두를 한 개의 거대한 노동자 군대로
묶어버렸고 거기서 각자는 더 이상 개인적으로 생산한 것을 받는 것이
아니라 전체의 한 부분을 받는 것"70)이라고 지적했다. 여기서 페이비어
니즘의 렌트 이론은 인간은 누구나 사회적 생산물에 동등한 몫을 요구할
수 있다는 근거에 기초하고 있다고 볼 수 있다. 즉 "그가 어떤 종류의
사람이든 그가 무슨 일을 하든 그의 부모가 누구이든 그가 젊었든 늙었든
간에 동등한 몫을 가질 권리가 있다"는 것이다.71)

　그래서 페이비언들은 렌트의 사적 전용을 막고 그것을 사회 전체가
공유할 수 있는 방법, 즉 분배 문제에 대해서도 주목했다. 렌트의 발생을
차단할 수 있다면 렌트의 사적 전용이란 것도 있을 수 없으니 문제는
발생하지 않겠지만 현실에서 렌트의 발생을 차단할 수는 없는 것이다.
페이비언들은 렌트 법칙을 막을 장치를 만들 수 없다는 점을 분명히

하고 있다.[72] 렌트의 발생을 막는다는 것은 결국 생산수단의 차이를 없앤다는 것인데 그것은 불가능한 것이라고 페이비언들은 보았다. 토지 지력의 차이를 균등하게 하고 건물의 위치를 획일화할 수는 없는 것이다. 자본을 모두 같은 것으로 만들어버리는 것도 불가능하며 노동력을 모두 획일적으로 만드는 것도 불가능하다. 설사 하나의 생산수단의 질적 차이를 없앤다 해도 상이한 생산수단의 질적 차이를 획일화할 수는 없는 것이다. 그러므로 렌트의 발생은 자연스러운 현상으로 볼 수밖에 없다. 렌트는 부르주아의 탐욕이나 프롤레타리아의 방탕과 같은 개인적 부도덕의 결과가 아니라 정상적 경제활동의 구조에 내재한 것이다.[73] 어쩌면 렌트의 발생 자체는 환영해야 할 일인지도 모른다. 왜냐하면 더 많은 생산이 이루어졌다는 것을 의미하기 때문이다. 단지 이렇게 발생한 렌트가 한 사람 혹은 몇 사람에게 전용되는 것을 막아야 하는 것이다. 그래서 현재의 제도를 그대로 유지하면서 오직 렌트만 걷어내는 방법을 제시할 수 있다. 이는 구체적으로 중앙정부가 과세함으로써 렌트의 전용을 막고 그것을 재분배하는 방식이 될 것이다.

비록 페이비언들은 '과세'와 '시영화-국유화' 조치 중 렌트의 사적 전용을 막는 궁극적인 방법이 '시영화-국유화' 조치라는 것을 분명히 했지만[74] 시영화 조치의 어려움과 급박한 현재의 사정을 고려하여 현실적으로 실효성 있는 대안으로 과세를 제시했다. 그들은 과세를 자연 증액을 다루는 실현 가능한 즉각적 수단으로, 또 렌트를 국민에게 분배하는 가장 간단한 방법으로 보았다.[75] 또 과세는 대중에게 호소하기 가장 손쉬운 방법이기도 했다. 예컨대 쇼는 리버풀 페이비언협회에서 다음과 같이 연설했다.

노력해서 번 소득 1파운드에 6펜스를 과세하고 노동으로 벌어들이 지 않은 소득 1파운드에 1실링 6펜스를 과세해야 한다고 생각하지 않습니까? (큰 박수) 여러분들이 이 제안을 그런 뜨거운 마음으로 받아준다면 왜 더 이상 못 나가겠습니까?[76]

구체적으로 페이비언들은 세 가지 직접세, 즉 토지세, 소득세, 상속세 를 부가할 것을 제안했다. 이것은 페이비언들에게는 렌트의 흡수라는 사회주의적 목적을 가진 사회주의적 처방이라고 할 수 있다. 그런데 이는 후에 복지국가가 취하는 노선이 되었다.

두 번째 방법은 렌트를 발생시키는 생산수단에 대해 처방하는 것이 다.[77] 렌트의 사적 전용은 결국 생산수단을 사유함으로써 일어나는 것이 므로 생산수단을 공유화하면 렌트는 저절로 사적 전용 현상에서 벗어나 게 된다는 것이다. 이것은 중앙정부, 지방정부가 주도하여 사유기업을 국유화 혹은 시영화함으로써 구체화될 것이다. 이는 사회주의 국가가 택하게 될 노선이었다. 그러므로 페이비어니즘에서 생산수단의 공유화 는 렌트의 공유화와 같은 의미를 갖는다. 웹은 사회주의를 다음과 같이 정의하고 있다.

우리는 사회주의를 사적 이윤 대신 공공이익을 위해 생산수단을 사 회가 통제하는 것으로 정의하거나 지대와 이자가 사회에 의해 집단 적으로 흡수되는 것으로 정의할 수 있다.[78]

여기서 생산수단을 사회적으로 통제한다는 것은 결국 렌트의 공유화 를 위한 하나의 실천 방법인 것이다.

6. 맺음말

 렌트의 사적 전용을 막으려는 이 두 가지 처방은 본질적으로는 같은 것이며 같은 선상에 놓여 있다. 렌트 이론은 렌트의 사적 전용 현상을 막으려 한다는 점에서 복지국가와 사회주의의 본질이 서로 같다는 것을 보여주고 있다. 그리고 렌트 이론은 양자 모두에게 이론적 기초를 제공한다. 페이비어니즘을 복지국가사상이라고 주장하며 사회주의 사상으로서의 의미를 격하하려는 주장은 렌트 이론에서 유추되는 렌트 처리방식의 한 측면만을 강조하기 때문에 나온 것으로 볼 수 있다.[79]

 그러나 이 첫 번째 방식도 본질에서는 철저히 사회주의적이라는 것을 염두에 둘 필요가 있다. 즉 렌트를 걷어내어 공유화하자는 생각이 깔려 있는 것이다. 다만 과세조치는 모든 렌트를 걷어내기 어려우므로 렌트의 사적 전용을 부분적으로 막는 데 그쳐버리고 마는 것이다.

 반면 생산수단의 공유화는 렌트의 사적 전용을 좀 더 철저히 막는 효과를 갖는다. 그러나 공유화의 주체인 자치시나 중앙정부를 관료들이 운영함에 따라 렌트의 공유화는 방해받을지 모른다. 이러한 위험을 페이비언들은 생각하고 있었던 것일까? 페이비언들이 교육받은 공무원, 정직한 관리를 강조하며 선량한 관리자 계층이 존재해야 한다고 주장한 점은 이 질문을 염두에 둘 때 흥미롭다. 페이비언들은 렌트의 사적 전용을 막는 한 방법으로서, 생산수단의 공유화가 불러올 문제점을 선량한 관리 계층으로 해결하고자 한 것이다.

 페이비언들은 첫 번째 방식에서 출발해 두 번째 방식, 즉 과세에서 시작하여 국유화와 시영화로 나간 것이다. 따라서 렌트 문제의 좀 더 근본적인 처리방안에 대해서는 산업통제 문제를 제기하는 두 번째

방식을 면밀히 검토해 보아야 한다. 이 부분에 대한 검토는 페이비언
들의 추상적인 이론이 어떻게 구체적인 정책과 만나는지를 보여줄
것이다.

3장

페이비언 사회주의의 소비자민주주의와 산업통제론

1. 머리말

페이비언들은 일종의 잉여가치 이론이라고 할 수 있는 렌트 이론으로 자본주의 사회의 현실을 해석했다. 그러나 렌트 이론은 현실에 대한 하나의 분석이었을 뿐 새로운 사회에 대한 대안이라는 건설적 전망을 제시한 것은 아니다. 그래서 어느 시점에서 페이비언들은 렌트 이론에 근거한 현실 분석을 토대로 하여 자본주의가 어떻게 변화해야 하는지를 설명하기에 이른다. 렌트 이론에 따르면 렌트의 발생은 생산성의 차이에서 비롯되는 것이므로 어떤 경제체제에서도 그것의 발생을 원천적으로 봉쇄하는 것은 불가능했다. 그러므로 부패한 자본주의의 불평등한 구조를 개선하기 위해 초점이 맞춰지는 쪽은 렌트의 분배 과정이라고 할 수 있었다. 여기서 새로운 산업조직과 그것을 통제하기 위한 페이비언들의 구상이 나타났다. 페이비언들은 렌트를 합리적으로 재분배하기 위해 새로운 산업조직이 필요하다는 결론을 유추해 냈던 것이다. 또 결국 이와 관련하여 다음과 같은 많은 문제가 제기되었다. 과연 페이비어니즘을 중앙집권적 국가사회주의로 파악하는 것은 타당한 것인가? 어떤 이는 페이비언들이 복고적인 사회를 지향하고 있다고 주장하는데 과연 그러한가? 또 페이비언들의 주장은 결국 자유주의의 연장에 불과하다고 보는 견해는 타당한 것일까? 이에 대한 답변은 결국 페이비어니즘이 제시하는 새로운 산업조직의 내용과 그 의미에 대한 설명을 통해 할 수밖에 없으며 따라서 이에 대한 논의는 페이비어니즘의 매우 핵심적 부분이라고 할 수 있다.1)

이와 같이 페이비어니즘에서 매우 중요한 부분을 차지하는 새로운 산업조직의 본질은 간단히 말하면 '민주주의가 산업의 영역으로 확대된 것'이었다. 웹 부부는 "사회주의자가 의도하는 것은 모든 산업과 서비스 부문에서 자본주의의 독재를 국민의, 국민에 의한, 국민을 위한 정부로 대체하는 것"이라고 말했다.2) 그들에 의하면 "사회주의는 진실로 정치적 세계로부터 산업세계로 민주적 자치정부를 확대시키는 것에 불과했으며"3) 또 "과거에 사회주의가 무엇을 의미했든지 간에 그것의 진정한 의미는 지금 대의제 자치정부가 산업의 영역으로 꾸준히 확대되고 있다는 점"에 있다.4) 페이비언들이 쓰고 있는 산업민주주의, 산업공화국, 경제적 민주주의5)라는 용어도 모두 이런 희구를 드러내는 것이다.

그렇다면 페이비언들이 말하는 '산업에서의 민주주의'란 구체적으로는 무엇을 의미한 것일까? 산업민주주의 핵심에는 '새로운 사회에서 누가 산업을 소유하고 통제하며 그것은 어떻게 운영될 것인가' 하는 문제, 즉 산업통제(Industrial Control)의 문제가 있었다. 예를 들면 광산은 누가 소유하고 경영할 것인가? 석탄 생산자가 소유하고 경영할 것인가, 석탄의 소비자들이 소유하고 경영할 것인가, 아니면 미래 세대를 위해 자원을 보존하는 데 관심이 있는 시민들이 소유하고 경영할 것인가?

만약 석탄 생산자들이 소유·경영한다면 육체노동자들이 소유·경영할 것인가, 정신노동자들이 소유·경영할 것인가? 만약 석탄소비자들이 소유·경영한다면 가내 소비를 위해서 경영해야 할 것인가, 산업적 소비를 위해 경영해야 할 것인가?

이 문제는 결국 한 사회 내의 산업조직은 어느 지위에 있는 인간을 위해 운영되어야 하는가의 문제와 각각의 지위를 대표하고 옹호하는 민주적 조직 중 어느 조직이 가장 주도적인 조직이 되어야 하는가의 문제로 귀착된다. 이에 대한 답변을 얻기 위해서는 페이비언들이 인간의 경제행위에 대해 기본적으로 어떻게 파악했나에서 출발해야 한다.

웹 부부는 경제인에게는 세 개의 상이한 측면이 있다고 보았는데 첫째는 생산자로서의 측면이고, 둘째는 소비자로서의 측면, 셋째는 시민으로서의 측면이다. 생산자와 소비자 사이의 이해관계로 인해 나타나는 균열은 '소비하려는 욕망을 가진 자에 의해 상품이 강점되는 야만사회의 단순한 장치'에서 극명하게 드러났다.[6] 그리고 문명사회에서도 이러한 이해관계의 균열은 여전히 계속되었는데 그것은 문명이 발달함에 따라 생산과 소비가 필연적으로 분리되었기 때문이다.[7] 그래서 웹 부부는 생산자의 이해와 소비자의 이해라는 두 개의 적대적인 이해관계가 서로 대립하고 있음을 도처에서 발견했다.[8] 또 하나의 이해관계는 특별한 것을 생산하지도 않고 특별한 것을 소비하지도 않는 전체 시민에 의해 대표되는 것이었다.[9] 페이비언들은 산업통제 문제가 생산자나 소비자의 측면에서만 고려될 것이 아니라 사회가 영원히 유지될 것을 희망하는 시민의 측면에서도 고려되어야 한다고 주장했다.[10] 그러므로 개개인이 최대의 개인적 자유를 확보하려는 사회의 민주적 조직은 서로 분리된 세 가지 기초 위에서 건설되어야 했다. 즉 소비자의 관점에서 공동의지

(common will)를 표명하려 할 때, 생산자의 관점에서 요구되는 공동의지의 개입 없이 소비자의 관점에서 공동의지를 표명할 수 있는 통로가 있어야 한다. 그리고 시민의 관점에서 공동의지를 표명해야 할 경우에도 이를 뒷받침할 통로가 제공되어야 할 것이다.[11]

이런 전제에서 출발한다면, 산업통제의 주체를 파악하기 위해서는 세 가지 방향에서 접근해야 하지만 사실상 페이비언들은 이 문제를 생산자와 소비자라는 두 방향에서 접근했다. 이는 페이비언들이 시민의 측면에서 파악된 이해관계가 소비자의 이해관계와 상당히 중첩된다고 본 데서 연유한다. 웹 부부에 의하면 "협동조합이 생필품을 공급하고 있는 산업의 경우 소비자들은 전체 시민사회의 이익을 대표한다고 말할 수 있을 것이고 하수도나 공원을 관리하는 산업에서는 현실적으로 시민들이 이 자치 서비스의 소비자를 대표한다고 말할 수 있다"[12]는 것이다. 결국 많은 산업에서 시민은 소비자를 대표하고 소비자는 시민을 대표한다고 본 것이다. 소비자 조직으로 인식되는 협동조합이 결국은 시민정신의 훈련장 역할을 할 것이라는 생각도 이 양자의 접합을 가능하게 한다. 비에트리스는 이렇게 쓰고 있다.

> 스코틀랜드의 공장지역과 광산지역, 영국 중부지역을 잘 모르는 사람들은 시민정신의 훈련장소로서 협동조합의 중요성을 낮게 평가할 것이다. 이곳에서 당신은 협동조합 의장이나 위원들이 다른 시의 시장이나 참사 회원보다 더 추앙받고 있는 것을 발견한 것이다.[13]

즉 그녀는 양자 모두를 공공정신을 확대하고 증진시킬 수 있는 인간의 지위로 보고 있다.[14] 그러므로 페이비언들이 현실적으로 심각한 이해의 균열 현상이 나타난다고 본 것은 생산자와 소비자의 관계이다. 따라서 페이비언들은 산업통제의 주체를 세 방향에서가 아니라 사실상 두 방향에서 즉 하나는 생산자 측면에서 또 하나는 시민-소비자 측면15)에서 접근한다.16) 여기서 산업사회를 자본가와 노동자라는 계급 간의 투쟁으로 보기보다 생산자와 소비자 간의 이해의 갈등으로 파악하는 페이비어니즘의 독특한 산업사회 개념이 제시된다.17)

2. 생산자 조직의 실패

우선 생산자 조직부터 살펴보자면 과연 생산자 조직은 산업통제의 주체로서 어떻게 작용할 수 있는가? 생산자 조직의 구체적인 형태는 어떻게 드러나며 그것이 각 산업통제의 주체로서 얼마나 성공을 거두었는가? 영국에서 생산자 조직을 수립하려는 운동은 여러 조류로 나타났는데, 이 중 자치작업장(self-governing workshop)과 부분적 자치(partial autonomies)의 형태 그리고 신디칼리즘 등이었다.

먼저 자치작업장의 경우 페이비언들이 파악한 바에 따르면, 이는 영국에서 나타난 생산자 조직의 초기 형태로 기독교 사회주의자들(모리스, 러들로, 킹슬리, 닐, 휴즈 등)이 1894년 프랑스로부터 받아들인 모델에 따라 만들어진 것이었다.18) 페이비언들은 레스터셔, 워릭셔, 노샘프턴셔에 위치한 자치작업장을 예로 들었는데 작업장의 업무는 제화업, 면방직업, 건축업, 맹꽁이자물쇠 제조업, 시계 제조업, 양털 깎는 가위 제조업 등이었다.19) 그러나 페이비언들은 이러한 자치작업장은 노동가치설에 뿌리박고 있기 때문에 실패할 수밖에 없었다고 보았다. 웹의 지적에 따르면 "자치작업장은 노동이 가치의 근원이라는 마르크스 이론에 뿌리 박고 있기는 하지만 이 이론이 적용되지는 않았는데" 왜냐하면 "협동조합운동의 선구자들이 시행착오를 거치며 발견하게 되듯이 생산을 성공적으로 수행하기 위해 본질적으로 중요한 요소는 노동이 특별한 욕망과 결합되는 관계"라는 사실 때문이었다.[20] 또 페이비언들은 자치작업장이 이를 구성하는 소수의 노동자들을 고용주의 지위로 상승시키는 경향을 가졌으므로 자치작업장이 그 성격을 유지한 채 대규모 산업을 떠맡기에는 부적합하다고 보았으며[21] 따라서 근대 산업조직에 대한 계획 등은 제공하지 못한다고 보았다.[22] 그래서 페이비언들은 산업통제 문제와 관련하여 주장한 노동자의 자치적인 관리는 하나의 허상에 불과하다고 보았다.[23] 더욱이 자치작업장은 그것이 성공할수록 노동을 해방시키기는커녕 노동의 종속을 강화하는 경향을 드러낸다고 보았다. 웹 부부에 따르면 "자치작업장은 성공하면 할수록 노동자를 동반자보다는 단순한 임금노동자로 고용하는 경향을 보일 것이며 따라서 대부분의 경우에 이 조직은 소생산자의 협동조직에 머물게 될 것이다. 이렇게 될 경우, 종속된 노동자를 착취하는 현상이 벌어지는 것이다."[24] 자치작업장의 생산 목적도 값싼 제품을 공급하고 제품의 가격을 낮추는 데 있는 것이 아니라 자치작업장의 이윤을 극대화하는 데 있었다. 그러므로 자치작업장은 '민주주의가 산업에 적용될 것'을 주장하는 페이비언들에게는 미래의 산업조직에 대한 적절한 대안이 되지 못했다.

다음으로 들 수 있는 것은 노사협력체(Labor Co-partnership Association)라는 것으로 여기서 노동자들은 순이익에서 일정한 몫을 받고, 원한다면 주주가 되며, 경영에도 참여한다는 것이었다.[25] 이것이 의도하는 것은 자본가와 임금노동자 사이의 이윤 분배 방법을 마련하고 동반자 관계를 이루려는 것이었다.26) 그러나 페이비언들은 이것 역시 개인의 이해보다 사회의 이해에 따라 관리되는 새로운 산업조직을 발견해 내기 위한 시도27)라기보다는 오히려 자본가와 임금노동자 사이의 갈등을 회피하는 방법을 발견해 내려는 시도에 불과하다고 보았다.28) 웹은 다음과 같이 지적했다.

> 노사협력체는 자본가와 임금 노동자 사이에서 이윤 분배나 동반자 관계를 이룩하려는 박애적 의도하에 추진된 것으로, 이것이 개인의 저축을 장려하는 한편 고용주와 피고용인 사이의 불화를 막고 효율을 높이는 성과를 거두었다는 것은 인정할 만했다. 그러나 이 모든 업적에도 불구하고 생산수단의 소유를 변화시키거나 산업통제를 변화시킬 가능성을 보여주지 못했다는 데 그 명백한 한계가 있다.29)

설혹 "동반자 관계에서 노동자가 어떤 재정적 이익을 발견한다 해도 진정으로 권위를 이전시킨다는 문제와 연관해서는 노사협력체는 환상에 불과한 것"이다.30)

생산자 조직 중 또 하나의 형태는 노동조합인데, 페이비언들은 모든 생산자들이 광범위하게 참여할 수 있다는 점에서 이것을 전형적인 생산자 민주주의로 파악했다. 그러나 페이비언들의 눈에 비친 노동조합은 산업민주주의라기보다는 신디칼리즘에 더욱 적합한 조직이었다. 신디칼리즘은 노동조합을 통해 생산자의 산업통제를 성취하려는 것인데 육체노동자들의 '직접'행동을 강조하며 계속적인 파업을 통해 소유계급에게서 산업통제력을 박탈하려고 했다.31) 웹 부부는 신디칼리즘이 위험한 경향으로 가득 차 있다고 보았다. 그들은 신디칼리스트의 주장이 현실에 대해

유용한 교정 방법을 제공하고 있으며 또 노동계급의 감정을 잘 드러낸다
고 보면서도 이러한 주장을 윤리적으로 혐오스러울 뿐 아니라 근본적으로
비현실적이라고 간주했다.32) 그들은 신디칼리즘이 생산자적 관점에서
탈피하지 못한다고 생각했다. 웹 부부의 눈에 들어온 특정한 상품과
관련된 생산자는 소비자와 비교하면 아주 소수에 불과했다. 왜냐하면
개개인은 오직 하나의 상품을 만들 뿐이지만 소비자는 — 그가 생산을
하든 안 하든 간에 — 많은 종류의 상품을 소비했기 때문이다.33) 그들은
신디칼리즘이란 생산자의 부분적 이익만을 대변할 뿐이라고 생각했으며
그래서 웹 부부는 다음과 같이 지적했다.

신디칼리스트는 모든 개별 생산자의 이해가 어떤 단일상품 소비자의
이해보다 막대하다고 주장할지 모른다. 또 상품 소비자가 상품 가격
에 영향을 받는 것보다 생산자가 그의 생산 환경에 더 큰 영향을
받는다는 주장을 할지 모른다. 그러나 장화 생산자의 대표는 사회
전체를 대표하는 위원회에서 장화 소비자인 다른 많은 대표와 부딪
히게 되는 것이 엄연한 사실이다.34)

그래서 생산자민주주의는 역설적이게도 결국 생산을 제약하는 수단
이 되고 다른 생산 분야와 전체 사회에 대해 자신들의 상대적 풍요를
확보하려 하는 편견을 유발하게 된다는 것이다.35)
더욱이 웹 부부는 '노동조합의 기초는 그 성격에서 분파적'이었으며
결국 그들은 보일러공, 광부, 섬유공으로서 그들의 이익을 보호하기
위해 함께 뭉치는 것이지 전체 노동계급의 발전을 위해 뭉치는 것은
아니라고 생각했다.36) 노동조합은 소비자민주주의가 추구하는 광범위하

고 확산된 자유와는 대비되는 좀 더 특정한 부분에만 적용되는 자유를 추구했다.37) 그래서 신디칼리스트가 노동자에게 자신만의 이해를 위해 시민의 의무를 고의적으로 무시하도록 가르치고, 투표 거부를 종용하며, 의회에서의 모든 이해관계를 포기할 것 등을 주장하는 것을 웹 부부는 도덕적으로 혐오스러운 것으로 보았다.38) 분파적 이익의 추구는 페이비어니즘의 사회적 대안과는 거리가 먼 것이었다. 그래서 페이비언들은 노동조합운동이 자본가의 독재에 대한 저항으로 나타났지만 생산수단에 대한 소유권을 획득하기보다는 산업 경영에서 제한된 참여를 얻어냈을 뿐이라고 보았다.39) 페이비언들의 이러한 비판은 비단 노동조합에만 국한되지 않았으며 어떤 조직이든 산업조직의 한 형태로서 그 조직구성원의 이익만을 배타적으로 추구하는 것을 페이비어니즘은 배격한 것이다.

페이비언들은 생산자의 이익은 사회 전체의 이익을 대변하는 것이 아니라 부분적 이익을 대변하는 것에 그친다고 봄으로써 결국 생산자 조직은 사회의 다른 부분을 희생시켜 자신의 기득권을 보호하려는 경향을 드러낸다는 인식에 도달했다.40) 그리고 생산자 조직에 기초한 모든 산업조직은 결국 자본주의처럼 교환을 위한 생산이라는 생각에 기초하고 있다는 점을 간파함으로써,41) 생산자 조직 형태로 나타나는 모든 운동이 ─ 그것이 자치작업장이든 노동조합이든 길드든 공장 소비에트든 ─ 합리적인 산업통제 조직을 구축해 내는 데는 실패한다는 결론에 도달했다.42) 비에트리스는 이를 두고 "경영자를 제거하고 생산자 그룹을 그들 자신의 주인으로 변화시킴으로써 현재의 산업 문제를 해결하려는 것은 소토지 농민 보유자를 만들어 토지 문제를 해결하려는 것과 같은 범주에 속하는 것"43)이라고 지적했다. 그러므로 노동자 조직은 특정 직종에서 노동자에게 가해지는 억압에서 그들을 보호하기 위해 인정될 수 있을 따름이다. 그리고 기계의 도입을 저지하거나 특정 상품의 가격을 올리기 위한 생산자 조직은 마치 자본가의 독재와도 같은 받아들일 수 없는 독재를 초래하게 된다는 것이다.44) 광부를 위한 광산, 교사를 위한 학교 등은 결국 자본주의와 동일한 원리, 즉 개인주의와 사적 이익을 추구하는 정신이 지배한다는 점에서 자본주의와 다를 바가 없었던 것이다.

더욱이 페이비언들은 생산자 조직이 산업조직의 효율성을 저해하는 몇 가지 약점에 시달리고 있는 것으로 파악했다. 특별한 상품을 만드는 노동자 그룹이 기업을 통제할 때 이들은 시장에 대한 적절한 지식을 결여하게 되며 변화 과정에 대한 민첩성을 충분히 확보하지 못한다는 것이다.45) 여기서 말하는 시장에 대한 지식은 교역의 통로를 아는 것만 의미하는 것이 아니라 상품 사용자 혹은 소비자들이 진정으로 무엇을 원하는지에 대한 넓고도 정확한 인식을 의미한다.46) 따라서 무엇을 얼마나 생산해야 할 것인지에 대한 판단을, 소비자와의 직접적인 접촉을 결여한 생산자들 스스로가 내리는 것은 바람직하지 않다.47) 또 변화 과정의 민첩성과 관련하여 실제 생산자는 그 자신이 생산자이므로 특별히 불리한 위치에 놓이게 된다. 왜냐하면 특별한 기술을 배운 사람이나 특별한 생산 과정에서 많은 시간을 보낸 사람은 변화에 대한 필요에 재빨리 적응하는 능력을 어느 정도 상실하게 된다는 생각 때문이다.48)

이상에서 생산자 조직이 산업통제의 주체로서 부적합하다는 주장을 살펴보았다. 이러한 주장은 페이비언들의 렌트 이론에서도 확인할 수 있다. 페이비언들은 렌트는 사회구성원 모두에게 고르게 분배되어야 한다고 주장했다. 그런데 자기 몫을 늘리려는 생산자들의 욕구는 특정 집단의 배타적 이익을 추구하게 만들고 이것은 렌트의 공평한 분배를 실현하기보다 렌트 분배 구조를 다른 형태로 왜곡하게 된다. 그러므로

페이비언의 렌트 이론에서는 특정 집단의 이익에 기초하여 렌트의 재분
배를 시도하는 제도나 조직을 산업통제의 주체로 삼을 수는 없다는
결론에 도달하게 된다.

3. 소비자 조직으로서의 협동조합

그렇다면 렌트의 재분배를 공정하게 이루기 위해 그들이 발견해 내려
고 한 것은 무엇일까? 그것은 배타적인 이익을 추구하지 않는 소비자
집단이었다.[49] 페이비언들은 이런 집단만이 비정치적이지만 묵시적으
로 동등한 이해의 기반 위에 존재하고 더욱이 모두에게 개방된 집단이라
고 보았다.[50] 결국 페이비언들이 의도한 것은 '렌트의 합리적인 재분배'
를 가능하게 할 새로운 조직을 만들어내는 것이었다. 이런 견해를 지닌
페이비언들의 눈으로 보면, 생산자 조직은 '경제적 렌트의 암반'[51]을
결코 깨뜨리지 못한다는 점에 비추어 산업통제의 새로운 대안 자격을
상실하게 된다. 이와 같은 연관관계에서 "임금노동자가 이윤의 몫을
갖는 것이나, 심지어 경영위원회에서 한두 명의 대표를 내는 것" 등은
본질적으로는 별 의미가 없다.[52] 이를 통해 자본주의가 만들어낸 경제적
종속이나 빈곤에서 벗어나는 것은 거의 불가능하다.[53]

그래서 소비자를 산업통제의 주체로 파악하려는 시도가 페이비언들
에 의해 제기되었다. 즉 생산해야 할 재화와 서비스를 결정하는 것은
시민-소비자가 되어야 한다는 것이다.[54] 그런데 이러한 페이비언들의
생각에는 생산자보다는 소비자로서의 인간의 영역이 더욱더 넓다는
전제가 깔려 있었다. 웹은 다음과 같이 지적했다.

생산에 종사하고 있는 사람들은 오직 하루의 3분의 1만을 생산 활동
에 할애하는데 그것도 일주일에 닷새 내지는 엿새 동안 생산 활동을
한다. 반면 소비자로서의 그의 이해는 하루 24시간으로 확대되며
일 년 내내 하루도 빠짐없이 계속된다. 생산자는 어떤 특정 상품과
관련하여 소비자와 비교한다면 극히 소수이고 각각의 생산자는 오직
하나의 상품만을 생산할 뿐이다. 반면 소비자는 그가 생산자든 아니
든 간에 다양한 종류의 상품을 다량으로 소비하는 것이다.[55]

이것은 노동자로서의 시민은 사회의 종복이지 사회의 주인은 아니라
는 생각을 낳았다.[56] 이와 같이 인간 삶의 주도적인 측면을 생산자보다
소비자 쪽에 둠으로써 이제 생산자 조직보다는 소비자 조직이 산업통제
의 주체로서 더욱 중요한 의미를 지니게 된다.

따라서 페이비언들이 주장하는 산업조직의 핵심은 렌트를 고루 분배
하기 위해 소비자를 어떻게 조직할 것인가에 놓여 있었다. 페이비언들에
게는 자본주의의 사적 이윤을 배제하면서 렌트를 소비자들에게 환원할
수 있는 민주적 조직을 찾아내는 것이 중요한 문제였다. 그 구체적인
구상은 자발적 소비자 조직과 강제적 소비자 조직으로 나타났다.[57]
그들이 생각한 자발적 소비자 조직은 소비자 협동조합이었고, 강제적
소비자 조직은 자치시와 중앙정부였다. 이는 페이비언들이 재화와 용역
의 생산과 분배가 협동조합, 자치시, 중앙정부에 의해 이루어지는 삼각
구조를 구상한 것을 시사한다. 이런 삼각 구조는 자본주의를 대체할
새로운 사회 체제의 핵심을 구성할 것이다.[58]

페이비언들은 소비자의 이해를 주축으로 하여 산업통제가 이루어져
야 한다고 보았으므로 그들이 발견해 내려고 한 것은 소비자의 이해가

집약될 수 있는 제도나 조직이었다. 그러한 제도나 조직으로 페이비언들이 주목한 것이 협동조합이다.[59] 페이비언들은 협동조합이 교환을 위한 생산이 아니라 사용을 위한 생산에 기초하고 있는 새로운 형태의 산업조직이라고 생각했다.[60] 비에트리스는 다음과 같이 지적했다.

> 내가 근대 기업에 대한 적절한 대안을 떠올린 것은 영국 노동계급에 의해 발달된 소비자들의 협동조합운동을 통해서였는데 협동조합은 종래 기업들과는 달리 이윤을 없애고 사용을 위한 생산을 하는 데 그 목표를 두고 있었으며 이 운동의 본질적 특징은 경제적 운영이나 검약을 통한 저축 등에 있는 것이 아니라 새로운 유형의 산업조직이라는 데 있었다.[61]

일찍이 페이비언들은 사회주의의 목적은 빈곤한 자들에게 부를 분배하는 것이 아니라 생산수단의 완전한 통제에 대해 공동사회가 권리를 주장하는 것이라는 점을 분명히 했다. 페이비언들은 바로 협동조합에서 이것을 발견했다.[62]

협동조합운동은 18세기 영국에서 다양한 형태로 나타났으며 협동조합 제분소와 제빵소의 초기 실험은 1767년까지로 소급된다.[63] 웹 부부는 이미 1815~1833년 사이에 400개에 달하는 협동조합이 생겨났다고 지적했다.[64] 그 후 1844년 로치데일(Rochdale)의 플란넬(Flannel) 직조공들에 의해 본격적인 협동조합운동이 시작되었다. 이러한 로치데일 협동조합주의자들의 의미를 페이비언들은 '노동해방'과 '산업재조직'에서 찾았다. 즉 로치데일의 플란넬 직조공 28명은 자본주의의 여러 장치에서 자신들을 해방시켰으며 궁극적인 자치영역을 만들어내기 위해 생산,

분배, 교육 등을 조정하는 산업을 재조직함으로써 임금노예 상태에서
스스로를 해방시킨 것이다.[65] 웹 부부는 로치데일의 선구자들과 그
계승자들이 협동조합을 구성할 당시에는 의도하지 않았으나 뜻하지
않게 실현된 것으로 산업을 소비자의 측면에서 조직한 것, 처음부터
교환을 위한 생산이 아니라 사용을 위한 생산을 기초로 한 것, 산업을
생산자가 아닌 소비자로서 감독하고 통제한 것을 들었다.[66] 이것은
웹 부부가 협동조합을 이제까지와는 다른 새로운 산업조직의 한 형태로
파악하고 있다는 것을 단적으로 보여준다.

로치데일 이후 소비자 조직으로서의 협동조합은 착실히 팽창해 나갔
다. 협동조합은 그 이후 차근차근 산업통제를 진척시켜 나갔으며 이
과정에서 많은 산업 분야를 잠식해 들어갔다. 협동조합은 소매상을
잠식해 들어가서 협동조합이 경영하는 빵가게와 잡화상을 세워나갔다.
그리고 소매업, 도매업 등 유통 부문에 대한 산업통제에서 한발 더
나아가 협동조합은 이제 이것을 뒷받침하는 제조업 분야까지 점차 통제
하게 되었다. 장화와 나막신을 수선하는 것에서 시작해 거대한 공장을
세우게 된 것이다.[67] 그래서 협동조합은 버터, 비스킷 공장을 가지고
있고 코코아, 오이절임 공장까지 소유하게 되었다. 또 양복작업장과
가죽구두공장, 비누공장, 금속집기류공장, 그리고 인쇄시설과 신문사까
지 소유한 것이다.[68]

나아가 소비자협동조합은 생산수단을 소비자들이 소유하고 통제하는
좋은 본보기를 제공했다. 협동조합주의자들은 목장과 광산을 가지고
있으며 제분소, 구두공장뿐 아니라 실론(Ceylon)에는 차 플랜테이션, 캐나
다에는 밀 농장, 수입을 위한 증기선, 그리고 소비를 위한 고기잡이배까
지 소유했다.[69] 그래서 페이비언들은 산업통제와 관련하여 협동조합을

도·소매업뿐만 아니라 제조업에서도 자본주의에 대한 진정하고도 실질적인 대안으로 여겼다.[70] 웹은 1914년 현재 영국에는 300만 노동계급 가계가 1,400개의 개별 협동조합을 구성하고 있으며 이들은 연간 8,400만 파운드의 재화를 생산하고 있다고 보고했다. 조합은 소속회원이 평균 2,000명, 일주일에 약 1,000톤의 판매를 기록했다.[71] 런던에는 중요한 조합으로는 울위치(Woolwich), 스트랫퍼드(Stratford), 에드먼턴(Edmonton), 브럼리(Bromley), 웨스트런던(West London), 엔필드(Enfield) 등 6개가 있었는데 총 10만 명의 회원을 보유한 이 조합은 연간 200만 파운드의 판매고를 기록한 것으로 나타났다.[72]

페이비언들은 이러한 소비자 조직으로서의 협동조합이 국제적으로 확산될 것으로 보았다. 페이비언들이 보기에 영국의 협동조합은 이미 다른 나라의 협동조합과 재화를 교환하고 있었는데 이는 자본가의 간섭 없이 해외 무역이 가능하다는 것을 보여주는 실례였다.[73] 페이비언들은 협동조합이 전 세계 협동주의자들과 우호적인 관계를 맺으려는 욕구가 있다고 보았다.[74] 이것은 협동조합들이 국제협동조합동맹을 형성하고 17개의 전국조합과 700~800만 명의 회원을 확보한 후 다양한 도매협동 조합들이 서로 재화를 교환하기 시작하면서 가시화되었다고 보았다. 영국은 벨기에와 스위스의 협동조합에 양모를 보냈고, 또 스위스와 독일의 협동조합에는 차를 보냈다. 한편 스위스는 영국과 프랑스에 치즈를 보냈고 덴마크는 독일, 스위스에 잡화를 보냈다. 이것은 다양한 국가의 도매협동조합들이 제조업 부문을 확대시킴에 따라 국제적 협동 조합을 제약 없이 확대시킬 수 있다는 것을 보여주었다. 나아가 페이비언들은 이것이 국제 무역의 새로운 가능성에 대한 전망을 제시한다고 지적했다. 만약 한 나라의 협동조합 회원이 다른 나라의 협동조합 회원이 된다면 소비자들은 협동조합운동을 자신이 살고 있는 사회의 한계를 넘어 국제적으로 확대시킬 수 있게 된다. 즉 소비자협동조합이 확대된 범위 안에서는, 이윤을 얻어내기 위해 다른 지역과 교역한다는 의미에서의 무역은 사라지게 되는 것이다.[75]

그러면 페이비언들은 이러한 새로운 산업조직의 한 양식으로서 협동조합이 갖는 사회주의적 요소를 어디에서 찾았을까? 그것을 페이비언들은 자본이 형성되고 사업수익이 분배되는 과정에서, 그리고 새로운 노동정신에서 찾았다. 협동조합의 출발은 소비자인 몇백 명의 회원이 연합하는 것에서 시작된다. 이들이 출자한 얼마간의 자본으로 상점이 마련되고 경영자가 채용되는 것이다. 따라서 협동조합은 전 범위에 걸친 다양한 사업에서 자본가의 간섭이 필요 없음을 보여준다.[76] 그리고 점원들에게 봉급을 지불하고 남은 상점의 이윤은 소비자들의 구매량에 정확히 비례하여 되돌려 주는 것이다.[77] 이것이 협동조합을 주식회사와 구별하게 하는 독특한 이윤처리 방식이다. 페이비언들이 '구매에 따른 배당(Dividend on Purchase)'이라고 지칭한 이 방식이 갖는 장점으로 제시된 것은 다음과 같다.

첫째로 생산수단의 소유와 통제에 대해 가장 완전한 민주주의를 확립했다는 것, 둘째로 이 민주주의는 평등한 조건으로 신참들에게도 영원히 개방될 것이라는 것, 셋째로 조합의 계속적인 팽창에 대해 동일한 동기가 모두에게 주어진다는 것, 넷째로 자본주의 트러스트나 독점의 지배에 대해 영원한 장벽을 세우게 된다는 것 등이다.[78]

그래서 비에트리스는 협동조합운동이야말로 진정한 소비자민주주의라고 주장했다. 비에트리스는 협동조합운동이 가져온 독특하고 보이지 않는 하나의 결과는, 이윤을 고객들 사이에서 나누는 방식이 이 운동을 민주주의의 넓은 기반 위에 세워놓았다는 점이다. 이것은 고객들의 민주주의였고 따라서 소비자의 민주주의였다. 또 이것은 그 성격상 계급이나 성(性)의 제한 없이 신참에게도 끊임없이 개방되는 민주주의였다.[79]

여기서 보듯 협동조합은 생산비와 가격 사이의 차이가 소비자에게 분배되는 방식을 수립한 조직으로 파악되었으며, 모든 사람에게 개방된다고 인식되었다. 따져 본다면 이것 역시 렌트 처리 방식의 한 예라고 할 수 있다. 렌트의 한 부분을 구성하는 이윤의 처리 방식은 매우 독특한 것으로 나타났다. 주식회사나 자본주의 기업에서는 이익이 많이 날수록 주주 혹은 자본가에게 많은 배당이 돌아가지만 협동조합에서는 그렇지 않다. 아무리 사업이 잘 된다 해도 주주에게 더 많은 보상이 돌아가지는 않는다. 또 장기간 물품을 구입하지 않은 사람들의 이익은 제한당한다.[80] 협동조합에서 자본에게 돌아가는 보상은 고정되어 있다. 마치 협동조합의 점원들이 합의된 보수를 받는 것과도 유사했다. 이윤은 자본을 가진 이들에게 돌아가는 것이 아니라 구입에 비례하여 소비자에게 돌아가는 것이다.[81]

그러나 협동조합은 이윤을 분배하는 방식에서 한 걸음 더 나아가 산업에 대한 소비자의 집단적 통제를 가능하게 했다는 점에서 더욱 큰 의미를 갖게 된다. 협동조합운동의 진정한 의미는 이윤 분배가 아니었다.[82] 그보다는 산업에 대한 소비자의 집단적 통제를 이루는 데 진정한 의미가 있었다.[83] 그러므로 협동조합운동이 추구하는 것은 더 많은 사람들에게 이윤을 분배하는 것이 아니라 가능한 한 이윤을 제거하는 것이었다.

이와 더불어 새로운 노동의 정신에서 노동이 행해질 것이라는 전망도

페이비언들이 협동조합에서 발견한 사회주의적 요소였다. 협동조합은
협동조합에 고용된 사람들과의 관계에서도 중요한 특징을 보여주었다.
그것은 경영 능력이나 정신노동이 육체노동에 비해 상대적으로 높게
보상받지 않는다는 점이었다.[84] 즉 협동조합 경영인들은 자본주의 기업
에서처럼 특별히 높은 보수로 우대받지 않았고 정신노동자와 육체노동
자 사이의 보상은 매우 평등하게 이루어졌다.[85] 왜냐하면 교환을 위한
생산에서 사용을 위한 생산으로 변화함으로써 성공적인 경영자에게
부여하는 금전적인 보상 없이도 사람들은 제조와 교역을 훌륭하게 수행
할 수 있기 때문이다.[86] 비에트리스는 협동조합운동에 인간을 위한
노동이라는 종교적 요소가 생생한 힘으로 작용한다는 점을 지적했다.[87]
페이비언들은 협동조합은 다른 기구, 예컨대 노동조합이나 국가 등이
성공적으로 이루어내지 못한 공동의 이해나 공동선의 감각을 노동자들
에게 일깨워주는 데 큰 성공을 거두었다고 보았다.[88]

이상에서 살펴본 협동조합에 대한 분석은 페이비언들이 사회주의를
실현시키기 위한 조직으로 협동조합을 골라낸 이유와 그들의 렌트 이론
이 밀접하게 연관되어 있다는 것을 보여준다. 페이비언들은 렌트의
재분배를 요구했다. 하지만 한 집단에서 다른 집단으로 넘어갈 것을
요구한 것은 아니다. 따라서 렌트의 재분배가 특정 집단이 아니라 사회구
성원 모두를 기초로 하여 이루어질 수 있는 수단을 발견해 내야 했다.
사회구성원들의 이해가 분파적으로 대립되지 않는 지위를 페이비언들은
소비자로서의 지위라고 보았다. 이것이 바로 누구에게나 개방된 렌트의
재분배 기관인 협동조합이 사회주의의 맹아로서 페이비언들의 눈에
띈 이유였다.

페이비언들은 협동조합이 빵, 고기, 양복, 구두, 옷, 모자 등을 생산하

는 광범위한 분야까지 확대되어 심지어 농장까지도 직접 경영하고 있음을 관찰했다. 그들은 언뜻 보기에 협동조합이 떠맡는 산업의 범위는 한계가 없는 듯이 보인다고 말했다.[89] 그러나 이는 과장이다. 협동조합이 떠맡기 어려운 산업 부분에 대해 다음과 같이 지적하기도 했다. 첫째는 협동조합에 소속되려 하지 않는 사람들을 위한 재화의 생산과 분배였다. 페이비언들은 부유한 계층과 극빈 계층이 이 운동에 흡수되기 어려울 것이라고 보았다.[90] 웹 부부는 협동조합 구성원 중에는 육체노동자가 압도적으로 많다고 지적했다. 그러나 대도시 주변 지역의 협동조합에는 '검은 옷을 입은 프롤레타리아', 즉 서기, 교사, 하급관리, 소전문가(minor professional) 등이 참여하고 있다.[91] 그러므로 페이비언들은 협동조합의 사업은 일정한 수입이 있는 임금노동자 계급과 거대한 '검은 옷을 입은 프롤레타리아'가 소비하는 재화를 넘어서지는 않을 것으로 보았다.[92] 즉 비숙련노동자에서 소전문가에 이르는 계층이 협동조합운동의 주역인 셈이다. 이러한 지적은 페이비언들이 지향하는 새로운 사회에 대해 의미 있는 시사를 던져주고 있다. 즉 육체노동자와 정신노동자를 그들이 말하는 소비자의 주된 구성원으로 간주함으로써 협동조합주의는 노동계급과 하부 중산층을 포함하는 새로운 중산층을 지향한다는 점이다. 둘째는 성격상 협동조합에 의해서는 통제될 수 없는 재화나 서비스의 생산과 분배이다. 서비스가 공산주의적 기초에서 무상으로 제공되는 것이 편리할 경우 — 예를 들자면 대학, 도서관, 박물관, 공원 그리고 다른 많은 자치 서비스 등 — 에는 이런 서비스 부분을 협동조합이 통제할 수는 없다.[93] 셋째는 개별 소비자들에게 공급하기 위한 것이 아니라 제조를 위해 재료, 기계 등을 공급하는 제조업과 교역 분야다. 즉 생산재 산업은 협동조합의 손에 들어가지 않는다. 이 부문은 '소비'를 위해 생산하는 것이 아니기 때문이다.[94] 그러므로 협동조합의 영역은 대체로 생필품 부문에 제한되었다.[95] 페이비언들은 사적으로 소비되는 많은 소비재의 경우에는 협동조합 형태로 생산되고 분배되는 것이 자본주의 기업의 사적 이윤에서 해방되는 가장 합리적이며 현실적인 대안으로 보았던 것이다.

하지만 협동조합주의가 가지고 있는 단점도 지적된다. 그중 다음과 같은 것을 지적해 볼 수 있다. 첫째로 중첩현상이다. 자발적 소비자 연합은 어떤 지리적 한계도 가지고 있지 않다. 그 결과 협동조합주의 정신이 만연한 곳에서는 여러 개의 조합이 생기게 된다. 이들이 난립해 회원 경쟁을 하는 것이 하나의 단점이다. 둘째로 이윤추구(dividend-hunting)이다. 회원 중 다수는 오직 이윤을 위해 협동조합에 가입할 수도 있다. 이렇게 이윤을 추구하는 과정에서 그들은 협동조합운동을 자본주의 제도처럼 물질을 추구하는 것을 목적으로 할 수도 있다. 셋째로 부패의 위험이다. 다른 행정의 경우에서처럼 협동조합도 부패의 위험이 있다. 협동조합 역시 횡령(Peculation, Embezzlement)의 위험을 안고 있다. 넷째로 협동조합민주주의의 무관심이다. 여기서 나아가 좀 더 영구적인 결함으로 지적되는 것도 있다. 그것은 위로부터의 정부와 관료제이다. 관료제 경향은 영국 도매협동조합의 거대한 중앙화에서 단적으로 드러난다고 본다.

페이비언들은 비록 몇 가지 제약이 있기는 하지만 협동조합이 사회주의적 요소를 가지고 있는 조직이라고 생각함으로써 사회주의를 실현하고 확산시킬 수 있는 실천적 기구를 발견한 셈이었다. 그래서 협동조합은 산업에서 민주주의가 실현되는 하나의 구체적인 예로서 바로 산업민주주의의 학교로 간주되었다. 웹 부부는 "자발적 소비자 조직에서는 어제

갓 들어온 가장 가난하고 어리고 미천한 사람일지라도, 설립될 때부터 회원이었고 또 이 조합에서 많은 몫을 차지하는 다른 사람들과 똑같은 발언권을 가지며 산업에 대한 동일한 통제권을 행사할 것"96)이라고 지적했다. 혹자의 지적처럼 페이비언들은 협동조합운동을 사회주의운동 이라고 선전하지 않으면서도 그것을 자본주의 산업구조에서 탈출하는 경로로 제시했다.97)

페이비언들이 협동조합을, 사회주의를 실현시킬 수 있는 하나의 조직 으로 본 것은 특기할 만한 것이다. 이것은 현실 속에 이미 존재하고 있는 사회주의적 요소 혹은 속성을 발견해 내려는 페이비언들의 태도를 잘 보여주는 부분이다. 그리고 막연한 '자본주의로부터의 노동해방'과 같은 이상적 구호에 매달리기보다는 사회주의를 실현할 수 있는 수단을 현실의 구체적인 제도에서 발견하려 한 태도가 드러난다. 더욱이 사회주 의가 위대한 지적 지도자 없이 진행되는 평범한 사람들의 사회운동이 될 수 있다는 것을 보여주는 것이다. 여기서는 정직하고, 주의 깊고, 사심 없는 수천 명의 사람들이 몇 사람의 천재들보다 더욱 중요한 역할을 한다.98) 제도의 변화는 결코 몇 명의 엘리트에 의해 이루어지는 것은 아니며 "점점 더 공동의 이익에 대해 자각하게 되고 민주주의를 정치에 서뿐만 아니라 산업에서도 실현시키는 자유로운 국민의 끈질긴 압력"에 의해서 가능한 것으로 보았다.99) 페이비언들은 협동조합운동에 대한 분석을 통해 자본을 조용히 소비자 집합체로 이전시켜 그것을 소비자들 의 집단적 통제하에 둠으로써 노동이 자본의 종속에서 해방될 수 있는 하나의 구체적인 사회주의적 실천 경로를 제시한 것이다.

4. 자치시의 산업통제

페이비언들은 민주주의를 산업의 영역으로 확대시키기 위해 그들이 강제적 소비자 조직이라 부른 또 다른 민주적 조직이 중요하다고 생각했다.[100] 강제적 소비자 조직은 다시 자치시와 국가라는 두 개의 조직으로 나뉘었다. 페이비언들이 자치시와 국가를 소비자 조직으로 파악한 것은 자치시와 국가를 구성하는 시민들이 결국 소비자로 간주될 수 있다는 생각에 근거한다. 즉 시민과 소비자의 이해관계가 일치하고 있다는 관찰을 통해 자치시와 국가는 소비자 조직으로서의 지위를 획득하는 것이다. 이런 이해관계의 일치 현상은 소비가 보편적이고 강제적으로 이루어지는 분야에서 뚜렷하게 나타났다. 예컨대 우체국 서비스나 수도 공급의 경우, 시민들은 모두 소비자이므로 자치시는 하나의 소비자 조직으로 간주될 수 있다.[101] 이처럼 페이비언들은 자치시와 국가를 소비자 조직으로 파악함으로써 그들의 산업민주주의를 소비자민주주의로 부를 수 있게 하였다.

웹 부부는 자치시 역사에서 소비자 조직의 연원을 찾았다. 그래서 지방정부의 뿌리는 스튜어트 왕조 이후 시기, 즉 17세기 말까지 소급되었다.[102] 웹 부부는 『영국 지방정부(English Local Government)』 제1권 서두에 다음과 같이 썼다.

지방의 여기저기를 다니던 중 우리는 현재의 지방정부가 과거 영국 사회에 근거하고 있다는 사실을 발견하게 되었다. 그리고 이것은 매우 복잡하고 모호했다. 그래서 우리는 1832~1835년의 개혁에 선행하는 시기를 불가피하게 연구해야만 했다. 처음에 우리는 19세기 초기 30년 동안을 연구하는 데 국한하려고 했다. 그런데 연구를 계속해 보니 이것만으로는 충분하지 않다는 것을 알게 되었다. 스튜어트 왕조의 종말과 개혁의회 사이의 150년간은 영국과 웨일즈의 행정사가들에게는 특별히 중요성을 갖는 시기이다. 영국사에서 처음이자 마지막으로 중앙정부가 지방 문제에 대한 간섭에서 손을 뗀 시기이다. 지방의 모든 행정기구가 중앙정부의 간섭이나 통제 없이 행정을 수행하는 것이 허용되었다.[103]

그런데 웹 부부는 이와 같은 지방정부들이 지닌 특징적인 기능이, 생산자들에 기초한 결사체(municipal corporation)에 기원을 둔 것이 아니라 새로운 욕구를 충족시키고 새로운 서비스를 제공할 목적에서 자발적으로 생겨난 소비자들의 결사에 그 기원을 둔다는 것을 발견하였다.[104] 그 최초의 예는 정부 기능 가운데 가장 원시적인 기능인 생명과 재산을 보호하기 위한 자발적 결사의 형태로 나타났다.[105] 1689년 타워햄리츠(Tower Hamlets)의 주민들이 도둑, 소매치기 등에 시달릴 때 치안판사는 이를 통제하지 못했으며 결국 주민 스스로가 개혁을 위한 지방조직의 회원으로 활동하기 시작하여 2,000명의 범죄자들을 기소했다.[106] 또 1777년에는 노포크(Norfork)에 있는 디스(Diss)의 농민들이 말 도둑을 체포하고 기소하기 위해 자체 조직을 결성했다.[107] 북부 산업지역의 제조업자들도 표백작업장에 든 도둑에 대해 같은 방법을 이용했다. 1772년의 ≪만체스터≫ 신문은 도둑, 강도들의 위협에서 도시의 안전을 좀 더 효율적으로 유지하기 위한 조합의 필요성에 대해 반복하여 광고했다.[108] 1827년에는 도둑에 대항하는 조직이 국가 전 지역에서 결성되었다.[109]

그런데 18세기 중반부터는 이러한 자발적 결사체를 강제적 결사체로
전환시켜 줄 것을 의회에 요구하기 시작했고 그 결과 일정 지역에 거주하
는 자들은 모두 여기에 소속되어 특정 문제에 대한 규제에 복종할 의무를
지게 되었다. 이에 더해 산업혁명으로 말미암아 새로운 서비스가 필요하
게 되었고 그에 따라 소비자 조직도 발전하게 되었다.110) 가장 뚜렷한
것은 주택이 증가하고 도시 교통이 번잡해짐에 따라 요구된 서비스로,
예컨대 방범, 도로 포장, 거리 청소 등이 있었는데 이는 지방정부의
지상명령적 과제가 되었다. 그리고 거의 모든 경우에 이런 서비스는
거주민들의 자발적 결사에 의해 수행되었다.111) 웹 부부는 이에 대해
다음과 같이 지적했다.

우리는 자발적 조직들이 의회의 특별법에 의해 도로, 항구, 거리,
도시를 개선하려는 위원단으로 변화된다는 것을 발견하게 된다. 이
들은 강제적으로 지방세를 부과했고 특별한 단체의 명칭이 아닌 모
든 지역 거주민의 이름으로 행동했다. 영국에서 근대 지방정부의
진정한 아버지는 고대의 도시자치단체가 아니라 이러한 위원단일
것이다.112)

웹 부부는 "우리는 다양한 영국 도시의 도로를 포장하고, 청소하고,
점등하고, 감시하고, 개량하는 수백 개의 단체에 대한 …… 문서에서
자치시의 가장 중요한 기능이 시작되는 것을 발견하게 된다"113)고 지적
하면서 지방정부의 새로운 형태가 소비자 조직에 의해 점차 발전해
나갔다고 주장했다. 결국 18·19세기에 걸쳐 생산자에 기반을 둔 낡은
지방조직들이 해체되면서 새로운 시민단체가 탄생되었으며 페이비언들

이 보기에 이것은 곧 생산자 조직이 소비자 조직으로 대체되는 과정이었던 것이다.114) 그리고 이 과정에서 상품생산자는 소수에 불과했지만 소비자는 거주민 전체라는 인식이 두드러졌다.115) 시의회가 그 사회가 요구하는 학교와 교사를 제공할 때 혹은 주민들이 건강하게 살 수 있게 하수도, 도로포장, 거리청소, 가로등 등을 제공할 때, 다른 한편으로는 자본가들의 기업이 벌이는 가스, 수도, 전기, 지하철 등을 제공할 때, 또 주택과 호텔, 식당 등을 제공할 때 또는 우유와 음식, 석탄, 의약품 등을 분배할 때, 이 모든 사업은 개인의 이익이나 자본가의 이윤을 위해서가 아니라 주민들에게 봉사하기 위한 것이었으며 여기서 시의회는 소비자 조직으로서 활동한 것이다.116) 이처럼 자치시는 생산, 분배, 교환을 수행하는 시민-소비자 간의 결사로 간주되었으며 이것은 자본주의 산업조직에 대한 효과적인 대안으로 생각되었다.117)

자치시에 의해 산업을 조직한다는 생각은 영국의 개혁전통과 완전히 동떨어진 것이 아니라 영국 급진주의(Radicalism)의 연장선상에서 나온 것이다.118) 합리적 사회질서를 이루어내기 위해 현실을 개혁하려는 영국의 오랜 급진주의적 전통 덕분에 사회주의는 이질적인 사상이라기보다는 급진주의의 연장선상에 있는 사상으로 파악되었고, 그래서 언뜻 보면 이상하다고 생각되는 '자유주의적 사회주의' 또는 '실용적 사회주의'119)와 같은 용어가 서슴없이 쓰였다. 이런 사정은 페이비어니즘의 핵심적 주장이 된 자치시사회주의에도 해당되었다. 페이비언들은 자치시를 시민들이 필요로 하는 많은 종류의 재화와 서비스를 제공해 주는 주체로 제시함으로써 노동자의 직접적인 요구를 수용할 수 있게 하려고 했다. 그래서 생존의 기본적 욕구를 포함하여 문명생활을 영위하기 위해 필요한 많은 재화와 서비스를 자치시가 관장하고 제공해야 한다고 생각했다. 이와 유사한 생각은 실제로 이미 급진주의자들에 의해 일부 도시에서 시행되고 있었던 정책으로 나타났으며 런던 자치시개혁연맹의 지도자였던 퍼스나 버밍엄 시장이었던 체임벌린[120]의 정책이 그 좋은 보기였다.

초기에 페이비언들은 자치시 행정에 대한 실질적 제안에서 급진주의자들의 견해 이상으로 나아가지 않았다. 그들은 급진주의자들이 이미 주장한 부분, 즉 자치시가 수도, 가스, 전철, 부두, 시장 등을 관리하자는 제안에서 출발했다.[121] 페이비언들이 런던에서 자치시가 가스를 공급할 것을 제안했을 때 그들은 170개의 다른 도시가 이미 가스 시설을 가지고 있음을 밝혔으며[122] 런던에 자치시 전철 건설을 촉구했을 때도 그들은 31개의 다른 도시가 이미 전철을 운영하고 있다는 것을 거론했다.[123] 페이비언들은 런던의 주거 상황에 대한 개혁을 이야기하면서 리버풀(Liverpool), 그리녹(Greenock), 글래스고(Glasgow)의 경우를 지적했다.[124] 또 웹은 그의 책자 『런던 시민을 위한 사실(Facts for Londoners)』(1889)과 『런던 프로그램(London Programme)』(1891)에서 런던 급진주의자들의 자치시 개혁 이념과 자신들의 사회발전 이념을 연결시키려고 노력했다.[125] 그래서 '런던 프로그램'이 발표되었을 때 "웹은 페이비언이라기보다는 급진주의자처럼 쓰고 있다. …… 그리고 그가 옹호하는 모든 개혁은 급진주의자와 자유주의자의 계획 속에 포함되어 있다"[126]는 지적이 나오기도 했다. 이런 지적은 페이비언들이 이미 이루어진 바탕 위에서 더 멀리 나가려 했다는 점을 보여주고 있다. 예컨대 페이비언들의 주장 안에는 사회주의자들뿐만 아니라 폭넓게 지지를 받는 것이 많았다. 8시간 노동제, 공장법의 확대, 양로연금 등이 그러했다.

그렇다면 페이비언들이 이러한 계획을 구태여 사회주의라고 지칭한 까닭은 무엇일까? 페이비어니즘은 급진주의적인 개혁계획을 사회주의와 결합시키고 있었던 것이다.[127] 영국 마르크스주의자들이 그러했듯이 사회주의 운동 밖의 모든 세계를 억압에 공모하는 것으로 — 예컨대 자유당은 모두 자본가로, 토지를 가진 자는 모두 지주로, 교회는 모두 위선자로, 부자는 모두 나태한 자로, 조직된 노동자들은 모두 아첨꾼으로 간주하는 식[128] — 간주해서 급진주의 감각에 호소할 필요성을 무시한 사회주의 그룹은 대중적 추종을 얻을 수 없었다. 즉 당시의 영국 마르크스주의는 어떻게 즉각적인 요구를 궁극적인 목적에 연결시킬 것인가 하는 풀기 어려운 문제를 해결하는 데는 실패한 것이다.[129]

'사회민주동맹'과 여기에서 분리해 나온 '사회주의자연맹'은 제각각 사회주의의 목소리를 영국 사회에 던지고 있었다. 그러나 이들의 사회주의 이데올로기는 노동자의 당면 문제를 해결하는 데 어떤 도움도 제공하지 못했으며 다수의 노동자들을 끌어들이는 데도 실패했다.[130] 영국에서 마르크스주의는 경제학자들 사이에서도 주목받지 못했다. 맥도널(J. MacDornell)의 『정치경제학의 개관(A Survey of Political Economy)』(1871), 시즈윅(H. Sidgwick)의 『정치경제학의 원칙(Principle of Political Economy)』(1888), 잉그램(J. K. Ingram)의 『정치경제학의 역사(A History of Political Economy)』(1888)는 마르크스를 언급하지 않았다. 그래서 페이비언들이 노동자 클럽 회원들을 상대로 강연을 했을 때 노동자들 사이에는 자신들에게 좀 더 실질적이고, 지적이며, 영국적 양식인 사회주의가 소개되었다는 생각이 높아졌다.[131] 바로 이것이 급진주의적 사회주의라는 용어를 낳은 근거이다.[132] 모리스(Morris)의 말과 같이 사람들은 사회주의에 귀를 기울였지만 급진주의나 노동조합 노선이 아니면 전혀 움직이려 하지 않는 경향이 있었다.[133] 페이비언협회의 공식 역사가 피스는 페이비언협회의 첫 번째 업적은 영국에서 마르크스주의의 주문을 깨뜨린 것이라고 말했지만[134] 사실은 깨뜨려야 할 주문이 존재하지 않았던 것이다.[135] 이런 환경에서 페이비언들이 내건 자치시사회주의는 노동자들에게 훨씬 친숙한 용어로 사회주의를 표명했을 뿐만 아니라 노동자들의 직접적인 요구를 받아들일 수 있는 전략적인 방법이기도 했다.[136]

대표적인 예를 하나 들어 보자. 페이비언들은 ≪페이비언 소책자≫ 34에서 수도의 시영화를 주장했다. 런던의 경우 8개의 수도회사가 자본가에 의해 운영되고 있었는데 5개 회사는 템즈 강에서 물을 끌어 왔고 2개 회사는 레아(Rea) 강으로부터 물을 끌어 올리고 있었다.[137] 그런데 인구가 늘고 강 주위에 사람들이 몰려듦에 따라 수질은 심하게 오염되었다. 1895년에 시행한 수질 테스트에서 65개 샘플 중 35개 이상이 기준에 합격하지 못했다.[138] 그래서 페이비언들은 웨일즈 구릉지대(Welsh hills)에서 깨끗한 물을 공급받아야 하며 그것을 위해서는 수도시설을 시영화해야 한다고 주장했다. <표 3>은 런던의 식수 사정을 보여주는 통계자료로서 페이비언들이 제시한 것이다. 이 표를 통해 알 수 있듯이 1896년의 사정은 1889년에 비해 좋아졌음에는 틀림없지만 1896년 당시까지도 수돗물을 공급받지 못하는 가구가 많이 있었음을 알 수 있다. 수돗물의 꾸준한 공급이 64퍼센트에 그치고 있는 경우도 있었다. 페이비언들은 수돗물의 계속적인 공급과 좋은 수질을 확보하기 위해 수도가 시영화되어야 한다는 주장을 끌어냈다.

수돗물에 부과되는 요금에 대해서도 강한 의문을 제기했다. 그들은 도로, 배수, 경찰에 대해서와 마찬가지로 수돗물에 대해서도 특별한 요금을 부과할 필요는 없다고 보았다. 페이비언들은 "적어도 물 문제에서는 공산주의를 허용해야 한다"고 주장했다.[139]

〈표 3〉 런던의 수돗물 공급

회사명	수돗물이 계속 공급되는 가구 수		총 가구 수	
	1889년 12월 31일	1896년 12월 31일	1889년 12월 31일	1896년 12월 31일
첼시(chealsea)	7217	30,787	35,226	37,362
이스트 런던 (East London)	158,025	186,364	166,369	188,001
그랜드 정션 (Grand Junction)	44,043	60,910	55,870	60,910
켄트(Kent)	41,231	71,463	73,230	84,331
람비스 (Lambeth)	47,694	67,215	90,209	105,448
뉴람비스 (New Lambeth)	62,448	125,987	153,133	161,213
사우스워크와 복스홀 (South-wark & Vauxhall)	66,098	112,455	111,736	119,948
웨스트 미들섹스 (West Middlesex)	24,737	64,701	72,562	80,629
합계	451,493	719,882	758,335	837,910

자료: S. Webb, Fabian Tract 34; *London's Water Tribute*(London, 1981)

이와 같이 페이비언들의 관심은 자치시의 사회주의에 집중되었으며 특히 런던에 대한 그들의 관심은 두드러졌다. ≪페이비언 소책자≫ 8에 실린 런던의 현실에 대한 분석과 상세한 통계적 자료가 좋은 예이다. 이런 관심에서 비에트리스는 서슴없이 "시의회가 집산주의를 가져오는 데 의회보다 더 나은 장소"라고 지적했다.[140] 쇼 역시 "만약 사람들이 공공행위와 양심의 자유를 가치 있게 여긴다면 의회보다 자치시 의회가 훨씬 우위에 있다는 것을 발견하게 될 것"[141]이라고 지적해 자치시가 국가보다 훨씬 중요한 역할을 맡고 있다는 생각을 보여주었다. 그래서 그는 "현명한 보험회사라면 만약 자치시의 시장이 일을 제대로 할 의향을 보인다면 자치시 시장보다는 장관의 보험을 선호할 것"[142]이라는 재미있는 지적을 하기도 했다. 이것은 그만큼 자치시의 업무와 자치시가 떠맡고 있는 산업 분야가 많다는 것을 역설적으로 지적한 것이다.

그래서 자치시가 포괄하는 산업 분야는 다른 어떤 산업통제의 주체가 포괄하는 것보다 다양하고 풍부했다. 그 분야는 가스, 수도, 전기부터 레크리에이션과 여흥의 다양한 분야, 예컨대 크리킷과 골프, 동물원, 체육관, 보트 놀이, 콘서트, 댄스파티 등에까지 이르렀다.[143] 자치시는 물질적 환경만이 아니라 음악, 미술, 연극의 제공 등을 포함하는 정신적 환경 전체에 대해 책임을 지고 있는 것이다.[144] 심지어 『페이비언 에세이(Fabian Essays)』의 한 글에서는 자그마치 2쪽에 걸쳐 자치시가 떠맡아야 할 분야를 열거한 것을 발견하게 된다.[145] 자치시가 맡을 수 있는 분야는 한계 없이 확대될 수 있다는 것이 지적될 정도였다.[146]

이러한 견지에서 볼 때 자치시가 제공하는 재화와 용역은 협동조합이 제공하는 것을 훨씬 넘어서고 있었다. 지방정부는 1921년 100만 명에 달하는 사람들을 고용했는데 이것은 협동조합 고용원의 5배에 달하는 수치이며 지방정부의 자산 가치는 15억 파운드를 넘었는데 이는 협동조합의 15배나 되는 수치였다.[147] 다음과 같은 웹의 지적은 자치시의 역할이 페이비언들이 지향하는 사회에서 얼마나 큰 비중을 차지하고 있는가를 잘 보여주고 있다.

개인주의자인 시의회 의원은 시유도로를 따라서 걷게 될 것이다. 이것은 시영 가스로 불이 켜지고, 시영 수도와 시영 청소차로 인해 깨끗해진다. 이윽고 그는 시영 시장에 있는 시유의 시계를 보고,

그가 시립 정신병원과 시립병원에 가까이 있는 시립학교로부터 돌아올 자기의 아이들을 만나기에는 너무 이르다는 것을 알게 된다. 그는 그들에게 시민공원을 통해 걸어오지 말고 시영 전철을 타고 와서 시립도서관에서 만나자고 국유 전신제도를 이용하여 전한다. 그런데 이 독서실 옆에는 시립미술관과 시립박물관, 시립도서관이 있다.[148]

이처럼 주민들은 온통 '시립'과 '시영'의 재화와 용역에 둘러싸여 있는 것이다. 따라서 자치시가 이 산업의 통제권을 넘겨받거나 장악하는 정도는 곧 사회주의로의 진척 정도를 가늠하는 척도가 될 수 있다. 자치시가 떠맡아야 할 가장 중요한 산업의 하나인 수도 산업을 놓고 볼 때, 여전히 많은 지역에서 자본가가 수도 공급을 지배하고 있다는 사실을 지적한 것은 — 킴벌리(Kimberly)에서 캠브리지(Cambridge)까지, 타라파카(Tarapaca)에서 트루로(Truro)까지 알렉산드리아(Alexandria)에서 안트워프(Antwerp), 브리스톨(Bristol), 몬테비데오(Montevideo) 같은 주요 도시도 자본가에게서 물을 구입했다[149] — 이 지역에서는 사회주의로의 이행에 별다른 진척이 없었다는 점을 보여주는 것이다.

그런데 이처럼 지방당국이 자본가에 의해 운영되는 산업을 넘겨받으면 어떤 점에서 좋은 것일까? 웹 부부가 1915년 ≪새로운 정치가(New Stateman)≫ 증보판에 밝힌 내용을 인용해 보건대 그 장점은 첫째로 경영은 사회적 이익을 위해 사심 없이 수행될 것이라는 점, 둘째로 인간에 대한 개인적 지배를 피할 수 있게 한다는 점, 셋째로 각 산업의 전국적 혹은 지방적 통일이라는 장점을 얻을 수 있다는 점, 넷째로 고용인들에 대한 보상을 좀 더 평등하게 할 것이라는 점, 다섯째로 절약할 수 있는 모든 것을 공동의 선을 위해 확보하고 인구의 증가에

따른 자연증액(unearned increment) 부분을 흡수할 것이라는 점, 여섯째로
국가의 생산은 잘 계획되어 결정될 것이며, 상품 소비의 조건과 가격이
결정될 것이고, 노동자들이 확보할 조건이 결정될 것이라는 점 등이었
다.[150] 이들의 주장은 결국 세 가지로 요약된다. 하나는 자치시 기업들이
렌트의 공정한 분배를 좀 더 합리적으로 이루어낼 수 있을 것이라는
점과 또 하나는 경영이 사기업에 비해 더욱더 효율적이 될 것이라는
점, 그리고 세 번째는 공공선을 위한 생산이 이루어지게 될 것이라는
점이다. 웹 부부는 결국 자치시 경영이 분배와 성장 두 문제를 처리하는
데 모두 자본가의 경영보다 우월하다는 것을 주장하고 있다. 그러므로
자치시의 생산물은 자본가가 제공하는 생산물보다 질에서 더욱 신뢰할
수 있고, 꾸준한 공급이 가능하며 가격은 더욱 저렴할 것으로 보고
있다.[151] 질을 저하시키거나 양을 속이는 일도 없을 것이며 무지한
구입자를 기만하는 행위도 없을 것이다.[152]

구체적인 예로 전철의 시영화를 들어보자. 웹은 《페이비언 소책자》
33에서 지방당국이 자본가에 의해 운영되는 전철을 넘겨받으면 요금은
낮추면서도 좀 더 확실하고 빠른 서비스를 제공할 수 있으며, 임금은
오르고 노동시간은 줄며, 시를 위한 적절한 이윤을 거둘 수 있다고
주장했다. 이런 현상이 나타나는 것은 자치시가 그 제도를 더욱 철저히
시행하고 좀 더 확실히 감독함으로써 태만을 피하고 절약을 할 수 있으며,
전철을 효과적으로 유지하기 위해 더 많은 돈을 사용할 수 있고, 번거로운
관료적 절차에 들어가는 낭비를 줄일 수 있기 때문이었다.[153] 여기서
강조되는 것은 시영화된 전철이 지닌 효율성이다. 이로 인해 사적 자본으
로 운영되는 전철보다 전철을 이용하는 소비자에게 더더욱 큰 혜택이
돌아갈 것이다.

또 다른 예를 ≪페이비언 소책자≫ 91에서 찾아볼 수 있다. 사설 전당포에 대해 자치시 전당포가 지니는 장점을 한번 살펴보자. 첫째로 자치시 전당포는 빈민에 대한 공공부조 정책의 한 부분으로 인정되어 거기서 나온 이윤은 낮은 이자로 대출되며 또 어떤 잉여든지 공공의 목적을 위해 이용될 것이다. 둘째로 해마다 여기에 대한 온전한 보고가 나와서 그 조직과 기능에 대한 끊임없는 연구가 가능해질 것이다. 셋째로 자치시전당포의 업무는 훔친 물건을 빼돌리지 않는 선한 관리들이 수행할 것이다. 넷째로 가장 근대적이고 과학적인 방법으로 물건을 보관하고 소독할 것이다. 이는 매우 중요한 문제였는데 당시에는 상당수의 낡은 옷가지가 보관되었기 때문이다. 다섯째로 필요할 경우 어떤 전당포보다도 싼 이자로 돈을 빌릴 수 있을 것이다.[154] 여기서 강조되는 것은 자치시 전당포가 수행해야 할 봉사의 정신이었다. 결국 이윤 동기가 배제되고 공공에 대한 봉사정신이 나타남에 따라 자치시 기업은 자본주의 기업을 능가하는 효율과 균형을 획득할 것이며 아울러 공정한 분배도 이룰 것이었다.

자치시의 산업통제가 갖는 이러한 장점에 비해 자본가에 의해 운영되는 사기업은 여러 가지 부정적인 측면을 지니고 있다. 이에 대해 쇼는 1904년 "자치시 교역에 대한 상식"에서 사기업의 위험과 비능률을 지적했다.[155] 가장 일반적인 예로 주류 거래를 들었는데 이것은 매우 큰 이익을 내고 있음에도 불구하고[156] 불행하게도 인간을 무능화했고 비효율, 질병, 범죄 등을 불러왔으며 산업생산에 나쁜 영향을 끼쳤던 것이다. 더욱이 사기업이 주류 거래를 함으로써 의사, 경찰, 교도소 등이 필요해졌고 여기에 비용이 들어가게 되었다.[157] 더욱이 이윤 동기는 사회적으로 해로운 사업을 촉진시켰다. 퇴폐적인 오락의 성행, 비양심적인 신문과 잡지의 출판, 주류의 판매 등이 그 명백한 예다.158) 또 사기업들은 가장 큰 이윤을 얻기 위해 상품 생산량과 가격을 자신들에게 편리하게 조작했다. 자신의 목적을 위해 사회를 희생시킨 것이다.

그러나 이에 반해 공기업은 상품의 가격을 비용 수준으로 떨어뜨리든 그렇지 않든 그 이윤을 자본가의 사적 전용에 맡기지 않고 공공의 선으로 돌린다는 것이 특징이었다. 즉 사기업은 교환가치나 한계효용에만 의존한 반면 공기업은 사용가치나 산업 전체의 효율성을 얻으려 했다. 그래서 페이비언들은 자치시가 관리하는 산업이 재화에 부과하는 가격은 두 가지 경향을 띠게 될 것으로 보았다. 하나는 소비를 제한하기 위해 생산비용과는 상관없이 높은 가격을 부과하는 것이다. 또 하나는 사치와 낭비가 없이 소비가 이루어지는 부문에서는 소비의 자유를 제한하는 특정 가격을 완전히 폐지하는 쪽으로 나아갈 것이다.159) 결국 일상적 생활에 필요한 많은 재화와 용역 부문에서는 완전한 소비의 자유를 보장받을 수 있다고 보았다. 그러므로 사회를 희생시키며 이윤을 획득하는 것이 목적인 사기업과 공공의 수요를 충족시키는 것이 일차적 목적인 공기업의 마찰은 결국 '자치시 교역(municipal trading)'을 선호하는 쪽으로 기울 것이라고 보았다.160) 사기업도 존속할 것이지만 그것이 살아남으려면 오직 렌트 수취를 중단할 때만 가능하다. 이처럼 강조하는 '시립'과 '시영', '자치시 교역'은 페이비어니즘의 전체적인 틀 속에서 본다면 렌트의 재분배를 의미하는 것이었다. 단지 렌트의 재분배는 금전적으로 이루어지는 것이 아니라 자치시가 제공하는 다양한 서비스로 실현되는 것이다.

이러한 자치시 조직의 발전에는 '사심 없이 잘 훈련된 전문관리'들이 필요했다.161) 자치시 기업의 활동은 반(反)사회주의적인 태도, '모든 종류의 국가 행위에 대한 적대적 태도'[162] 관료사회에는 부패가 내재해 있다는 불신으로 인해 제약당했다. 그러므로 페이비언들은 공공조직에 대한 일반 민중의 신뢰회복이 자치시 기업이 발전하고 확대되기 이전에 선행되어야 한다고 보았다. 그러므로 웹 부부는 사심 없이 봉사하는 공무원과 훈련된 행정가들의 존재를 자치시 조직에서 매우 중요한 요소로 간주한 것이다. 비에트리스는 그들을 3A에 대비되는 3B, 즉 '귀족적이고 무정부적이며 거만(aristocratic, anarchist, arrogant)'하지 않은 '선하고 부르주아적이고 관료적인(benevolent, bourgeois, bureaucratic)' 존재로 보았던 것이다.[163]

여기에 덧붙여 새롭게 등장한 '사심 없는 전문직업인'[164]들의 존재가 소비자민주주의를 구현하는 자치시 조직에 필수적인 것이었다. 웹 부부는 엔지니어, 건축가, 조사원, 회계사, 교사, 간호원, 위생검사원, 의료담당 관리, 제도공, 서기, 경찰 등이 구체적으로 여기에 해당된다고 보았다.[165] 이들은 금전적 이득이나 재산을 추구하려는 동기를 대신하여 봉사에 대한 동기, 자신의 능력을 더욱 추구하려는 욕구, 전문가적 의무 등을 발휘함으로써 자치시사회주의 실현에 필수적인 역할을 할 것으로 여겼다.[166]

그런데 이러한 '훈련된 전문관리'들과 '사심 없는 전문 직업인'들을 필요로 하는 자치시사회주의는 런던 같은 광역 행정단위가 그 지역의 산업통제를 모두 떠맡아야 한다고 보지는 않았다. 19세기 말 페이비어니즘이 자치시사회주의라는 주장을 내걸었을 당시 이 자치시가 의미하는 생활공동체 단위는 전통적인 지역단위가 아니었다. 왜냐하면 페이비언들은 낡은 지역주의가 여러 가지 낭비와 장애를 초래했다고 믿었기 때문이다.[167] 그들이 말한 산업통제 주체로서의 자치시는 산업사회의 합리적인 공동생활 단위이며 결코 전통적 의미의 공동체적 공간은 아니었다고 보아야 한다. 그래서 자치시사회주의 혹은 자치시 산업통제는 자치시가 경영하기에 적합한 산업에 대해 통제권을 장악하되, 자치시를 구성하는 각 지역이 직접 관리하는 것이 효율적인 산업에 대해서는 그 통제권을 지역에 넘겨주는 것을 의미했다. 그러므로 우리는 여기서 자치시사회주의가 의미하는 바를 더욱 명확히 파악하게 된다. 즉 자치시 사회주의란 시당국과 더불어 이에 속한 많은 지역이 시의 운영을 더욱 효율적으로 수행하는 것을 목적으로 한 것이다. 이에 대해 웹은 다음과 같이 지적했다.

> 런던 시 문제에 관한 한 런던 시의회에서 논의된다는 생각이 일반화되어 있다. 그러나 이런 생각은 잘못이다. 런던 시 행정의 많은 부분은 시의회가 아니라 43개의 지역위원회(district council)에서 수행되는 것이다. 시의회는 연간 200만 파운드를 지출하지만 43개 지역위원회는 250만 파운드를 지출한다.[168]

이 지역위원회가 맡게 되는 산업의 분야는 공중목욕탕, 공공도서관과 독서실, 공동묘지 등이었다.[169] 또 도로와 가로등도 지역구의 산업통제 영역에 해당되었다. 웹은 지역단위로 모든 도로가 깨끗이 포장되고 청소되며 가로등이 설치될 것이라고 주장했고 지역마다 공원이 조성되어야 하며 이와 더불어 식목도 잘되어 있어야 한다고 주장했다.[170] 그는 도로의 정비, 공원의 조성 등은 시 단위보다 지역 단위로 이루어지는 것이 합당하다는 견해를 제시했다. 웹은 반면에 수도, 가스, 전철 등의 경우에는 지역구가 시영화를 지지해야 한다는 점을 분명히 했는

〈표 4〉 런던의 43개 자치단체에 관한 통계

지역	선출된 인원	선거구 수	인구(1891년)
배터시(Battersea)	120	4	150,558
버몬시(Bermondsey)	120	4	84,682
베스널그린(Bethnal Green)	57	4	129,132
캠버웰(Camberwell)	120	6	235,344
첼시(Chelsea)	60	4	96,253
시티(City)	92	19	38,457
클럭켄웰(Clerkenwell)	72	5	66,216
풀햄(Fulham)	72	3	91,639
그린위치(Greenwich[3])	99	9	165,413
해크니(Hackney)	120	8	198,606
해머스미스(Hammersmith)	72	3	97,230
햄스테드(Hampstead)	72	4	68,416
홀본(Holborn[4])	49	4	34,035
이즐링턴Islington	120	8	319,143
켄징턴(Kensington)	120	3	166,308
람비스(Lambeth)	120	8	275,203
리(Lee[4])	33	7	36,103
루이셤(Lewisham[2])	27	4	92,647
라임하우스(Limehouse[4])	39	4	57,376
마일엔드(Mile End)	90	5	107,592
뉴잉턴(Newington).	72	4	115,804
서리 패딩턴(Surrey Paddington)	72	4	117,846
플럼스태드(Plumstead)	96	8	52,436
포플러(Poplar[3])	60	7	166,748
로더히드(Rotherhithe)	24	1	39,255
세인트조지(St. George), 하노버 스퀘어(Hanover Sq).	120	7	78,364
세인트 조지 인 더 이스트 (St. George in the East)	36	2	45,795
세인트 조지 사우스워크 (St. George Southwark)	48	3	59,712
세인트 자일스(St.Giles[2])	48	2	39,782
세인트 제임스, 웨스트민스터 (St. James,Westminster)	48	4	24,995
세인트 루크(St.Luke)	60	5	42,440

세인트 마가렛 앤드 존 (SS. Margaret and John)	96	6	55,539
웨스트민스터 세인트 마틴 인더 필즈 (Westminster St. Martin in the Fields)	36	3	14,616
세인트 메릴본(St. Marylebone)	120	8	142,404
세인트 올라브(St. Olave[3])	28	3	12,723
세인트 판크라스(St. Pancras)	120	8	234,379
세인트 세이비어(St. Saviour[2])	39	2	27,177
쇼디치(Shoreditch)	120	8	124,009
스톡 뉴잉턴(Stoke Newington)	60	5	30,936
스트란드(Strand[6])	49	6	12,,805
완즈워스(Wandsworth[5])	63	8	156,944
화이트채펄(Whitechapel[9])	58	11	74,420
울위치(Woolwich)	18	6	40,848
합계			4,220,339

자료: Fabian Tract 60(1891), p. 18.

주: 괄호 속의 숫자는 12개 자치국(District Boards of Works)을 구성하는 교구의 숫자 이다.

데[171] 시 당국은 특정 부문에서 산업통제의 주체임을 주장할 수 있었던 것이다.

한 예를 들면, 런던의 교구원회(vestry) 구성의 경우 1894년에 통과된 교구의회법(Parish Councils Acts)으로 낡은 교구원회를 없애고 새로운 교구 원회를 — 여기서 교구는 일반적인 인식과는 달리 교회와는 아무 관계가 없으며 단지 교구의 거주민에 의해 구성된 위원회를 지칭하는 이름일 뿐이다[172] — 구성하는 것이 가능해졌다.[173] ≪페이비언 소책자≫ 60에 의하면 울위 치와 시티(Woolwich and the Old City)를 제외하면 런던은 <표 4>와 같이 76개 교구로 나뉘었다.[174] 표를 통해 볼 때 배터시의 경우는 15만 553명의 인구 중 120명의 대표가 뽑혔으며 첼시의 경우는 9만 6,253명 중 60명의 대표가, 해머스미스의 경우는 9만 7,239명 중 72명의 대표가, 스트랜드의 경우는 1만, 2,805명 중 49명의 대표가 뽑혔다. 이것은 대개 성인 100명 내지 400명당 1명꼴로 대표를 뽑았다는 것을 의미한다. 그리고 대부분의 교구는 2~8개의 구역(ward)으로 나뉘었고 각각 1명에서 40명의 교구 대표를 선출했다. 페이비언들은 이 교구의 선거에서 사회주의자들이 선출될 것을 기대했고 교구를 장악하기 위해 더욱더 많은 진보적 단체가 연합할 것을 촉구했다. 즉 사회주의협회들(Socialist Societies), 독립노동당(Independent Labour Party: ILP), 노동자 클럽(Working Men's Club), 노동조합의 지방조직들, 금주협회들(Temperance Societies), 자유급진연합(Liberal Radical Association), 런던 개혁연합당(London Reform Union) 지방분회 등이 모두 연합할 것을 주장했다.175) 페이비언들은 이러한 선거에서의 승리를 통해 자치시 의회를 장악한 후, 페이비어니즘의 자치시 계획을 실행하고 합리적인 산업통제의 틀을 마련해 나가려 한 것으로 볼 수 있다.

이상의 논의에서 자치시사회주의의 단위가 단일하지 않다는 것이 드러났지만, 자치시 영역 밖에 있는 산업 부문도 지적함으로써 페이비어니즘이 다원적인 산업통제 양식을 표방한다는 점을 분명히 확인시킨다. 웹 부부는 자치시와 국유 기업의 가장자리에 사기업이 존재하는 것으로 보았다.176) 그래서 웹은 "그가 한 사람의 고용주를 원하고 있다"는 비난에 격렬히 반박한 것이다.177) 나아가 회화, 조각, 공예 등 예술 활동의 생산을 조직하는 자치시 조직은 마땅하지 않은 것으로 보았으며178) 시나 소설 분야도 마찬가지로 보았다. 농업의 특정 분야도 개인의 경작에 의해 성공적으로 수행된다고 보았고179) 상품과 서비스의 발명도 개인 기업에 개방될 것으로 보았다.180) 이런 지적을 통해 페이비어니즘이 산업통제권을 이양받으려는 부문은 이미 잘 조직된 산업 부문이라는 것을 알 수 있다. 그러나 조직되지 않는, 예컨대 창조적 부문의 생산

활동은 굳이 자치시가 통제권을 넘겨받을 필요가 없다고 보았던 것이다.

맥브라이어(McBriar)는 페이비언의 자치시사회주의를 사회주의로 가는 어두운 길을 비추는 등대라기보다는 자치시 서비스에서 다른 도시에 비해 뒤쳐진 런던의 지체를 반영하고 있을 뿐이라고 보았다.[181] 그러나 자치시사회주의가 페이비언의 치밀한 산업통제론의 한 부분을 구성한다고 볼 때 이것은 오히려 사회주의를 실현하는 구체적 통로로서의 의미를 지닌다고 평가해야 한다. 그래서 쇼는 "자치시를 장악하게 된다면 민주국가는 사회주의를 실현시킬 수 있는 기구를 갖는 것"[182]이라고 주장한 것이다.

5. 중앙정부의 산업통제

페이비언들은 자치시와 더불어 중앙정부를 강제적 소비자 조직으로 간주한다. 그것은 국가의 기능 자체가 1세기 전과는 달라졌다고 본 페이비언들의 국가관과 연관된다. 웹 부부는 그들이 서술하려는 국가의 기능은 지난 한 세기 동안 탄생한 것[183]이라고 지적했다. 한때 트라이치케(Treitschke)는 국가의 두 가지 기능으로 정의의 실현과 전쟁의 수행이라는 공리를 제시했지만 이제 국가는 새로운 기능을 가지게 된 것이다. 웹 부부는 "원래는 독일인이 '통치'라 부르고 프랑스에서 '왕의 권력' 혹은 '경찰권'이라고 불렀던 것이 이제는 점점 '경제', '관리' 혹은 '공공서비스 행정'이 되고 있다"고 지적하며 국가의 기능은 사실상 "전국적 규모의 살림살이"라고 말했다.[184] 그래서 웹 부부는 『영국 사회주의 공화국 헌법』이라는 책에서 두 개의 '조정된 의회'를 주창하고 정치의회

의 영역은 '통치'이며 사회의회의 영역은 '경제, 관리, 살림살이'라고
지적했다.185) 국가가 후자의 영역에서 활동하는 한 국가는 소비자 조직
으로서 활동하는 것이다.

국가가 소비자 조직으로서 제공해야 할 서비스는 우편업무, 철도,
전보, 전화, 은행, 보험, 운하 등이고 이런 부문에서 국가는 이윤을
위해서가 아니라 사용을 위해 생산하는 소비자들의 연합체로서 산업에
참여하는 것이다.186) 즉 여기서 국가의 활동은 투하된 자본으로부터
최고의 화폐소득을 끌어내리기보다는 사용자나 소비자에게 가능한 한
도움을 주려고 했다. 이러한 측면에서 국가는 소비자들에게 필요한
서비스를 제공하는, 일종의 확대된 협동조합으로 파악되었다.187) 중앙
정부가 운영하는 국유 기업이 생겨나는 이유는 생산이 전국적 규모로
이루어질 때 얻는 이점이 일부 분야에서는 매우 컸기 때문이다.188)
즉 국유화하에서는 우편업무의 경우처럼 서비스가 전국적으로 동일해야
하기 때문에, 혹은 광산의 경우처럼 자원을 전국적으로 집산하여 분배해
야 할 필요가 있기 때문에, 또는 철도의 경우처럼 서비스가 지역 간에
조정되어야만 하기 때문에 요구되며 이 부문에서 공유화의 주체는 자치
시보다 중앙정부가 바람직하다고 보았다.189)

그러나 국유화된 산업이 페이비언들이 의도하는 소비자민주주의를
뚜렷하게 실현시키지는 않았다. 소비자들의 의사가 생산품의 종류와
양을 직접 결정할 수 있는 메커니즘을 확보해 내는 것이 소비자민주주의
의 핵심이라고 한다면 국유 기업이 소비자민주주의를 실현하고 있다고
볼 수는 없었던 것이다.190) 왜냐하면 국유 기업을 이용하는 사람들은
소비자로서 너무 넓게 분산되어 있고 또한 결집하지 못하기 때문에
상품의 양이나 질 또는 가격을 직접 통제할 수 없기 때문이다.191)

그러므로 페이비언들이 소비자민주주의가 실현될 수 있는 적합한 단위로 생각한 것은 소비자들이 재화의 양과 질, 가격을 효과적으로 통제할 수 있는 지리적 단위였다.[192] 따라서 페이비언들은 소비자민주주의를 실현하려면 많은 산업과 서비스가 국유화되기보다는 시유화되어야 한다고 생각했다. 웹 부부는 다음과 같이 지적했다.

> 왜 많은 산업과 서비스가 국유화되기보다 시유화되어야 하는지에 대한 명백한 이유들이 있다. 우선적으로 주민들 사이의 의식, 즉 다른 지방과는 다른 이웃, 공동의 필요, 주어진 영역에 대한 의식 등이 중요하다. 무엇이 그들의 정신적·육체적 환경이 될 것인가에 대해 자신들 스스로 결정할 수 있어야 하고, 그리고 어떻게 이것이 유지되고 개선될 것인가에 대해 주민들이 조언할 수 있어야 하는 것이다.[193]

웹 부부에 따르면 우리의 생활이 이루어지는 대부분의 공간은 자치시이며 이 공간에서 생활하는 주민들은 공동의 삶을 영위하고 있는 것이다. 그러므로 그들이 자신들 삶의 내용을 관장하고 통제하려면 산업의 많은 부분이 시유화되어야 한다. 더구나 페이비언들이 중시하던 이웃 사이의 연대의식[194]은 자치시를 단위로 하는 산업의 운영을 밑받침하며 익명성에서 오는 행정의 횡포도 예방할 것으로 보았다. 웹 부부는 다음과 같이 지적했다.

> 철도운전사는 그가 수송하는 수많은 사람과의 연대의식을 가지고 있지 않다. 광부는 그가 모르는 소비자들을 위해 캐내는 석탄에 대해

어떤 생각도 갖지 않는다. 그러나 시의 학교에서 가르치는 선생들, 시립병원에서 근무하는 의사들, 시의 거리에서 일하는 청소부들은 그가 봉사하는 사람들 사이에서 살고 움직이며 자신의 존재를 확인하는 것이다.195)

시의 선거구민들이 자기 지역의 사무를 관리하기 위해 뽑은 대표들을 개인적으로 안다는 것, 그리고 계속 관찰할 수 있다는 점은 큰 장점이었다.196) 서로 같은 지역에서 살며 같은 여론의 통제하에 있고, 개인적으로 서로 친분이 있는 환경이라면 생산자와 소비자의 이해가 첨예하게 대립하는 일은 없을 것이다. 웹 부부는 이런 환경 안의 생산자와 소비자 사이의 관계는 중세 길드의 장인과 고객의 관계에 접근하게 될 것으로 보았다.197)

이와 같이 자치시의 성격을 강조하는 페이비어니즘은 산업사회에서 직접민주주의의 실현을 시도한 것은 아닌가라는 의문을 가져볼 수도 있다. 물론 그들이 고대 그리스의 직접민주주의를 현대에 부활시키겠다는 생각을 노골적으로 표명한 것은 아니다. 하지만 그들이 제시한 지방정부의 규모로 보거나 또는 그 지방정부의 운영 형태를 살펴보건대 그것은 고대 그리스의 직접민주주의 형식과 매우 유사하다. 페이비언들은 지방정부의 최저 단위를 하나의 구역(ward) 정도198)로 보았으며 또 구역대표는 주민의 의사를 충실하게 반영할 수 있을 정도로 주민과의 거리가 가까웠다. 그리고 웹 부부는 고대사회에 나타났던 도시국가의 애국심을 인간 사회의 가장 훌륭한 열정 중 하나로 꼽았고199) 그래서 혹자는 페이비언들이 그리스 폴리스(polis)의 부활을 기대하고 있다고까지 말했다.200)

그러나 이러한 유사성에도 불구하고 근본적인 차이가 있다. 먼저 페이비언들은 직접 입법에 대해 분명한 반대의사를 표명했다는 점이다.201) 1896년 "페이비언 정책에 대한 보고"는 다음과 같이 직접민주주의를 거부했다.

> 페이비언협회가 이해하는 민주주의는 국민에 의해 자유롭게 선출된 대표들이 행정을 통제하는 것을 말한다. 페이비언협회는 정부행정의 기술적 작업이 국민투표나 그와 유사한 대중적 결정의 형식으로 수행되는 어떤 체제에 대해서도 반대한다.202)

더구나 페이비언들이 지향한 공동체사회는 구역, 자치시, 전국이 서로 유기적으로 연결되어 있는 가운데 위치하고 있다는 점이다. 구역은 따로 떨어져서 존재하는 것이 아니며, 산업을 매개로 하여 구역과 자치시는 서로 연결되며 자치시와 국가 역시 서로 연결되는 것이다. 그들의 삶의 공간은 구역을 근거로 해서 산업을 따라 시, 국가로 확대되어 나가는 것이다. 이런 점이 국가에 대한 철저한 시민통제를 지향한다는 유사성에도 불구하고 페이비어니즘을 고대의 직접민주주의와 구별짓는다.

그리고 페이비언이 고도로 집중된 산업통제기구를 옹호했다는 견해 역시 그들이 제시한 소비자 조직의 여러 형태를 놓고 볼 때 결코 타당하지 않다. 자유주의적 입장을 대변한 ≪네이션(Nation)≫은 다음과 같이 지적했다.

> 페이비언들은 선거구 주민들의 진정한 통제가 불가능하게끔 그 구조

가 미묘하고 전문화되어 있고 그 작업이 매우 비밀스러운 고도로
집중된 기구를 만들어내려고 한다. 페이비언들의 계획은 숙련된 정
치 공학자들이 정부기구를 작동시키는 것이다.[203]

그러나 웹 부부는 다양한 소비자 조직이 존재한다는 전제에서 페이비
어니즘의 산업조직은 단일화된 통제구조를 갖지 않는다는 것을 분명히
했다.[204] 오히려 페이비어니즘은 중앙집권화에 대해 경계했다. 웹 부부
는 "만약 협동주의 공화국이 개인에 대한 무시무시한 독재가 되지 않으
려면 우리는 그것이 권력이든, 지식이든, 권위이든 간에 중앙집권화를
회피해야 한다"[205]고 분명히 지적했다. 페이비언들이 만든 잡지였던
≪새로운 정치가(New Stateman)≫에서도 사회주의 국가는 중앙집권화된
관료제로서가 아니라 고도로 다양화된 수많은 사회적 그룹의 묶음으로
써 제시되었다. 여기서 정부의 강제는 점차 축소될 것으로 전망되었
다.[206] 또 억압적인 중앙집권화에 대한 처방으로 페이비언들은 강력한
압력집단을 유지할 것을 주장했다. 더욱이 국유화 산업에서는 소비자민
주주의가 실현되지 않고 있다고까지 말하고 있고[207] 또 권력의 집중은
자유에 치명적인 타격을 가할 것이라고 지적한 점으로 보아[208] 페이비어
니즘을 중앙집권적 사회주의라고는 결코 말할 수 없다. 페이비어니즘을
거대하고, 중앙집권화되고, 관료적이며, 강제적인 그리고 모든 것을
관장하는 정부 개념과 연관시키는 것은 오해에 불과한 것이다.[209]
　공공행정의 일부 분야 지방기구에서 더 잘 관리한다는 것도 분명했다.
그러나 어떤 분야는 지방기구에서 더 잘 관리된다는 것도 명백했다.
문제는 어떤 분야가 지방기구에 적절하며 어떤 분야가 중앙집권적인
성격에 적당하냐를 가려내는 것이었다. 웹 부부는 다음과 같이 지적했다.

산업의 어떤 부분은 하나의 중앙정부로부터 가장 잘 관리될 수 있다. 그러나 다른 것 중에는 지역적으로 관리되어야 하는 것도 있다. 어떤 것이 지역적이 되고 어떤 것이 중앙화되어야 할 것인가? 어떤 원칙에서 이것이 분화되고, 어떤 형태로 또 어느 정도로 중앙통제가 이루어져야 할 것인가? 이것은 내가 알기로는 해결되지 않은 문제이며 또 심각하게 고려되지 않은 문제이다.[210]

산업통제의 형식이 단일화될 수 없는 이유는 각 산업이 효율성을 위해서는 서로 다른 영역을 요구하기 때문이었다. 이에 대해 웹 부부는 다음과 같이 지적했다.

우리가 직면해야 하는 문제는 어떤 한 영역도 모든 목적을 전부 충족시킬 수는 없다는 것이다. 자치시나 국가의 각각의 기능은 자신의 적절한 영역을 요구한다. 배수를 위한 가장 편리하고 가장 경제적인 또 가장 효율적인 영역의 단위는 수도, 가스, 전기를 공급하기 위한 영역의 단위와는 다른 것이다. 거리청소, 도로포장, 점등, 쓰레기 청소를 위한 가장 유용한 관리 단위는 전철 서비스의 단위와는 다를 것이다.[211]

그러므로 산업은 각기 그것이 가장 효율적으로 수행될 수 있는 영역단위와 조직단위를 발견해야 하는 것이다. 그래서 페이비언들이 진행한 작업은 중앙정부와 지방정부의 관계에 관한 정교한 연구였다.[212] 심지어 페이비언들은 산업의 가장 적절한 공공기구를 중앙정부, 자치시로 명확히 양분하지도 않았다. 처음에는 그 영역을 구역(parochial), 시(municipal),

도(provincial), 전국(national) 등213) 여러 개로 분리해 놓고 생각을 전개해 나갔다. 페이비어니즘을 국가사회주의라고 지칭하는 것은 큰 오해를 불러일으킬 수 있으며 마찬가지로 전적으로 자치시사회주의로 이해해서도 안 된다. 페이비언들이 제시한 다원적인 산업통제 양식으로 페이비어니즘을 이해할 필요가 있다.214)

6. 맺음말

결국 페이비언들이 구상하고 있는 소비자민주주의에 따르면 한 사회의 산업은 크게 세 개의 소비자 조직이 소유하고 통제한다. 첫째는 전국을 기초로 한 산업인 우편업무, 철도, 운하, 석탄과 석유의 공급, 전기, 은행과 보험, 금속 제련, 여객 수송 등으로 이는 중앙정부가 관리해야 할 부분이다.215) 둘째는 가정의 소비를 위해서 무수한 종류의 상품이 제공되어야 하는데 이것은 소비자협동조합이 담당할 것이다.216) 셋째는 이 두 종류 사이에 위치하는 공공 서비스의 거대한 영역이다. 수도, 가스, 전기, 전차, 버스, 나룻배, 주택, 목욕탕과 세탁소, 공동묘지와 화장터, 도로포장, 청소, 점등, 환자 치료, 유아, 병약자, 노령자 구호, 보육학교로부터 평생교육에 이르기까지 모든 종류의 교육, 공원, 산책길 제공 등 이런 종류의 서비스는 자치시가 담당해야 한다. 재화와 서비스의 소유와 통제가 각기 다른 소비자 조직에 의해 이루어지는 것은 재화와 서비스의 성격에 기인한 것이며 그 재화와 서비스를 생산하는 산업이 대상으로 하는 인구의 지리적 영역과 관련된다.

이러한 소비자민주주의는 국내적 공간에만 머무르는 것이 아니었다.

나아가 페이비언들은 문명사회 전체를 소비자 조직으로 파악하려 했다. 그들은 이러한 소비자민주주의 조직을 국제적으로 확산시키려 한 것이다. 모든 산업이 사회화된 세계에서 사적 이윤을 위한 수출은 종식될 것이고 그 대신 교환이 아니라 사용을 위해 소비자들이 국제교역을 담당하게 될 것이다.217) 페이비언들은 문명화된 세계는 소비자 조직의 광대하고 복잡한 그물망이 될 것으로 전망했다.218)

이와 같은 재화의 생산과 분배가 자본주의 경제 질서에서 나타나는 사적 이윤을 제거하여 사회구성원들에게 평등한 분배를 보장하는 페이비언들의 실제적인 대안이었다. 그들의 표현을 빌리자면 바로 이것이 "생명, 자유, 행복을 추구하는 데 평등을 극대화하는 원칙을 채택한 구체적인 모습"이었던 것이다.219) 그리고 이것이 민주주의가 산업 세계로 확대되어 나간 구체적인 모습이다. 페이비언들은 인간의 경제적 삶의 주도적 측면을 생산이 아닌 소비에서 찾았으므로220) 그들의 경제적 민주주의는 소비자민주주의로 귀착되었다. 그리고 그들은 재화와 용역의 생산과 분배가 가장 효율적으로 이루어지며 소비자의 편의가 극대화되는 공간에 맞추어 산업을 재편성하려 한 것이다.

이상에서 살펴본 소비자민주주의의 몇 가지 의미를 다음과 같이 지적해 볼 수 있다. 첫째는 이러한 새로운 대안이 결국 페이비어니즘의 렌트 이론과 맞물려 있다는 것이다. 페이비언들이 산업을 재조직하려 한 것은 렌트를 합리적으로 사회구성원에게 분배하는 장치를 발견하려는 의도에서였다. 그들은 렌트의 발생을 제지할 수 없다고 파악했으므로 렌트 문제를 해결하기 위해서는 렌트의 합리적 분배를 실현할 만한 기구를 만드는 것밖에는 달리 방도가 없다고 생각했다. 그것에 대한 페이비언들의 답변이 곧 산업통제론의 구체적 내용이다.

둘째는 페이비언들이 소비자의 측면에서 산업을 재조직하려는 과정에서 새로운 조직이나 제도를 제창했다기보다는 사회주의의 맹아라고 할 수 있는 것들, 즉 협동조합과 자치시 그리고 소비자 조직으로서의 국가에 주목했다는 점이다. 페이비언들은 그것들의 사회주의적 의미를 부각시키고 성숙시키는 작업을 통해 사회주의로의 이행이 이루어질 것으로 보았다. 그래서 페이비언들은 실제 사회제도에 대한 정밀한 연구를 통해 사회주의에 대한 '종의 기원'을 만들어내려 했으며, 그럼으로써 사회주의 정치가의 활동에 대해 확고한 기초를 제공하려 한 것이다.221) 이러한 작업을 통해 페이비언들은 사회주의를 이상에서 끌어내려 현실의 일부로 인식하게 했다.222) 즉 사회주의를 우리 사회 가까운 곳에 존재하는 현실적인 것으로 인식하도록 만든 것이다. 홉하우스(L. T. Hobhouse)는 "페이비언협회는 사회주의를 하늘에서 끌어내려 실제 정치, 자치시 정부와의 접촉을 이루어냈다"223)고 지적했다.

셋째는 이와 같은 산업통제론이 한편으로는 산업화된 세계를 지지하는 내용을 담고 있다는 점이다. 페이비언들의 산업통제론은 재화와 서비스의 공정한 분배만이 아니라 산업화를 통해 재화와 서비스의 생산을 증가시키려고 했다.224) 그리고 웹은 "산업통제론은 오직 영국과 같이 거대하고 인구가 밀집한 사회에서 제조업, 광업, 분배산업에만 적용되며 농업이나 농업 생산물의 마케팅에는 적용되지 않고 소규모 사회나 원시사회에도 적용되지 않는다"225)고 지적했다. 즉 그들의 산업통제론은 산업화된 사회에 적용되는 것이다. 결국 소비자민주주의의 합당한 적용을 위해서는 산업화가 전제조건이 되고 있는 것이다.

1. 머리말

페이비언 사회주의는 중산층 사회주의인가? 페이비언들이 수차례에 걸쳐 자신들의 이념이 중산층 사회주의라고 주장하는 것을 보면[1] 이런 의문에는 긍정적인 답변이 나올 법하다. 더욱이 그들의 노동계급에 대한 태도는 이러한 판단을 뒷받침하는 듯하다.

그러나 그들은 현실의 노동계급을 옹호하지 않은 것[2]처럼 현실의 중산층도 옹호하지 않았다. 그들은 중산층을 옹호하기는커녕 기생적 계층으로 간주하면서 맹렬한 어조로 비난했다. 이를 쇼는 도둑갈매기(Skua)라는 새에 비유해 다음과 같이 지적했다.

도둑갈매기는 갈매기가 고기를 잡아서 삼키려 할 때까지 기다리다 그것을 가로챈다. …… 우리가 투쟁하고 개종시켜야 하는 것은 도둑 갈매기들이다. 어려움은 도둑갈매기가 다시 토해낸 고기를 새것보다 더 좋아한다는 데 있다. 영국의 소상인들은 일반적인 생산자들보다

지주들을 고객으로 더 좋아한다.[3]

그들의 렌트 이론으로 해석하자면 갈매기는 렌트의 많은 부분을 전용하고 있는 자가 될 것이고 도둑갈매기는 그것 중 일부를 가로채고 있는 자들이 해당될 것이다. 페이비언들은 자본가에 기생하는 중산층을 더 혐오한다. 그렇다면 페이비언들이 옹호하는 중산층은 무엇인가? 혹시 이것은 기존의 노동계급 개념도 중산층 개념도 아닌 새로운 의미의 중산층이 아니었을까? 자본가와 지주, 그리고 노동계급의 대표는 의회에 존재하지만 중산층 대표는 존재하지 않는다는 쇼의 말은 바로 새로운 계층으로서의 중산층이라는 의미를 내포한 것은 아니었을까?[4] 이런 문제의식에서 출발하여 페이비언들이 변화된 사회의 계급구조와 그 사회 내에서 생활하는 인간의 노동과 자유에 대해 어떤 생각을 가졌는지를 차례로 검토해 보겠다.

2. 새로운 계급: 전문직의 개념

페이비언들이 말하는 중산층이 무엇을 의미하는지를 알아보기 위해 자본가와 노동자로 나누는 계급 분류에 대한 페이비언들의 생각을 검토해 볼 필요가 있다. 페이비언들은 고전경제학이 제시하는 '자본가'와 '노동자'라는 범주를 현실을 설명하는 적절한 도구로 생각하지 않았다. 왜냐하면 노동자는 노동자대로, 자본가는 자본가대로 기능적인 면에서 또 이해관계에서 분열 현상을 보였기 때문이다. 웹 부부는 많은 노동조합이 거의 무한하게 산업세계(Industrial World)를 서로 다른 계층으로 나누고

있다는 점을 지적했다.5) 이 각각의 노동조합은 제각기 요구하는 것이
달랐고 또 다른 능력을 가지고 있었으며 그래서 이들은 각기 고유한
'기회의 렌트'와 '능력의 렌트'를 발생시켰던 것이다.6) 이것은 자본가의
측면에서도 마찬가지였다. 웹 부부는 자본가는 결국 여러 개의 전문가집
단으로 변화될 것으로 보았으며 따라서 '자본주의 기업가(capitalist
entrepreneur)'라는 단일한 집단 대신에 각 산업에서 전문가 계층 구조가
나타날 것으로 보았다. 그들은 발명가, 디자이너, 화학자, 엔지니어,
매니저, 십장 등 자신이 일하는 전문가 단체에 소속되어 있으면서, 그들
이 봉사하는 주주, 납세자, 소비자와 그들이 지도하는 육체노동자 사이에
위치한 존재였다.7) 페이비언들은 자본가가 다양한 전문가집단으로 분열
되고 있으며 그들이 연합하는 것은 추상적인 자본가 계급으로서가 아니
라 전문직의 연합체라고 보았던 것이다. 더욱이 전문가들은 착취자와
피착취자라는 연결고리의 한쪽에 위치하고 있는 것이 아니라 시민-소비
자, 전문가, 노동자라는 삼중고리의 한가운데 위치하고 있다.

　이런 구분은 인간이 맡는 기능의 이중적 요소를 보여주었다. 즉 모든
개인은 주인이면서 동시에 하인일 수도 있다는 것이다. 생계를 유지하는
대가로 사회를 위해 하는 작업에서는 하인이지만 소비자로서 무엇을
할 것인가를 결정할 경우에는 그 어떤 상급자의 간섭도 받지 않는 주인인
것이다.8) 따라서 그가 가장 정확한 지식을 가지고 있고 가장 전문가적인
능률을 보여주는 분야에서는 하인이며, 그가 별로 알지 못하는 문제에
대해서는 주인이 되는 것이다. 이것을 웹 부부는 민주주의 최고의 패러독
스라고 말했다.9)

　그러나 명령을 내리는 자는 시민이라 하더라도 ─ 선거인이든 소비자이
든 ─ 명령을 내리는 이에게 어떤 명령을 내릴지를 충고하는 이들은

전문가[10]였고, 전문가의 기능과 영역은 바로 여기서 확보되었다. 또 많은 일을 전문가 집단에게 부여했다는 점은 그들의 기능적 필요성과 중요성을 제고해 주었다. 웹 부부는 다음과 같이 지적했다.

인구의 밀집과 특히 협동조합에 의해 운영되는 기업들의 밀집은 고립된 개인이 한때 자신의 일이라고 생각했던 것을 전문가집단에게 자발적으로 이관하게 하고 있다. 따라서 근대 자치시에서 시민은 더 이상 자신의 식량을 스스로 생산하지 않고 옷을 만들지 않는다. 더 이상 스스로 자신의 생명과 재산을 보호하지 않는다. 더 이상 스스로 자신의 물을 길어 쓰지 않고 거리를 청소하고 불을 켜지 않으며 자신의 쓰레기를 치우지 않는 것이다. 또 더 이상 스스로 자기의 아이를 교육시키지 …… 않는 것이다.[11]

더욱이 이러한 지적이 흥미로운 것은, 페이비언들이 전문가라고 지칭하는 영역이 매우 넓다는 점이다. 페이비언들은 전문가라는 개념을 직업의 많은 영역으로 확대시켰다. 또 페이비언들은 직업이 분화되고 그것을 전담하게 되는 과정에서 많은 전문가들이 새롭게 형성된다고 보았다. 심지어 가사를 매력적인 전문 직업으로 변화시킬 것을 구상하기도 했다.[12] 때문에 전문가의 계층 구조는 기업가 사이에서만 나타나는 것이 아니었다. 페이비언들은 전문가들이 자본가와 노동자를 모두 포괄할 것으로 보았다.[13]

그렇다면 그들이 말한 중산층은 바로 이 새롭게 해석된 전문가 계층[14]을 지칭하고 있는 것이 아니었을까? 이들은 또한 자신의 렌트를 타인과 공유해야 한다는 새로운 직업윤리를 갖게 된 계층이었으며 또 모든 계층에 개방된 계층이 아니었을까?[15]

　페이비언들의 중산층은 특정한 집단에 폐쇄된 것이 아니었으며 '진정한 의미에서 신사가 되기를 바라는 노동자들'[16]에게도 개방되었고 '죄의식을 느끼는 중산층'에게도 개방되었으며 '엄격하게 통제되는 지적 삯일꾼'으로서의 기업가[17]나 『백만장자를 위한 사회주의』라는 책에서 나타나듯 재산가 계급에게도 개방되어 있던 개념인 것이다. 쇼가 「문화적 국제주의」라는 글에서 '지적 귀족 계층'에 대해 언급했을 때나 혹은 민주주의자와 귀족적 인물의 종합으로서의 '젠틀맨(gentleman)' 개념을 제시했을 때[18] 이것은 모두 사회적 봉사의 동기에 의해 이끌리는 새로운 중산층을 지칭한 것이다.[19]

　그리고 이것은 어떤 의미에서는 기존 계급을 모두 통합해 나가는 새로운 계급이었다.[20] 페이비언들은 전통적인 노동계급과 중산층이 이 새로운 중산층에 통합될 것으로 전망하였다.[21] 육체노동이건 정신노동이건 이 둘 모두 노동을 한다는 점에서 그들은 노동자[22]이지만 전통적 직업윤리에서 벗어나 있다는 점에서 그들은 새로운 노동계급이며 또 새로운 중산층인 것이다. 이러한 개념에서 페이비언들은 '고용된 자들(hired men)의 민주주의'[23]나 '임금노동자(wage-earner)의 세계[24]를 말하였는데 '고용된 자' 혹은 '임금노동자'가 바로 이 새로운 계급인 것이다.

　따라서 페이비언들이 제시한 중산층 사회주의는 노동계급을 소외시킨 것이 아니다.[25] 페이비언들은 페이비언협회가 노동당과의 관계를 끊어야 한다는 협회 내의 이견에도 불구하고 이런 주장을 받아들이지 않았으며 오히려 노동당을 자신들의 운동에 끌어들이려는 노력을 계속했다.[26] 그리고 육체노동자와 정신노동자의 단결은 곳곳에서 강조되었다. 협동조합을 담당하는 자들이 임금노동자와 '검은 옷을 입은 프롤레타리아'라고 주장한 것 등이 그 예가 될 것이다.[27] 그래서 ≪스코틀랜드 지도자(Scottish Leader)≫ 1890년 9월 4일자 기사는 "정신노동자와 육체노동자의 연대가 보인다. 페이비언협회는 시대의 징표이다"라고 지적했다.[28]

그렇다면 왜 이런 전문가로 해석되는 새로운 개념이 제시된 것일까? 이는 페이비언들이 직업의 분화 현상과 전문화 현상이 나타나고 있는 산업사회에 대한 처방을 내린 것이라는 점에 유의하면 쉽게 이해할 수 있다.[29] 그들은 산업사회의 성공은 사회 각 부문의 치밀한 기능적 조화에 달려 있다고 보았으므로 그러한 기능을 맡게 될 개인 모두를 바로 전문가로 보았던 것이다. 더욱이 이것은 산업화된 세계에서의 직업에 대한 인식을 보여준다는 점에서 흥미롭다. 전통적 엘리트와 기업가를 전문가로 대체시킨다는 계획이나 나아가 전문가의 영역을 확대시킨다는 생각은 결국 산업화된 사회에서는 산업이 새롭게 조직되어야 한다는 생각을 보여주고 있는 것이다. 새로운 직업단체(vocational organization)가 필요한 이유는 새로운 산업조직으로 변화하면서 현재 존재하는 것과는 다른 생산자들의 조직을 요구하기 때문이었다.[30] 그러므로 페이비언들은 현재의 노동조합단체도 전문가들의 새로운 직업단체로 변형되어야 한다고 보았던 것이다. 그리고 각 직업단체는 그 목적을 사적 이윤을 획득하는 것에 두지 않고 그 직업에 대한 사회의 인식을 고양시키고, 전문적 기술을 정교화하고, 직업에 대한 긍지를 높이며, 사회에 대한 봉사를 더욱 강화하는 것 등에 두게 될 것이다.[31]

더구나 페이비언들은 영국 사회에서 새롭게 떠오르고 있는 정신노동자 계급에 주목했다. 페이비언들의 대변지였던 ≪새로운 정치가(New

Stateman)≫는 "거대하게 부풀어 오른 정신노동자 직업의 자발적인 그룹과 봉급 받는 사람들의 거대한 군단은 사회조직의 자발적인 성장"[32]이라고 지적하였다. 그리고 페이비언들 자신이 바로 이러한 계층 출신이었다.[33] 웹과 올리비어(S. Olivier)는 공무원이며 쇼는 저널리스트, 왈라스는 대학 강사 그리고 비에트리스는 한때 위장취업을 한 사회조사 연구원이었던 것이다.[34] 페이비언들은 때때로 자신들이 고용되었다는 점에서 육체노동자와 다를 바가 없다고 지적하기도 하였다. 그러나 이들은 스스로를 정신노동자로 노동자의 범주에 놓든 — 비에트리스는 가장 열악한 위치에 있는 임금 노동자 계급이라고 지적하였다[35] — 아니면 교육받은 지식인으로 편입시키든 이 시대에 새롭게 등장한 계층이었다는 점은 분명하다. 이들은 자신들이 변화하는 산업사회에서 매우 중요한 기능을 맡고 있다고 생각하였다. 페이비언들은 자신들을 포함한 정신노동자를 '검은 옷을 입은 프롤레타리아(black-coated proletariat)[36]', '지적 프롤레타리아(intellectual proletariat)[37]', '새로운 사회계층(nouvelle couche sociale)[38]' 혹은 '소전문가들(minor professional)'이라고 표현[39]했으며 이러한 정신노동자들이 지니는 특정한 가치가 상층계급과 육체노동자들 사이에 퍼져나갈 것을 믿고 있었다.[40]

이러한 특징적인 가치는 구빈법위원회의 소수보고서(The Minority Report)를 지지하는 운동에서 드러난 '더욱 높은 시민정신의 형태'로 나타나기도 했고 때로는 '계몽된 이타주의'나 '공공 서비스 정신'이라는 표현으로 나타나기도 했다.[41]

이러한 특징적 가치는 1895년 허친슨(Hutchinson)이 페이비언협회에 남긴 유산으로 세워진 '런던 경제대학(London School of Economics)'에서 보급되고 교육되었다. 런던 경제대학은 웹 부부가 중앙정부와 지방정부에 보낼 사회주의 행정가와 전문가를 양성하기를 희망한 교육기관이었는데[42] 해리슨(R. Harrison)은 이를 "하부 중산층과 상층 노동계급의 필요에 적합한 새로운 배움의 중심"이라고 보았으며[43] 이것은 곧 새로운 중산층을 배출할 기관이었던 것이다. 이러한 것은 페이비언들이 노동계급과 중산층을 새로운 윤리로 착색시킴으로써 새로운 직업윤리에 의한 양 계급의 통합을 시도하고 있었다는 것을 보여준다. 육체노동자와 정신노동자의 통합된 세계가 의미하는 것은, 노동만 하고 여가를 모르는 노동자의 세계도 아니며 낭비적 여가에만 파묻힌 나태한 중산층 세계도 아닌, 노동을 통해 사회에 기여하지만 여가를 통해 자신의 개성을 개발하는 새로운 생활인의 직업세계(Vocational World)였던 것이다.

앞에서 살펴본 바와 같이 결국 페이비언들은 자본가와 노동자를 모두 전문인으로 분해해 버림으로써 페이비언들이 구상하는 사회에서 특정 계급이 사회적 헤게모니를 장악하는 모습은 보이지 않는다. 계급투쟁을 통해 새로운 계급의 지배가 나타나는 사회가 아니라, 자본주의 사회의 여러 직업과 기능이 잔존하지만 그것이 이해의 대립으로 적대적인 관계에 놓여 있는 것이 아니라 모두 거대한 산업의 조직 속에서 나름의 역할을 맡도록 중화된 사회를 그리고 있는 것이다. 경영자든 육체노동자든 의사든 변호사든 그들은 자신들의 기능을 통해서 문명에 봉사하는 것[44]이며 어느 집단에도 경제적으로나 정치적으로 특별한 혜택이 돌아가지 않았다.[45] 특정 계급이나 집단에게만 혜택이 돌아가는 사회는 조잡한 형태의 민주주의를 가진 것에 불과했다.[46] 이익과 가치의 분배에서 특별히 어느 집단이 혜택받지 않게 되므로 계급적 대립 현상도 나타나지 않게 될 것이다. 웹 부부는 "모든 성인이 노동자가 되는 사회에서, 그리고 모든 이가 출생에서 사망까지 문화생활을 향유할 동등한 기회를

갖게 되는 사회에서 계급의식이나 계급투쟁의 여지는 사라지게 될 것"이라고 보았다.[47]

그렇다면 이러한 사회는 무계급 사회일까? 그러나 이 사회에는 역설적으로 하나의 계급이 존재한다.[48] 그것은 바로 그들이 중간계급 사회주의라 지칭했을 때의 중간계급인 것이다.[49] 그런데 중간계급만 존재하는 사회는 언뜻 보아 사회적 역동성과 활기를 찾아볼 수 없는 무미건조한 사회일 것 같은 느낌을 줄 수도 있다. 그러나 계급 간의 투쟁이 사라졌다고 해서 사회발전의 역동성이 사라지지는 않을 것이다. 페이비언들은 직업단체나 전문가단체를 통해 더욱 창조적인 생산 활동이 계속될 것으로 보았으며 이제 투쟁은 계급 간의 이익분배를 둘러싼 투쟁이 아니라 과학과 성장을 위한 투쟁으로 전환될 것으로 보았다.

그러므로 페이비언들이 옹호하는 '조직화'는 과학의 추구와 밀접한 연관이 있었다. 과학의 추구를 위해서는 조직화의 방향으로 나아가야 한다는 것이 페이비언들의 주장이었다. 예컨대 의료업의 경우 개업의와 같이 조직되지 않은 의사들은 과학에 저항하게 될 것이며 과학에 대한 장해물로 남게 될 것이라고 보았다. 그래서 쇼는 "목수나 석공이 자신을 몰아낼 기계 도입에 저항하는 것같이 개업 의사들은 그의 소득을 위협하는 하루가 다르게 발전하는 과학에 저항하게 될 것이며 과학이 발전함에 따라 사람들은 개인병원보다 공공 의료기관을 더 자주 찾게 될 것"이라고[50] 지적했다. 그래서 개업 의사들은 점점 과학에 대해 반대하는 태도를 갖게 될 것이다.[51] 이런 까닭에 의료직은 국가가 관장하며 국가를 건강하게 유지시키는 훈련된 의사들의 조직된 기구가 되어야 한다.[52] 이와 같이 의료직이 조직화되면 대중의 무지를 이용하는 상업화된 의료행위는 지양될 것이며, 의료과학은 더욱 적극적으로 수용될 것이고, 작업은

의료행위가 좀 더 효율적으로 이루어지게 분배될 것이다.[53]

그리고 이런 조직화에 대한 희구가 산업과 정치 등 다른 영역에까지 확대되어 나갈 것이다. ≪페이비언 소책자≫ 5에는 산업사회는 체계적인 조직 없는 영원히 살아남지 못할 것이라는 주장이 보인다.[54] "사회주의자로서 나는 미국의 개인적 자유의 개념에 반대해 오히려 독일의 조직된 국가 개념의 입장에 서 있다"라는 쇼의 말은 바로 조직되고 관리되는 민주주의를 지적한 것이다.[55] 그래서 페이비언들은 한편으로는 자신들이 사회주의자라고 주장하면서도 또한 자신들을 조사와 관리의 기술자라고 공언한 것이다.[56]

새로운 계급에 대한 개념은 이런 조직되고 관리되는 사회에 대한 전망과 얽혀 있다. 대규모화되고 종합화되는 산업사회에서 낡은 직업 양식을 계속 유지하는 것은 무익하고 불필요했다. 변화하는 사회에 적응할 것이 요구되었고 그것은 각 직업을 유용하게 조직함으로써 실현되는 것이다. 그리고 페이비언들은 봉급과 임금으로 생계를 꾸려가는 새로운 시민들이 새로운 사회의 지방과 중앙정부 기구를 장악할 것으로 기대했다.[57] 결국 페이비언들은 사회주의 속에서 새로운 계급을 전망한 것이다.

3. 노동의 의미

이와 같이 전문가가 주도하는 조직된 사회에 대한 전망이나 소비자민주주의론에 따른 산업 통제는 잘 정돈된 산업조직 속에 인간이 편재되고 거기에 따라 규격화된 인간의 모습을 연상하게 한다. 아닌 게 아니라 어떤 이는 페이비언의 인간관을 기계적인 것으로 보아서 "쇼는 정신이 삭제된 인간을 만들어내려 했으며 그것은 공산주의 공장에서 만들어진 사회적 기계"[58]라고 주장했다. 또 길드 사회주의 운동의 대변지인 ≪뉴 에이지(New Age)≫에서 코울(G. D. H. Cole)은 "방황하는 네덜란드인처럼 끝없이 돌아다니다가 국가사회주의라는 것을 만나게 될 때 우리는 그것이 노동자의 모든 창의력을 억압하고, 모든 노력을 방해하며, 모든 자유를 거부하는 것을 발견하게 된다"[59]고 지적했다. 나아가 "웹 부부는 때때로 비인간적이고 기계적이며, 사람들을 그들의 개성이나 개인적 욕구와는 관계없이 사회적 계획에 끼워 맞추는 자들로 평가되어 왔다"고 지적하기도 했다.[60] 과연 페이비언들은 조직된 사회 속에서 인간의 개성을 상실시키려 한 것일까? 자유주의 역사가인 알레비(E. Halevy)는 그의 강연 '사회주의와 민주적 의회주의의 문제'[61]에서 사회주의자에게는 '자유'를 향한 충동과 '조직'을 향한 충동 사이의 내적 긴장 상태가 항상 존재한다고 지적한 바 있는데 그렇다면 페이비어니즘은 두 가지 충동 중 후자, 즉 조직을 향한 충동에 기울어져 있었던 것은 아닐까?[62] 페이비언들이 추구하는 사회가 '노예국가'라는 비판도 있는데 이는 페이비언들이 조직을 향한 충동 때문에 자유를 억압한다고 보았기 때문으로 생각된다. 이에 대한 평가는 페이비언의 전체상을 이해하는 데 매우 중요하다.

그러한 평가 문제는 인간의 노동에 대한 페이비언들의 관념과 연관된다. 페이비언들은 노동을 '기계적 노동'과 '창조적 노동'으로 나누었다.[63] 여기서 전자는 우리가 재화를 생산하기 위해 단조롭게 반복하는 노동을 가리켰으며 후자는 우리의 능력과 창의성을 표현하는 행위를 가리켰다. 페이비언들은 이 중에서 전자는 산업사회가 발전함에 따라

줄어들 것으로 보았다. 웹 부부는 민주주의의 목적은 자연에 대한 우리의 통제력이 증가함에 따라 생산에 참여하는 우리의 부담을 줄이는 것으로 보았으며 따라서 총체적인 노동시간은 — 여기서는 기계적인 노동을 가리킨다 — 줄어들 것으로 전망했다.[64] 그리고 노동에서 벗어난 부분은 곧 해방된 시간이라고 보았다.[65] 이 해방된 시간은 가정생활과 애정, 사회적 교제, 예술과 과학, 개인의 정서적 발전을 위해 그 스스로가 마음대로 쓸 수 있어야 한다.[66] 개인적인 매력, 지적 교제의 기쁨, 희생적인 우정 등을 실현하고, 위트와 유머를 발휘하며, 예술, 과학, 종교 등을 추구하는 것은 어떤 정치체제에서든 기계적 노동에 의해 조직될 수는 없었다. 그러한 것은 사회조직을 넘어서는 개인적 능력의 값진 선물이었고 영원한 창조행위였던 것이다.[67] 재화를 생산하는 노동과 창조적 노동행위 중 어떤 부분이 더욱 중요하고 또 더 많은 비중을 차지할 것인가에 대한 페이비언들의 답변은 명확했다. 그들은 새로운 사회에서는 창조적 노동행위가 증가함에 따라 생필품 생산 활동이 전체 사회생활에서 차지하는 비중은 점차 감소할 것으로 보았다.[68] 따라서 음식, 의복, 기타 생필품의 공급은 비록 그것이 충분하다 해도 사회적 생산 전체에서 차지하는 부분은 점차 줄어드는 반면에 교육, 음악, 연극, 사교와 같은 분야는 점점 더 많은 부분을 차지하게 될 것이다.[69]

이렇게 놓고 본다면 페이비언들의 궁극적 목적이 인간을 기계적인 산업조직 속에 묶어두려 한 것으로 볼 수는 없다. 페이비언들이 기계를 옹호한 것은 그것이 노동시간을 줄여주고 나아가 예술적 즐거움을 포함한 더 큰 기쁨을 제공해 준다는 점 때문이었다.[70] 그들이 모색하던 새로운 조직과 제도 역시 그 자체로서 하나의 목적이 아니라 바로 인간의 개성을 최고로 발전시키기 위해 필요한 수단인 것이다.[71] 사실 웹 부부는 사회주의자의 이상이 "사람들 모두가 자신의 특별한 잠재력과 개성을 최대한 발휘할 수 있는 행정체계를 만들어내는 것"이라고 주장했다.[72]

페이비언들이 노동과 직업에 대해 가지고 있었던 관념은 바로 이 창조적 노동영역을 넓혀가는 데 집중되어 있었다. 이것은 여가를 증대시키는 방법으로 실현되지만 또 한편으로는 노동 자체를 창조적인 행위로 변모시킴으로써 가능해질 것이다. 그러기 위해서는 먼저 자본주의적인 이윤추구와 임금제도가 제거되어야 했다.[73] 자본주의하에서 직업에 대한 태도는 왜곡된 모습으로 드러났다. 전문직업의 자본주의적 왜곡 현상에 대한 한 예로 쇼가 「의사의 딜레마(Doctor's Dilemma)」에서 제시한 의사들의 세계를 들 수 있다. 자본주의하에서 개업 의사들은 자본주의 원칙에 따라 움직이는 상인으로 변모했고 따라서 과학보다는 수요와 공급이 개업의의 의료행위를 지배하고 있다는 것이다. 개업의의 치료가 아무리 과학적이라 해도 수요가 없으면 시장에서 자리를 차지할 수 없지만 만약 수요가 있다면 돌팔이 의료행위라 하더라도 추방되지 않는다.[74] 게다가 상인으로 변모한 의사들은 차츰 상업기술을 배우게 된다. 유행은 모자, 옷, 음악, 놀이 등에만 나타난 것이 아니라 치료나 수술, 특정한 약 등에서도 나타났고 그래서 편도선, 맹장, 목젖, 난소 등을 제거하는 것이 유행하여 그것을 잘라내게 되었다.[75] 그뿐만이 아니라 개업 의사들의 단독 의료행위는 비효율적이라고 지적되었다. 전문가가 사소한 일에 엄청난 시간을 낭비하는 것이다. 예를 들자면 수술 기술을 가진 의사가 모든 사소한 일을 전부 떠맡는 경우와 같다.[76] 그러므로 창조적 노동으로의 변화를 위해서는 직업 활동에서 노동이 금전적 동기로 연결될 요인을 제거해야 했다.

비록 기능적 필요의 차이에 따라 노동시간, 주거지 등에서 나타나는

약간의 불평등을 감안한다 하더라도 급여의 수준은 노동의 질적 차이로
말미암아 불평등해서는 안 되는 것이다. 웹 부부가 지적하듯 "페이비언
의 이상은 부에 기초한 모든 계급을 폐지하는 것이며 심지어 정신노동을
하는 직업과 육체노동을 하는 직업 사이의 근본적 구별을 없애는 것"이
었다.[77] 페이비언들은 이와 같이 각 직업에서 노동의 금전적 동기가
제거된다면 이제 노동은 그것 자체가 하나의 예술행위가 될 것이라고
보았다. 그것은 바로 창조적 노동으로의 전환인 것이다. 웹 부부는 "자본
주의의 임금제도가 제거되고 나면 석탄의 채굴이나 재봉틀의 제조,
통나무를 항구로 옮기는 일 등이 진정한 예술이 되지 못할 이유가 없
다"[78]고 보았다. 이와 같이 노동의 성격이 변화되면 노동 능률은 향상될
것이며 또 능률의 향상을 위해 노동은 과학에 근거하게 될 것이다.
그리고 노동자들은 나아가 자신의 직업을 연구하기 위해 직업단체나
과학 연구를 위한 단체를 조직하게 될 것이다. 웹 부부는 다음과 같이
지적했다.

> 사회주의 사회에서는 사람들이 자신들의 생활수준을 보호하는 조직
> 을 포기하지 않고서, 과학을 연구하고 자신의 직업을 예술로 발전시
> 키기 위해 직업 단체나 과학 연구 단체를 조직하게 될 것이다. 이것은
> 마치 보험 계리사, 의사, 축구 선수 사이에 존재하는 단체와도 같은
> 것이다.[79]

이것은 페이비언들에게서 직장은 직업 자체에 대한 무한한 애정으로
창조적 노동행위가 일어나는 작업장이라는 것을 보여주고 있다. 여기서
말하는 노동은 그것 자체가 즐거움이며 따라서 노동 능률을 향상시키려

는 욕구가 저절로 생겨난다. 이를 위해서는 과학적인 연구가 필요하고 자연적으로 같은 직업에 종사하는 사람들이 직업 단체를 형성하게 된다. 마치 질병의 퇴치를 위해 서로의 힘을 합치는 의사협회의 협력처럼 각 직업의 동일한 종사자들은 자신의 직업을 좀 더 능률적으로 수행하기 위해 서로 협조하게 될 것이다. 바로 이러한 생각이 페이비언들로 하여금 언뜻 보면 기묘하게만 생각되는 '동작 연구(Motion Study)' 같은 것을 긍정적으로 평가하게끔 하고 있다.[80] 페이비언들은 노동자들이 자신의 노동에 대한 순수한 사랑에서 '동작 연구'와 같은 것을 시행하고 발전시킬 것으로 보았다.[81] 페이비언들이 생산물에 대한 '과학적인 원가 계산' 이나 '효율 검사' 등을 주장하는 것도 이와 같은 맥락에서 이해할 수 있다.[82] 그리고 여기에는 더욱 높은 직업윤리가 요구된다. 고객을 빈곤하게 하기 위해 자신의 직업을 이용하는 어떤 시도도 그릇된 행위로 비난받을 것이다. 그가 전문가일 경우 그는 자신의 금전적 이익보다는 고객의 이익을 생각해야 하며 좀 더 고결한 직업윤리를 지닌 그는 자신의 직업을 수행하는 데 건강과 생명까지도 무릅써야 하는 것이다.[83]

그래서 페이비언들은 생산자 조직의 긍정적인 면을 창조적 노동행위를 하는 직업단체의 역할에서 찾았다. 그들은 개인적 능력을 완전히 발전시키기 위해서는 생산자들 조직도 필요하다고 보았지만[84] 그것의 궁극적 발전은 노동조합에서보다는 직업단체에서 실현될 것으로 보았다.[85] 직업단체는 금전적 동기에서 노동자들의 작업을 조직하는 단체가 아니라 노동자들의 창조적 행위, 창조적 능력, 분출하는 에너지를 표현하기 위한 조직이었다.[86] 페이비언들은 교육이 확산됨에 따라 직업단체 혹은 과학을 연구하는 단체는 노동조합 세계의 뚜렷한 특징이 될 것으로 보았으며 자신의 분파적 이익추구에서 벗어나 새로운 동기에서 활동하

게 될 이 새로운 생산자 조직이 노동조합을 차츰 대체할 것으로 보았
다.87) 그럼으로써 육체노동 계급에게 직업윤리의 고상한 부분을 확산시
키고 자본주의 독재로 나타난 왜곡된 현상을 바로잡을 수 있다고 생각하
였다.88)

4. 자유와 여가

노동의 성격 변화나 직업단체의 확대에 대한 페이비언들의 관념은
자유에 대한 그들의 관념과 표리관계에 있다. 쇼는 "만약 당신이 다음
몇 시간 동안 싫든 좋든 이런 일을 해야 하는데라고 말한다면 당신은
대헌장(Magna Carta), 권리선언 등에도 불구하고 그 시간 동안은 자유롭지
못한 것"89)이라고 지적했다. 여기서 자유는 노동에서 벗어난 상태를
의미했고 따라서 자유는 노동시간을 단축시킴으로써 확대될 수 있었다.
그래서 쇼는 자유를 증진시킨 유일한 법률은 노동시간을 단축한 '공장
법'과 일요일 노동을 금지시킨 '휴일준수법' 그리고 '은행휴가법'이라고
말했다.90)

그러나 이와 같이 노동에서 벗어난 시간 전부가 자유의 영역으로
간주되었던 것은 아니다. 페이비언들은 노동에서 벗어난 시간을 여가와
휴식으로 나누었다. 페이비언들에 따르면 이 중에서 휴식은 마치 우리가
잠을 자는 것처럼 강제적인 것으로 이는 여가가 될 수 없다. 휴일이나
회복시간은 오히려 노동으로 그것도 때로는 매우 지루한 노동으로 간주
해야 한다는 것이다.91) 진정한 여가란 아무것도 하지 않는 상태가 아니라
우리가 하고 싶은 것을 하는 것을 뜻하며92) 바로 이것이 페이비언들이

주장하는 자유의 의미이다. 이 여가 혹은 자유의 영역은 정신적·미적 영역을 포함하는 무한한 가능성의 영역인 반면[93] 노동시간은 강제적 현실의 영역에 불과했다.[94] 따라서 자유를 확대시키려면 여가를 늘려야 했다. 그리고 역설적이게도 여가를 늘리려는 욕구가 바로 노동의 동기를 이룬다는 것이다. 쇼는 다음과 같이 지적했다.

> 우리는 화랑에 종사하는 자에 대한 강철 제련공의 불만(사무직에 대한 생산직의 불만)을 후자에게 임금을 더 주는 것으로 무마시키고 있다. 그러나 제련공에게 더 많은 여가를 줌으로써 동일한 효과를 얻을 수 있다. 그는 더 많은 노동과 더 많은 임금을 바라지 않는다. 그는 동일한 노동에 대하여 더 많은 여가를 원한다. 이것이 화폐가 노동에 대한 유일한 동기도 또 가장 강력한 동기도 아니라는 것을 증명하고 있다.[95]

≪페이비언 소책자≫ 159에서 최저생활 보장정책 네 가지 중 두 번째로 '여가와 오락 시간에 대한 최저 수준 보장 정책'이 제시되는 것도 페이비언들이 임금과 함께 여가를 중요한 생활의 가치로 여기고 있다는 것을 보여주고 있는 것이다.[96] 그리고 자치시가 제공해야 할 서비스 중 많은 부분이 오락과 여흥에 관련되어 있다는 것 역시 이것을 증명한다. ≪새로운 정치가(New Stateman)≫에서 제시되는 아동과 성인에 대한 오락과 여흥 서비스는 매우 다양하다. 크리킷과 골프에서부터 아이들의 모래판 놀이, 야외게임 시설물, 체육관, 뮤직홀, 댄스파티 장, 심지어 자치시 연극회관과 영화관 등에까지 이른다.[97] 젊은 세대 페이비언들이 페이비언 여름학교(Fabian summer school) 등에서 레저 활동에 많은

의미를 둔 것도 이와 무관하지 않다.[98]

이러한 페이비언의 자유 개념은 매우 독특한데 그것은 부분적으로는 빅토리아 시대 후기의 노동계급 문화를 반영하는 것이다. 전통적인 노동계급 문화는 빅토리아 시대 후기의 새로운 조건에 따라서 변화했다. 19세기 초 장인들의 경우를 보면 작업장과 가정이 가까운 거리에 있었으므로 그들이 즐겨 찾은 술집(pub)은 자연히 작업장 가까이에 있었다. 그들은 이곳에서 정치를 이야기하며 자신의 노동을 주제로 떠들며 놀았다.[99] 런던의 노동시간을 보면 19세기 초 하루 12시간, 주당 6일 노동이었다가 1870년대 중반에는 주당 노동시간이 54~56 1/2시간이 되었고 얼마 후에는 하루 9시간, 토요일 반일 노동으로 변화했다.[100]

이런 변화와 함께 가정과 작업장이 분리되는 현상이 나타났다. 작업장이 분리되어 노동자가 통근하게 되면서 노동자들은 작업장 가까운 술집이 아니라 거주지 근방의 술집을 찾게 되었다. 자기 집 근방의 술집에서 노동자들은 다양한 직종의 사람들과 뒤섞이게 되면서 스포츠나 오락이 공동의 관심사가 되었으며 노동보다 이것이 대화의 주제가 되었다.[101] 게다가 1870년에 제정된 교육법은 남성과 여성의 역할을 분리시켜 놓았다. 집안의 허드렛일이나 아이들 보살피는 일 등을 큰애들에게 맡기는 것이 어려워지면서 여성들이 직정생활을 하는 것은 어려워졌다. 19세기 후반에 주부들은 생산직에서 점차 떨어져 나갔으므로 가정생활은 정치적 논의의 중심인 작업장과는 완전히 분리된 별개의 휴식처로 변화하는 경향이 있었다.[102] 노동시간의 단축, 작업장과 가정의 지리적 분리와 새로운 의미를 획득한 가정생활은 노동계급 문화를 노동 중심에서 여가 중심으로 변모시켰다. 예컨대 이 시대에 나타난 많은 뮤직홀 (music hall), 연극, 경마, 스포츠 뉴스, 야외 나들이, 각종 게임은 모두

노동자의 새로운 여가활동을 반영하는 것이다.103)

이렇게 변화하는 노동계급 문화를 배경으로 페이비언들은 노동과 자유에 대해 특이한 관념을 전개시켜 나갔던 것으로 보인다. 페이비언들은 여가 중심의 노동계급 문화를 자유의 의미와 연결시켰다. 그들은 자본주의체제에서는 총체적으로 늘어난 여가의 양이 가장 어리석은 방식으로 분배된다고 주장했다. 다시 말해서 자본주의체제는 법이 허용하는 한 모든 노동을 한 계급에만 부담시키는 반면에 모든 여가는 또 다른 계급에만 부여한다는 것이었다.104) 따라서 재화의 분배가 왜곡된 것과 같이 자유의 분배 역시 왜곡되어 나타났다. 더욱이 페이비언들은 자본가에게 편중된 여가는 진정한 창조적 노동을 실현시키기보다는 속물적 부르주아 문화를 양산하고 자본가 계급을 무능화시키고 있다고 보았다. 그들은 봉건제에서는 모든 공공업무의 짐이 지주의 어깨에 달려 있었지만 자본주의 사회에서는 이 짐이 관료제로 이전되었고 이런 현상은 자본주의가 발전함에 따라 자본가 계급을 더욱 무능한 존재로 만들 것으로 보았다.105)

게다가 여가의 분배가 왜곡됨에 따라 자본주의 사회에서는 인공적인 행복을 추구하려는 현상도 나타났다. 예를 들면 음주행위는 인공적인 자기만족을 만들어낸다고 했다. 그러나 그것은 불행하게도 양심을 파괴하고, 자기 억제력과 육체의 정상적인 기능을 파괴하는 것이다.106) 그러한 해악에 대해서는 많은 경고가 있고 심지어 강제적인 법률로 인공적인 행복을 폐지하려는 시도도 있었다. 페이비언들에 따르면 대표적인 것이 미국의 금주법이었는데 여기에 대한 저항이 극렬했다는 것은 자본주의 하에서 인공적인 행복에 대한 욕구가 필수 불가결해졌다는 것을 보여주었다.107) 그러나 페이비언들은 노동자의 여가를 증가시킴으로써 인공적

인 행복에 대한 욕구를 없앨 것으로 보았다.108)

결국 페이비언들에게 여가는 자유의 전제조건이었다. 여기서 개성이 발휘되고 창조적인 능력이 드러나는 것이다. 그리고 바로 이 영역에서 행복이 확보되고 증대될 것이다. 그리고 여가를 통해 획득되는 자유의 구체적인 내용도 자유주의의 그것과는 달랐다. 웹 부부는 자유가 모든 사람이 '자신이 주인이 되는 것'이고 '자신의 충동을 따르는 것'이라면 그것은 페이비어니즘과는 일치하지 않는다고 보았다.109) 페이비언들에게 자유는 권리의 양으로 가늠할 수 있는 것이 아니었다. 웹은 "우리는 자유라는 말을 자연권이나 양도 불가능한 권리의 일정량으로 이해하지 않고 개인이 가능한 한 최고의 능력을 발전시킬 수 있는 사회적 존재조건으로 이해한다"110)고 지적했다. 따라서 자유를 확대시키기 위해서는 개개인이 자신의 능력을 발전시킬 수 있는 사회적 조건을 형성해 나가야 했다. 그러나 웹 부부는 자본주의하에서는 이런 사회적 조건이 결여되었음을 지적하고 그것은 곧 우리의 자유가 실현되지 않았다는 것을 의미한다고 말했다. "생산수단의 소유와 산업의 관리가 자본가 계급에게만 넘겨진 곳에서 '기업의 자유'는 자본가의 능력만을 발전시킬 뿐"111)이라는 것이다. 이러한 근거에서 페이비어니즘은 개인적 자유만이 아니라 더 나아가 최대한의 자유를 추구한다고 볼 수 있다.112)

자유를 사회적 조건에 연관시켜 파악함으로써 페이비언들은 자유가 국가의 간섭이 없는 곳에서 극대화된다는 19세기적 자유 개념을 반박하고 오히려 자유는 조직되고 잘 조정된 사회 속에서 극대화된다고 생각하였다. 그들이 추구하던 새로운 사회는 긴밀하게 조직된 사회였지만 그것은 개인의 능력을 최대한도로 개발할 수 있게끔 조직된 것이었다. 페이비언들은 그러한 사회에는 최저생계비의 보장 등 공공 입법이 필수적이라고 생각했는데 이에 따라 개인적 자유를 제한당하는 이들은 단지 고용주와 지주뿐이라고 보았다.[113] 공공입법은 "법률에 의해 적극적으로 확대된 자유, 늘어난 여가, 나은 위생, 좀 더 나은 생활의 편의, 더욱 높은 임금 등 실제적인 행동의 자유를 크게 신장시킨 것"[114]으로 보았다. 따라서 페이비언들이 소수보고서(The Minority Report)에서 최저생계비의 보장을 요구한 것은 그러한 자유 개념에 입각한 제안이었다고 할 수 있었다.[115] 웹은 다음과 같이 지적했다.

> 정신의 노예상태는 고도로 조직된 노동조합의 구성원이나, 정교한 위생조건 및 기타 법률 조항을 가진 진보적인 자치시의 건강한 시민들에게서 드러나지는 않는다. 반대로 공장법이 적용되지 않는 착취당하는 노동자들, 집단행동이 최소로 나타나는 농촌의 노동자들, 허약한 몸과 비도덕적인 의지를 가진 빈민가 주민들이 노예 상태의 유혹에 굴복하고 정신의 타락을 더하는 것이다. 지난 75년 동안 노동조합의 성장, 공장법의 발전, 자치시 활동의 발전은 노예상태를 확대시키기는커녕 '노예국가'의 영역을 사실상 축소시킨 것이다.[116]

페이비어니즘에 대해 벨록(H. Belloc)이 제기한 '노예국가'라는 비판[117]을 페이비언들이 일축해 버렸던 근거도 페이비언의 새로운 자유 개념에 있었다. 웹은 다음과 같이 역설적으로 지적했다.

> 도덕적 의무를 증진시키고 완성해야 한다는 주장에 대한 반박은 노예국가에 의해 위협받게 될 것이라는 두려움에서 나오고 있다. 즉 불결하고 무질서하며 질병에 시달리는 가정에 계속 압력을 가하거나

법률을 제정해서 이를 청결히 하고 정돈하도록 강제한다면 이것은 개인의 자유에 대한 얼마나 무서운 제약이 될 것인가!

웹 부부는 이러한 반대는 겉으로 보기에 항상 육체노동자를 위해 촉구되는 것처럼 보이나 그것이 결코 육체노동자나 임금노동자 계층에서 나오는 것이 아니라고 지적했다.118) 웹 부부는 콕스, 벨록이 제시한 주장은 결국 지주와 자본가들을 대신해 자유 및 재산보호연맹(Liberty and Property Defense League)이 제시한 것이라고 일축했다.

페이비언들이 만약 전통적인 자유 개념을 고수했다면 비판자들이 노예국가를 들어 가하는 비난을 견뎌내지 못했을 것이다. 그러나 그들의 자유 개념은 오히려 현재의 상태를 노예국가로 인식함으로써 새로운 전망을 제시한 것이다. 그들은 독재정치나 금권정치도 필연적으로 다수 대중의 능력을 발전시킬 기회를 제약한다는 이유로 거부했다.119) 페이비어니즘은 바로 개인의 능력을 극대화할 수 있게끔 사회를 조직하려 했으며 그래서 페이비어니즘은 개인적 자유와 대립하는 것이 아니라 오히려 그것을 추구한다는 주장이 가능해진다. 페이비언들에게 사회가 존재하는 목적은 바로 개인적 발전을 최대한으로 끌어내기 위한 것이다.120) 그들은 이러한 전제 위에서, 법률은 개인적 독립, 자기 존중의 증진을 의미하며 일반적으로 우리가 진정으로 관심을 갖는 모든 자유를 증진시킬 것121)이고, 따라서 법률은 자유의 어머니라고 주장했다.122)

페이비어니즘이 의미하는 자유는 합당한 대가를 치르고 난 후에 획득되는 것이지 그냥 주어지는 것이 아니었다. 이 점에서 페이비언들의 자유 개념은 18세기 자유 개념과 구분되었다.123) 18세기에는 '인간은 자유롭게 태어났다'는 관념이 제시되었지만 페이비언들은 그것을 정면으로 반박했다. 쇼는 다음과 같이 지적했다.

> 루소는 사람이 자유롭게 태어났다고 말했다. 그러나 루소는 틀렸다.
> 문명국가의 어떤 정부도 그 시민을 자유롭게 태어난 것으로 간주하
> 지 않는다. 그뿐만 아니라 사람들은 살아가며 매일매일 새로운 빚을
> 지고 있는 것이다.124)

쇼가 말한 우리가 빚을 지고 태어난다는 의미는 우리가 태어나면서부
터 우리의 문명을 이용하고 있다는 것이다. 걸어갈 때조차 우리는 잘
포장된 도로를 이용하고 있다.125) 그러므로 자유는 이러한 빚을 갚기
전까지는 시작되지 않는 것이다. 페이비언들이 말한 '빚을 갚는다'는
의미는 문명에 대한 적절한 기여이며 그것은 사회에서 어떤 역할을
하게 된다는 것이다. 그러므로 페이비언들이 생각한 자유의 조건은
문명에 대한 적절한 보상이며, 각 개인이 적합한 기능을 수행할 때
비로소 그의 자유는 여가와 함께 시작되는 것이다.126)

그렇다면 노동이 주는 즐거움에도 불구하고 자유의 확대를 위해서는
결국 각 개인의 노동은 축소되어야 하므로 페이비언들은 노동에 대해서
외견상 상충되는 태도를 취하고 있는 셈이다. 이것은 바로 페이비언들이
추구하는 사회에서의 인간상과 연관된다. 새로운 사회에서 인간은 하나
의 직업에 얽매어 있는 기능인이 결코 아니다. 페이비언들은 전문인에
대해 누누이 강조하고 그 노동의 중요성을 지적하고 있어서, 마치 기계부
속품같이 하나의 노동에만 달라붙어 오직 그것밖에는 모르는 사람을
페이비언들이 선호하는 듯한 인상을 준다. 그러나 다른 한편으로 페이비
언들은 인간은 하나의 영역에서보다는 많은 다른 영역에서의 노동을

통해 자신의 능력을 확대하고 개발해야 한다고 생각했다. 그들은 새로운
사회에서 개인이 맡은 역할을 해내야 한다는 점에서 그에게 전문성이
요구된다고 본 것이지 오직 한 가지 노동에 얽매인 노동자를 상정한
것은 아니다. 왜냐하면 페이비언들은 직무를 수행하는 개인의 노동은
수많은 다른 창조적 행위 중 하나에 불과하다고 생각했기 때문이다.

이 점은 산업통제의 주요한 대안을 제시하기 위해 만든 산업통제위원
회의 목적에서 잘 드러난다. 비에트리스는 산업통제위원회의 목적을
"개인적 자유와 창의력이 산업에 대한 최대의 민주적 통제와 결합될
수 있는 노선을 상세히 작성하는 것"[127]이라고 밝혔다. 웹 부부가 지적하
듯 "민주주의의 가장 활기찬 모습은 욕구의 단일성 혹은 교육이나 자질
의 단일성에 있는 것이 아니라 노선과 색깔의 무한한 다양성에 있는
것"이었다.[128] 페이비언협회가 동일한 임금, 노동시간, 지위, 권위에
대한 요구를 단호히 반대한 것도 바로 이런 근거 때문이다.[129] 민주주의
의 목적은 바로 개성을 최대한 확대시키는 데 있는 것이다.[130] 페이비언
들은 개인의 능력과 사회적 기회가 결합됨으로써 생활에 무한한 다양성
을 부여하는 사회를, 그리고 이 다양성이 미적·예술적 감각에 의해
지배되는 사회를 지향하고 있었다.[131] 그래서 페이비언들에게는 미술관
이나 디자인 학교가 사회주의로 다가가는 척도로서 가치 있게 보였
다.[132] 페이비언협회 창립 100년 뒤에 "페이비언협회는 완전한 절제와
훌륭한 서류철로 정돈된 제도가 사회주의의 징표라고 생각하는 자들에
게 맞추어져 있지 않다. 문화와 미, 여가와 심지어 인간의 경박성까지
가치 있게 여기는 사회주의자들이 참여해야 한다"는 발언[133]이 나오게
된 것은 초기 페이비언들의 자유에 대한 인식과 결코 무관하지 않다.

여기서 페이비언들의 조직된 사회에 대한 관념이 전체주의와 연결될

수 있는가 하는 논란 많은 문제에 대해 살펴보겠다. 결론부터 말하자면 페이비언들이 사회에 대해 유기체적 개념을 가지고는 있었지만[134] 그 것이 전체주의와 연결되지는 않았다는 것이다.[135] 페이비언들은 사회 가 자기방어를 해야 한다고는 생각했지만 그것은 인류가 쌓아올린 가치 있는 문명과 관련될 경우에만 의미를 지닌다. 인류가 만들어놓은 산업 화된 문명사회는 우리의 존속과 안전을 위해 필요한 매우 비싼 장치이 므로[136] 그것은 결코 파괴되어서는 안 된다는 것이 페이비언들이 말하 는 사회의 자기방어다. 그러나 그 문명은 경직적인 이데올로기도 아니 며 획일적인 사회제도를 지칭하는 것도 아니었다. 그것은 행형제도에 대한 페이비언들의 생각에서 잘 드러났다. 페이비언들은 사회를 보호한 다는 이름으로 범법자를 투옥하는 것은 타당하지 않다고 주장했다. "사회가 가지고 있는 자기방어의 권리는 복수하거나 징벌할 권리와는 구분되었으며 이것은 사람을 잡아먹는 호랑이를 죽이거나 가두는 행위 가 복수나 징벌과는 무관한 것과 마찬가지 의미이다."[137] 그러므로 페이비언들이 말하는 사회의 자기방어라는 것은 특별한 인간에 대한 대항적인 개념이다.

이와 관련하여 웹 부부는 인간을 다음과 같이 세 부류로 나눈다. 첫째는 소수의 위험하고 치료할 수 없는 해로운 인간인데 여기에는 정신병원에 좌초한 해파리처럼 누워 있는 백치 아이나 극악무도한 살인 마가 해당된다. 둘째는 자신에 대해 스스로 명령을 내릴 수는 없으나 규율과 보호하에서 의식주가 제공되면 행복하고 또 훌륭하게 행동하는 병사들 같은 유용한 시민이다. 셋째는 자율성을 잃은 동안에 잘못을 저지르는 — 감기같이 매우 일반적인 — 모든 정상적인 사람들이다.[138] 페 이비언들은 이 중 첫째 부류의 사람은 목숨을 빼앗거나 구금할 것을,

둘째 부류의 사람은 적절한 제도와 기구를 운용함으로써 그들이 선한 행동을 하도록 이끌어줄 것을 제안했다. 세 번째 부류의 사람은 소환해서 벌금을 부과하고 훈계하는 것으로 충분하며 결코 투옥해서는 안 된다고 주장했다.[139]

이런 주장의 밑바닥에는 인간에 대한 페이비언들 나름의 시각이 깔려 있다. 그것은 우리는 모두 불완전한 인간이라는 전제이다. 그렇기 때문에 누구나 잘못을 저지를 수 있으며 또 저지르며 살고 있다는 생각이다. 그러므로 실수를 저지르지 않는 자는 아무것도 할 수 없으며 어떤 잘못도 저지르지 않는 자는 결코 어떤 선도 행할 수 없는 것이다.[140] 웹 부부는 "도덕적으로 산다는 것은 우리 행동에 대해 완전한 책임을 지고 살아감으로써만 배우게 되는 하나의 예술이며, 다른 사람의 경험을 지도받는다 해도 결국 시행착오의 과정이므로 사회는 싫든 좋든 개인적 과오의 짐을 어느 정도 참아내야 한다"[141]고 지적했다. 범법자는 하나의 법을 어김으로써 모든 정상적 권리와 자유를 상실당한 사람으로 다루어서는 안 되며 단지 특별한 약점 때문에 특별한 자유를 행사할 수 없는 사람으로 대우해야 하는 것이다.[142] 그러므로 설혹 억류와 제약이 필요하다고 해도 범법자의 여러 권리는 보장되어야 한다고 보고 있다. 예를 들자면 "대화, 책, 그림, 음악을 접할 기회를 줘야 하며 자유로운 과학, 철학, 종교 활동, 직업의 변경, 자유로운 교제, 결혼 등 요컨대 모든 창조와 오락 등 정상적 행위가 다른 사람들에게 그런 것처럼 똑같이 허용되어야 한다."[143]

그렇다면 페이비언들이 사회를 유기적 개념으로 보고, 좀 더 조직적인 사회 속의 인간상을 제시했다고 하더라도 그런 사회가 전체주의 사회를 의미하지 않는다는 것은 분명하다. 단지 독특한 점은 18세기 자유의 조건과는 다른 20세기 자유의 조건을 제시했다는 점이다. 즉 발달된 문명사회의 일원으로 태어나며 그 문명의 혜택을 받을 수밖에 없는 존재이므로, 자유는 우리가 문명에 합당한 대가를 치른 후에야 비로소 우리에게 주어지는 것으로 생각한다. 페이비언들이 어떤 역할도 못하는 계층을 배격하는 것도 결국은 문명사회와 자유의 관계에 대한 그들의 이해에서 비롯된 것이다.

5. 맺음말

앞서 살펴본 것을 준거로 다음과 같은 몇 가지 사실을 정리해 볼 수 있다. 우선 페이비언들은 노동계급과 중간계급을 새로운 사회계층의 윤리로 착색시킴으로써 새로운 직업윤리에 의한 양 계급의 통합을 시도하고 있었다. 육체노동자와 정신노동자의 통합된 세계가 의미하는 것은 노동만 하고 여가를 모르는 노동자의 세계도 아니며 낭비적 여가에만 파묻힌 나태한 중산층의 세계도 아니다. 노동을 통해 사회에 기여하지만 많은 부분을 여가를 통해 자신의 개성을 계발하는 새로운 생활인의 직업세계(vocational world)인 것이다.

그리고 우리는 페이비어니즘의 노동과 자유에 대한 논의를 통해 페이비어니즘에서 자유를 향한 충동과 조직을 향한 충동은 서로 마찰을 빚는 것도 길항적 관계도 아니라는 점을 알 수 있다. 오히려 이것은 서로 보완관계에 있다. 이는 페이비언들이 수단과 목적을 혼동하지 않았다는 것을 보여준다. 즉 조직된 사회는 개인의 자유를 확대시키기 위해 필요한 것이지 그 목적을 개인에게 강요하기 위해 존재하는 것은 아니라는 점이다.

한편 우리는 자유의 조건에 대한 페이비언들의 인식 변화도 궁극적으로는 역사적 산물이라는 것을 알 수 있다. 이것은 자연을 극복하고 그 위에 세워진 문명에 대한 페이비언들의 자부심과 긍정적 의식을 반영하고 있다. 그런 새로운 인식을 긍정하는 페이비언들의 자유 개념 역시 산업화된 사회에 대한 새로운 측면에서의 옹호라고 할 수 있다.

5장

페이비언 사회주의의 방법론

1. 머리말

페이비어니즘을 온전히 이해하기 위해서는 새로운 사회를 건설하는데 페이비언들이 어떤 전망과 전략, 방법을 구상했는지 검토할 필요가 있다. 이 문제는 사회변화에 대한 페이비언들의 관념과 내적 연관성을 갖는다. 페이비언들은, 사회는 끊임없이 변화하므로 사회의 조직은 환경의 변화에 따라 달라져야 한다고 보았다.[1] 웹 부부는 "만약 사회조직이 시대변화에 맞춰 지속적으로 변화하지 않는다면 그것은 파괴되고 말 것이며, 혁명적인 경련 속에서 폭력적으로 변화되고 만다"고 지적했다.[2] 이와 같이 페이비언들은 사회변화의 불가피성을 굳게 믿고 있었으나 그것이 곧 역사의 진보를 의미한다고는 생각하지 않았다. 웹 부부는 다음과 같이 지적했다.

변화는 불가피하다. 하지만 불행하게도 진보는 그렇지 않다. 환경에 적응하는 것을 의미하는 영원한 변화가 결코 진보를 의미하는 것은 아니다. 짧은 역사 속에서도 국가 전체가 확연히 퇴보한 시기가 있다. 단 한 세대 동안에도 관습, 도덕, 예술, 과학, 생산력 등에서 고통스럽게 축적한 과거의 유산을 모두 상실한 경우가 있는 것이다.[3)]

그래서 페이비언들은 혁명의 가능성을 부인하지 않았다. 웹은 ≪페이비언 소책자≫15에서 다음과 같이 썼다.

집단적 행위를 위해 급속히 조직되는 거대한 사회 세력을 무시한다면, 사회지도자들의 의식이 다가오는 사상들보다 뒤쳐진다면, 빈곤·억압·불의를 계속 내버려두어 그것이 분노에 찬 야수성과 잔인한 복수심을 불가피하게 잉태하게 한다면, 사회의 진화는 다시 한 번 사회적 격변을 통해 이루어질 것이다.[4)]

페이비언들은 영국에서도 이러한 혁명적 변화가 일어날 수 있을 것으로 보았다. 쇼는 "만약에 자본주의 지도자들이 의회와 헌법을 정지시키고 투표에 의한 문제해결 방법을 거부한다면 자본주의에 기생하는 프롤레타리아와 사회주의 프롤레타리아 사이에 무장투쟁이 전개될 것"이라고 했다.[5)] 그러나 혁명이 역사발전에 기여할 것인가는 또 다른 문제여서 혁명적 변화와 사회주의 목표의 달성은 구별되었다.[6)] 쇼는 비록 사회주의자가 혁명 투쟁에서 승리한다 해도 그 결과는 비관적일 것으로 보았다. 그는 "투쟁이 끝난 후 영국은 더욱 빈곤해질 것이고, 만약 사회주의자가 승리한다면 사회주의로 가는 길의 장해물은 제거될 것이나 그 길의 포장은 엉망이 되고, 목표는 더욱 멀어지게 된다"[7)]고 했다.

페이비언들은 이것은 역사적 선례로써 증명될 수 있다고 주장했다.

먼저 프랑스 혁명에 대해 쇼는 다음과 같은 평가를 했다.

프랑스 혁명 중에 혁명 세력이 18개월 동안 4,000명을 죽인 일은
국민들을 더욱 빈곤하게 하였다. 4,000명을 단두대로 보낸 로베스피
에르가 단두대에서 처형될 때 많은 사람들이 그를 저주했으나 그는
그들에게 "이 바보들아, 내일 빵 값이 좀 더 싸질 줄 아느냐?"라고
말했던 것이다.8)

혁명에 대한 부정적 견해는 러시아 혁명에 대한 페이비언들의 시각에
서 더욱 두드러지게 나타났다. 러시아 혁명을 관찰하기 위해 파견된
페이비언 두 사람이 돌아와서 페이비언협회에 보고한 내용은 충격적인
것이었다. 협회의 집행위원이었던 샌더스(Sanders)는 혁명은 수년 동안
준비되었지만 실제로 혁명이 일어났을 때 사건은 의외로 진행되었다고
보고했다.9) 그는 혁명을 통해 새로운 세계에 대한 멋진 청사진이 나타난
것이 아니라 혼란과 무능, 그리고 방향의 상실이 나타났다고 보고했다.10)
페이비언협회가 러시아 노동자병사평의회의 요청을 받아들여11) 두 번
째로 파견한 ≪새로운 정치가(New Stateman)≫의 서기 웨스트(J. West)
역시 페트로그라드(Petrograd)의 상태를 매우 음울하게 묘사했다. 그는
페트로그라드를 완전히 무질서한 도시, 소문과 음울함으로 가득 찬
도시로 묘사했고 그 느낌은 소름끼칠 정도라고 썼다.12) 그래서 쇼는
다음과 같이 지적했다.

러시아 혁명은 살육과 테러에 의해 강제로 정치권력을 이양시켰고
또 이 권력 이양은 러시아의 자존심을 높이고 도덕적 태도를 반(反)

자본주의적 태도로 바꾸었지만 러시아는 아직 영국에서 우리가 가지고 있는 실질적 공산주의만큼도 가지고 있지 않다. 심지어 임금 수준에서조차도 러시아의 임금 수준은 영국에 미치지 못한다.[13]

요컨대 페이비언들에 따르면 기존 체제를 타파하고 정치권력을 장악하는 것과 사회주의를 달성하는 것은 별개의 문제라는 것이다. 사회주의적 기치를 내건 혁명의 수행을 통해[14] 체제 변혁을 이루어낸다는 것과 실제적인 사회주의의 목적을 달성한다는 것과는 구별해야 한다고 보고 있다. 따라서 페이비언들에게는 새로운 사회에 대한 대안만큼이나 그것을 실현하기 위한 방법론이 중요한 의미를 지닌다.

2. 사회주의로의 이행

페이비언들이 인식한 역사 변화의 논리는, 변화란 모든 역사 과정의 산물이라는 것이었다. 즉 우리가 이상적으로 생각하는 사회 체제를 역사 속에 인위적으로 강요한다고 해서 이루어지는 것은 아니다. 사회주의라는 문명 역시 역사 과정의 산물이며 이것은 역사발전의 전체적인 흐름 속에서 파악되어야 했다. 그러므로 사회주의를 이루기 위해서는 자본주의라는 역사적 과정이 필요하며, 사회주의가 필요하게 된 것은 자본주의라는 제도가 성숙해 가면서 나타난 현상이지 초역사적으로 사회주의가 우월한 체제이기 때문은 아니다. 쇼는 다음과 같이 주장했다.

러시아 혁명 이후에 나타난 현상은 공산주의는 오직 자본주의가 확산됨으로써 확대될 수 있다는 것을 보여준다. 즉 기존의 경제 문명 (economic civilization)을 갑작스럽게 전복시킴으로써 공산주의가 실현되는 것은 아니다. 필요한 것은 자본주의로부터 물려받은 물적 토대의 파괴가 아니라, 그것을 관리하는 새로운 방법이며, 또 그것이 생산한 부를 분배하는 새로운 방식인 것이다. 이렇게 자본주의의 발전이 사회주의를 이룩하는 성숙한 조건으로 작용하는 현상이 러시아에서는 아직 나타나지 않은 것이다.[15]

간단히 말해서 페이비언들은 자본주의에서 사회주의로의 변화를 역사적 단절로 파악하지 않았다. 그들은 심지어 자본주의 자체가 많은 공산주의적 부분을 만들어냈다고 보기도 한다. 즉 도로, 교량과 같이 필수 불가결한 공공시설이 바로 공산주의적 부분이 아니냐는 것이다.[16] 그러므로 자본주의가 발전함에 따라 그 연속선상에서 사회주의체제가 나타나고 이것은 앞선 문명의 배턴을 넘겨받게 된다는 것이다. 그렇다면 자본주의가 성숙하지 못한 러시아에서 사회주의를 이룩한 것은 의미가 없다. 러시아 혁명의 의미는 억압적인 정치체제를 파괴하고 정치권력의 이양을 이루어냈다는 데 있을 뿐이었다. 자본주의가 성숙한 영국과 그렇지 못한 러시아에 적용된 '사회주의화'의 의미는 크게 다른 것이었다. 쇼는 다음과 같이 지적했다.

영국에서는 사회주의가 완성될 때 이미 만들어진 피라미드의 꼭대기에 깃발을 꽂을 것이다. 그러나 러시아는 모래 상태에서 건설해 나가야 한다. 우리는 한 사회를 사회주의로 변화시키기 전에 우선 자본주의를 건설해야 하는 것이다. 그러나 그동안 우리는 자본주의가 우리

를 타락시키고 말살하며, 파기하도록 내버려두는 대신 그것을 통제
하는 방법을 배워야만 하는 것이다.[17]

따라서 페이비언들은 자본주의의 발전을 바로 사회주의의 조건으로
파악한 것이다. 쇼에 의하면 자본주의는 소기업가가 경영하는 산업체를
수백 만 달러의 자본과 거대한 노동자군에 의해 운영되는 트러스트로
바꿈으로써 사회주의로 나아가게 하였다. 바꾸어 말하면 자본주의는
산업이 대규모화하여 공공기구가 통제하게 될 만큼 성숙할 때까지 항상
산업을 발전시키는 경향이 있었다. 그러므로 산업을 파괴하는 것은
사회주의의 전망을 파괴하는 것이다.[18] 사회주의는 자본주의의 성과
위에 자본주의가 더 이상 그 체제를 효율적으로 관리하고 통제할 수
없는 단계에 도달했을 때 그 뒤를 이어 새로운 체제를 조직하고 관리할
것으로 보았다.[19]

페이비언들은 사회주의로의 이행이 마치 자본주의가 성립된 것과
같은 방식으로 일어나고 진행되어야 한다고 생각했다. 즉 자본주의가
수백 년에 걸쳐 봉건제도를 잠식하고 파괴하는 혁명적 역할을 수행했듯
이 도래할 역사에서는 사회주의가 그런 역할을 떠맡아야 한다는 것이다.
자본주의가 그랬던 것처럼 사회주의로의 이행은 본질적으로는 혁명적이
지만 과정은 점진적이어야 한다.[20] 한순간에 사회주의가 실현될 것이라
는 생각은 난센스이며 이런 생각은 결코 사회주의를 실현시키지 못할
것이라고 보고 있다. 웹 부부는 다음과 같이 주장했다.

역사는 어떤 형태의 사회구조가 완전히 대체되는 것을 보여주지 않
는다. 우리에게 나타나는 것은 세기가 지남에 따라 …… 우세한 하나

의 조직이 나타난다는 것이다. 이것은 또 시간이 지남에 따라 점점
우세해진 다른 조직으로 대체되는 것이다. 예컨대 자본주의 체제가
영국 산업에서 우위를 차지하기까지 수세기가 걸렸다.[21]

즉 누가 권력을 잡든 또 어떤 혁명적 환경이든 사회주의를 실현시키기
위한 산업조직의 변화에는 시간이 걸리며[22] 그리고 사회주의가 성취되
는 것 역시 포물선이 가깝게 접근하기는 점근선(asymptote)에 접근하는
것처럼 근접하기는 하나 완전히 성취되지는 않는다는 것이다.[23] 즉
사회주의는 완성에 매우 가깝게 접근하지만 그것의 완성은 오직 무한대
에서만 생각될 수 있는 것이다.

그렇다면 페이비언들이 사회주의의 실현과정에서 혁명에 대해 부여
하는 의미는 분명해진다. 혁명은 사회주의의 반대자들이 사회주의를
의회적 개혁으로 받아들이기를 거부할 때 그 힘을 파괴하기 위해 혹은
자본가의 독재를 수립하려는 파시즘에 저항하기 위해 필요하다고 할지
라도 혁명 그 자체가 사회주의를 실현하는 것은 아니다.[24] 오히려 페이비
언들은 혁명이 사회주의를 실현시키는 것이 아니라 망칠지도 모른다는
두려움을 갖고 있었다. 변화가 불가피하다는 것을 분명히 인정하고
있지만[25] 혁명적 방법은 변화를 왜곡시키게 된다고 그들은 보고 있다.
비에트리스의 지적에 의하면 사회 유기체의 끊임없는 발전의 필요성은
당연시되어 어떤 철학자도 새로운 질서로의 진화를 부인하지 않지만
역사는 한 질서가 유토피아적인 질서로 갑자기 대체되는 현상을 보여주
지는 않는다는 것이다.[26]

그러므로 페이비언들은 사회주의는 하나의 제도로서 점차 성장해
나가야 한다고 생각했다. 쇼에 의하면 요술 지팡이를 휘둘러 '사회주의

나와라. 뚝딱!(Let there be socialism!)'이라고 할 수는 없다는 것이다.[27] 페이비언들은 러시아 혁명의 사회주의적 성과가 미약한 것은 사회주의가 제도로 정착되지 않은 데 기인한다고 보았다.[28] 구악의 일소는 사회주의혁명으로만 이루어지는 것은 아니다. 오히려 많은 독재자들에 의해서 훌륭하게 수행되었다. 쇼는 나폴레옹 3세, 알폰소(Alfonso) 왕, 크롬웰, 나폴레옹, 무솔리니, 레닌 등을 본보기로 들고 있다.[29] 그러나 그들이 왕이든 장군이든 혹은 프롤레타리아 독재자든 그들은 모두 곧 사망하거나 권력을 잃었다. 중요한 것은 체제를 운영해 나갈 수 있는 공식적인 조직이나 기구이다. 페이비언들은 바로 이 의회나 위원회 같은 형식으로 사회주의가 제도로 정착되어야 한다고 보았다.[30] 페이비언들은 이 기구가 국민들에게서 힘을 끌어내야 하며 그래야만 진정한 사회주의화가 가능해진다고 보았다.[31] 그들은 사회주의 사회의 제도와 조직은 그 힘을 국민의 동의에서 얻어야 한다고 생각했다. 왜냐하면 그 제도와 조직의 물리력이 아무리 강하다 할지라도 국민의 협조를 얻지 못하면 존속할 수 없다고 보았기 때문이다. 쇼는 "영국 정부가 아일랜드에서 그랬던 것처럼 시민들이 경찰과 협력하지 않으면 아무리 강력한 정부라도 붕괴하고 만다"는 점을 지적했다.[32] 이런 생각은 노동당 대회에서도 뚜렷이 천명되었다. 웹은 당대회 연설에서 다음과 같이 역설했다.

> 노동당은 사회주의가 정치적 민주주의에 뿌리박고 있다는 점을 분명히 하고 있다. 이것은 우리의 목적을 향한 모든 단계는 적어도 전체 국민 중 다수의 동의와 지지를 얻는 데 달려 있다는 것을 깨닫게 한다. 그러므로 우리가 지금 모든 것을 변화시키려 한다고 해도 우리는 각각의 변화가 1,000만 명 혹은 1,500만 명의 선거민의 동의를

얻는 방식으로 진행되도록 노력해야 한다 ……. 이것이 민주주의에
대한 최고의 안전판인 것이다.[33)]

따라서 사회주의로의 이행은 민주적으로 진행되어 모든 사람들이
받아들여야 하며, 점진적으로 진행되어 왜곡의 원인이 되어서는 안
되며, 국민 다수가 도덕적이라고 인정해야 한다. 그리고 법의 취지에서
벗어나지 않고 평화로워야 한다.[34)] 그러한 이행방식을 요약해서 쇼는
"사회주의는 매우 탄력적인 것이다. 그것은 점진적으로 온다. 그리고
당신이 원할 때면 언제든지 그것을 멈추게 할 수 있다"[35)]고 말했고,
≪페이비언 뉴스(Fabian News)≫는 "사회주의는 부드럽지만 끈질긴 압력
과 충격을 주지 않는 방법으로 인간의 정신과 제도를 변화시키는 것"[36)]
이라고 선언했다. 그리고 이런 맥락에서 쇼는 페이비언들의 과제는
"사회주의 정당을 존경받을 만한 사람 누구라도 떳떳하게 가입할 수
있는 합헌적 정당으로 만드는 것"이라고 밝혔다.[37)]

페이비언들이 혁명에 대해 지녔던 부정적인 견해를 두고 그들이 격렬
한 투쟁의 장에 개입하지 않음으로써 자신들의 손을 더럽히지 않으려고
한 지적 속물이라고 비난할 수도 있을 것이다.[38)] 그러나 그것은 비겁함이
나 기회주의적 속성에서 비롯된 것이 아니라 역사 변동에 대한 그들의
과학적 인식에서 비롯되고 있다는 점에 유의해야 한다. 페이비언들은
사회주의가 자본주의를 파괴한다기보다는 자본주의를 대체할 것으로
보았고, 사회주의는 완성되지 않았기 때문에 아직 도래하지 않은 것이
아니라 완성되지는 않았지만 이미 시작된 것으로 파악했다.[39)] 그러므로
페이비언들이 제시한 사회주의는 파국을 피하고 또 그로부터 나오는
파멸과 혼란을 제거하기 위해 제시된 하나의 방어적 처방이었다고도

할 수 있다. 가뭄과 홍수를 번갈아가며 맞게 되는 자연 상태에서 문명이
인간을 해방시켰듯이 페이비언들은 역사를 혼란스럽지 않은 발전 도상
에 올려놓으려 한 것이다. 페이비언들에게 사회주의는 18세기 산업혁명
의 결과로부터 불가피하게 만들어진 사회 발전의 다음 단계로서, 기존
정치·사회 제도를 기초로 해서 세워야 하는 건물이었던 것이다.[40]

3. '침투'전략

사회주의를 제도와 조직으로 정착시켜 나가고 자본주의정신 대신에
새로운 정신을 사회의 지도적 원리로 확립시키기 위해, 페이비언들은
'침투(permeation)'라는 독특한 전략을 채택했다. 이것은 바로 페이비언들
이 사회의 모든 부분에 파고들어 가는 방법이었다. 웹은 다음과 같이
지적했다. "우리는 어떤 당에도 속한 것처럼 보이지 않는다. 우리는
사실상 대중의 마음속으로 파고들어 가고 있는 것이다. 마치 '런던
경제대학(London School of Economics)'이 도시로, 철도 세계로, 공무원 세계
로 파고들듯이 ― 누구도 눈치 채기 전에."[41]

이런 침투전략은 초기에는 급진주의자들을 사회주의자로 변화시켜
나감으로써 진행되었기 때문에 피어슨(S. Pierson)은 그것이 자유당의 급
진적 정파들과 긴밀히 협조하는 것을 의미한다고 말했지만, 침투의
전략은 그것 이상이었다.[42] 그 전략은 자유당에만 적용된 것이 아니라
영국의 모든 정치집단, 행정조직, 사회단체에 적용되었다. 당시 ≪스코
틀랜드의 지도자(Scottish Leader)≫는 이런 페이비언협회의 노력을 두고,
'페이비언협회'는 새로운 분파를 만들어내는 데 시간을 쓰지 않고 이미

있는 조직, 즉 정치단체, 노동조합, 언론, 협동조합, 정당에 파고들어
가려 노력한다"고 지적했다.43) 사실 1892년에 발간된 ≪페이비언 소책
자≫ 41에서 "페이비언 협회: 그것이 이룩한 것과 그것을 이룩한 방법"
에서 쇼는 페이비어니즘의 영향이 크게 확산되었다고 지적했고, 이것을
왈라스는 침투정책의 승전가라고 평가했다.44) 그리고 협회는 이 전략을
일관성 있게 견지했다. 그 후 웹은 '페이비어니즘 정당화되다(Fabianism
justified)'라는 강연에서 페이비어니즘은 특정 계급에 침투하려는 것이
아니라 모든 방향에서 모든 종류의 사람에게 침투하려 한다고 주장했
다.45)

　이와 같이 페이비언들이 채택한 침투전략의 궁극적인 의도는 특정
계급만이 사회주의를 받아들이는 것이 아니라 모든 계급이 사회주의를
받아들일 수 있도록 만드는 것이었다. 그리고 사회주의를 모든 계급이
받아들일 수 있는 고상한 것으로, 또 존경받을 만한 것으로 만드는
것이 그들의 사명이라고 생각했다.46) 그래서 쇼는 다음과 같이 말했다.

　　중요한 것은 이제 어떤 시민이라도 자신이 자유주의자나 통합당원
　　(Unionists)이라고 주장하듯이 사회주의자라고 공언해도 혁명적 의
　　도를 가졌다거나 혹은 헌정 파괴자라는 의심은 받지 않게 되었다는
　　점이다. 이 작업은 페이비언협회의 중요한 작업으로 앞으로도 계속
　　될 것이다.47)

　이런 기조 위에서 페이비언들은 여러 분야로 침투해 들어갔다. 행정
분야의 경우 페이비언들은 1888년부터 런던 교육국에 침투해 들어갔는
데, 왈라스는 1894년 런던 교육국(London School Board)에 들어갔다. 그리

고 런던 시의회(London County Council)의 진보당(Progressive Party)은 일반적으로 페이비언의 영향하에 있었으며 더욱이 웹은 16년 동안이나 기술교육국(Technical Education Board)의 의장으로 있으면서 시의회의 정책에 침투해 들어갔다.[48]

정치의 경우, 협회활동 초기에는 급진주의로 침투가 두드러져 왈라스와 쇼, 웹 등은 모두 자유주의와 급진주의협회의 활발한 회원으로 활동했다.[49] 그리고 독립노동당(ILP)으로의 침투는 1893년 브래드포드(Bradford)에서 열린 독립노동당 창립총회에 페이비언협회가 참여한 이래 꾸준히 지속되었으며 이것은 한편으로는 하디(K. Hardie)나 맥도널드(R. MacDonald) 같은 독립노동당의 지도자들을 통해서 또 한편으로는 독립노동당원에 대한 강좌를 통해 이루어졌다. 노동당에 대한 침투도 끈질기게 계속되어서 이런 노력은 1918년 6월 마침내 '노동과 신사회 질서'라는 페이비언이 기초한 강령이 당 강령으로 채택되는 결실을 거두었다. 언론 분야로의 침투도 촉진되었고 특히 신문과의 연결이 중요시되었다. 이 분야의 주요 인물이 매싱엄(H. W. Massingham)이다. 쇼는 매싱엄의 석간신문인 《스타(Star)》와 페이비언들의 연결을 두고 침묵의 하이라이트라고 평하였다.[50] 이와 함께 페이비언들은 개별적으로 자유당, 보수당의 지도자들에게 사회주의 정책에 대한 영향력을 행사하였고, 홉하우스(L. T. Hobhouse)나 홉슨(J. A. Hobson)과 같은 신자유주의 지식인들의 사상에도 깊은 영향을 미쳤으며 트레벨리언(C. Trevelyan)이나 러셀(B. Russel) 같은 청년들에게도 깊은 영향을 주었다.[51]

더욱 중요한 것은 일반 대중을 상대로 한 페이비언들의 침투였는데 협회는 꾸준히 소책자를 배포하고 북 박스(Book Box)를 유통시켰으며 수많은 강좌를 개설함으로써 사회주의를 세속화시키려는 노력을 했다.

이러한 페이비언들의 침투전략은 진실로 "장기적이고 꾸준하며, 인내심 있고, 모든 도움을 다 받아들이고 이용하며, 바보 같은 주장을 하지 않고, 겸손하지만 불굴의 인내로 행동하는"[52] 것이었다.

이러한 침투전략은 페이비언들의 특징이었던 관용의 정신과 연관이 있었다. 페이비언들은 이단 잡기(heresy-hunting) 같은 것에 반대했고 또 회원을 엄격하게 구속하는 신앙 같은 것을 공식화하지도 않았다. 페이비 언협회의 회원들은 협회의 회원이면서 자유당, 보수당에서 활동할 수 있었으며 그런 이유 때문에 협회에서 추방당하지 않았다. 1892년 연례총 회에서 이런 회원을 축출하자는 제안은 압도적인 다수의 반대로 부결되 었다.[53] 그들이 권위주의적 체질에 빠져들지 않았다는 것은 웰스(H. G. Wells)가 협회 지도부에 대한 비판을 제기했을 때, 비판을 수용한 태도에서도 드러났다. 협회는 오히려 이러한 비판이 이제까지 너무 적었다는 것을 인정했다.[54] 페이비언 여름학교의 모습 역시 이를 보여준 다. 야외에서 공동체생활을 하며 협회의 지도적 인물들과 초심자들, 지방 회원들은 아침을 먹으면서 또 차를 마시면서, 저녁에는 코코아 잔을 놓고서 형식에 구애받지 않고 자유롭게 의견을 교환할 수 있었다. 페이비언들이 관료적 통제를 거부했다는 것은 지방협회에 대한 런던협 회의 태도에서도 드러났다. 페이비언 지방협회와 런던의 소규모 페이비 언 그룹은 1891년 초까지 버섯과도 같이 성장했다.[55] 그러나 1891년 이전에 결성된 90개 지방 그룹의 평균 수명은 2년도 채 못 되었다.[56] 이것은 런던 페이비언협회가 강력한 통제력을 행사하지 않았다는 것을 단적으로 반영한다. 페이비언협회는 이들이 지방의 독립노동당(ILP) 지 부로 흡수되는 것을 막지 않았다. 1893~1894년 사이에 페이비언 지방 협회가 사라졌다고 해서 페이비언 운동이 잃은 것은 거의 없었다. 회원들은 새로운 정치기구 내에서 페이비언의 출판물을 읽으면서 계속하여 자극을 받아들였다.[57] 오히려 이런 풍토는 영국 사회주의운동에서 페이비언협회의 진정한 기반으로 작용한 것이다.

게다가 더욱 중요한 것은 페이비언협회는 결코 유아론적 태도를 보이지 않았다는 점이다. 페이비언협회는 어떤 특정 작업이 협회의 전유물이라고 생각하지 않았으며 다른 사람도 할 수 있다고 생각되는 일이면 협회는 무대에서 사라졌다. 독립노동당에게 지부를 양보할 것이 그러하고, 러스킨 대학(Ruskin College)에 통신교육을 넘긴 것이 그러하며, 런던 경제대학(LSE)에 경제교육을 넘긴 것도 그런 까닭에서이다.[58] 또 협회는 영국이 반드시 페이비언협회에 의해서만 구원받을 것이라는 독단에 빠지지도 않았다.[59] 코울(G. D. H. Cole)의 지적에 의하면 페이비언들 역시 도그마를 가지고 있지만 그러나 그들은 끊임없이 질문하면서 도그마가 지나치지 않도록 최선을 다했다. 그들은 선배들을 존경했으나 결코 그들이 말한 것을 성전으로 간주하지 않았고 그들이 말하고 생각하는 것을 전적으로 옳은 것이라고 자신들을 기만하지도 않았다.[60] 이런 점에서 페이비언들은 어떤 철칙에 묶이기에는 너무나도 자유롭게 부동하는 지식인들이었다.[61] 코울(M. Cole)은 웹 부부를 다음과 같이 평가했다.

웹 부부는 그들의 특별한 분야에서조차 교만하지 않았으며 또 그들이 반드시 옳다는 확신을 하지도 않았다. 또 80대의 원숙기에 이르러서도 반박당하지 않는 위대한 인물로 행세하지 않았다. 역사상 위대한 사람 중에 이런 태도를 지닌 사람을 몇 명이나 찾아볼 수 있을까?[62]

그러나 페이비언들의 침투 방법은 고되고 힘든 과정이었다. 많은 이들이 그것을 의심의 눈초리로 지켜보았다. 페이비언들은 자유당에 대한 침투정책 때문에 런시만(J. F. Runciman)에게서 "혐오스럽게도 페이비언협회를 자유당에 팔아넘긴 것"이라는 비난을 받기도 했다.[63] 그런가 하면 1892년 총선에서 페이비언들의 노력으로 자유당이 공식정책으로 채택한 '뉴캐슬 프로그램(New Castle Programme)'의 별다른 진척이 없자 페이비언들은 이를 냉혹히 비판했다. 이때도 페이비언들은 노동자의 표를 분산시키려 한다는 비난[64]과 신당을 창설하려 한다는 의혹을 받기도 했다.[65] 또 침투정책 때문에 페이비언들은 어디나 손을 벌리며 주관 없이 표류하는 기회주의자들이라는 인상을 낳기도 했다. ≪노동자의 시대(Workman's Times)≫ 편집장이었던 버제스(J. Burgess)는 다음과 같은 격렬한 비난을 퍼부었다.

평범한 페이비언들은 단지 그가 무엇을 하고만 있다면 그가 하는 것에 별로 개의치 않는다. 기질적으로 공연히 법석 떨기를 좋아하고 자선적인 페이비언들은 그의 주머니칼을 가지고 모든 대중운동을 여기저기 찌르면서 돌아다닌다. 그가 거죽에 페이비언협회의 이니셜만 새겨 넣을 수 있다면 만족하는 것이다.[66]

이뿐 아니라 페이비언들 스스로가 이러한 자신들의 노력에 대해 때로 좌절하기도 했다. 쇼는 자신이 "타협으로 얼룩지고, 기회주의로 점철되고, 시의회의 흙탕물 속에서 끌려가며, 침투로 곪아 터지고, 25년 동안 1인치를 얻기 위해 지쳐 나자빠진" 것으로 자탄하기도 했다.[67] 침투의 전략에 대한 불안감은 비에트리스가 쓴 일기의 구절에서도 마찬가지로 드러났다. 그녀는 "우리는 모든 정당으로부터 고립되어 있다. 비록 건설적인 작업에 참여하는 것에는 어떤 정당과도 기꺼이 협력하지만 그러나 이렇게 한곳에서 다른 곳으로 영원히 옮겨 다니는 것은 불쾌한 것이다"[68]고 기술했다.

그럼에도 불구하고 그들이 이런 방법을 포기하지 않은 것은 그들의 방법은 본질적으로 작은 것을 성취하는 것에서부터, "한 발자국 멀리 나가는 것"에서부터 출발하고 있었기 때문이다.[69] 웹은 비에트리스에게 다음과 같이 썼다.

> 페이비언협회가 얻은 어떤 영향력이든 대체로 그것은 우리가 작은 것을 기꺼이 하려는 것에 기인하는 것이다. 몇 명을 놓고서라도 강의를 기꺼이 시작하는 그런 것에서 시작하는 것이다. 나는 우리를 사회주의의 '예수회'로 생각하고 싶다.[70]

이렇기 때문에 그들의 침투는 어느 곳에서든 이루어질 수 있었다. 차를 마시며, 식사를 하며, 주말 파티에서, 위원회의 모임에서, 대중집회에서 어디서든 이루어질 수 있었던 것이다.

4. 과학적 사회조사

페이비언들은 침투전략에 따라 그들의 이념을 광범위하게 확산시키기 위해서 실증적인 사회조사를 추구했다. 그들은 사람들을 사회주의로 개종시키는 힘은 감정적 동조에 있는 것이 아니라 이성에 의한 설득에 있다고 보았으며 그것은 바로 사실에 대한 정확한 파악에 달려 있다고 믿었다. 그러므로 사회주의에 대한 찬사와 선전은 어쩌면 불필요한 것일지도 모른다. 왜냐하면 사실에 대한 정확한 조사와 보고는 지성을 갖춘 사람들을 저절로 사회주의로 향하게 할 것이기 때문이다.[71] 그래서 ≪페이비언 소책자≫를 시리즈로 발행한 것이다. 특히 이 책자는 노동자 교육에 빈번히 이용되었음에도 불구하고 일반 정치적 출판물과는 달리 격렬한 논쟁은 실지 않았다. 그들은 ≪페이비언 소책자≫를 통해 감정에 호소하기보다는 사회주의를 설명하려고 한 것이다.[72] 사실에 대한 정확한 파악, 사회의 현재 상태에 대한 상세한 조사를 추구[73]하는 페이비언의 노력에 대해 클레이턴(J. Clayton)은 페이비언들이 열보다는 빛을 발하려 하고 있다고 평가했다.[74]

그러나 현실은 그들이 배격하던 자극적인 감정적 호소가 과학적 관찰이나 정확한 진단보다 더욱 보편화되어 있다는 것을 보여주었다.[75] 이에 대해 비에트리스는 사건의 외피를 깨뜨리고, 숨겨진 사실을 발견하는 것을 도와줄 연구방법으로 두 가지를 제시했다. 통계적 조사와 개인적 관찰이 그것[76]인데 여기서 통계적 조사를 총체에 대한 정량적 관찰(quantitative observation of aggregates)이라 한다면 개인적 관찰은 개체에 대한 정성적 관찰(qualitative observation of units)이라 할 수 있었다.[77] 그녀는 "개인적 관찰 없는 통계적 조사는 확실한 기초를 결여하고 있고 통계적 조사가 따르지 않는 개인적 관찰은 근거 있는 결론에 도달하지 못 한다"[78]고 지적하면서 양자를 병행해야 한다고 주장했다. 그녀는 양자를 결합시키지 못하면 선정주의(sentimentalism)에 빠지는 오류를 범할 수도 있다고 주장했다. 예를 들어 비에트리스에 따르면 많은 사람들이 가난에 시달리는 런던의 생활을 보면서 전체 노동계급이 타락하고 실직 상태에 있다고 말하는데[79] 이것이 바로 정신적·육체적 참상에 대한 인도주의적 관심 때문에 나타나는 선정주의라는 것이다. 그녀는 이것을 해로운 경향이라고 규정했으며 그와 같은 감성적 관심에 냉혹한 통계적 조사를 적용시킴으로써 그런 경향을 억제해야 한다고 말했다.[80] 비에트리스는 다음과 같이 주장했다.

> 우리는 어떤 사건에 대해 놀랄 만한 진술을 하는 사람들이 그렇게 묘사된 조건에서 생활하는 사람의 수를 열거하도록 해야만 한다. 이 숫자를 전체 인구와 비교하도록 해야 한다. 예술가가 그의 그림을 통계적 틀 속에 넣는 것에 대해 동의할 때까지, 우리는 그것을 예술적 작업으로 찬양할지 모르나 그것을 근거 있는 진술로 받아들여서는 안 된다.[81]

이러한 주장을 통해 비에트리스가 말하려 한 것은 사회의 상태에 대한 과학적인 조사와 과학적인 지식의 필요성이었다. 그러기 위해 그들은 냉혹하게 감정을 다스릴 것을 요구한 것이다.[82] 대표적인 작업이 ≪페이비언 소책자≫ 5에 실린 웹의 "사회주의자들을 위한 사실들(Facts for Socialists)"이다. 웹은 11판이나 거듭 판을 달리 하며 거기에 새로운 사회조사와 통계자료를 수정·삽입했다.[83] 그야말로 민주주의의 주춧돌이 될 '공표된 지식의 탐조등'에 의지하려는 모습을 보여준 것이다.[84] 그래서 비에트리스는 "개혁은 소리치는 것으로 이루어지는 것이 아니며 필요한 것은 숙고하는 것"이라고 하면서 "급진주의자들은 사회에 대한 불평을 외침으로써 개혁을 이룩하려 하지만 그들이 결여하고 있는 것은 지식의 효모"[85]라고 지적했다.

페이비언들이 행한 고되고 상세한 조사 작업은 다른 사회주의 단체들로서는 그렇게 할 시간도, 끈기도, 능력도 갖추지 못한 그런 작업이었다.86) 따라서 페이비언과 노선을 달리하는 사회주의자들조차도 페이비언의 사회조사 자료를 자주 이용했다. 예를 들어 블래치퍼드(Blatchford)의 『메리 잉글랜드(Merrie England)』 같은 저술도 상세한 사회적 사실에 대해서는 페이비언의 자료에 의존했다.87) 엥겔스(F. Engels)조차도 페이비언의 조사 자료를 영국에서 가장 잘 작성된 자료로 인정했고,88) 레닌 역시 이런 점에서 웹의 저작에 대단한 중요성을 부여했다.89)

페이비언협회의 사회조사의 한 예로 인구감소에 대한 조사활동을 들 수 있다. 인구감소의 원인에 대한 많은 논란90)은 실제적인 조사와 통계에 따라 해결해야 한다고 페이비언들은 보았으며 그 결과 면밀하게 작성된 설문지를 협회의 모든 회원에게 보냈다. 응답은 무기명이었는데 634부 중 460부가 돌아왔다. 여기서 몇몇 경우를 제외한 316건의 결혼 사례를 얻게 되었고 페이비언협회는 이에 대한 정교한 통계 보고서를 작성했다. 여기서 드러난 것은 1890~1899년 사이에 결혼한 120쌍의 부부 중에서 오직 6쌍만이 어떤 산아제한 조치도 취하지 않았다는 것이다. 이를 근거로 협회는 출산율 감소는 가정의 자발적 산아제한에 원인이 있다는 결론을 얻을 수 있었다. 페이비언협회의 서기였던 피스(E. Pease)가 이 조사에 대해 지닌 자부심은 대단했다. 그는 다음과 같이 쓰고 있다.

이것은 아마도 이 주제에 대해 행한 최초의 그리고 유일한 통계적 조사일 것이다. 그리고 비록 사례의 수가 인구에 비해 적으나 표본에 의해 나타난 증거는 결론을 내리기에 충분했다. 여하튼 출산율 감소는 가정의 자발적 제한에 의한 것이다.91)

페이비언의 침투방법의 중요한 특징이었던 사실에 기초한 설득작업은 웰스가 지적했듯이 단점으로 작용하기도 했다. 웰스는 페이비언의 글이 좀 더 감정적인 호소를 했더라면 더 많은 노동계급과 낮은 급여를 받는 봉급생활자들이 읽었을 것이라고 지적했다.[92] 또 피어슨(S. Pierson)은 페이비어니즘이 대중의 도덕과 종교 감정에서 분리되었으므로 개인들로 하여금 새로운 명분을 위해 희생하게 하는 힘을 상실했다고 지적했다.[93] 이러한 평가는 틀린 것이 아니었다. 사실상 페이비언들은 인간의 감정적 부분과 투쟁적 측면을 무시함으로써 정치영역의 상당 부분을 스스로 포기한 것처럼 보였다. 이러한 사실은 국회의원을 "강력한 관료제의 바퀴 위에 붙어 있는 한 마리의 파리"에 불과하다고 본 것에서도 읽을 수 있다.[94] 힘멜파브(G. Himmelfarb)가 지적하듯 페이비언들은 어떤 의미에서 정치를 사실과 과학으로 지성화하려 한 사람들이었다.[95]

그러나 바로 이 점이 페이비어니즘의 장점일 수도 있었다. 이념을 위해 개인을 희생하도록 만드는 힘을 페이비어니즘은 요구하지 않았다. 이념의 실현을 위해 희생이 아니라 연구와 교육을 요구한 것이다. 그러므로 페이비언들은 사회주의가 정치투쟁이나 계급갈등을 통해 성취되지는 않을 것이라고 보았다. 사회주의는 사람들이 점차 계몽되고 과학적 지식을 획득함으로써 실현될 것이기 때문이다.[96] 그래서 사회주의자는 근대산업이 제기하는 문제를 다루는 과정에서 자연히 나타날 것으로 보았다. 즉 시의회 의원들, 정치가, 공무원, 경제학자, 대학 교수들은 모두 필연적으로 이런 문제를 맞닥뜨리게 되어 자신도 모르는 사이에 사회주의자가 되어간다는 것이다.[97] 페이비언들의 생각으로는 사회주의란 감정의 영역이 아니라 지성의 영역에 놓여 있었다.[98] 심지어 그들은 이를 둘러싼 감정적 논란에도 빠져들지 않았다. 웹은 다른 사람을 개인적

으로 비난하는 것을 한결같이 거부했으며 또 자신에 대한 타인의 개인적 비난도 단호히 무시했다.[99]

페이비언들은 사실과 사회조사를 강조함으로써 사회와 역사에 대한 인식을 과학으로 끌어올리려고 시도했다. 웹은 "그가 원하든 원하지 않든 성공과 실패는 문제가 된 사실에 대해 과학적 근거를 갖고 있는가에 달려 있으며 그것의 인과관계에 대한 과학적 지식을 갖고 있는가에 달려 있다"고 지적했다.[100] 그런데 여기서 그들이 말하는 과학적 지식의 추구는 특히 인간이 만들어낸 제도에 집중되었다. 비에트리스는 다음과 같이 지적했다.

> 다른 과학자들처럼 우리는 우주와 그 작용에 대한 과학적 호기심에 사로잡혔다. 그러나 천문학자나 물리학자와는 달리 우리는 우리의 호기심을 조사가 덜 된 현상, 즉 인간에 특징적인 사회제도(institution) 와 관련된 현상으로, 혹은 사회학이라 불리는 것으로 돌린 것이다. 따라서 우리는 과학자로서 사회제도의 연구에 — 노조로부터 내각에, 가족관계로부터 교회에, 경제학으로부터 문학에 — 몰두했다.[101]

페이비언들은 그들이 사회제도에 관한 과학자임을 자처하고 있는 것이다.[102] 웹 부부는 사회제도에 대한 연구를 현실을 이해하는 중요한 통로라고 생각했으며 역사와 사회에 대한 과학을 이것에 대한 연구로 완성시키려 했다. 어떠한 현상이든 사회제도 안에서 그 영향이 확인되어야 한다.[103] 그래서 웹 부부는 "사회조직이 특정한 형태에서 발전해 나온 역사"를 연구한다는 점에서 자신들이 특별하다고 생각했다.[104] 페이비언들에게 사회주의는 사회주의자들이 구상한 유토피아가 아니었

으며 사회에 대해 끈질기게 연구한 결과 발견된 사회조직 원리였던 것이다.105)

사실 페이비언들은 사회주의를 구현할 제도와 조직을 연구하는 데 커다란 노력을 경주했다. 영국 사회사의 고전인 웹 부부의 『노동조합주의의 역사(The History of Trade Unionism)』(1894)는 노동조합에 대한 역사적 연구이며 3년 후에 나온 『산업민주주의(Industrial Democracy)』는 그 후속편이라 할 수 있었다. 또 『협동조합운동(Co-operative Movement)』은 협동조합운동에 대한 연구였고 그 후 10권에 걸쳐 발간된 『지방정부의 역사(Local Government History)』는 아무도 관심을 기울이지 않았던, 또 감히 시도해 볼 엄두도 내지 못한 지방정부에 대한 길고도 고된 연구서였다. 그들은 이 책에서 이전에는 역사연구의 주제로 다루어진 적이 없었던 다양한 제도에 대한 연구를 시도했다.106) 한마디로 웹 부부의 작업은 모두 하나의 제도에 대한 분석이며 사회학이며 역사학이었던 것이다.107) 수많은 ≪페이비언 소책자≫의 내용 역시 모두 제도와 조직에 대한 연구였다. 세금, 토지, 주거, 수도, 전철, 부두, 가스, 시장, 도서관, 묘지, 극빈자, 구빈법, 교육국, 학교, 교구, 시의회 등에 대한 분석이 이 시리즈를 구성하고 있는 것이다. 이런 이유로 혹자는 "웹 부부는 인간을 제도에 의해 형성되고 또 이것을 만드는 존재로 생각을 하고 있다"고까지 말했다.108)

이와 같이 페이비언들의 연구방법은 진실로 경험적109)이었으며 역사적이었다. 그들은 바로 이 움직이는 사회 속에서 사회주의 사회를 건설하는 데 필요한 모든 제도와 조직을 발견해 낼 수 있다고 믿었던 것이다. 웹은 이렇게 지적했다.

우리는 오직 시간 속에서의 성장과 쇠퇴의 과정을 관찰함으로써 발전 단계에 있는 현재의 사실을 이해할 수 있다. 그리고 오직 과거와 현재 과정을 이해할 때 비로소 우리는 변화의 수단에 대한 통찰력을 얻을 수 있는 것이다.110)

그들이 경험적이고 역사적인 방법에 철저했다는 것은 추상적이고 연역적인 경제학에 대한 그들의 비판에서 분명하게 드러났다.111) 페이비언들의 경제학은 추상적인 경제학과는 달리 더욱 풍부한 내용을 담고 있었다. 그들에 의하면 경제학의 연구대상은 사회제도 그 자체였다.112) 그것은 '거대 기업', 이윤을 추구하는 조직, 가족, 소비자협동조합, 다양한 생산자들의 직업조직, 국가(혹은 정치조직), 국제관계 등을 포함했다.113) 그래서 페이비언들에 의하면 경제학은 바로 노동조합, 정당조직, 지방정부, 근대 기업조직에 대한 연구가 되는 것이다. 이것은 결국 사회현상에 대한 총체적인 파악을 의미했다. 이런 접근은 경제학이라는 용어로 구속받았던 제한된 연구영역의 틀을 깨뜨리고 사회 현상에 대한 좀 더 현실적인 파악을 가능하게 했다.

예를 들면 추상적인 경제학의 기계적 교리인 경제법칙에 의하면 "노동은 가장 보수가 후한 곳으로 가게 된다."114) 그러나 페이비언들은 그러한 경제법칙은 모든 사람이 금전적 이익을 추구한다는 형이상학적 이론에서 나온 많은 연역 중 하나일 뿐이라고 주장했다.115) 그들은 이와는 달리 노동자들이 보수가 나쁜 곳으로 가서 머무르는 경우도 있음을 발견했다. 비에트리스는 일용노동자들(casual laborer)이 그 경우에 해당한다고 주장했다.116) 비에트리스는 거대도시가 낮은 임금에도 불구하고 농촌이나 중소 도시보다 여가시간에 더 큰 즐거움을 제공하기 때문에 일용노동자들에게는 더 매력적인 곳이라고 주장했다. 즉 일용노동자들은 단조로운 조건에서 상대적으로 안락함을 얻는 생활보다는 물질적 빈곤에도 불구하고 여가생활을 선호한다는 것이다.[117] 그들은 도덕적 관습에 얽매이지 않은, 그리고 소규모 공동사회의 여론에 제약받지 않는 사회적 교제를 즐긴다는 것이다. 웹은 지적·도덕적 편견에서 자유로운 이 집단에 대해서 다음과 같이 서술했다.

> 이들은 일거리를 찾아서 돌아다닌다. 그들은 …… 담배, 빵, 차, 소금에 절인 생선으로 살아간다. 그들의 욕구는 도박이다. …… 그들은 규칙성을 혐오하며 사소한 자극에 대한 욕구를 가지고 있다. 그들은 아침에는 늦게 일어나며 날카로운 유머 감각을 가진 이야기꾼이며 순수 유한계급에 특징적인 유쾌한 관용성을 지니고 있다. …… 가혹한 기아의 현실은 모두를 함께 묶고 있다. 공산주의는 그들 생활에 필수적인 것이다. 그들은 모든 것을 함께 나눈다. 그리고 하나의 계급으로서 그들은 이상하리만큼 너그럽다.[118]

이것이 바로 그들의 경제학인 것이다. 이러한 분석은 리카도나 마셜 등의 추상적인 경제학이 도달하지 못한 결론을 끌어내고 있는 것이다.

웹 부부는 『산업민주주의(Industrial Democracy)』에서 왜 어떤 계급이나 종족은 다른 계급이나 종족에 비해 완고한 태도를 보이는가 하는 점을 경제학 연구의 중요한 주제로 삼고 있다. 페이비언들은 노동에 대한 태도를 기준으로 하여 임금노동자를 세 부류로 나누었다.[119] 첫째 부류는 앵글로-색슨(Anglo-Saxon)의 비숙련노동자들인데 이들은 관습에 따라 정해진 최저 수준 이하로는 노동하려 들지 않지만 최고 수준은 없어서 소득이 증가할수록 더 큰 노력을 한다는 것이다. 두 번째 부류는 아프리카 흑인(African Negro)들인데 이들에게는 임금의 최저 수준은 없지만 최고 수준은 매우 낮다. 그들은 임금이 적어도 노동하지만 그들의 원시적 욕구가 충족되고 나면 더 이상 노동하려 들지 않는다. 셋째 부류는 유대인(Jew)들인데 이들에게는 최저임금도 최고임금도 없다. 그들은 실직하기보다는 최저임금을 받고서라도 노동하며 소득이 증가하면 할수록 더욱 큰 노력을 한다. 이런 현상에 대한 관찰과 연구를 주제로 삼는 페이비언들의 경제학은 분명히 고전경제학과 다를 뿐 아니라 마르크스주의 경제학과도 구별된다. 그들은 경제학을 제도와 조직 그리고 사회관계에 대한 연구로 그 영역을 확대시켰을 뿐 아니라 철저히 경험적인 접근을 함으로써 어떤 추상이나 가설의 늪에도 빠지지 않았다.

5. 맺음말

페이비언들에 의하면 지식은 사회에서 경험적으로 얻어야 했다. 웹이 지적하듯 사회는 의식적이든 무의식적이든, 인간관계에 대한 실험들이 끊임없이 수행되는 하나의 거대한 실험실이었다. 그곳에서는 사회에 대한 과학적 지식을 가진 집단이 생존하고 번창하며 이 지식은 인간의 과거와 현재의 행동에 대한 끈질긴 연구로 획득할 수 있는 것이다.[120] 페이비언은 어떤 종류의 사회는 본능에 따라 움직인다 하더라도 문명은 사회학적 사실과 그것 사이의 관계에 대한 조직된 지식(organised knowledge)에 의존하고 있다고 보았다.

페이비언들이 사회학적 사실에 대한 조직된 지식을 추구한 것은 19세기 후반에서 20세기 초에 걸쳐 영국사회가 던진 물음에 대한 답변을 찾기 위해서였다. 노동조합뿐만 아니라 지방정부, 협동조합, 교육, 공공위생 등 많은 것이 새로운 산업과 도시환경에 따라 문제를 제기했고, 페이비언들은 새로운 사회주의 사회를 건설하기 위해서 거기에 대해 응답하려고 한 것이다. 그 응답은 길고 고된 연구의 작업이었으며 진실로 사실과 조사에 기초한 과학적인 노력이었다. 그들은 그 작업을 통해 사회주의로 가는 평화적이고 점진적인 변화의 짐을 감당할 수 있는 기구가 무엇인지를 밝혀내고자 한 것이다.121) 그러므로 페이비언들은 과학적 사회주의를 모색했다고 할 수 있다. 그들은 사회주의를 사회에 대한 과학적 연구의 결론으로 받아들인 것이다.

2부

신디칼리즘

Syndicalism

6장

신디칼리즘의 국가론
반(反)엘리트주의의 국가론

1. 머리말

리처드 프라이스(R. Price)는 영국 신디칼리즘이 역사가들로부터 제대로 평가받지 못해 왔음을 지적하고 있다. 특히 신디칼리즘은 이론적으로 성숙하지 못하고 빈약하다는 평가를 종종 받아왔다는 것이다.[1] 그렇게 비판받는 이론 분야 중에서, 특히 홀튼(Holton)이 지적처럼 국가에 대한 부분이 두드러진다. 그는 신디칼리즘에 대한 일반적인 비난으로 반이론적(anti-theoretical)이고 국가를 무시(neglectful of the state)한다는 두 가지 점을 주장했다.[2] 홀튼은 신디칼리스트의 국가이론에 관한 그의 글에서 "혁명적 신디칼리즘은 사회에서의 국가의 역할에 대해 고려하려 하지 않는다고 생각되어 마르크스주의자들로부터 큰 비판을 받았다"고 지적하고 있다. 이런 비판은 1917년 이래 레닌(Lenin)이나 루카치(Lukacs) 같은 이론가들이 러시아 이외의 나라에서 혁명이 성공하지 못한 이유를 설명하는 과정에서 힘을 얻었다는 것이다. 그러나 홀튼은 이런 비판을 모두 거부한다. 따라서 그는 영국의 신디칼리스트들이 "정치와 국가의 역할을 전적으로 무시했다", "일관된 이론체계를 가지고 있지 않다"[3]는 힌튼 (Hinton)의 주장이나 신디칼리즘은 제2 인터내셔널이 경제주의로 기울어 진 현상을 반영하는 가운데 나타난 것으로, "대체로 혁명적 전략과 목적이 없으며 …… 국가를 포함한 …… 여러 사회적 현실을 경제적 기초로 환원할 수 있는 단순한 부수물로 보는" 좌파 경제주의라는 풀란 차스(Poulantzas)의 주장[4]은 모두 받아들일 수 없다고 본다. 그러면서 홀튼은 신디칼리스트들이 국가에 대한 이론에서 마르크스의 이론을 재확인하고 확대시켰다는 주장을 한다. 리처드 프라이스도 신디칼리스 트의 이론 전반에 대한 입장을 피력하는 맥락에서이긴 하지만 ① 신디칼 리스트 이론의 점진적인 발전 현상이 일어났으며, ② 전후에 길드 사회 주의를 통해 높은 수준의 이론화가 이루어지게 되었다는 이유 등을 들어 신디칼리스트 이론을 적극적으로 평가하고 있다.[5]

　신디칼리스트들의 국가이론에 대해 내릴 수 있는 절충적인 하나의 해결방안은 신디칼리스트들의 반(反)정치적인 태도를 인정하면서도 그 들의 국가론이 존재한다는 점을 받아들이는 것이다. 즉 '신디칼리즘의 반정치적인 태도가 반드시 국가에 대한 이론의 부재를 의미하는가' 식으로 의문을 제기해 보는 것이다.

　필자는 이 장에서 신디칼리스트들의 국가이론에 대해 그들의 입장은 반정치적이지도 않았으며 국가이론을 결여하지도 않았다는 주장을 하고 자 한다. 시각에 따라 오히려 그들은 매우 '정치적'인 입장을 취했으며 국가에 대해서도 분명한 견해를 가지고 있었다는 결론을 내릴 수 있다는 말이다. 여기서 '정치적'이란 그들이 자본가 권력에 도전했다는 의미에 서만이 아니라 그들 투쟁의 본질적인 부분이 권력투쟁이었다는 점과, 투쟁이 이른바 '정치판'이 아닌 '노동자들의 일터'라는 새로운 공간에서 벌어진다는 점에서 그러한 것이다. 신디칼리스트들이 반정치적이며 국가이론을 결여하고 있다는 견해는 레닌 식 혁명전략과 엘리트주의적 사고에서 나온 것으로 하나의 고착된 국가관을 전제로 해서 나온 편견일 수 있다는 점을 지적하고 싶다.

신디칼리스트의 국가론에 문제점이 없다는 말은 아니다. 그러나 그들의 국가론에 내재된 약점을 지적하는 것과 그들에게는 국가론이 없다고 단정하는 것은 전혀 다른 차원의 이야기이다. 다음 절에서는 신디칼리스트들의 국가에 대한 입장과 함께, 왜 그들이 국가에 소극적인 의미를 부여하고 의회로 대표되는 정치를 무시하려 했는지를 검토해 보겠다.

2. 신디칼리스트 국가론에 대한 검토

당시 국가에 대한 인식 ◎ 먼저 신디칼리즘이 현재의 국가에 대한 관점을 살펴볼 필요가 있다. 신디칼리스트들은 현재 국가가 자본가에 의해 통제되며,[6] 따라서 금권정치적(Plutocracy) 성격을 띤다고 보았다. 국가는 자본가의 과두정이며, 의회는 자본가 계급의 기구인 셈이다.[7] 신디칼리스트들은 '자본가 국가(Capitalist State)'라는 표현을 여러 곳에서 사용했다.[8] 그런가 하면 영국의 산업이 독점 상태에 놓여 있었고, 이러한 독점이 계속해서 자본의 집중을 불러오고 있음도 인식하고 있다. 헤이(W. F. Hay)와 아블렛(N. Ablett)은 다음과 같이 지적했다.

> 광산업은 사실상 크리스토퍼 퍼니스 경(Sir Christopher Furness), 찰스 먹러렌 경(Sir Charles B. McLaren), 조이시 경(Lord Joicey), 토마스

씨(Mr. D. A. Thomas) 등 네 사람이 전체 석탄 공급의 5분의 1을 통제했으며 …… 남 웨일즈에서는 산업 전체를 하나의 기업에 넘겨주는 추세가 계속되고 있다. …… 거대한 콤바인을 형성한다는 소식이 들린다. …… 더럼(Durham)에서는 조이시(Joicey)의 회사가 연간 600만 톤을 생산하는 광산을 소유하고 있고, 노섬벌랜드(Northumberland)에서는 크리스토퍼 퍼니스(Christopher Furness)가 …… 나타나고 있다. 이것이 일반적인 경향이다. 광산 소유자들은 사악한 광부들의 공격에 대비해 〔자신을〕 방어할 목적으로 하나의 거대한 기구를 만들고 있다. …… 소유자들의 합병은 경영의 중앙화, 소유의 집중을 초래하고 있다.9)

이런 인식은 신디칼리스트들이 국가를 '자본가의 독점이 진행되는 상태 속에서 나타난 소수 과두집단의 기구'로 간주하고 있음을 보여주는 것이다.

의회에 대해서는 "노동계급이 생산수단에 대한 소유와 통제를 얻도록 하기 위해 만들어진 것이 아니며 …… 지배계급이 노동계급을 지배하고 (dominate), 억압하는(subjugate) 좀 더 효과적인 수단을 갖도록 하기 위해 만들어진 것"이라고 평가했다.10) 이런 관점에서 보면 의회 역시 자본가들의 지배수단으로 자리매김할 수밖에 없다. 정치인들은 돈으로 권력을 사는 사람들로 인식되며, 국가는 결국 그런 사람들의 통제 아래 놓이게 되는 것이다. 자본가와 권력이 유착되어 있다는 믿음은 신디칼리스트들이 국가에 대한 기대를 포기하게 한 중요한 전제조건이다. 국가는 공정성과 중립성에서 의심받을 뿐만 아니라 국가 자체가 착취행위를 하는 것으로 간주되었다. 알렌(E. J. B. Allen)은 다음과 같이 지적한다.

국가 소유는 사적 착취자 못지않은데, 〔그 착취는〕 종종 더욱 강력하
다. 우리는 군복 창고(Army Clothing Stores)와 병기창, 부두, 우체국에서
일어나는 착취에 대해 들었다. 고용주로서 국가는 그 정도이다. ……
우리는 법정에서 내린 태프 베일(Taff Vale) 판결과 오스본(Osborne)
판결에 대하여 들었다. 정의의 시행자로서 국가는 그 정도인 것이
다 ……. 페더스톤(Featherstone)과 몰드(Mold), 벨파스트(Belfast)에
서는 파업행위자들을 막아내기 위해 군대가 이용되었다. 공정성에서
도 그 정도다 ……. 헐(Hull)과 그림스비(Grimsby) 파업 기간 동안,
자본가의 이익이 위협받을 때 해군이 이용되는 것을 보여주기 위해
군함은 그곳에 있었다.[11]

신디칼리스트들은 현재의 국가를 금권적이고 착취적이라고 보는 시
각과 아울러 대표제의 기초가 잘못되었다는 시각도 가지고 있었다.
의회에 대한 의구심은 이런 관점에 의해 더욱 증폭되었다고 생각된다.
즉 지리적 단위를 기초로 한 대표의 선출은 인구의 85퍼센트를 차지[12]하
는 노동자들의 이해를 적절히 반영하지 못한다는 것이다. 또 이런 측면에
서 보면 자본주의로 말미암아 지역적·사회적·가족적 유대가 다 깨진
마당에, 유일하게 영토적 연관 관계를 바탕으로 통치되는 당시 국가는
토지가 부의 주요 수단이었던 봉건제의 유산으로 간주되었다.[13] 더욱이
신디칼리스트들은 의회 대표들이 조직된 사람들을 기초로 하지 않고
조직되지 않은 개인들을 기초로 하여 존재한다는 점에서 당시 국가를
무정부적(anarchical)이라고까지 선언했다.[14] 요컨대 의회는 사회를 제대
로 반영하지 못한다는 시각인 것이다.
　당시 국가를 어느 정도나 노동자들이 대결해야 할 억압 기구로 간주하

고 있었는지에 대해서는 뚜렷하게 규정하기 어렵다. 신화로서의 총파업을 주장하면서 국가권력과의 정면대결을 주장한 프랑스의 생디칼리슴과는 달리 영국의 신디칼리즘은 국가권력 타도를 공언하지는 않았다. 알렌이 "국가는 변함없이 통치자들의 이익을 수호하기 위한 마지막 보루로 이용되었음"[15]을 지적한 것에서 볼 수 있듯이, 일부 신디칼리스트들은 국가를 명백한 억압 기구로 생각하여 노동자들이 맞서 싸워야 할 대상으로 간주하는 의식을 보여주기도 했다. 그러나 실제 운동 과정에서 나타난 국가에 대한 태도는 당시 국가를 타도의 대상으로 간주했다고 보이지는 않는다.

리버풀(Liverpool) 파업 과정에서 파업위원회는 사실상 시의 행정을 일부 책임진 상태에서 권력기구처럼 행동했으나 이를 토대로 하여 국가권력을 타도하려는 움직임은 나타나지 않았다. 비록 리버풀 파업과 같은 대규모 파업에서 파업진압 군대의 억압적 성격이 드러났고 이로 말미암아 파업노동자들 사이에서는 고용주뿐만 아니라 국가와도 싸우고 있다는 인식이 나타나기도 했다.[16] 그러나 그것이 국가권력 타도라는 주장으로 곧바로 발전하지는 않았다. 그래서 버제스(Burgess)는, 신디칼리스트들은 국가권력 장악을 위해 계획을 만들어내는 데는 완전히 실패했다고 지적했다.[17] 홀튼조차도 영국에는 프랑스의 파토(Pataud)나 푸제(Pouget)의 업적에 등가할 만한 것이 없으며, 혁명적 봉기에 대한 논의도 결여되었다는 점을 확인했다.[18]

파업을 통한 행정의 마비 그 자체를 국가권력에 대한 도전이라고 규정할 수 있을지 모르지만, 신디칼리스트들은 산업의 통제권을 장악한 단계에 멈춰서 있었지 경찰이나 군대, 관료의 통제권을 장악하려는 시도는 하지 않았다. 1911년 헐(Hull)에서 일어난 부두파업 중에 많은 머리에 반라의 모습으로 거리를 누비면서 부수고 파괴하는 여성들을 목격한 시의회의 한 의원은 이는 파리코뮌에서도 보지 못한 광경이라고 회고했지만,[19] 프랑스의 코뮌주의자들이 파리에 자치시 정부를 세운 것에 비해 리버풀의 파업노동자들은 단지 파업위원회를 통해 물자수송을 통제하는 데 그쳤을 뿐이다. 설사 리버풀 파업의 위력이 파리코뮌에 못지않게 대단했고, 헐 부두에서의 총격이 아무리 파리코뮌처럼 보였다 하더라도 이 파업은 처음부터 끝까지 산업투쟁이었던 것이다.[20] 신디칼리스트들이 큰 영향을 미친 중요한 다른 분규에서도 당시에 존재한 국가권력을 직접 타도하려는 시도는 나타나지 않았다. 이는 신디칼리스트들이 영국의 국가를 경찰독재체제로 보기보다는 자본가독재체제로 간주하는 의식이 강했으며 공격목표를 후자에 두고 있었기 때문이다. 그리고 그들은 경찰독재체제로서의 국가의 억압성보다는 자본가독재체제로서의 국가의 억압성에 대해 더욱 관심을 기울인 것으로 보인다.

신디칼리스트가 본 미래의 국가 ◎ 당시 국가에 대한 인식은 그렇다고 해도 그들이 구상하는 새로운 사회질서에서 국가는 어떤 성격을 지니게 될 것인가? 이 점에서 신디칼리즘은 당시 영국의 여러 사회주의, 예컨대 사회민주동맹(Social Democratic Federation), 페이비언협회(Fabian Society), 독립노동당(Independent Labour Party), 클라리온(Clarion) 운동 그룹의 사회주의와는 상이한 입장을 제시했다. 비록 제각기 대안이 달랐지만 이 사회주의가 공통적으로 가진 견해는 국가가 새로운 사회에서 중요한 선도적 역할을 맡아야 한다는 것이었다. 그러나 신디칼리스트들은 그들이 구상하는 새로운 사회 체제에서 설사 국가가 자본가의 지배에서 벗어난다 하더라도, 기존 골격을 유지한 국가가 중요한 역할을 맡을 것으로 기대하지는 않았다. 만(T. Mann)은 "조직된 국가를 더 이상은 사회주의를 성취할 적절하고 유용한 기구로 보지 않는다고" 주장했다.[21] 신디칼리스트들이 새로운 사회에서 국가의 적극적 역할을 거부하고 있다는 점은 국유화에 대한 태도에서 엿볼 수 있다. 신디칼리스트들은 국유화를 또 하나의 관료제를 도입하는 것으로 간주하고 적극적으로 반대했다. 이들은 벨록이 제기한 '노예국가' 주장을 그대로 수용하면서 국유화 이후 산업통제나 현재의 자본가에 의한 산업통제는 본질적으로 동일하다는 주장을 폈다. 즉 신디칼리스트들은 자본가들에 의해 장악된 현재의 국가나 자본가들의 장악에서 벗어난 사회에 존재할 국가가 '관료제적 성격'에서는 크게 다르지 않을 것으로 보았다. 자본가보다 우월한 위치에 서 있는 국가가 오히려 노동자에게 이전보다 더 불리하게 권력을 행사할 수도 있다고 생각했다.[22] 이는 국가가 자본가 못지않은 또 하나의 악덕 고용주가 될 수 있다는 견해를 밝힌 것이다. 국유화에 대한 신디칼리스트들의 입장을 통해 유추해 볼 수 있는 것은, 그들은 산업과 관련하여 국가에 어떤 적극적인 기능도 부여하려 하지 않았으며 오히려 국가 행위를 불신하고 있다.

그런가 하면 자본가들이 장악하고 있던 국가권력이 무너지고 난 뒤에 자본가를 배제한 특정 계급이 국가권력을 장악해야 한다고 주장하지도 않는다. 즉 노동자 권력 등의 개념도 가정하지 않았다. 러시아에서 볼셰비키 혁명이 성공하고 난 후, 러시아 혁명의 영향을 받은 일단의 영국 좌파 운동가들이 노동자 권력이라는 구호를 내걸었을 때도 신디칼리스트들이 이해한 노동자 권력은 당과 소비에트에 권력이 집중된 러시아식 방식과는 전혀 다른 것이었다.

그러나 그렇다고 하여 신디칼리스트가 새로운 국가에 대한 관념이 없었다고 보기는 어려울 것 같다. 왜냐하면 신디칼리스트 투쟁은 총파업의 형태든 아니든 결국 산업사회주의공화국(Industrial Socialist Republic)[23]으로 귀결된다고 가정했기 때문이다.[24] 이 점에서 신디칼리즘은 무정부주의와는 다르다. 무정부주의는 산업사회에서 출현하는 거대한 조직의 중요성을 무시하는 반면 신디칼리즘은 거대조직이 존재하는 현실을 인정하는 것이다.[25] 그리고 이 바탕 위에서 신디칼리스트들은 산업 노선에 따라 세워지는 기구가 새로운 사회구조의 토대가 될 것으로 기대한다. 신디칼리스트들의 이러한 국가에 대한 자리매김은 변화된 현실을 근거로 한 나름의 판단에서 나온 것으로 보인다. 왜냐하면 그들은 자본주의로 인한 사회변화를 분명히 인식하고 있으며 그런 전제에서 국가를 이야기하기 때문이다. 만은 자본주의가 사회구조 전체의 성격을 변화시켰다는 점을 강조하고 있다. 그는 산업화가 얼마나 빨리 기존 사회를 변화시키고 해체시킬 수 있는가를 강조한다. 일본과 러시아의 예를 들면서 산업화가 사회구조를 불과 수십 년 만에 바꾸어놓은 점을 지적[26]하는데 이러한 지적은 자본주의로 말미암아 기존의 권력 형태가 새로운 방식으로 교체될 것임을 시사한 셈이다. 자본주의가 사회의 성격을 바꾸었으므로, 주권 개념을 토대로 하여 만들어진 기존의 근대국가는 권력의 기초 혹은 대표의 기초도 바뀌어야 했다. 의회를 대신하여 존재할, 산업에 기초한 전국위원회와 같은 기구를 가정하고 있다는 점에서 국가는 사라지지만 국가를 대신하는 기구는 사회 속에 존재하게 될 것임을 짐작하게 한다.[27]

그래서 비록 신디칼리스트들은 현실 속에서의 운동에 큰 관심을 기울였다는 점이 인정되지만, 노동조합과 미래 권력에 대한 관계를 구상한 부분이 있다는 점도 지적되어야 한다. 1912년 11월 런던 신디칼리스트

대회에서 나온 결의가 이런 부분을 명확하게 보여준다. 이 대회에서는 노동협의회(Trade Council)와 전국 산별노조(National Industrial Union)가 새로운 사회의 중요한 기본적 단위로 간주되었다. 그리고 이런 단위가 각기 하나의 기구로 연합하게 될 것으로 보았다. 즉 노동협의회연합(Federation of Trade Councils)과 산별노조연합(Federation of Industrial Unions)이 구성될 것이다.[28] 그 다음에는 이 두 개의 연합이 다시 하나의 전국적인 기구로 묶일 것으로 보았다. 이렇게 구성되는 기구가 사회의 최고 권력기구가 될 것이다. 신디칼리스트들이 구상한 국가의 모습은 노동협의회나 산별노조가 산업통제 기구로만이 아니라 전체 사회조직의 기초로서 작용하는 틀 안에서 드러나게 될 것이다. 바로 이것이 '산업노선에 따라 사회가 조직된다'는 말의 의미이다.

신디칼리스트들이 기존 국가와 권력기구로서의 국가에 대해 소극적이고 부정적인 견해를 갖게 된 이유는 그들의 반엘리트적 사고방식과 무관하지 않아 보인다. 신디칼리스트들은 위로부터의 지시나 명령, 감독을 배격했으며, 사회의 발전은 주변에서 중심으로 진행된다고 주장했다.[29] 이런 근거에서 그들은 자본가의 통제만이 아니라 국가의 통제마저 거부했다. 또 그들의 운동에서도 기존 노동운동 지도자들에 대한 불신감이 표출되었다. 더 나아가 탁월한 지도자들이 자신들의 운동을 이끄는 것을 받아들이지 않았다. 이 운동의 진정한 특징은 '지도자들'에 대한 반대이며 지도자 없이 운동을 이끌어나가는 것이었다.[30]

이러한 기본적 전제를 가진 신디칼리스트들은 기존 형태의 국가를 엘리트 기구로 보았으며 필연적으로 그렇게 될 수밖에 없는 것으로 간주했다. 그들은 그런 이유에서 국가기구의 존재 의의를 평가절하한 것으로 보인다. 만은 아예 국가기구를 중시하는 사람은 자발적 조직,

자발적 통제, 자발적 소유에 대한 적대자라고 분명하게 못 박았다.[31] 신디칼리스트들은 민주적으로 구성되고 작동하는 국가기구와 시민의 통제하에 작동하는 국가권력이라는 개념을 거부한 것으로 보인다. 이들은 시민적 기초에서 반엘리트적 기제가 작용하는 국가기구를 세울 수 있다고 생각하지는 않았다. 그렇다면 아마도 그들이 제시하는 산업공화국 국가는 반엘리트적 권력의 대안으로 모색된 하나의 결정체라고 보아야 할 것이다.

개혁과정에서의 국가의 역할 ◎ 신디칼리즘 계획을 이루어 나가는 과정에서 국가의 역할을 어떻게 상정했는가 하는 문제가 있다. 신디칼리스트들의 계획은 노동자들이 산업통제권을 확보하고, 궁극적으로는 임금제를 폐지하는 것이었다. 그런데 신디칼리스트들은 이러한 질서로의 변화과정에서 국가의 역할을 매우 낮게 평가했다. 즉 정부나 의회가 신디칼리스트적 계획을 실현하는 데 특별히 기여할 것으로 보지 않았다.

먼저 그들은 의회의 능력을 불신했다. "모든 이해관계가 뒤죽박죽된 채 여론과 정치적 협잡에 의해 짓이겨진 절구통"으로 묘사되는[32] 곳에서는 사회주의자들이 활동한다고 해도 사회변화를 이끌어내기 어렵다고 보았다.[33] 이러한 태도는 의회에 대한 경험적 인식에서 나온 것이었다. 영국의 사회주의운동은 그들의 주장을 의회에서 현실화하는 데 실패한 것으로 판단되었다. 사회주의자들은 자신들의 사회주의 원칙을 희생시키며 의회에 들어가는 것으로 여겨졌고, 의회에 들어가서는 타협하고, 기회주의적 태도를 취하고, 굽실거리는 자들로 간주되었다.[34] 노동당의 역할에 대해서도 실망감을 표했다. ≪신디칼리스트(The Syndicalist)≫의 기사에서는 "리버풀과 라넬리(Llanelli)에서 노동자들에게 발포하고 바우

만(G. Bowman), 만, 크라우슬리(F. Crowsley) 등을 투옥한 자유당 정부하에
서 맥도널드(R. MacDonald)의 독립성은 어디에 있는가?"라는 물음을 던지
며 의회에서 노동자들을 대표하는 정당의 무기력함에 대해 질타하는
모습을 볼 수 있다.[35]

효율성 측면에서 의회를 비판하기도 했다. 만은 의회를 통한 변화가
힘들고 어렵다는 점을 지적했다. 만은 노동자들이 "가장 짧고 가능한
시간 안에, 효율적인 방식으로 〔목적을〕 성취할 수 있는 조직에 의존할"
것[36]이지 무엇 때문에 의회에 의존하느냐는 입장을 표명했다.

그럼에도 불구하고 신디칼리스트들의 주장을 면밀히 검토해 보면
의회의 기능을 완전히 부정하지는 않은 것으로 보인다. 예컨대 만은
"우리는 진정으로 필요한 만큼만 의회주의를 가질 것"인데, "의회기구가
다른 기구보다 좀 더 큰 효율성을 가지고 이용된다면 언제라도 나는
그것을 이용하는 데 찬성할 것"[37]이라고 주장했다. 단지 만은 "의회의
사회주의자들과 노동당 의원들은 일반 노동자들의 경제조직〔의 활동〕에
비례해서 유효한 일을 할 수 있을 것"[38]이라고 주장했다. 그가 반복하여
자신은 비(非)의회를 주장하는 것이지 반(反)의회가 아니라고 선언[39]한
의미는 바로 여기에 있다고 생각된다. 그러므로 정치행위는 산별노조주
의를 분산시키지 않는 한 거부되지 않았다.[40] 심지어 『광부들의 다음
단계』에서는 "노동계급에 대해 정치행위로부터 얻을 수 있는 이익을
모두 끌어낸다는 정책을 공언하며, 모든 자본주의 정당으로부터 완전히
독립한다는 …… 기초 위에서, 지방적·전국적 차원에서의 정치행위"를
요구하기도 했다.[41]

이러한 주장은 의회가 의미 있는 변화를 이루어낼 수 없는 상황에
놓여 있지만, 의회 아닌 다른 통로를 통한 운동이 강화되고 이러한

운동이 의회를 지지하고 뒷받침해 준다면 그러한 지지의 강도만큼 의회는 자신의 역할을 해낼 수 있을 것으로 본다는 점을 시사한다. 즉 무정부주의자를 제외한 신디칼리스트들은 의회에 대해 그렇게 교조적인 적대감을 표출하지는 않았다는 말이다.[42]

그런데 더욱 중요한 것은 의회의 능력이나 효율성 문제보다 국가행위의 의도에 관한 관점이다. 즉 신디칼리스트들은 사실상 국가의 행위에 대해 매우 의심에 찬 눈초리를 보였다. 국가의 간섭이나 중재는 의심받았다. 만은 자신의 경험을 토대로 하여 자본주의 국가의 간섭을 바라보는 자신의 입장을 다음과 같이 지적한다.

> 나의 마지막 말은 이것이다. 산업의 중재에는 당신이 기댈 것이 아무것도 없다. …… 나는 빅토리아(Victoria)에 있었다. 거기서 연방 중재법정의 판사 히긴스(Higgins)가 판결을 내렸다. 법정의 돌아가는 방식 방식은 이렇다. 증인을 신문하는 과정에서 변호사는 여자에게 말한다. 당신은 스미스 여사입니까? 네. 당신의 남편은 누구입니까? 네. 당신의 소득은 얼마입니까? 네. 당신은 옷을 잘 입네요. 네. 새 구두를 신었네요. 값이 얼마나 되나요? 얼마입니다. 새 옷을 입었나요? 등등 기타 모욕적인 말이 계속된다. 재판의 작업은 변호사들의 손에 넘어가 있다. 노동자들의 문제를 다루는 것은 그들이다. …… 그것을 상무성에 넘기지 말라. 상무성 관리들이 당신들의 노동조합에 간섭하는 것을 허용하지 말라.[43]

비교적 중립적이라 여길 수도 있는 국가 사법기관의 행태를 바라보는 만의 시각은 국가가 개혁적인 입장에 설 수 있는가 하는 문제 자체를 의심하는 것으로 보인다.

이러한 점은 신디칼리스트들이 국가의 이데올로기적 통제라는 기능
에 대해 의식하고 있음을 보여준다. 그람시(Gramsci)가 생산지점에서의
관계와 관련된 물리적 강제에서 이데올로기적 통제로 국가에 관한 분석
을 이전시키며 자본주의 권력구조를 좀 더 폭넓게 분석하려 한 것은
잘 알려져 있다.44) 그런데 이와 유사한 문제의식, 즉 노동자들이 물리적
강제에 의해서가 아니라 스스로 다른 계급의 지배를 받아들이는 방식에
대한 관심이 이미 나타났다는 말이다. 이런 부분에서 만은 영국 노동자들
에 대해 "암묵적으로 그들은 자본가들을 우월한 계급으로, 그들이 복종
해야 할 지배계급으로 받아들였다. 그들은 자본가들의 결정을 거의
의심 없이 받아들인다. …… 그들은 이러한 지배를 무너뜨리고 그들
자신의 경제적 자유를 만들어낼 그들 자신의 능력에 대해 아무런 자신감
도 보여주지 않는다"45)는 점을 지적했다.

이런 관심은 국가가 개혁이라는 이름을 걸고 취하는 여러 행위에
대해 새로운 관점을 제공했다. 그중 신디칼리스트 활동기인 1910년대
초를 전후해 볼 때 특히 국유화와 복지입법이라는 문제가 두드러졌다.
신디칼리스트들은 국가의 이런 행위를 사회통제 행위로 인식한 것으로
보이는데 그런 생각은 국유화 조치에 대한 반박과 복지입법에 대한
거부로 구체화되었다.46) 신디칼리스트 지도자였던 아블렛(Ablett)은 국유
화는 "노동계급을 자본가의 이익에 아부하는 국가의 손에 놓게 될 것"이
라고 주장했으며, 신디칼리스트 철도원인 왓킨스(Watkins)는 "국유화는
자본주의가 집중되고 조직된 최고의 형태를 의미한다. 고용원들과의
관계에서 〔국가는〕 사유 회사와 같이 무자비한 착취자일 가능성이 크다"
고 주장했다.47) 신디칼리스트 운동 절정기에 나온 『광부들의 다음 단계』

에서도 광산의 국유화는 "고용주들을 없애는 방향으로 가지 않고, 단지 정부의 힘이 그 뒤에 놓여 있는 전국적 트러스트를 낳게" 될 것이며, "그 유일한 관심 역시 가능한 한 이윤을 많이 뽑아내는 것"이라고 지적하고 있다.48) 국유화와 시영화는 결코 노동자들이 좀 더 나은 노동조건을 확보하는 보장책이 되지 못한다는 점을 강조했다.49)

국민보험에 대해 건설노동자였던 신디칼리스트 윌스(J. Wills)는 "국가 온정주의로 포장된 채 ……. 착취당하는 임금 노예들에게 족쇄를 더 강하게 채우려는 조직된 자본가의 사악한 시도"라고 규정했다.50) 헤이는 이런 개혁에 깔려 있는 의도를 다음과 같은 시각에서 바라본다.

사회개혁이라는 이름하에 나타나는 입법을 보면 …… 조류나 어류, 바다표범 등에 대하여 포획 금지기간을 입법화하는 것이 조류, 어류, 바다표범의 이익을 위한 것이 아니라 이들이 멸종되어 이익을 많이 내는 사업을 망하지 않게 하려는 것과 같다. …… 새들은 산란기에 조금은 안락한 시간을 보내지만, 산란기가 끝나면 사냥철이 기다리고 있다. 지난 60년 동안 사회개혁 입법에 매료된 사람조차 결국 자신을 시장에 내다 팔기 위해 살찌우려는 의도로 기름찌꺼기를 준 것에 대해 소가 고마워하리라고 기대하는 것은 어처구니없다고 여길 것이다.51)

이런 입장은 사회입법을 좀 더 효과적인 착취를 위한 방책쯤으로 여긴다. 그래서 알렌은 노동입법의 무용함을 주장했는가 하면,52) 심지어 노동교환소(Labour Exchange)의 설치는 고용주들이 파업파괴자들을 좀 더 쉽게 찾기 위해 정부가 만들어낸 것으로 간주했다.53) 요컨대 국유화나 복지입법이라는 방법으로 자본가를 제치고 정부가 나서는 것은 '더 심한 굴종에의 위협' 혹은 만이 지적한 '지금보다 더 엄격한 지배'[54]였던 것이다.

신디칼리스트들은 국유화나 복지입법 외에도 국가가 노동문제에 개입하는 다양한 방식에 대해 유사한 입장을 제시했다. 만은 상무성(Board of Trade)은 노동자들의 이익을 증진시키는 기구가 아니라고 주장했으며,[55] 알렌은 국가기구에 대한 노동자 대표들의 참여를 의미 없는 행위로 간주했다.[56] 그리고 만은 고용주와 노동자들 간에 평화 확보를 목적으로 하는 조직은, 심지어 노조조직마저도 자유를 위한 투쟁에서 아무 가치가 없을 뿐만 아니라 노동자들의 이익에 대한 심각한 방해물이며 위협이라고 주장했다.[57] 『광부들의 다음 단계』에서도 민주적 통제를 무시하고 자본주의 구조 속으로 노조를 끌어들이는 노조 관료화에 대한 거부감을 표시했다.[58] 이런 주장을 통해 볼 때 신디칼리스트들은 노조나 정당마저도 국가의 통합기구로 작용할 수 있다는 점을 일찍부터 간파했음을 알 수 있다. 풀란차스가 제시한 억압적 국가기구와 이데올로기적 국가기구라는 구분을 놓고 본다면[59] 신디칼리스트들은 이미 이데올로기적 국가기구의 작용을 파악하고 있었다는 말이 되는 것이다.[60]

국가가 주도하는 개혁을 이데올로기적 통제로 간주하는 시각에서는 개혁과정에서 국가가 맡게 될 역할을 적극적으로 규정하는 입장이 나오기는 어려웠을 것이다. 따라서 개혁과정에서의 국가의 역할은 산업에서 이루어지는 개혁을 보조해 주는 의미만 있었다고 봐야 한다.

3. 신디칼리즘은 반정치적인가?

영국의 신디칼리스트들에 대해 반(反)정치적이라는 주장이 제기되는 것은 이해할 수 있으며 일반적인 논리로는 너무나도 당연한 주장으로 보인다. 신디칼리스트들은 우리들이 일반적으로 이해하는 정치를 재산가 계급의 정책에 불과한 것으로 간주하고[61] 국가권력을 직접 장악하자는 주장을 하지 않으며, 선거나 의회를 통한 개혁에 대해서는 의구심을 던진다. 분명히 국가권력을 놓고 말한다면 신디칼리스트들은 여기에 정치의 장을 마련해 두지 않았다. 그러나 그렇다고 신디칼리스트들이 권력의 문제를 배제하고 있는가 하면 그런 것은 아니다. 신디칼리스트들은 의회를 둘러싸고 제기되는 권력 문제는 무시했으나 산업을 둘러싸고 제기되는 권력 문제에 대해서는 예리한 관심을 보였다. 다음과 같은 아블렛의 주장을 보자.

> 미래는 관료제로 향해 있지 않다. 해방을 향한 길은 다른 방향에 놓여 있다. …… 그것은 노동자 자신들에 의해 산업을 민주적으로 조직하고 궁극적으로 통제하는 데 놓여 있다. …… 우리는 다가오는 민주주의를 위해 여기에 서 있다. 그들의 빵과 버터라는 이익을 위해서만이 아니라 조직된 노동계급의 성장에 유리한 조건을 발전시키기 위해 서 있다. …… 여기서 지식과 규율과 연대는 모두 사회를 장악하는 것을 가능하게 하기 위해 섞이는 것이다.[62]

그는 분명히 권력으로부터의 해방을 이야기하고 있으며 나아가 권력 장악에 대해 말하고 있다. 권력의 성격에 대해서는 민주주의를 주장하며,

이를 장악하기 위해서 지식과 규율, 연대라는 원리를 추구해야 한다고 제시하고 있다. 즉 신디칼리스트들은 '산업에서의 권력'을 장악할 것을 주장하면서 여기서의 권력 장악을 위해 어떤 방법을 써야 할 것인지를 제시하고 있는 것이다. 그러므로 신디칼리스트들은 권력 문제를 놓치지 않고 있다. 단지 그들은 산업권력이 진정으로 중요하다는 문제의식에서 산업권력에 초점을 맞추어 분석을 시도할 따름이다.

알렌이 "자본가들의 과두정에 반대되는 노동자들의 민주주의"를 제시했을 때도 권력에 대한 관심은 뚜렷이 드러난다. 그는 산업권력을 산업공화국으로 연결시켰다. 그는 다음과 같이 주장했다.

산별노조조직은 그것이 완성될 때 노동계급공화국의 배아가 될 것이다. 우리의 전국노조, 지방노조는 산업 공화국의 행정기구가 될 것이다. 우리는 지리적 기초에서 의회에 선출된 670명의 의원들이 국가의 생산과 분배 능력을 적절히 끌고 나가는 데 필수적인 기술적 지식을 가지고 있지 않다고 주장한다. …… 지난해 프랑스의 우편파업과 우리나라의 북동부 철도원들의 파업, 최근 프랑스 철도노동자들의 파업은 노동계급의 단결과 조직의 무한한 가능성을 보여준다.[63]

여기서 알렌은 노조조직이 국가권력의 씨앗으로 작용할 것이며 바로 행정기구로 전화될 수 있다는 믿음을 보여준다. 권력은 의회나 행정에서 산업으로 흘러가는 것이 아니라 산업에서 행정으로 흘러가는 것이었다. 노조조직은 투쟁의 기구일 뿐만 아니라 바로 사회주의공화국의 행정적 구조가 되어야 했다.[64]

신디칼리스트의 권력과 권력투쟁에 대해서도 완벽한 실례를 찾을 수는 없지만 그 초기 형태를 찾아볼 수는 있다. 1911년 8월 런던 부두파업 과정에서 나타난 파업노동자들의 권력은 틸렛(B. Tillett)에 의해 '타워힐 (Tower Hill)의 정부'이며 또한 '산업 영국의 중심'으로 간주되었다. 틸렛은 이때에 "권력의 자리는 타워힐로 옮겨"갔으며 "우리의 파업위원회가 투쟁과 협상의 명령을 내린 것은 타워힐에서였으며", "우리는 템즈 강 유역의 1,000만 명 이상 되는 사람들을 통치했다"고 서술하고 있다.[65]

또한 리버풀 파업 72일 동안 나타난 파업위원회의 모습도 신디칼리스 트 권력의 초기적 형태를 보여준다. 파업위원회는 모든 물품의 운송을 통제했고 우체국 등 여러 기관이 앞을 다투어 파업위원회의 허가증을 받으려는 요청을 했다. 이런 경우에서 노동자들의 산업조직은 권력에 대한 하나의 대안으로서 그 모습을 드러내고 있는 것이다.

정치를 의회나 행정부의 권력을 둘러싼 투쟁으로만 한정시키는 편견 에서 신디칼리즘을 반정치적 이론으로 규정하는 결과가 빚어진다. 이런 편견에서 의회가 정치의 중심에 놓여 있다는 또 다른 편견이 생겨나는 것이다. 그러나 권력현상이 국가권력만을 둘러싸고 일어나는 것이 아니 며 권력의 그물망이 사회 전체의 구조 속에 존재한다는 점을 인정한다면 신디칼리즘을 반정치적인 이념으로 규정할 수는 없을 것이다. 더욱이 변화된 사회 속에서 국가권력보다 더 중요하다고 생각되는 권력을 발견 한 사람들에게 국가권력을 소홀히 취급했다고 하여 그들을 반정치적이 라고 규정할 수는 없는 것이다.

신디칼리스트들은 권력을 획득하고 유지하는 데 대단한 관심을 가지 고 있었다. 따라서 그들이 산업현장에서 직접행동을 주장한 것은 새로운 영역에서 권력투쟁을 주창한 것이며, 하나의 정치적 태도를 드러낸

것으로 간주해야 한다.66) 이들도 그들이 정치행위를 새롭게 해석하고
있다는 점을 깨달아간 것으로 보인다. "정치행위는 노동계급이 자신의
해방을 추구하는 의식적인 행위에 존재한다"는 지적을 하고 있기 때문이
다.67) 여기서 '정치행위'는 파업의 전략이라는 새로운 의미를 획득하고
있는 것이다. 국가권력을 장악하려는 태도만을 정치적 범주에 넣는
것은 변화된 산업사회에서의 권력관계의 실체를 놓치는 잘못을 범할지
모른다. 뒤집어서 말한다면 신디칼리스트들이야말로 변화된 산업사회의
권력관계의 실체를 파악하고 정치적 투쟁의 장을 기존의 범주에서 새로
운 범주로 옮겨놓으려 했다고 평가할 수 있다.

따라서 적어도 신디칼리스트들이 경제적 투쟁만을 추구하는 경제주
의에 빠져들었고 그로 인해 국가이론을 결여했으며 혁명적 전략을 상실
하게 되었다는 비판은 피해갈 수 있을 것으로 보인다. 또한 신디칼리스트
들이 경제적 영역을 중요시했다고 하더라도, 그들이 결정론적 입장이
아니라 의지론적 입장에 서 있었다는 점도 그들의 정치적 관심과 연관해
중요한 의미를 지닌다. 그들은 인간의 의지에 대한 믿음을 가지고서,
직접행동을 비롯한 여러 방법을 통해 계속적인 운동을 펴나가야 한다는
점을 강조했다. 플렙스(Plebs) 연맹과 중앙노동대학(Central Labour College)
수립에 지도적인 역할을 한 데서 드러나듯이 그들은 끊임없이 조직하고
교육하는 작업을 계속했으며 그 중요성을 강조했다.68)

4. 신디칼리스트 국가론의 문제점

신디칼리스트들은 국가에 대해 기존 시각과는 다른 바탕 위에서 자신

들의 입장을 제시했다. 이런 입장은 분명히 당시 국가의 본질과 허구성을
드러내는 강점을 지녔지만 이와 함께 문제점도 지니고 있었다.

우선 신디칼리스트들은 기존 국가의 역할에 어떤 자리도 내주지 않았
다는 점에서 약점을 지닌다. 설사 새로운 형태의 권력이 세워진다 해도
거기에는 기존 국가가 해야 할 기능이 존재할지도 모른다. 즉 기존
국가는 인간이 갖는 여러 가지 지위 가운데 하나를 대변하는 기구로서
의미를 지닐 수 있다. 소비자로서의 인간의 이익이나 시민으로서의
인간의 이익을 대표하는 기구로서 국가는 의미를 지닐 수 있다는 것이다.
어쩌면 이런 측면에서의 이익을 대표하기 위해 국가의 존재를 적극적으
로 옹호해야 할 필요도 있다. 더욱이 다른 사회와의 관계가 현실적으로
존재하는 상황에서 기존 국가 기능의 어떤 부분을 필수적이라고 보아야
할는지 모른다. 이 점에서 신디칼리스트들은 국가를 생각하는 데 다른
국가와의 관계를 무시하고 있으며, 민족이라는 요인을 도외시하는 약점
을 안고 있다. 즉 지리적·지역적인 기초에서 벗어나는 대표들로 구성된
기구가 지역주의를 벗어날 수는 있다 해도, 현실적으로 민족주의를
벗어날 수 있을지는 의문이다.

하지만 신디칼리스트 운동 과정에서 나타난 노동자 조직이 민족주의
적 조직으로 기능한 사례는 이런 비판을 피해가는 보기가 될 수 있다.
아일랜드에서 나타난 신디칼리스트 운동은 아일랜드 독립운동과 잘
연결되었기 때문이다. 라킨(Larkin)과 코널리는 혁명적 노동계급과 민족
주의적 신페인(Sinn Fein) 간의 놀라운 연대의 기초를 놓았을 뿐만 아니라
'시민군(Citizen Army)'의 기초를 놓았다.[69] 그러나 이러한 사례는 산업
문제와 민족 문제가 얽혀 있는 아일랜드의 특수한 상황에서 나타난
것으로, 신디칼리스트 운동 과정에서 신디칼리스트 조직이 산업 문제와

민족 문제라는 두 가지 목적을 동시에 추구할 수 있는 환경에 기인하는 것일 따름이다. 아일랜드에서 독립이 달성되고 난 뒤 민족문제가 사라졌을 때도 신디칼리스트 조직이 민족적 관심을 반영해야 한다고 생각했을지는 의문이다.

그런데 이 부분에서 신디칼리스트들과 기존의 국가 기능을 강조하는 사회주의자들의 간극은 사실 조금씩 좁혀진 것으로 보인다. 웹 부부는 『영국 사회주의공화국 헌법』에서 인간이 지니는 여러 가지 지위 중에는 생산자로서의 지위도 있다는 점을 지적했다. 그리고 이런 지위의 이익이 표출될 수 있는 기구도 필요하다는 점을 인정함으로써 신디칼리스트들의 주장에 많이 다가갔다. 신디칼리스트들 역시 인간의 다원적인 지위를 인정하면서 소비자로서의 이익이 표출될 수 있는 기구를 인정하는 입장을 길드 사회주의 교리를 통해 드러냈다.

다음은 국가의 간섭 문제를 생각해 볼 수 있다. 즉 과연 '산업 현장에서의 직접행동'이라는 신디칼리스트들의 개혁 방법이 시도되었을 때 국가가 중립을 지킬 것인가 하는 문제이다. 신디칼리스트들은 노동 현장에서 갈등이 벌어졌을 때 국가가 자본가의 편에서 개입하는 문제를 심각하게 고려하지 않은 것 같다. 국가는 소비자로서의 노동자의 이익을 대변하는 기구일지는 모르지만 생산자로서의 노동자 이익을 보장해 주는 기구로 보이지는 않는다. 그럼에도 불구하고 신디칼리스트들은 파업에 성공하기 위해 넘어야 할 최대의 장해물이 국가라는 인식은 결여했다. 즉 그들은 법을 뚫고 나가야 한다는 점을 가볍게 넘긴 것으로 보인다.[70] 파업이 혁명적 상황으로 치달은 리버풀 파업 중에도 국가를 타도하자는 구호는 출현하지 않았다. 영국 정부가 머시사이드에 군함을 보내 대포가 리버풀 한복판을 겨냥하게 하는 조치를 내렸을 때도, 처칠이 스코츠

그레이(Scots Grey), 노섬벌랜드 푸질리어(Northumberland Pusilier) 등에 모두 7천 명의 군대와 특별경찰을 파견해, 리버풀 시내 전체가 하나의 거대한 병영을 연상시킨 상황[71]에도, 군인들과 파업노동자들 간에 격렬한 투쟁이 벌어졌을 때조차 영국 정부를 전복하자는 주장은 나오지 않았다. 이런 점에서 볼 때 신디칼리스트들은 투쟁이 어느 순간에 도달하면 국가도 간섭에서 발을 빼거나 자신들의 편으로 돌아설 것이라고 생각한 것 같다. 이것이 군대와 충돌하는 과정에서 '쏘지 마라!(Don't Shoot!)'는 유인물을 만들어내는 것 이상의 반응을 보이지 않은 까닭을 잘 설명해준다.

신디칼리스트들이 국가를 개혁의 최대 장해물로 여기지 않은 이유는 무엇일까? 영국의 국가가 억압성이 덜하기 때문이라는 답변도 물론 가능하다. 사실 프랑스의 경우 생디칼리스트들은 혁명운동이 직면한 장해물로서 국가권력을 예리하게 인식했다.[72] 프랑스의 19세기 역사는 국가가 물리적 강제력을 주기적으로 사용한 예로 가득 차 있다. 그러한 역사적 경험은 신디칼리스트들 운동에서도 국가는 언제나 물리적 강제력을 동원하여 방해세력으로 떠오를 수 있다는 우려를 낳았다. 프랑스의 생디칼리스트 이론가들인 파토(Pataud)와 푸제(Pouget)는 프롤레타리아와 의회 간의 궁극적인 균열을 가정한 것이다.[73]

그렇다면 과연 영국은 프랑스에 비해 국가의 억압성이 덜했을까? 실재 사건의 추이를 살펴보건대 파업진압 과정에 나타난 영국 정부의 억압성은 프랑스나 다른 대륙의 국가와 비교해 볼 때 결코 덜하지 않았다. 토니팬디(Tonypandy)와 리버풀, 라넬리와 더블린에서 영국의 국가가 파업노동자들에게 휘두른 폭력을 보건대 — 이 지역 파업에서는 모두 사망자가 발생했다 — 굳이 영국의 국가기구를 덜 억압적이라고 평가하는 것은 적절하지 않다고 생각된다.

　1911년 8월 13일 '피의 일요일(Bloody Sunday)'에 리버풀에서 벌어진 사건을 두고 ≪만체스터 가디언(Manchester Guardian)≫은 경찰이 군중들에게 곤봉을 도리깨질하듯이 휘둘렀다고 기술하면서 "그러한 폭력은 이 광경을 본 사람들을 경악시켰다"고 지적했다.[74] 마찬가지로 신디칼리스트들도 국가의 폭력성을 차츰 깨닫게 된 것으로 보인다. 만은

　　리버풀 파업을 경험한 사람이라면 누구라도 군대와 경찰의 진면목을
　　알게 되었다. 진정으로 그 전통에 충실하게도 '자유당' 정부는 그들이
　　페더스톤과 라넬리 등에서 자행했던 것처럼 국민들을 학살했다 …….
　　누구도 속지 말아야 한다. 자유당 정부는 노동쟁의에서 사람들을
　　쏘아 죽였다.

고 지적했다.[75]

　그렇다면 무엇인가? 단지 영국의 국가기구가 덜 억압적인 것으로 보였다는 말이다. 그 이유는 프랑스와 비교해 볼 때 비교적 조용한 19세기 영국 역사에서 찾아야 할 것이다. 그리고 덜 억압적이었던 영국의 국가기구에서 이유를 찾기보다는 노동자들의 저항의 강도를 낮추고, 방향을 분산시킬 수 있었던 영국의 사회구조에서 찾아야 할 것이다. 영국의 잘 짜인 국가구조는 저항의 통로마저 공식적인 채널 속으로 끌어들여, 저항의 초점을 체제에 맞출 여지를 그만큼 줄여놓았던 것이다. 영국에서 국가에 대항하기 위해서는 프랑스에서보다 훨씬 더 강력하고 정치한 조직과 이론을 개발해 내야 했지만 신디칼리스트들마저 그 방벽을 제대로 뚫고 나가지 못한 것으로 보인다.

또 하나 지적해 볼 수 있는 문제점은 국가 개입의 정당성 문제이다. 즉 국가는 소비자를 대변하는 측면이 있으며, 이를 근거로 하여 국가가 파업에 대한 개입을 정당화할 수 있다는 점이다. 파업을 통해 소유자와 경영자를 괴롭히는 행위는 대중의 삶을 힘들게 하는 과정을 동반한다.76) 그런데 신디칼리스트들은 고용주를 괴롭히는 것이 결국은 소비자들을 괴롭히는 결과를 낳는다는 사실, 즉 타격의 영향은 소유자와 경영자에게 만 선별적으로 돌아가지 않고 사회구성원들 모두에게 일괄적으로 돌아 가게 된다는 사실을 가볍게 여기고 있다. 소유주와의 싸움이 국가기구와 의 대리전으로 변형되고 그 과정에서 국가가 개입하게 될 때, 소비자들을 대변하는 기관으로서 국가가 갖는 명분은 무시될 수 없다. 즉 국가와의 대결은 국가를 앞세워 자신들의 이익을 보호하려는 자본가들과의 투쟁 만을 의미하지 않고 국가가 보호하는 또 하나의 구성원들인 소비자들과 의 투쟁을 함께 의미하고 있다는 말이다. 투쟁은 자본가들만을 향해야 하고 소비자들은 착취자를 향한 투쟁에서 고통받아서는 안 된다는 철칙 을, 즉 파업행위에 담긴 두 가지 의미를 효과적으로 분리시키는 작업을 해결하지 못하는 한, 국가 개입의 정당성을 쉽게 허물어뜨리기 어려운 것이다.

영국 신디칼리즘의 국가론이 가진 문제점은 결국 신디칼리즘이 얼마 나 현실성을 갖춘 사상인가 하는 문제와 연관된다. 현실성의 문제는 곧 방법론의 문제이며 방법론에는 국가에 대한 특정한 태도가 담겨 있게 마련이다. 페이비언들의 '침투(permeation)' 방법이나 프랑스 생디칼 리슴의 '신화로서의 총파업' 등의 방법론은 모두 국가에 대한 특정한 태도를 연루하고 있다. 따라서 국가를 둘러싸고 생각해 볼 수 있는 이런 문제점이 진정 어떤 의미를 지닐 것인가 하는 문제는 신디칼리즘의 방법론을 검토해 봄으로써 규명할 수 있을 것이다.

5. 맺음말

　의회민주주의로 대표되는 정치적 민주주의를 허구적이라고 본다면, 정치적 민주주의를 바탕으로 하여 만들어진 국가 역시 허구적일 수밖에 없었다. 사회주의자들이 집권하여 국가의 성격을 바꾼다 해도 그것이 기존 정치적 민주주의를 바탕으로 하고 있는 한 허구적이기는 마찬가지다. 따라서 신디칼리스트들은 자본가 국가나 집산주의자들의 국가를 관료적 독재기구라는 점에서는 마찬가지라고 생각했을 뿐만 아니라, 국가를 장악하는 기존 방식으로 집권하겠다는 생각도 갖지 않았다. 하지만 다른 길을 통해 국가를 세울 수 있다는 대안은 제시했다. 그것은 정치적 민주주의를 산업의 영역으로 옮겨놓고, 여기서 새로운 민주적 권력기구를 만들어낸다는 것이었다. 이것이야말로 산업에서의 독재뿐만 아니라 국가관료제와 군사독재[77])에 대한 유일한 대안이었다. 그것은 생산자가 기초가 되어 구성되는 '완전히 새로운 개념의 국가'였던 것이다. 이것은 기존의 국가를 가로지르는 혹은 우회하는 것으로 생각할 수 있으나 권력을 무시하거나 없애버린다는 생각과는 다른 것이다.

　단지 신디칼리즘은 산별노조주의를 따라 대표가 선출될 것을 주장함으로써 권력기구의 기초를 노동조합에 두는 태도를 드러냈다. 만은 "노조들은 진정으로 인간을 대표하며, 인간들에 의해 정확히 그들이 원하는 기구로 만들 수 있다"고 주장했다.[78)] 이러한 주장은 기존 국가권력의 기초와는 다른 권력의 기초를 찾아냈다는 점에서는 의미가 있으나 인간을 대표하는 특정한 인간의 지위만을 강조했다는 비판을 면하기는 어렵다. 그러나 신디칼리즘은 지리적·지역적 기초를 벗어나, 인간의 기능에 기초하여 대표기구를 만든다는 생각을 함으로써 다원주의적 국가관으로 연결되는 통로로서 중요한 역할을 했다. 집산주의와 신디칼리즘의 중간 어디엔가 자리매김되는 길드 사회주의가 기능적 국가론을 제시한 점에서 이를 알 수 있다.

신디칼리즘에 대해 자본가들만이 아니라 기존 사회주의자들마저 강력하게 반발했다는 점[79]은 당시 영국사회의 여러 세력의 대립관계를 새롭게 규정해 볼 필요성을 제기한다. 즉 신디칼리즘은 귀족과 자본가를 둘러싼 기득권 세력과 이와 대립하는 노동계급 및 기타 여러 사회주의 세력을 포함한 개혁세력의 대립이라는 양분법에서, 엘리트주의와 반엘리트주의라는 새로운 대립관계로 논의를 가로지르고 있다는 생각을 해볼 수 있는 것이다. 그러한 새로운 대립관계를 뚜렷하게 드러내는 부분이 바로 국가를 향한 신디칼리스트의 견해였다. 따라서 신디칼리스트들의 국가론은 반엘리트주의라는 좀 더 큰 틀 안에서 이해할 필요가 있다. 신디칼리스트들에게는 평범한 옷에서 냄새가 나고, 머릿속에는 반란이, 가슴에는 희망이, 눈에는 단호함이, 움켜쥔 손에는 직접행동이 있는 빌 존스(B. Jones) 같은 사람이 진정으로 중요한 사람들이었다.[80] 그러므로 그들의 국가는 바로 빌 존스들의 민주적인 조직을 의미할 따름이었다. 신디칼리스트들은 산업을 기초로 하여 만들어지는 빌 존스들의 조직이 기존 국가조직을 대체할 것으로 보았다. 따라서 좌파가 신디칼리즘에 대해 제기하는 레닌 식의 비판은 산업을 쟁취하는 것보다는 정치권력 쟁취를 주 타깃으로 삼는 혁명관과 국가·정당·혁명 이 모두에서 강조되는 엘리트주의에서 비롯되는 것이다. 그러나 신디칼리즘의 국가론은 그런 입장과는 다른 기초 위에 서 있음을 지적할 수 있다.

'지리적·지역적 기초 위에 서 있는 기존의 국가 개념을 가로지르고, 반엘리트주의에 토대를 둔' 신디칼리스트들의 국가는 그 역사관에서 자연스럽게 도출된다. 신디칼리스트들은 신디칼리즘과 사회주의를 대비시켜 설명하는 대목에서 그 차이를 인간과 기계의 차이에 비유하고 있다. 미래를 시계의 태엽처럼 조립할 수 있다고 생각하는 사회주의와는 엄연히 다르다고 주장한 것이다. 신디칼리스트들은 자신들의 이념을 '거꾸로 세워놓은(inverted) 사회주의'라고 표현하기도 했다.[81] 사회주의가 계획하고 조정하고 인위적으로 만들어나가려고 노력한다면 신디칼리즘은 역사가 자연적으로 흘러가는 방향으로 따라가려 한다는 말이다. 즉 자연에서 일어나는 진화의 과정처럼 역사 방향도 자연스럽게 순리대로 흘러가도록 내버려둘 것을 주장한 것이다.[82] 그런 시각에서 보면 신디칼리즘은 자유방임주의와 많이 닮았다. 둘 다 국가의 개입이나 간섭을 배격하며 사회를 인위적으로 조작하는 것을 싫어한다. 그러나 한쪽은 강자의 논리를 대변하는 세력과 연결되었으며 다른 쪽은 약자의 논리를 대변하는 세력과 연계되었다. 그리고 보면 신디칼리즘은 경쟁을 통해 강자의 세력이 강해지는 과정이 자연스럽게 나타나듯, 약자들이 연대를 통해 세력을 키워가는 과정도 자연스럽게 나타날 것으로 보고 있다. 그러므로 이런 전제에서 이야기한다면 신디칼리스트들이 주장하는 자연적 과정이란 결국 힘의 논리에 따라 결정되는 과정이다. 단지 그들은 아래로부터 자발적으로 흘러나오며 응집되는 힘에 대해 주의를 기울이고 있는 것이다. 그리고 그 힘을 가능하게 하는 것이 산업사회라는 조건이다. 이런 차원에서 보면 제대로 된 대표 기능을 갖추지 못한 의회기구로 움직이는 당대의 국가는 인위적 조작의 대명사다. 현재의 국가는 사회의 자연스러운 운동 과정을 방해하고 위로부터 엘리트적 부과를 강요하는 기구에 불과한 것이다. 신디칼리스트들에게 국가는 역사와 사회의 자연스러운 발전 과정 속에서 등장하는 새로운 사회의 새로운 대표기구로서 의미를 지니게 될 것이다. 신디칼리즘에서 새로운 대표기구는 지금의 국가와는 다른 면모를 지닐 것이므로 국가가 거부되는 것처럼 보이지만, 신디칼리즘은 관료적 요소가 제거된 권력기구의 모습을 가정하고 있다. 노동자들이 자신들의 운명을 스스로 통제할 수 있다는 전제하[83]에서 인위적 요소, 조작적 요소, 엘리트적 요소를 없애고 산업사회의 기반 위에서 의견과 관심이 아래로부터 올라가는 대표기구로서의 권력의 모습, 바로 그것이 신디칼리즘의 국가인 것이다.

통제하고 관리하는 국가, 지리적 단위로 대표가 선출되는 국가라는 시각에서 신디칼리즘에는 국가론이 없다는 주장이 나온다. 그런 선입견에서 벗어난다면 신디칼리즘은 자신의 운명을 스스로 결정해 나가는 인간들과 양립할 수 있는 하나의 국가론을 제시했다고 말할 수 있다.

7장

1. 머리말

20세기 초 영국에서 등장한 신디칼리즘(syndicalism)은 용어로만 보자면 프랑스에서 발생한 생디칼리슴(syndicalisme)과 동일하다고 할 수 있다. 생디칼리슴이란 넓은 사회주의 범주에 들어가기는 하나, 노동조합을 중심으로 하는 다소 특별한 사회변혁 사상과 운동을 가리킨다. 비록 그 용어는 프랑스 생디칼리슴에서 빌려왔다 하더라도 영국의 신디칼리즘을 프랑스의 생디칼리슴과 동일시할 수는 없다. 그것은 영국의 신디칼리즘에는 프랑스의 생디칼리슴 외에도 몇 가지 다른 요소가 접목되어 있기 때문이다. 그런 요소로는 미국 산별노조주의(Industrial Workers of the World: IWW)의 영향, 영국 사상가 모리스(W. Morris)의 영향, 여기에 더한 만(T. Mann)의 절충적인 노력 등을 들 수 있다. 이 장에서는 프랑스의 생디칼리슴과 구별되는 영국의 신디칼리즘에 대하여 논의를 전개시켜 보고자 한다.

신디칼리즘은 페이비언들로 대표되는 개혁적 사회주의자들과 구별될 뿐만 아니라, 마르크스주의자들로 대표되는 혁명적 사회주의의 여러 견해와도 구별된다. 의회를 부정했다는 점에서 본다면 혁명적 사회주의에 가까운 듯 보이지만 따지고 보면 그렇지도 않다. 당의 전위성을 내세우고 당이 노동계급을 끌고 갈 것을 주장한 레닌식 사고와 구별될 뿐 아니라, 노동자들의 자발성을 내세웠지만 당의 역할을 인정하면서 노동자들이 정치적으로 활성화되기를 원하는 로자 룩셈부르크의 입장과도 구별된다. 사실 레닌이나 로자 룩셈부르크 같은 마르크스주의 혁명가들은 모두 신디칼리즘에 대해 매우 적대적이었다.[1] 그런가 하면 마르크스주의의 결정론적 측면을 추종하는 입장과도 구별되는데 경제적 결정론을 토대로 하여 의지론적 주장과 대립한 제2 인터내셔널의 사회민주주의적 입장과도 구별된다.

이러한 여러 입장과 영국 신디칼리즘을 구분시켜 주는 것은 무엇일까? 선거와 의회를 통한 개혁을 불신할 뿐 아니라, 혁명정당에 의한 정치적 혁명행위 역시 거부하고, 경제적 결정론을 받아들이지 않는 이런 태도의 밑바닥에는 도대체 무엇이 깔려 있을까? 필자는 기존 사회주의의 여러 입장과 신디칼리즘을 구분해 주는 핵심적인 요소로 반(反)엘리트주의를 제시해 볼 수 있다고 생각한다.

개혁적 사회주의와 혁명적 사회주의를 모두 관통해 흐르는 요소로 엘리트주의를 지적해 볼 수 있다. 사실 사회주의자들의 엘리트주의적 경향은 여러 곳에서 발견되며 이런 경향은 사회주의자들의 일반적인 속성으로 간주해도 그리 틀린 것은 아니라고 생각한다.

마르크스는 1864년 영국 노동조합주의자들 앞에서 연설하면서 그의 엘리트주의적 태도를 다음과 같이 드러냈다.

노동자들은 성공의 한 요인을 가지고 있다. 그것은 그들의 숫자이다. 그러나 대중은 하나의 조직이 그들을 하나로 모으고 그들에게 지적인 지도력을 부여했을 때만 압력을 행사할 수 있는 것이다.[2]

독일 사회주의자들의 경우도 예외는 아니어서 독일 좌파들 사이에서는 레닌주의적 이념이 나타나기 이미 오래 전에, 프롤레타리아 대중은 '당을 자신들의 지도자로 삼아' 낡고 불합리한 사회질서를 분쇄해야 한다는 믿음을 나타내고 있다.[3]

대륙의 사회주의자들뿐 아니라 영국 사회주의자들에게서도 종종 매우 강렬하게 엘리트주의가 드러났다. 대표적인 인물로 1880년대 영국에서 조직되어 마르크스주의 노선을 견지한 사회민주동맹(Social Democratic Federation)의 지도자 힌드만(Hyndman)을 들 수 있다. 그는 "노예계급은 스스로의 힘으로 해방될 수 없다. 지도력과 주도권, 교육, 조직은 다른 지위에서 태어나고, 어릴 때부터 그들의 능력을 이용하도록 훈련받은 사람들로부터 나와야만 한다"고 주장했다.[4] 페이비언의 경우에도 심심찮게 엘리트주의적 경향에 대한 주장이 제기되는데 특히 비에트리스 같은 경우가 종종 그런 의구심을 불러일으킨다.[5] 이런 입장과 비교해 본다면 신디칼리즘의 방법은 이와는 전혀 다른 기초 위에 놓여 있다.[6]

단지 한 가지 지적할 점은 지금 논의하고자 하는 신디칼리즘의 반엘리트주의는 신디칼리즘 운동에 내재된 하나의 특성일 따름이라는 것이다. 신디칼리즘 운동을 깊이 있게 이해하기 위해서는 신디칼리스트들의 방법론인 연대의 구체적인 실현 과정이나 그 성과에 대한 논의와 아울러 신디칼리즘 운동이 노동불안기에 미친 영향에 대해 논의해야 한다. 그러나 이런 논의는 또 다른 장을 통해 계속 논의할 문제임을 밝혀둔다.

2. 조직에 대한 관점

신디칼리스트의 반엘리트주의가 처음으로 감지되는 부분은 조직에 대한 관점이다. 신디칼리스트들은 무정부주의자들처럼 제도나 조직을 거부하지는 않았다. 그러나 조직의 문제에서 신디칼리스트들은 중앙집 중화를 반대했다. 이들은 어떤 중앙조직보다도 지방의 조직을 중시한다 는 점을 밝혔다. 왜냐하면 중앙의 대표단들은 항상 별개의 이해관계를 만들어내기 때문이었다. 그래서 신디칼리스트들은 비록 중앙조직이 필 요하다 할지라도 그것은 언제나 '유감스럽지만 필요한' 조직7)이 되어야 한다는 생각을 지니고 있었다. 중요한 것은 지부조직이었으며, '지부회 의가 실제로 일이 벌어지는 장소'라는 인식이 나타나야 하고 '지부를 살아 숨 쉬는 삶의 중심으로, 거대한 조직의 민감하고, 이에 반응하는 기구'로 만들어야 했다.8) 신디칼리스트 운동의 절정기에 남 웨일즈에서 발간된『광부들의 다음 단계』라는 책에서는 중앙 행정기구가 의사 결정 을 위해서가 아니라 행정 목적을 위해 유지되어야 한다는 점을 지적했다. 이 경우 관리들은 일반인들의 종복이 되어야 한다.9)

중앙집중화를 반대함으로써 신디칼리스트들의 조직은 아래로부터 위로 올라가며 형성되는 조직이 되어야 했다. 신디칼리즘은 이 점에서 위로부터 아래로 내려오면서 조직되는 다른 사회주의와 차별화되었 다.10)

이러한 생각은 산별노조주의에 대한 태도에 잘 반영되었다. 신디칼리 스트들은 산별노조주의를 받아들였음에도 불구하고, 산별노조주의에 대해 신디칼리즘을 차별화시켰다. 그 가장 큰 이유는 산별노조주의가 지니고 있는 중앙집중화 경향에 있었다. 산별노조주의자들은 '단일 거대

노조'라는 방침에 그들의 모든 운동을 집중시켰다. 그러나 이는 결과적으로 중앙집중화된 경제국가(economic state)를 만들어낼 뿐이다. 신디칼리스트들은 정치국가뿐만 아니라 산업국가에도 중앙집권화의 폐해가 나타날 수 있다고 보았고 이러한 폐해에 대해 경계했다. 그래서 『광부들의 다음 단계(Miners' Next Step)』에서 비록 단일노조 건설이 추구되었다 해도 그것이 중앙집중화된 통제를 추구한 것은 아니었다.[11] 신디칼리스트들은 오히려 작업장위원회의 수립을 통해 지역적 자율을 성취하고, 자율적인 작업장을 수립하여 개인적 창의력을 발휘할 것을 강조했다. 산별노조와 같은 산업조직을 지지하는 것은 연대를 이루어낼 가능성 때문이지만, 그것이 개인의 자유나 창의력이라는 가치에 우선하지는 않았다.[12] 관료제적 통제를 거부하는 이런 입장은 신디칼리스트들의 의견이 표명된 『광부들의 다음 단계』에서 『연대(Solidarity)』에 이르기까지 일관된 것으로 봐야 한다.[13]

　　의회와 관료제에 대한 신디칼리스트의 명백한 태도는 이런 입장을 더욱 구체적으로 드러낸다. 신디칼리스트는 근대 이래 모든 사람이 보여준 이 두 기구에 대한 집착을 '쌍둥이 미신'이라고 빗대어 표현하면서 이러한 미신은 분쇄되어야 한다고 주장했다.[14] 그런데 그들이 이 기구, 즉 의회와 관료제를 거부하는 이유는 그것이 각기 위로부터의 '대리'와 '지시'를 의미했기 때문이다. 그들은 의회 의원들이 사회구성원 곧 유권자들의 의사와는 유리된 채 자신들의 이익을 위해 활동할 따름이라고 보았다. 1912년 전국 광부파업 중 브리스톨(Bristol)의 광산에서 나온 한 책자는 의회는 "거짓말을 하고", "당신을 팔아먹으려 하며", 대표들은 "오직 당신들의 표를 얻으려 할 뿐"이라고 지적했다.[15] 그리고 관료들은 국민의 종복으로 활동하기보다는 '지시자'로 행동한다고 꼬집었다.

군부와 교회에 대한 태도를 보아도 그러하다. 신디칼리스트들은 반(反)군국주의, 반교권주의적 태도를 취했다. 그런데 신디칼리스트들이 이런 태도를 취한 이유는 군부나 교회에서는 공통적으로 '믿고 따르는' 자세가 강조된다는 데 있다. 즉 규율은 종교적·군사적 훈련의 처음과 끝일 정도로 강조되었다.16) 군대와 교회의 계서제, 거기에 존재하는 엄격한 규율, 상관과 성직자에 대한 철저한 복종 같은 것이 신디칼리스트들로 하여금 반군국주의, 반교권주의로 나가게 한 것이다.

또 하나 들 수 있는 반엘리트주의의 지표는 '노동자들을 미숙한 존재로 보는 시각'에 대한 평가이다. 즉 '노동계급에 대한 중간계급의 시각'에 대한 평가에서 우리는 신디칼리즘의 반엘리트주의 냄새를 맡을 수 있다. 신디칼리스트들에 따르면, 노동자들을 훈육과 훈련을 통해 무언가를 계속 보충해야 하는 열등한 존재로 보는 시각은 중간계급의 전형적인 사고방식이었다. 노동자들에 대한 이러한 시각은 서구인들이 열대 아프리카 원주민을 바라보는 시각과 다름없었다. 이는 신디칼리스트들의 시각에서 보면 잘못된 것이며 결코 받아들일 수 없는 것이었다. 임금노동자들은 이미 스스로 걸을 수 있는 존재이고, 세계에 대해 판단할 수 있는 평균적 지성(average intelligence)을 갖춘 존재였다.17) 임금노동자 계급이 결코 중산층보다 어리고 미숙한 존재가 아니라는 판단은 임금노동자들로 하여금 더 이상 타인의 지도를 받으며 살지 않게 할 것이다. 노동자의 행복한 삶은 누군가의 지도를 받고 이를 충실히 따르는 생활을 통해서 얻어지는 것이 아니라 그들 스스로가 만들어나갈 수 있는 것이다. 노동계급에 대한 중간계급의 일반적 인식을 비판함으로써 신디칼리스트들은 그들의 출발점을 분명히 한 것이다.

3. 지도력에 대한 관점

반엘리트주의가 좀 더 정밀하게 감지되는 부분은 '지도력'에 대한
관점에서이다. 우선 지도력의 실체에 대해 적나라한 비판이 제기되었다.
지도자로 간주되는 사람들이 실제로는 자기만의 이익을 추구하는 왜곡
된 존재라는 생각이, 의회 의원들과 관료, 지식인들을 바라보는 시각에서
뚜렷하게 나타났다. 국회의원들은 정치적 창부(娼婦)로 간주되었고, 관료
들은 그들의 지위만을 염두에 두고 자리에만 연연하는 자들로 비춰졌
다.18) 그리고 지식인은 정치를 취미 삼는 자들로 프롤레타리아와는
어떤 공통점도 공유하지 않은 사람들로 여겼다.19)

여기에 더해 신디칼리스트들은 지도력이 독재로 왜곡되는 현상을
지적하는데, 『광부들의 다음 단계』에서 이 과정을 잘 보여주고 있다.
이 책자는 '지도력의 나쁜 측면'에 대해 비판한다. 여기서 '지도력은
지도자들에 의해 행사되는 권력'을 의미하는데 이것은 '인간들을 억압하
는 것'에 기반을 둔다. 지도력은 '독립하여 사고하는 사람'을 '군중들'이
되게 하며 그들의 주도권과 책임은 지도자의 주도권과 책임이 되는
결과를 낳는다. 지도자의 권력은 '훈련 교관들이나 강제 요원들'에 의해
유지되고, 따라서 지도자는 '독재자가 되고 민주주의의 적대자가 되도록
강요받는' 것이다. 이러한 지도력의 대표적 결정체가 바로 국가라고
여겨졌다. 신디칼리스트들이 기존 국가를 거부한 이유가 바로 이 때문이
라고 볼 수 있다. 길드 사회주의는 신디칼리즘을 상당 부분 받아들였음에
도 불구하고 기존 국가를 폐지하려 들지 않았다는 점 때문에 신디칼리스
트들에 의해 신종 페이비어니즘으로 간주되고 말았다.20)

신디칼리스트의 반엘리트주의는 한발 더 나아가 저항운동이나 개혁운

동에서도 지도력에 의한 통제를 받아들이려 하지 않았다. 이런 점에서 당시 사회운동에서 지도력을 형성한 두 부류의 대표적인 집단도 신디칼리스트들에게는 부정적으로만 비춰졌다. 먼저 지적할 부류는 사회주의 정당에서 활동하는 지식인들이다. 이들은 단지 프롤레타리아 운동에 자신들의 권위를 부과하려는 의도를 가지고서, 이 운동을 자신의 이익에 맞게 조작하려는 사람들로 간주되었다.[21] 그래서 노동자들의 극악한 적대자는 자본가들이 아니라 바로 노동자들의 유일하고 진정한 친구라고 주장하는 사람들이다.[22] 그리고 또 하나의 부류인 노동조합 관리들은 단지 거대한 노동조합의 계서제를 마음대로 통제하려는 이들로 간주되었다.[23] 이런 관점은 노동불안기 동안 나타난 노조지도자에 대한 사임 요구에서 현실화되었다. 사임 요구는 특히 광부 지도자들을 향하여 뚜렷이 나타났는데 페더스톤(Featherstone), 로더럼(Rotherham), 미들턴(Middleton) 등에서는 대중집회 때 지도자들에 대한 사임요구가 나왔고 디닝턴(Dinnington)에서는 반지도자(anti-leadership) 십자군운동이 정기적 소환과 규칙적 선거에 대한 주장이 나오면서 전개되었다.[24] 운수 노동자 사이에서도 이런 경향이 나타나 1912년 런던 운수파업 이후에는 웨스트 햄(West Ham)과 캐닝 타운(Canning Town) 같은 곳에서 노조지도부에 대한 불신이 강하게 표출되었다.[25] 노조관리들이 신디칼리즘과 멀어지게 된 데는 이런 배경이 있었다. 노동조합회의와 신디칼리즘을 비교하는 한 글은 다음과 같이 주장했다.

노동조합회의의 가장 흥미로운 결과는 노동운동의 지도자가 되기를 희망하는 자들이 신디칼리즘과 직접 행동을 거부했다는 점이다. 이는 당연한 일이었는데 왜냐하면 신디칼리스트들은 지도자들을 원하

지 않았기 때문이다.[26]

노조지도자의 지도력에 대한 해결방법은 노조 안에서 권력을 급진적
으로 재분배하고, 일반 노동자의 통제력을 만들어내는 것이었다.[27]
나아가 그들의 운동인 신디칼리스트 운동에서조차 지도력에 대한
경계심을 늦추지 않고 있다. 우선 운동가들 사이의 '지도력'이라는 문제
가 있다. 『광부들의 다음 단계』의 작성 과정이 이에 대한 하나의 예를
제시한다. 이 책자는 비록 아블렛(Noah Ablett)이 초안을 작성했으나 이
과정에서 헤이(W. Hay)와 메인웨어링(W. H. Mainwaring)의 도움을 받았다.
초안이 완성된 후 그것은 비공식위원회에 제출되어 논의되었으며 그
과정에서 또 몇 군데를 수정했다. 그리고 아버틸러리(Abertillery)의 바커
(G. Barker)와 휼렛(W. J. Hewlett)에게 사본을 보냈다. 또 스완지(Swansea)와
애버데어(Aberdare)에도 보냈다. 이러한 과정에서 다시 몇 군데에 수정이
가해졌다. 그리고 최종판이 카디프(Cardiff) 회의에 제출되었다.[28] 책자의
이러한 작성 과정은 지도력이 어떻게 만들어져야 하는지에 대한 신디칼
리스트들의 견해를 잘 보여준다.
운동 조직체 안에서의 지도력뿐만 아니라 노동자와 지도자와의 관계
에서도 지도력 문제는 남는다. 여기서 신디칼리스트들은 노동자들의
대표는 지휘하고 지도하는 능력과는 무관하게 선출되어야 한다고 주장
한다. 대표들은 매력적인 개성이나 위대한 연설 능력이라는 기준에
의해 뽑히지 않고, 그 지위에 대한 지식을 더 많이 갖췄음을 증명하는
시험에 의해 뽑혀야 하는 것이다.[29] 모든 대표에게는 지도력보다는
지식이 중요했다. 이런 이유로 이른바 '지도자들'은 신디칼리즘에 격렬
히 반대했다는 것이다.[30]

그래서 홀튼은, 신디칼리스트 운동에서는 소위 '이데올로그'에 의해 지배되지 않았으며, 소렐 같은 인물보다 빌 존스 같은 평범한 노동자가 중요했다는 점을 반복하여 강조한다.31) 그리고 이러한 생각에는 당시의 새로운 노동운동의 특성이 잘 반영되었다. 1910~1914년의 노동불안기에 일어난 많은 파업이 비공식적인 성격을 띠었으며 자발적으로 발생했다. 산업 조정관으로 활약한 애스크위드(G. Askwith)는 1909년 "공식적 (노동)지도자들은 그들의 권위를 유지하지 못했다. 종종 노동지도자들과 고용주들과의 차이보다 노동자들과 노동지도자들과의 차이가 더 컸다"고 지적했다.32)

노동운동의 지도자들에 대해서뿐만 아니라 노동계급 내 범주에 대해서도 동일한 관점이 유지된다. 그런 것을 보여주는 좋은 예가 숙련공에 대한 관점이다. 만(T. Mann)은 숙련공들이 일반 노동자들(labourer)과 자신들을 차별화하려는 태도를 따갑게 꼬집는다.33) 그는 "숙련공은 그들 중 많은 사람들에게 특징적으로 나타나는 (현상인) 자신들이 우월하다는 바보 같은 생각을 던져버려야 한다"고34) 지적했다. 만은 국가의 지도력과 운동 지도자들의 지도력만을 거부한 것이 아니라, 노동자들 안에서 나타나는 우월의식에 대해서도 경계한 것이다. 신디칼리즘에서 반엘리트주의는 이 사상의 맨 밑에 깔려 있는 기본 원칙으로 작용하고 있다.

4. 개혁에 대한 태도

신디칼리스트의 반엘리트주의는 변화의 주체에 대한 관점에서 절정에 달한다. 이와 관련하여 신디칼리스트들이 보여주는 중요한 특징은

그들이 지도자의 조언에 이끌리지 않고[35] '우리들의 힘으로' 변화를
이루어내겠다는 태도를 가지고 있다는 것이다. 즉 신디칼리스트들은
누구도 임금노동자들의 문제를 대신 해결해 줄 수 없다고 보았다.[36]
대리(delegation)가 아니라 자주(self-reliance)를 강조[37]하고 자발적 조직과
자발적 통제를 주장[38]하는 이러한 태도는 누구의 간섭이나 도움도 받지
않고 산업에 종사하는 사람들만의 힘으로 자신들의 목적을 이루어내겠
다는 것으로, 엘리트주의에 대해 더욱 적극적인 방식으로 대응한 것으로
볼 수 있다. 그러한 태도는 파업 과정에서 자신감을 얻어가면서 강화된
것으로 보인다. 리버풀 파업 과정에서 만은 다음과 같이 발언했다.

> 우리는 당신의 여론에 대해 상관하지 않습니다. …… 우리는 당신의
> 동정을 원하지 않습니다. 당신은 빈곤을 폐지하는 데 완전히 실패했
> 습니다. …… 우리는 그것을 다른 사람들의 도움을 받지 않고 우리들
> 스스로 해낼 것입니다.[39]

일반 노동자들(rank and file of the working class)은 바로 그들이 그들
자신의 최선의 친구임을 배워야만 하며 그들 스스로 해방을 얻어내어야
만 한다는 것이 신디칼리스트들의 기본 원칙이었다.[40] 또 노동자들은
스스로 쟁취한 승리 속에서만 그들 앞에 놓인 책임과 의무에 대해 분명한
생각을 갖게 될 것이다.[41]

이런 입장에서 "신디칼리즘은 통치자를 용인하지 않는다"는 뚜렷한
주장이 나오게 된다.[42] 또 의견을 하부로부터 집약해 나가기 위해 노동자
들을 참여민주주의의 기초 위에 조직하려는 노력이 나오게 되는 것이
다.[43] 신디칼리스트들은 위로부터의 통제를 거부하는 데 매우 분명한

태도를 취했다. 그들이 국유화나 또 다른 형태의 국가 개입을 거부하는
중요한 이유도 그것이 결국은 지금의 통제를 대신하는 또 다른 형태의
통제를 의미할 것이라는 우려에서 나온 것이다. 그러므로 신디칼리스트
들의 양보할 수 없는 무엇보다 중요한 입장은, 어떤 형태든 간에 위로부
터의 간섭, 지시, 명령을 거부하는 것이었다. 이를 달리 말하면 노동자
자신들의 독립성을 해치는 행위를 거부한다는 것이다.

노동자의 독립성 확보는 작업통제권을 확보하는 데서 시작된다. 그러
나 중요한 점은 노동자들의 작업통제권은 작업 과정에 대한 '숙련공의
전통적인 통제력을 의미하기보다는 새로운 산업환경에서 노동자들이
스스로 만들어내는 민주적인 통제력'을 의미한다는 것이었다. 그리고
이러한 노동자들의 작업통제권이 산업통제권과 연결되어 추구된다는
점이 중요하다. 만약 작업통제권이 마치 '부엌살림에 대한 여자들의
통제권'과 같이 '숙련공 개개인의 고유한 작업영역 챙기기'라는 의미만
지닌다면, 여기서는 민주적 권력을 만들어야 할 의미를 찾을 수 없다.
또한 신디칼리즘의 작업통제권과 산업통제권에 대한 주장이 반엘리트주
의와 연결되기도 어려울 것이다.

작업통제권, 산업통제권으로 이어지는 노동자의 독립성은 인간 생활
전 영역으로 확대될 수 있다. 왜냐하면 신디칼리스트들은 노동자들
스스로가 자신의 운명을 완전히 통제할 것을 기대했기 때문이다.[44]

노동자의 독립성에 대한 강조는 노동자의 합리성과 자주성에 대한
믿음과 연결된다. 이런 요소야말로 독립을 위해 필요한 능력이기 때문이
다. 신디칼리스트들은 노동자들은 세계를 이해하고, 스스로 행동할 수
있을 만큼 '지적인 노동자들(intelligent wage-workers)'이며, 또한 그런 존재
로서 노동조직을 만들어낼 수 있을 것으로 믿는다.[45] 그리고 이런 믿음은

자연스럽게 개인에 대한 존중과 그들의 자유와 창의성, 개성을 강조하는
태도로 이어진다. 자율적인 작업장을 이루어내려는 것에는 개인의 창의
력을 발전시키려는 동기가 내재해 있으며[46] 이런 노동환경은 궁극적으
로 노동자들에게 예술가의 지위를 얻게 할 가능성을 열어놓을 것이다.[47]
또한 신디칼리즘은 명시적으로도 개인의 자유를 주장한다.[48] 그리고
신디칼리스트운동의 중요한 방법인 직접 행동은 개인적 자유(individual
freedom)를 위한 노력에 해당하며, 직접행동의 하나인 사보타주는 개인의
의지를 확인하는 행위라는 점을 지적했다. 평범한 한 사람 한 사람의
의지가 중요하며 그것은 개별 노동자의 자유로운 협동을 통해 연결되는
것이다.[49] 그리고 이들은 개인적 자유를 추구하고 개인적 의지를 중시하
려 한 만큼이나 민주주의적 태도를 견지했다. 굳이 "민주주의를 위해
우리가 여기에 서 있다"거나 "산업을 민주적으로 조직"하려[50] 한다는
민주주의의 수식어를 우리가 발견해서가 아니라 자유를 추구하는 과정
에서 모든 통제를 자발적인 통제로 바꾸어나가려고 한 조직의 원리를
들여다볼 때 그들이 철저한 민주주의의 신봉자였다는 점을 지적하지
않을 수 없다.

5. 신디칼리즘의 민주성

프랑스 생디칼리슴에 대해 제기되는 생디칼리슴이 파시즘의 선구적
운동이었다거나 교리가 근본적으로 귀족적 성격을 띤다는 평가[51]를
영국 신디칼리슴에 곧바로 적용할 수는 없다. 생디칼리슴에서 파시즘의
뿌리를 발견하는 중요한 근거는 생디칼리슴이 '능동적인 소수(active

minority)'를 중시한다는 점에 있다.[52] 예컨대 다음과 같은 입장이 그러하다.

> 다수를 이끄는 용감한 소수의 행동이 아닌 다른 어떤 것이 생디칼리스트의 행위인가? 이들은 다른 사람들 앞에서 행진해 가는 장기적 시각을 가진 사람들이다. …… 이러한 노예와 겁쟁이들의 환경에서 누가 잠재적인 에너지와, 숨어 있는 용기와, 저항하려는 억압된 욕구를 깨울 수 있을 것인가? 오직 활동적인 사람들만이 그것이 얻는 도덕적 힘을 통해 그렇게 할 수 있다. 이들만이 생디칼리슴에 중요하다.[53]

여기에는 소수의 의지가 단지 양적으로만 많은 다수를 능가한다는 생각이 뚜렷이 드러나는데 이런 점 때문에 어떤 이들은 생디칼리즘에서 파시즘이나 공산주의 같은 반민주적 철학의 기초를 발견하기도 한다. 그러나 신디칼리즘은 결코 그런 식으로 소수가 이끄는 운동을 강조하지는 않는다. 신디칼리즘의 반엘리트주의는 바로 그런 태도에 대해 근본적인 문제 제기를 한 것이다. 노동자 통제에 대한 견해에서도 그런 차이를 찾아낼 수 있다. 신디칼리즘의 반엘리트주의는 길드 사회주의의 '노동자 통제' 개념으로 그대로 이어졌는데, 이 '노동자 통제' 개념은 노동자 통제에 대한 엘리트주의적 입장과는 뚜렷이 구별된다. 코울(G. D. H. Cole)은 러시아 혁명 이후에 산별노조주의자들과 공산주의자들 그리고 길드 사회주의자들 간에 노동자 통제에 대한 이해가 서로 달랐음을 지적한 바 있다. 몇몇 산별노조주의자와 공산주의자들은 노동자 통제를 프롤레타리아 독재로 받아들였는데, 이들이 말한 노동자 통제는 중앙집권화와 노동계급의 대표들이 부과하는 규율을 의미했다. 그러나 길드 사회주의에서 말하는 노동자 통제란 "노동하는 노동자들에 의한 통제"를 의미했으며, 또한 최대한 민주적으로 정책을 시행하고 나아가 책임과 권력을 가능한 한 넓게 분산시키는 것을 의미했다.[54]

그러므로 영국 신디칼리즘은 프랑스의 펠루티에(Pelloutier)나 이탈리아의 라브리올라(Labriola) 등에서 볼 수 있듯이 무정부주의적 생디칼리슴으로 나아가지 않았고 프랑스, 이탈리아의 일부 생디칼리스트들이 악숑 프랑세즈(Action Francaise) 같은 단체와 협력한 데서 보여준 것처럼 극단적 민족주의와 결합하지도 않았다.

그럼에도 불구하고 신디칼리즘에 대해 비민주적이라는 비난이 제기될 수 있다면 그것은 무슨 이유에서일까? 신디칼리즘이 비민주적이라는 비난은 사회의 민주적 의사결정 과정에 참여하는 이들이 '노동자'들인가 아니면 '시민'들인가 하는 문제의식에서 비롯된다고 생각된다. 웹은 『영국의 사회주의(Socialism in England)』서문에서 소비자협동주의와 생산자협동주의를 대비시키면서, 소비자협동주의는 본질적인 성격상 집산주의적이지만 생산자협동주의는 이익추구자들이 구성한 각 소집단에 의한 산업통제로 산업개인주의의 변종에 불과한 것으로 간주했다.[55] 이런 주장은 소수에 불과한 생산자 집단이 사회 전체를 통제하려 한다는 전제에서 가능한 비판이다. 판단의 기준은 '생산자들이 사회를 포괄하고 사회 전체를 의미할 만큼 거대집단이 될 수 있는가'에 놓여 있다. 신디칼리스트들은 그렇게 될 수 있고, 또한 현실은 그렇게 되어간다고 믿었던 것이다. 사회 전체를 놓고 볼 때, 시각에 따라서는 페이비언들의 신디칼리즘에 대한 비판은 타당하다고 볼 수 있으나 신디칼리스트들의 반엘리트주의를 전제한다면 적어도 조직의 원리에서 신디칼리스트들의 민주성을 의심하기는 어렵다고 생각된다. 사실 신디칼리즘도 페이비어니즘을 비민주적이라고 비난했다. 그것은 페이비어니즘이 관료적 통제를 낳는다는 우려에서였다. 그리고 보면 영국의 대표적인 두 사회주의는 각각 어느 정도의 약점을 안고 있다. 그러나 관료적 통제와 산업개인주의로 지적되는 각각의 약점을 '철저한 시민통제'와 '연대에 기초한 산별노조의 가능성'으로 각기 보완할 수 있을 것이라는 믿음이 이들의 민주성을 지지한다고 볼 수 있다.

6. 맺음말

신디칼리스트들이 과연 철저하게 반엘리트주의를 실천했는가라는 의문이 제기될 수 있다. 왜냐하면 신디칼리스트 운동을 살펴보면 만과 같은 신디칼리스트 지도자의 존재가 두드러지기 때문이다. 하지만 이런 문제에 대해 변명의 여지는 있다. 비록 만과 같은 사람들의 역할이 뚜렷이 드러남에도 불구하고 신디칼리스트 운동 전체를 놓고 볼 때 대부분의 운동은 자발적으로 일어났다. 노동자들은 공식적 파업보다 비공식적 파업을 전개했고 이 과정에서 노조 지도자의 역할은 미미했다. 이를 고려하면서 이상에서 살펴본 신디칼리즘을 정리하면 다음과 같다.

신디칼리즘에는 반엘리트주의가 내재되어 있다. 신디칼리스트들은 중앙집중화를 거부했고, 노동자들에 대한 중산층의 우월감과 비숙련공에 대한 숙련공의 우월의식에 대해서도 반감을 보였다. 의회와 관료제, 군부와 교회에 대해서는 이 조직이 조직구성원과 유리되었을 뿐 아니라, 지시를 내리고 명령과 복종의 관계가 지배하는 조직이라는 점에서 배격했다. 나아가 지도력 자체에 대해 불신감을 표시했는데 그것은 의원,

관료, 지식인들뿐만 아니라 저항운동의 지도세력인 사회주의자들과 노동운동 지도자들에 대해서도 마찬가지였다. 심지어 신디칼리스트들은 그들의 운동에서까지 지도력을 받아들이려 하지 않았으며, 이에 반해 변화의 동력으로 노동자들의 자주성을 강조했다. 노동자의 독립성과 자주성에 대한 강조는 노동자 개개인의 자유와 창의력을 존중하는 태도로 이어졌다.

이처럼 당시 제도나 질서에 내재된 기존 권위를 강하게 거부한 점을 염두에 둘 때, 프라이스가 신디칼리즘을 포스트모더니즘이 사회적으로 표출된 첫 번째 사건이라고 규정한 점은 매우 흥미롭다.[56] 근대 이성이 만들어낸 의회와 관료, 국가 그리고 심지어 노조까지 포함하여 이런 제도에서 나오는 지도력에 대해 반대한다는 점에서 신디칼리즘은 포스트모던적인 요소를 내포한다고 할 수 있을지 모른다. 그리고 이 점에서 신디칼리즘의 반엘리트주의가 포스트모더니즘적 요소를 가진다고 할 수 있을지도 모르겠다. 그러나 신디칼리즘은 진정한 권력 기반을 찾으려는 노력을 한 것이지 대안 없는 해체를 주장한 것이 아니었다. 그것은 '실증주의적 이성'에 대한 반대였을지는 모르나 타당한 원칙에 대한 거부는 아니었던 것이다. 단지 신디칼리즘은 실증주의적 이성이 정치적 원리에 작용해 나타난 여러 가지 근대적 형성물에 대해 찬성표를 던지지 않았을 뿐이다. 하지만 그렇다고 하여 '자유'나 '민주주의' 같은 가치에까지 부표를 던지지는 않았다. 신디칼리스트의 반엘리트주의도 따지고 보면 '진정한 민주주의(true democracy)'를 실현시키기 위한 원칙으로 작용한 것이다. 따라서 신디칼리즘을 포스트모더니즘과 연관시켜 생각하는 방식에 대해서는 다소 주의를 기울여야 한다.

오히려 반엘리트주의는, 신디칼리스트들이 의회를 매개로 한 정치적

민주주의를 불신했음에도 불구하고 그들이 민주주의를 토대로 운동을
펼쳐나갔음을 보여준다. 그것은 바로 경제적 영역에서의 참여민주주의
인 것이다.

8장

신디칼리즘의 사상적 배경
대륙적 요소, 미국의 영향 그리고 영국적 전통

1. 머리말

노동계급사회주의는 본래 자생적으로 발전했다. 여기에는 생산자협동주의의 그물망을 활용하려는 의도가 깔려 있었다. 그런 중에 협동주의 공화국의 이상이 생겨났다.[1] 신디칼리즘은 전형적인 노동계급사회주의이다. 다른 사회주의와는 달리 이 사상과 운동에 참여한 사람들은 평범한 노동자 출신이다. 바우만(G. Bowman), 아블렛(N. Ablett), 윌스(J. Wills), 만(T. Mann) 등이 모두 그러하다.[2] 이런 신디칼리즘은 초기 노동계급사회주의의 상호주의적 전망이라는 배경을 가지고 있다. 즉 신디칼리즘은 영국 역사에서 갑작스럽게 출현한 이념이라기보다는 노동계급의 역사에서 그 뿌리를 찾을 수 있는 이념인 것이다.

그러나 영국에서 신디칼리즘 운동이 일어나기 시작했을 때 이 사상에 대해 비판적인 관점을 견지한 사람들은, 이 사상이 외부로부터 유입된 사상이며 영국 노동자들의 전통적 태도에 비추어 볼 때 매우 이질적인 성격을 지녔다는 주장을 폈다. 맥도널드, 웹 부부, 스노우든, 헨더슨

등의 비판자들은 이런 점을 지적하면서 매우 격한 반응을 보였다. 맥도널드는 이 사상에 대해 "아직까지 등록된 주소를 얻지 못한 채 우리말을 쓰는 낯선 프랑스 이방인과 같은 것"이라고 지적했다.[3]

이런 지적에 대해 무조건 틀렸다고는 할 수 없다. 이들의 지적처럼 신디칼리즘에는 외래적 요소가 분명 존재한다. 리버풀 같은 항구에서는 스페인의 무정부주의적 생디칼리스트, 미국의 산별노조(IWW) 지지자, 유대인 정치망명자들 같은 다양한 집단 간의 연계가 있었다.[4] 그리고 프리비체비치(B. Pribićević) 같은 사람은 신디칼리즘을 프랑스의 생디칼리슴과 미국의 산별노조주의를 영국의 조건에 적응시키려 한 노력이었다고 본다.[5] 하지만 영국 신디칼리즘에서 영국적 정통성을 완전히 삭제시켜 버리려는 시각은 바람직하지 않다. 영국의 신디칼리즘은 독특한 영국적 성격을 지니고 있다. 그래서 신디칼리즘은 프랑스의 생디칼리슴과 다르며 미국의 산별노동조합주의와도 다르다. 영국의 신디칼리즘은 유럽의 생디칼리슴과 미국의 산별 노동조합주의를 모두 받아들이면서도 여기에 영국적인 요소를 더해 자기만의 독특한 사상을 만들어내고 있다. 이런 점을 고려한다면 영국의 신디칼리스트 운동이 유럽과 미국에서의 생디칼리스트 운동과는 다르게 전개되었음을 알 수 있다. 따라서 영국 신디칼리즘이 외부에서 받아들인 요소와 여기에 첨가된 영국적 요소가 무엇인지를 살펴보는 것은 영국 신디칼리즘을 이해하는 데 매우 중요한 의의를 지닌 작업이 될 것이다.

2. 미국적 요소

만이 1910년 7월부터 발행하기 시작한 신디칼리스트 잡지의 이름은 '신디칼리스트' 앞에 '산업'이라는 수식어를 달고 나왔다. 즉 잡지명으로 '산업 신디칼리스트(Industrial Syndicalist)'가 채택된 것이다. 이 잡지명에서 만이 미국의 산별노조주의(Industrial Unionism)와 프랑스의 생디칼리슴 (Syndicalism)을 결합하려 했다는 점이 드러난다. 그렇다면 미국의 산별노 조주의운동이 영국의 신디칼리즘에 대해 일정한 영향력을 행사했다는 것을 간과할 수 없다.

사회주의 교리로서 미국의 산별노조주의는 다니엘 드 레옹(D. de Leon), 유진 뎁스(E. Debs) 등에 의해 만들어졌다.[6] 이러한 미국의 교리가 영국에 들어온 것은 아일랜드 혁명가였던 코널리(J. Connolly)가 주도한 사회민주 동맹의 일부 회원들에 의해서였다.[7] 그런데 이들은 사회민주동맹에서 이탈하여 1903년 사회주의노동당(Socialist Labour Party: SLP)을 글래스고에 서 조직했다. 이들의 영향력은 글래스고를 중심으로 한 스코틀랜드 일부 지역에 한정되었지만 클라이드(Clyde) 산업지역에서의 혁명적 노사 운동 발전에 특히 중요한 역할을 했을 뿐만 아니라,[8] 잉글랜드의 신디칼 리즘에 영향을 주는 중요한 조류로 남았다.[9]

그런데 영국의 사회주의노동당은 미국의 상황과 밀접한 연관이 있었 으므로 미국에서 세계산별노조(IWW)가 조직되자 곧 이에 대응하여 영국 산별노조(British Advocates of Industrial Unionism, 이하 BAIU)라는 단체를 조직했다. 1908년 미국에서 무정부주의자가 정치적 조직에서 분리되어 나가는 사태가 일어나자 비슷한 분리가 영국 BAIU에서도 일어나 산업 연맹(Industrial League, 이하 IL)이 조직되었다.[10]

BAIU는 1909년 영국 산별노조(Industrial Workers of Great Britain: IWGB) 라는 이름으로 재조직되었다. 따라서 영국에서는 IWGB와 IL이라는 단체를 중심으로 하여 이에 영향을 받은 산별노조 조직들이 산업의 중심지에서 생겨나는 방식으로 미국 산별노조주의의 영향을 받아들였다 고 할 수 있다.11)

사회주의노동당의 영향은 1909년 러스킨(Ruskin) 대학에서 일탈해 나온 일단의 학생들에 의해 만들어진 중앙노동대학(Central Labour College) 에서도 확인되었다. 이 학교는 마르크스주의적인 경향이 강했고 남 웨일즈의 광부와 철도원 노조의 지지를 얻었다. 남 웨일즈 광부인 아블 렛, 리즈(N. Rees), 그리고 더람의 광부인 하비(G. Harvey)와 같은 러스킨 대학의 베테랑들은 산별노조주의의 파업과 선전에서 중요한 역할을 하게 된다.12)

산별노조주의의 정치적 조직이라 할 수 있는 사회주의노동당과 산업 적 조직이라 할 수 있는 IWGB는 미국 산별노조주의의 영향으로 나타난 것이므로 그 교리는 미국 산별노조주의 이론가인 레옹에게 크게 의존하 고 있었다.13) 사회주의노동당에 의해 보급된 많은 출판물 대부분이 독창성을 결여하고 있으며 단지 레옹의 교리를 영국에 보급하는 역할만 했다는 지적도 있다.14)

드 레옹의 교리는 노동자들이 정치적으로만이 아니라 산업적으로 단결해야 한다는 점을 강조하고 있다. 즉 레옹은 노동자들의 정치적 운동과 함께 산업에서의 운동을 주장한 셈이다. 레옹은 정치적 요소를 경시하지 않았으므로 산별노조주의에는 정치조직이 따라다녀야 했다. 그것이 영국에서는 사회주의노동당에 해당되었던 것이다. 이 정치조직 은 노동자들을 혁명적 운동으로 끌고 가는 역할을 맡아야 했으며 산별노조를 지원하는 역할을 함께 맡아야 했다. 따라서 레옹의 교리에 따르면 노동자들의 운동은 이원적으로 전개되어야 했는데 혁명적 정치조직과 혁명적 산업조직이 바로 그것이다. 구체적으로 볼 때 하나는 혁명적 노동자 정당, 다른 하나는 혁명적 산별노조라는 형태를 띨 것으로 예상되었다.[15]

그러나 선거라는 방법을 포기하지는 않았으며 결정적인 날에 노동자들은 선거를 통해 정치권력을 사회주의 정당의 손에 넘겨줄 것으로 보았다. 아마도 이것이 레옹의 '평화적인 사회혁명'이라는 다소 역설적인 용어가 가능한 이유일 것이다. 투표를 통해 사회주의 정당이 권력을 쥐는 날, 산별노조도 함께 활동하게 될 것이다. 바로 이날, 산별노조는 고용주를 대신해 산업을 넘겨받게 된다. 권력이 사회주의 정당에 장악되었으므로 산업을 넘겨받으려는 노조를 국가가 군대나 경찰을 동원해서 파괴하는 사태는 일어나지 않을 것이다. 그리고 노조가 산업통제권을 갖게 되면 의회의 노동자 대표들은 곧 그 기능을 멈출 것이다.[16]

사회주의노동당의 정책선언에서 제시된 것처럼 각 산별노조는 '사회주의공화국에서 산업을 움직이는 행정기구'가 될 뿐만 아니라 행정을 포함한 전 사회구조의 기초로 작용하게 될 것이다.[17]

레옹의 방법론에서 독특한 점은 노동조합에 대한 태도였다. 레옹은 노동조합을 자본주의에 대한 '방파제'로 간주했고 이런 까닭에 기존 노동조합들은 파괴되어야 했다. 예컨대 사회주의노동당의 회원들은 기존 노동조합의 어떤 지위도 가져서는 안 된다. 그뿐만 아니라 기존 노동조합이 추구하는 여러 가지 개혁조치도 모두 부정되었다. 노동조건을 개선하려는 태도 같은 것도 당연히 자본주의를 개혁하려는 조치에 불과한 것으로 간주되어 부정적으로 평가되었다.[18]

홀튼은 산별노조주의를 개혁주의와 양립 가능한 운동으로 보면서[19] 신디칼리즘과 구별하지만, 이 두 운동은 구별되는 부분만큼이나 중첩되는 부분이 있다는 점에 유의할 필요가 있다.[20] 영국 신디칼리즘에 대한 미국 산별노조주의의 영향은 무엇보다도 산업에 따라 노동조합이 재결성되어야 한다는 점을 인식시키고 확산시킨 점에 있다. 하나의 거대한 노동조합이라는 생각은 노동자들의 단결과 연대를 강조하는 영국 신디칼리즘의 기본 이념에 힘을 실어주는 역할을 했을 것으로 생각된다.

그러나 레옹의 영향이 과장되어서는 안 된다. 레옹은 물론 국제적인 인물이었으며, 레닌은 그가 1914년 이전 마르크스사상에 중요한 무엇인가를 더한 유일한 인물이었다고 칭찬했다. 하지만 홀튼은 레닌이 실제로 이렇게 말했든 아니든 간에 그것은 잘못된 전제를 기초로 한다고 지적한다. 지역적 선거구보다는 산업적 선거구를 기초로 행정 기반을 다져야 한다는 생각은 레옹의 독창적인 생각이 아니라는 것이다. 홀튼은 다른 신디칼리스트 이론가들도 이런 주장을 했다고 지적한다.[21]

3. 프랑스적 요소

미국적 요소와 함께 지적되어야 할 부분은 프랑스적 요소이다. 프랑스의 생디칼리슴은 영국 신디칼리즘에 노동총동맹(Confédération Générale du Travail, 이하 CGT)이나 노동사무소(Bourse) 같은 조직을 통해서 영향을 주었으며 영국 신디칼리즘이 그와 유사한 조직을 중시하게 하는 결과를 낳았다. 그러나 그보다 더욱 중요한 부분은 프랑스의 생디칼리슴이 보여준 반(反)의회적 성향이었다. 프랑스의 생디칼리슴은 의회의 역할이 보잘것없다는 점을 강조했을 뿐 아니라 나아가 국가권력을 장악하는 것 같은 노력이 무용하다는 점을 지적했다. 이런 프랑스 생디칼리즘의 사고방식은 영국 신디칼리즘이 곧바로 받아들인 부분이었다. 물론 영국의 사상적 전통 안에서도 국가에 적대적인 입장을 발견할 수 있지만 의회의 역할을 극단적으로 무시해 버리는 생디칼리즘의 이런 태도는 분명히 영국 신디칼리즘의 사상과 운동에 직접적인 자극제가 되었을 것으로 생각된다.

이와 함께 국가권력을 대체하는 기구에 대한 생각도 지적해 볼 수 있다. 영국의 신디칼리즘은, 노동협의회와 산별노조가 산업통제 기구를 넘어서서 전체 사회조직의 기초로 작용할 것이라고 생각했는데 여기서 노동협의회는 생디칼리슴의 노동사무소와 유사하며 산별노조는 CGT의 등가물이라는 점을 지적할 수 있다. 새로운 사회에서 나타날 현존 권력기구의 등가물에 대한 이런 대안에서 신디칼리즘은 프랑스 생디칼리슴의 영향을 많이 받은 것으로 보인다.[22]

또 다른 중요한 요소는 노동자들의 자발성을 강조하는 부분이다. '노동자주의(ouvrism, 영어로는 workerism)'로 불릴 수 있는 노동자들의 직접행동에 대한 강조는 프랑스 생디칼리슴의 본질적인 부분이고 이러한 요소는 영국 신디칼리즘에도 그대로 살아 있다고 볼 수 있다. 운동에서의 자발성뿐 아니라 작업장과 산업에서의 통제 문제에서도 자발성은 강조되었으며 그것은 무엇보다도 신디칼리즘의 반엘리트주의적인 태도 속에서 뚜렷이 드러났다. 영국 신디칼리스트들이 국유화를 반대한 이유도 국유화 역시 또 하나의 위로부터의 통제 곧 관료제를 의미한다고 생각한 때문임을 상기해 볼 필요가 있다.

프랑스적 요소를 하나 더 꼽는다면 베르그송의 '생의 비약', '창조적 진화'와 같은 사상이다. 만(T. Mann)은 베르그송의 책을 읽어볼 것을 권유한 적이 있다.[23] 사실 신디칼리즘의 중요한 요소 중 하나는 운동을 통해 사회 체제의 질적인 비약을 이루어내려 한 점이다. 프랑스 생디칼리슴에는 베르그송뿐만 아니라 소렐(Sorel)의 사상이 커다란 영향을 미쳤다. 프랑스에서 소렐의 사상은 '신화'로서의 총파업 주장으로 나타났다. 하지만 영국 신디칼리즘이 이러한 '비합리적인 믿음'을 바탕에 깔고 있었는지는 검토해 보아야 할 문제이다. 영국의 신디칼리즘이 프랑스의 생디칼리슴과 구별된다면 바로 이러한 점에서일 것이다. 즉 영국 신디칼리즘은 프랑스의 생디칼리슴이 강조한 비합리성을 강조하지는 않았다는 것이다. 프라이스(R. Price)는 영국의 신디칼리즘을 사회운동에 나타난 포스트모더니즘의 한 형태라고 지적했다.[24] 그러나 설사 포스트모던주의의 형태임을 인정한다 해도 그것은 프랑스의 경우와는 사뭇 다르다고 해야 할 것이다. 파시스트운동과 연결된 소렐의 사상과 반엘리트주의와 연결되는 신디칼리즘의 이념과는 현격한 차이가 있기 때문이다.

미국의 영향과 프랑스의 영향 두 요소 중 어느 쪽이 더 강했을까? 이를 판별하기는 어렵지만, 프리비체비치의 견해에 따르면 신디칼리즘 형성 과정에는 두 요소가 혼재했는데 미국적 요소보다 프랑스적 요소가 더 강하게 나타났다는 것이다.[25] 이런 견해는 신디칼리즘에 내재하는 분산과 통일의 두 요소 중 분산 경향이 더 두드러졌다는 점을 지적하는 듯하다. 설령 프리비체비치가 주장하듯이 프랑스적 요소가 강했다고 하더라도 연대를 추구하며 거대 노조를 지향해 나간 신디칼리스트 운동 과정을 보면 미국 산별노조주의의 영향도 필수적인 부분이었음을 확실히 알 수 있다. 여기에 여타 국가의 미세한 영향이 가세한다. 오스트레일리아 산별노동조합(IWW)과 스웨덴노동자 중앙조직(SAC)이 영국 신디칼

리즘에 영향을 미쳤다. 이는 만(T. Mann)이 오스트레일리아와 스웨덴에서
신디칼리스트 운동을 경험했기 때문이다.[26]

4. 영국의 사상가

이러한 요소가 모리스(W. Morris)에게서 물려받은 영향과 결합하면서
독특한 영국의 신디칼리즘을 만들어냈다. 그 작업을 한 사람이 만(T.
Mann)이다. 그는 영국 신디칼리즘의 대명사로 간주될 만큼 영국 신디칼
리즘 사상과 운동에서 중요한 인물이다.[27] 힌튼(Hinton)은 그를 신디칼리
스트의 완전한 화신이라고 평가했다. 그는 정열적이고 지칠 줄 모르고
분파적이지 않고 교리에 얽매이지 않으며 여러 가지 반응을 소화해낼
수 있는 절충적인 사상가였다.[28] 이런 까닭에 화이트(Joseph White)는
만의 신디칼리스트 버전을 가장 가볍고 날씬한 모형으로 평가했다.[29]
만(T. Mann)은 비록 모리스가 산별노조주의 차원을 결여하기는 했지만[30]
신디칼리즘은 모리스에게 큰 빚을 졌다고 생각했다. 만은 모리스를
의회제도와 교활한 정치인들에 대해 건강한 경멸감을 가지게 한 사람으
로 기억했다.[31] 그는 "위대한(grand) 윌리엄 모리스가 나에게 진실한
교리를 가르쳤으며", 모리스는 "산업을 통제하는 국가의 독재에서 산업
조직을 통해 우리를 자유롭게" 하려 했다고 주장했다.[32] 모리스는 국가
독재의 위험을 일찍부터 간파한 것으로 보인다. 그는 관리자로서의
국가의 역할을 회의적으로 보았다. 그는 비록 "불평등한 사회가 준사회
주의적인(quasi-socialist) 기구"를 받아들일 것이고, "노동자들은 더 좋은
대우를 받을 것이지만 …… 평등을 더 이상 주장할 수 없을 것이고,

그들이 지금 가지고 있는 것보다 부에 대한 더 큰 희망을 가질 수
없을 것"이라고 주장했다.33) 모리스가 반(反)국가주의를 주장한 점, 노동
자들은 자율적으로 그들의 노동을 완전히 통제해야 한다고 주장한 점,34)
점진적 개혁을 거부한 점 등은 신디칼리스트의 이론과 방법에 그대로
반영되었다.35) 만은 모리스와 함께 러스킨(Ruskin)에게도 영향을 받았다.
토르(D. Torr)는 러스킨이 만에게 준 두 가지 영향을 지적하고 있다.36)
먼저 러스킨은 만이 노동계급의 열등감과 '교육받은' '상류 계층'에
대한 의존감에서 벗어나도록 했다. 러스킨은 노동자들의 독립성에 대한
만의 생각을 각성시킨 것이다. 러스킨은 지식인과 부유층에 헛되이
호소하기도 했지만 이제는 '노동조합주의자'들에게 눈을 돌려 자본주의
체제를 신성한 질서로 믿지 말라는 경고를 했다. 러스킨은 노동자들에게
자신을 긍정하도록 요구했고, 바로 그들이 현재의 질서를 비판해야
한다는 점을 지적했다. 만이 러스킨으로부터 받은 두 번째 영향은 흥미롭
게도 모리스를 통해 나타난다. 이는 노동의 본질에 대한 관점이라고
할 수 있는데 다음과 같은 모리스의 지적이 이를 보여준다.

> 러스킨이 우리에게 가르친 것의 본질은 어떤 시대의 예술은 반드시
> 그 시대의 사회적 삶의 표현이어야만 한다는 것이다. 그리고 중세의
> 사회적 삶은 노동자들에게 개인을 표현하는 자유를 허용했다. 반면
> 우리의 사회적 삶은 그런 표현을 우리에게 금하고 있다.37)

즉 노동자들이 완전한 자기표현을 하는 노력을 가로막는 것은 자본주
의체제 그 자체라고 인식했다는 점에서 러스킨은 신디칼리즘에 중요한
단서를 제공한 것이다. 만은 사람들이 중세의 선조들처럼 다시 예술가가

되어야 한다고 역설하고 있다.[38] 이러한 러스킨의 생각은 모리스를
거쳐 그리고 다시 만을 통해 신디칼리즘으로 구체화되는 것이다.

만은 모리스와 러스킨의 사상을 받아들인 위에 오스트레일리아에서
경험한 그의 체험을 덧붙였다. 그는 7년 동안 오스트레일리아의 산업지
역을 둘러보면서, 노동자들은 국가기구를 통해서 경제적 해방을 얻을
수 없다는 결론을 내렸다. 다음과 같은 그의 지적을 살펴보자.

비록 오스트레일리아의 노동자들이 정치기구를 완전히 통제하고
있다 해도 그들은 경제적 입장에서 더 나은 조건 얻는 데 실패하였
다 ……. 잘 조직되고 혁명적인 노동운동이 아닌 어떤 것도 그들의
입장을 개선시키지 못할 것이다. 해방은 말할 것도 없다.[39]

또 하나의 영국적 요소는 영국 무정부주의자 그룹이다. 영국의 무정부
주의적-생디칼리스트 그룹도 역시 신디칼리스트 이념에 영향을 미쳤는
데, 이는 특히 1903년부터 사회주의 연맹에서 활동한 무정부주의자
메인웨어링(S. Mainwaring)이 ≪총파업(The General Strike)≫이라는 잡지를
펴내기 시작하면서부터다.[40] 1907년에는 윌리엄 모리스와 연분이 있던
터너(J. Turner)가 ≪노동의 소리(Voice of Labour)≫라는 잡지를 펴냈는데
그 역시 사회주의 연맹에서 이탈해 나온 사람으로 반(反)국가사회주의의
자생적 전통에 의존하고 있었다.[41] 그는 현존 노조를 이용해 산별노조주
의를 추구하고 분파주의를 극복할 것을 주장하였다. 퀘일에 따르면
그는 프랑스 생디칼리슴을 영국의 정통 노조주의에 접목하려고 노력하
였으며 이런 입장은 만에게도 이어졌다는 것이다.[42] 직접행동주의자
산별노조(Industrial Union of Direct Actionists)를 만든 알드레드(G. Aldred)

같은 무정부주의자 역시 신디칼리즘에 어느 정도 기여했다.[43] 터너에
비해 알드레드는 새로운 산별노조를 만들 것을 제안했다. 직접행동주의
자 산별노조는 이스트 런던, 리버풀, 리즈 등을 기반으로 활동범위를
넓혀갔는데 이 도시는 모두 유대인 이민자들을 중심으로 한 무정부운동
의 중심지였다.[44] 터너와 알드레드는 노조에 대한 입장에서 차이가
있었지만 아나키스트들은 기존 노조와 새로운 노조 양쪽 모두에서 활동
하면서 신디칼리스트 사상과 운동에 영향을 미친 것이다.

앞에서 지적한 미국, 프랑스, 오스트레일리아, 스웨덴, 영국 등 여러
외래적·내생적 요소를 결합하는 작업은 만에 의해 이루어졌다.[45] 코울
(G. D. H. Cole)은 영국 내에서 미국의 영향을 받은 그룹과 프랑스의 영향
을 받은 그룹은 서로 일치하지 않았지만, 만은 이 두 그룹 모두에서
인기 있었던 사람이라고 지적하고 있다.[46]

5. 영국적 환경

앞에서 열거한 요소에 좀 더 넓은 지적 기반으로서 작용한 영국적
환경이 부가될 수 있다. 즉 국가가 사회에 개입하는 현상에 반대하는
영국의 오랜 전통을 지적할 수 있는 것이다. 이는 지식인에게서 먼저
찾아볼 수 있다. 벨록과 체스터튼(Chesterton)의 반(反)국가적 태도는 비록
그 동기는 달랐다 할지라도 신디칼리즘과 동일하였다고 할 수 있다.
비어(M. Beer)는 이들의 저작 활동을 소렐과 라가델(Lagardelle)의 신디칼리
스트 철학에 브루네티어(Brunetiére), 파구에(Faguet), 모라(Maurras), 세라담
(Chéradame) 등이 관계되는 것과 같이 영국적 환경에서 동일한 관계를

가졌다고 지적했다.47)

영국 노동자들의 전통적 태도 속에서도 이러한 요소를 찾을 수 있다. 노동자들이 고용주들로부터 독립해야 한다는 요구는 호지스킨(Hodgskin) 이념의 기초가 되는 것이며 케어 하디의 사상에도 역시 중요한 요소였다.48)

영(J. D. Young)은 영국 노동자들의 전통에서 독립성이라는 요소를 특히 강조하고 있다. 외부 간섭을 거부하는 노동자들의 이러한 태도는 영(P. W. Young)의 "영국 사람들은 자유인이고 자신의 아이를 그가 원하는 대로 다루어야 한다"는 주장에서 단적으로 드러난다.49) 이런 말 속에는 의무교육, 주택정책, 아동들의 노동시간 제한 등 국가가 취한 조처에 대한 노동자들의 회의적이고 적대적인 반응이 드러난다.50)

심지어 노동자들은 사회주의에 대해서도 반대했는데 그것은 노동자들이 중간계급의 가치를 거부했기 때문이라고 했다. 브래드포드(Bradford)의 사회주의연맹 서기인 픽클즈(F. Pickles)는 "우리가 접하는 조소하는 듯한 의구심과 무관심과 열정의 결여는 우리에 대한 명백한 반대보다 더 기분 나쁘다"고 지적했다.51) 노동자들은 국가의 간섭도 중간계급의 간섭도 모두 반대했으며 그들의 독립성을 지켜나가려 했다는 것이다. 신디칼리즘이 생산수단의 사적 소유에 대한 항의보다 산업독재에 대한 자유주의적 거부라는 점에서 두드러진다는 풋의 주장은 이런 맥락에서 보면 충분히 이해된다.52)

프라이스는 신디칼리즘을 영국의 프롤레타리아 담화의 폭넓은 전통 속에 위치시켰다. 영국 노동자들의 지방주의와 독립성, 반국가주의의 연장선 위에서 신디칼리즘을 바라보면 신디칼리즘은 이질적인 외래 사상이라기보다는 친숙한 영국적 사상으로 이해할 수 있다는 것이다.53)

이런 점을 고려한다면 신디칼리즘의 사상적 배경은 더욱 확대된다고
볼 수 있다.

이처럼 신디칼리즘을 영국적 전통 속에서 발현한 사상으로 자리매김
할 수 있다면 신디칼리즘을 이단적 교리로 간주하는 견해는 받아들이기
어렵게 된다.

6. 맺음말

영국 신디칼리즘에 외래적 요소가 존재하는 것은 분명하다. 프랑스의
생디칼리슴과 미국의 산별노조주의라는 두 개의 커다란 조류가 끼친
영향을 뚜렷이 확인할 수 있기 때문이다. 의회 경시, 노동자의 자발성
강조, 국가권력을 대체할 기구에 대한 대안을 내세운 점에서, 신디칼리즘
은 프랑스의 생디칼리슴을 닮았다. 그리고 거대한 단일노조와 산별노조
중심의 운동을 강조하는 점에서는 미국 산별노조주의를 닮았다. 그러나
이러한 외래적 요소만으로 신디칼리즘을 모두 설명할 수는 없다. 반국가
주의, 노동에 대한 자기통제, 노동자들의 독립성, 노동의 예술성 회복
등을 주장한 신디칼리즘은 모리스나 러스킨 같은 영국의 사상가들에게
큰 빚을 졌다. 그리고 여기에 신디칼리즘을 운동과 연결한 만이라는
탁월한 절충적 사상가의 역할이 가세한다. 그리고 이들 사상가의 배경에
는 노동자들의 삶에 대해 국가든 중간계급이든 어떤 세력이든 간에
외부 간섭을 배제하고 독립성을 견지하려는 영국 노동자들의 전통적인
태도가 깔려 있다. 따라서 지나치게 외래적 요소를 강조하거나 이와는
반대로 영국적 특수성만을 강조하는 것은 영국 신디칼리즘에 대한 이해

를 편견으로 몰아갈 수 있다는 점에 유의해야 한다. 외부와 내부의 여러 요소를 종합적으로 고려할 때 비소로 영국 신디칼리즘은 정확한 자기 위치를 찾을 수 있을 것이다. 영국의 신디칼리즘을 영국적인 현상으로 이해하는 것이 무엇보다 중요하다.

9장

신디칼리즘의 혁명 개념

1. 머리말

영국 신디칼리즘에 대해 적극적인 평가를 시도한 연구자인 홀튼(B. Holton)은 일반적으로 인정되는 1911~1913년의 신디칼리스트 운동 시기를 앞뒤로 늘려놓았고, 그 이론을 소렐과 레옹의 영향권에서 해방시키는 한편, 신디칼리스트 조직과 운동의 규모와 영향을 질적으로 재해석했다. 그런가 하면 프라이스(R. Price)는 신디칼리즘 이론에 더욱 무게를 실어주었고, 그 주장을 프롤레타리아 담화의 연속성 속에서 확인했으며, 운동의 의미를 문화적 영역으로 확대시켰다.[1] 이러한 노력은 대체로 신디칼리즘 사상이나 운동을 좀 더 적극적으로 평가하려는 의도에서 나온 것이다. 노동불안기인 1910년대 영국 사회에 신디칼리스트 운동이 미친 영향에 대한 의견은 운동이 일어났던 당시보다도 현재 더욱 심하게 갈라져 있는 상태이다. 그러나 신디칼리즘에서 비롯된 사상을 페이비언 사회주의로 대표되는 집산주의 계열 사회주의와 함께 영국의 주요한 두 사회주의사상 중 하나로 보는 의견에는 큰 무리가 없다고 생각된다.[2]

이러한 영국 사회주의의 지형 속에 위치하고 있는 신디칼리즘(Syndi-calism)은 일찍부터 '혁명적 노동조합주의'로 표현되어 왔으며 그런 규정에는 큰 변화가 없는 것 같다. 그리고 신디칼리즘이 이런 의미로 이해됨에 따라 영국 사회주의 역시 혁명적 사회주의 대 점진적 사회주의의 대결구도로 이해될 소지가 크다. 그러나 신디칼리즘에 대한 이런 식의 단순한 등식화 때문에 영국 신디칼리즘의 풍부한 내용 중 많은 부분을 놓쳐버릴 수도 있다. 홀튼은 영국 신디칼리즘을 적극적으로 평가하는 전략을 취하면서 신디칼리즘의 혁명성과 운동의 격렬성을 부각시키는 입장을 취했다.[3] 하지만 혁명성을 부각시켜야만 신디칼리즘의 역동성이 드러나는 것은 아니며 더욱이 이런 입장에서는 신디칼리즘 혁명을 다른 사회혁명과 동일선상에 놓음으로써 영국 신디칼리즘 혁명이 지닌 독특한 의미를 간과할 우려가 있다. 그런가 하면 풋(Foote)은 신디칼리즘이 강조하는 '고용주로부터의 독립성'이 노동주의와 양립할 수 있으며, 신디칼리스트들이 독립노동당에서 활동한 사례를 들어 신디칼리즘과 노동주의의 접점을 찾을 수 있다는 매우 완화된 입장을 제시하기도 했다.[4] 따라서 신디칼리즘의 혁명 개념을 독특하게 해석해 볼 필요가 있다. 만약 영국 사회주의를 '혁명적 사회주의'와 '점진적 사회주의'라는 대결구도 속에서 바라보지 않고 '위로부터의 사회주의'와 '아래로부터의 사회주의' 혹은 '중산층 사회주의'와 '노동자 사회주의'라는 대결구도로 바라본다면, 또 영국의 신디칼리즘을 대륙의 생디칼리슴과 차별화시켜야 한다면[5] 신디칼리즘의 혁명 개념에 독자적인 차원을 부여하고, 이를 탄력적으로 해석할 필요가 있다. 영국 신디칼리즘에서 '혁명'의 구체적인 의미를 검토해 보는 것은 신디칼리즘의 활동이나 실천 영역을 더욱 넓은 시각으로 바라보게 하는 계기를 마련할 것이다.

20세기로 접어든 영국에는 여러 사회주의 정파가 활동을 하고 있었다. 독립노동당, 페이비언협회, 사회민주동맹, 클라리온 클럽 등은 제각기 상이한 주장을 펼치며 운동했다. 그런데 이들의 독자적인 움직임에도 불구하고 운동에 공통적으로 나타난 주장은 개혁 과정에서 사회주의 국가가 주도적인 역할을 맡는다는 것이다. 여기에 대해 산업사회의 개혁이라는 동일한 문제의식을 가지면서도 기존 사회주의자들의 노선에 대해 근본적인 이의를 제기한 몇몇 저항운동이 출현했다. 그들은 산별노조주의, 신디칼리즘, 길드 사회주의 등으로 대별될 수 있었다.6) 이 세 가지 경향 모두 제각각 차이가 있다. 산별노조주의는 미국의 드레온주의의 수입판이라고 할 수 있는 데 비해 신디칼리즘은 미국 산별노조주의와 프랑스 생디칼리슴을 함께 받아들인 것이고,7) 길드 사회주의는 그런 신디칼리즘을 집산주의와 절충한 것이다. 이 중에서 특히 신디칼리즘은 1910년대 초의 '노동불안기'와 관련하여 영국사회에 강력한 도전을 제기한 운동으로 간주되었다. 이 시기의 중요한 파업, 예컨대 1910년 남 웨일즈의 광산파업, 1911년 주요 항구에서 일어난 일련의 항만파업, 1911년 8월 정점에 달한 리버풀 총파업, 뒤이어 일어난 전국 철도파업과 런던 부두파업, 1912년 전국광산파업, 그해 여름에 벌어진 런던 부두파업, 1913년의 미들랜즈 기계공파업, 더블린 운수파업 등은 신디칼리스트 운동과 직·간접적으로 연관되었다. 즉 새로운 이념이 구체적 사건과 접목된 경우로 볼 수 있다.

신디칼리스트들은 당시의 이른바 기성 사회주의자들에 대해 강력히 반발했는데 그런 생각은 ≪신디칼리스트(The Syndicalist)≫에 실린 한 글을 통해서 알 수 있다. 여기서 '사회주의는 사망했다'는 과감한 주장이 제기되었다. '우리 모두가' 사회주의자가 된 현실에서 '사회주의'는 각자가 의미하는 것이 되어버렸고, 이러한 사회주의는 아무 의미가 없다는 주장이 제시된 것이다.[8] 이런 발언은 신디칼리스트들이 사회주의에 대해 어떤 견해를 견지했는지 잘 보여준다. 사회주의라는 용어가 남용되는 상황에서 신디칼리스트들은 16세기 종교 개혁가들이 가톨릭에 대해 종교개혁을 일으켰던 것처럼 '사회주의 개혁'을 일으키고 싶어 했다.[9] 그래서 신디칼리스트들은 그들에 대한 가장 커다란 적대자들은 놀랍게도 바로 사회주의자들이라는 주장을 했다.[10] 영국사회당(British Socialist Party), 독립노동당(Independent Labour Party), 사회주의노동당(Socialist Labour Party), 페이비언협회(Fabian Society) 등 주요한 영국 사회주의자 조직 모두가 사회주의에서 벗어난 것으로 간주했고 심지어 이 단체들이 사회주의를 질식시켰다고 평가했다.[11] 그뿐만 아니라 노동주의에 젖어 있는 노동운동 세력, 무능한 의회, 기계적 명령에 따라 움직이는 군부, 기득권층에 붙어 있는 교회권력 등 기성체제에 대한 분노를 표시했다.[12] 신디칼리스트들의 이러한 주장은 보수세력만이 아니라 개혁을 추구한다고 여겨지는 기존 노동운동 세력 및 기존 사회주의자들과도 정면으로 부딪쳤으므로 신디칼리스트들이 매우 과격한 세력이라는 인식을 낳았다. 게다가 생디칼리즘이라는 용어가 먼저 만들어진 프랑스에서 이 사상은 이미 사회혁명과 연관된 사상으로 자리매김되고 있었다.[13]

이런 연유로 영국의 신디칼리즘도 기존 사회주의나 기존 노동조합주의와는 구별되었을 뿐 아니라 혁명이 함께 따라다니는 사상이나 운동으로 인식되었다. 그러면 과연 신디칼리즘은 혁명적이었을까? 이런 질문은 혁명이 무엇이냐는 질문을 동반한다. 혁명이라는 용어 자체가 매우 탄력적이어서 다소 무분별하게 쓰이는 것이 현실이지만, 사회사상과 관련하여 혁명이란 사회혁명을 지칭한다고 보아야 하며 그런 용법으로 쓰인 혁명의 경우에는 몇 가지 속성이 따른다. '통치구조와 사회구조를 변화시키며' 또한 '근본적이고, 급격하고, 계급 봉기를 동반한다는' 점을 그 속성으로 지목할 수 있다.[14] 이런 잣대를 놓고 신디칼리즘을 혁명사상으로 지목할 때는 다소 주의를 기울일 필요가 있다. 왜냐하면 '신디칼리즘은 국가를 타도하고자 했는가?', '체제의 근본적인 변화를 원했는가?', '급격한 변화를 추구했는가?', '폭력을 추구했는가?' 하는 질문을 개별적으로 던져볼 때 신디칼리즘은 이런 기준에 정확히 맞아떨어지지 않기 때문이다. 그럼에도 불구하고 신디칼리즘은 일반적인 혁명 개념과 특별한 구분 없이 사용된다. 여기에는 몇 가지 원인이 있다고 생각된다. 우선 지목하고 싶은 것은 노동불안기의 신디칼리즘에 불안과 위기감을 느낀 쪽에서 '혼란이냐 질서냐'식의 이분법적 구분을 내세우며 부여한 이미지다. 1910년과 1911년에 노동불안이 시작되면서 영국 전역에서는 파업 범위와 강도가 거세지고 있었고, 런던의 웨스트엔드 지역에서는 권총이 핫케이크처럼 팔려나가는 상황이 벌어졌다는 점을 우리는 고려해야 한다.[15] 다음으로는 신디칼리즘을 주창한 운동가 스스로가 자신들을 기존 노동운동 세력과 구분하는 과정에서 '혁명적(revolutionary)'이라는 용어를 하나의 수식어로 사용했다는 점을 지적하고 싶다. 이것은 프랑스의 생디칼리슴을 받아들이는 과정에서 나타난 일반적인 표현방법일 수도 있다. 또 하나 지적하고 싶은 점은 엘리트주의를 배격하는 신디칼리스트 운동의 최전선에서 나타날 수밖에 없었던 운동의 다양한 양상이다. 신디칼리즘은 모든 운동을 통제하지는 않았으며 따라서 구체적으로 일어난 운동의 말단부에서는 신디칼리즘 이론이 체계적으로 적용되지 않았다. 따라서 운동의 최전선에서는 사회혁명의 기준을 대체로 충족시키는 양태가 나타날 수도 있었을 것이다. 그러나 신디칼리즘을

위험하고 파괴적인 사상으로 여기게 한 더욱 중요한 이유는 신디칼리즘
이 대표기구로서 오랫동안 인정받아온 의회의 역할을 무시한다는 데
있다. 그러나 기존 의회에 대한 불신과 비판이 곧바로 폭력혁명이라는
대안으로 연결되는가에 대해서는 질문을 던져보아야 할 것이다.

　이런 전제에서 신디칼리즘의 혁명 개념을 넓은 의미에서의 점진주의
로 그 무게 중심을 이동시켜 살펴보려는 것이 이 장의 목적이다. 물론
여기서 말하는 점진주의가 의회주의와 동격으로 사용되는 점진주의는
아니다. 신디칼리스트들이 활동한 당시의 점진주의는 '점진주의의 불가
피성'이라는 웹의 구호가 보여주듯 페이비언 사회주의와 단단히 연결된
개념으로 여겨졌다. 그리고 페이비언들이 점진주의를 주장했을 때 그것
은 단연코 의회를 통한 변화를 의미했다. 이처럼 점진주의와 의회가
단단한 고리로 엮어져 있었으므로 의회를 경시한 신디칼리즘이 점진주
의로 인식되기는 어렵다. 그러나 점진주의와 관련하여 의회는 무엇을
의미하는 것일까? 아마도 변화 속도를 적절히 조절할 수 있다는 것과,
변화가 사회구성원의 동의를 구하며 진행되어 나가는 것을 의미할 것이
다. 그렇다면 과연 이런 방식은 의회적 경로에만 적용될 수 있는 것일까?
합의를 바탕으로 하고, 연속성 속에서 변화를 추구해 나가며, 한번에
모든 것을 얻어내기보다는 단계적인 성취를 중시한다는 점에서 점진주
의는 얼마든지 다른 경로를 통해서도 얼굴을 내밀 수 있을 것이다.
코울(G. D. H. Cole)은 진화론적 전술은 정치적·의회적 방법을 넘어서서
모든 형태의 사회행위에 적용될 수 있음을 지적하고 있다.[16] 그런 점에서
신디칼리즘은 진화론적 전술의 다양한 경로 중 하나일 수 있음을 지적하
고 싶다.

　혹자는 이러한 노력이 신디칼리즘의 혁명 개념을 희석시킴으로써

이 사상의 의미를 격하시키려는 것이 아니냐는 의구심을 가질지 모르
겠다. 이런 의구심과 관련하여 다음과 같은 몇 가지 점을 우선 밝히고
자 한다. 첫째로 신디칼리즘의 혁명 개념을 점진주의로 해석하는 것은
신디칼리스트 운동의 공격적이고 전투적인 성격을 무시하거나 희석시
키는 것은 아니라는 점이다. 신디칼리즘의 전투성을 희석시키려는 것
이 이 글의 목적은 아니다. 오히려 신디칼리즘의 전투성은 점진주의를
바탕할 때 부각될 수 있으며 진정한 현실성을 지닐 수 있다는 점을
지적하고 싶은 것이다. 신디칼리즘의 전투성이 이 운동의 밑바닥에
깔려 있는 점진주의적 요소와 길항적으로 작용하지 않았다는 점과,
공격적으로 보이는 신디칼리즘 운동 이면에 냉정하고 차분한 측면이
계속 존재했다는 점을 드러내고자 하는 것이다. 둘째는 이런 시도가
신디칼리즘의 혁명성을 완전히 거세하거나 무시하려는 노력을 의미하
지 않는다는 것이다. 사실 여기에는 혁명과 점진주의라는 이분법에
내재한 위험이 도사리고 있다. 따져 보면 모든 혁명이 동일하지 않고
모든 점진주의가 역시 동일하지 않다. 필자가 시도하려는 것은 신디칼
리즘 혁명이 생디칼리슴 혁명이나 볼셰비키 혁명과는 다르다는 것을
지적하려는 것이다. 그런 만큼 신디칼리즘의 점진주의가 페이비어니즘
식 점진주의와도 다르다는 점을 염두에 두어야 할 것이다. 단지 이제까
지 신디칼리즘을 논할 때 간과해 온 점진주의적 요소를 찾아볼 수 있으
며 이를 고려하면서 혁명 개념에 접근해야 한다는 점을 지적하고자
한다.

2. 신디칼리스트들의 혁명

신디칼리즘이 의회활동에 부정적인 태도를 가졌다는 점은 신디칼리즘을 따라다니는 꼬리표다. 그리고 기존 노동조합주의에 반발했다는 점도 역시 함께 따라다니는 또 하나의 꼬리표라고 할 수 있다. 이 두 개의 꼬리표를 합쳐놓고 보면, 기존 지배층이 허용한 불만의 배출구를 인정하지 않은 신디칼리즘은 '혁명적'인 운동으로 인식될 수밖에 없었다.

만은 「신디칼리스트는 사회주의자인가?」라는 글에서 "나는 강조하고 단언하건대 혁명가일 뿐 아니라 또한 혁명적 사회주의자"라고 주장했다.[17] 또 다른 글에서는 신디칼리즘의 혁명적 정신에 대해 언급하기도 했다.[18] 게다가 당시 사람들은 일반적으로 신디칼리즘에 대해 '파괴적이고 혁명적'이라고 선언했다.[19] 신디칼리즘에 대해 당시의 '노동조합주의'와는 구별하여 일반적으로 '혁명적 노동조합주의'라는 표현이 사용되기도 했다. 또 알렌(Allen)은 신디칼리스트를 다가오는 혁명의 레벨러(Leveller) 또는 상퀼로트(sans-culottes)라고 주장했다.[20] 그런가 하면 화이트(Joseph White)는 신디칼리스트는 어쩔 수 없이 혁명을 공약한다고 지적했다. 그는 '개혁적 신디칼리즘(reformist syndicalism)'은 용어상 모순에 가깝다고 주장하고 있다.[21] 어쨌든 신디칼리스트들도 스스로 혁명을 공약한 것으로 볼 수 있으며,[22] 또 많은 사람들이 '혁명적'이라는 수식어를 이들에게 붙여주고 있음을 부인할 수 없다.[23]

그러나 이러한 신디칼리스트 혁명은 과연 무엇을 의미하는 것일까? 신디칼리즘 혁명은 사회구조의 급격하고 근본적인 변동과 유혈과 폭력을 떠올리는 사회혁명 개념에 포섭될 수 있는 것일까? 영국 신디칼리스트들이 말한 혁명이 무엇을 의미한 것인지를 알아보기 위해 그들이 인식한 혁명이 일어나는 공간이 어디였나를 살펴보기로 한다.

혁명은 대개 정치적 공간에서 일어날 것으로 기대된다. 그런데 영국 신디칼리스트에게 혁명은 정치적 공간에서 일어나는 혁명이 아니었다. 이 말은 신디칼리스트들은 혁명으로 정치권력의 급격한 변동을 추구하지 않았다는 의미다. 달리 말하면 혁명은 국가권력을 타도하거나 장악하려는 노력이 아니라는 뜻이다. 그러므로 국가권력을 장악하기 위해 선거를 이용할 수도 있으며 바리케이드를 이용할 수도 있지만 ─ 전자는 점진적 사회주의자들이 후자는 혁명적 사회주의자들이 추구한 방법이다 ─ 그것은 신디칼리스트들이 이루고자 하는 혁명에는 모두 별 의미가 없었다. 이를 전제로 보면 신디칼리스트들에게 혁명은 물리적인 힘을 동원해 비합법적인 방법으로 국가권력을 장악하는 것이 아니었다. 신디칼리즘에서는 국가권력과의 대결이 일차적인 의미를 지니지 않는다. 신디칼리스트들이 혁명이 일어날 공간으로 기대한 곳은 '산업'이라는 영역이었다. 따라서 혁명은 산업에서 일어나는 변화와 관련하여 의미가 있는 것이므로 우리가 일반적으로 생각하는 정치적 혹은 사회적 혁명과 그 개념이 다소 다르다는 점에 유의해야 한다.

다음으로 지적할 것은 신디칼리스트들의 혁명은 진화의 과정 속에 놓인 혁명이라는 점이다. 신디칼리스트들은 미래사회는 식물이나 동물같이 자연스러운 경로를 따라 성장해 나가야 한다고 주장했다. 그래서 그들은 사회유기체(social organism)는 살아 있는 유기체에서 발견되는 법칙과 동일한 진화과정을 밟아간다고 보았다. 신디칼리스트들이 중시하는 노동조합 역시 살아 있는 유기체에 비유되었으며 노동자들은 그런 유기체의 필수적인 부분으로 활동하는 것이다. 신디칼리스트들은 이렇게 활동하는 노동자들을 중심으로 하여 사회가 변화해 가는 진화과정(evolution proceeding)을 기대하고 있다.[24] 다른 곳에서 만은 혁명은 진화의 수단이지 대체물이 아니라고 주장했다.[25] 또 ≪신디칼리스트 (The Syndicalist)≫ 1912년 5월호에는 신디칼리스트들은 혁명론자이면서 진화론자라는 점을 좀 더 명시적으로 밝히고 있다.[26]

이와 같은 태도는 실제 운동 과정에서도 드러났다. 예컨대 1911년 일어난 리버풀 파업에서 파업노동자들은 생산수단을 장악하자는 주장을 제기하기도 했으나,[27] 만이 파업위원회 의장으로서 추구한 것은 산업연대와 같은 조처였을 뿐이다.[28] 게다가 신디칼리스트들의 혁명관에는 자본주의가 궁극적으로 붕괴할 것이라는 파국이론이나 어떤 계시적인 주장은 전혀 들어 있지 않다.[29] 이런 논리로 보건대 신디칼리즘이 주장하는 혁명은 단절을 의미하는 것으로 보이지는 않는다. 즉 혁명은 계속되는 과정의 연속으로서 의미를 지닌다는 말이다. 신디칼리스트들은 교육과 조직과 투쟁의 연속적 과정 속에서 혁명을 찾았다.[30] 그렇지만 신디칼리스트들에게 따라다니는 '혁명적'이라는 꼬리표의 수사적 의미와 실제적 의미는 구분해야 할 필요가 있다. 신디칼리스트에게 혁명은 어떤 일정한 시간 틀 — 비록 구체적으로 확정될 수 없다 해도 — 안에서 이루어지게 될 거대한 변화 그 자체를 의미하는 것[31]이었지 갑작스러운 비약이 강조된 것은 아니었다고 생각된다. 이런 측면에서 볼 때 신디칼리스트의 단기적인 목적은 매우 온건했다고 볼 수 있다.[32]

다음으로 지적할 것은 혁명은 보수적인 관점에서 이해되었다는 것이다. 총파업에 관한 관점이 이를 잘 보여준다. 신디칼리스트들은 만약 총파업이 일어난다면 그것은 일어날 수밖에 없을 때, 즉 노동자들이 체제의 작동에 대해 저항을 할 수밖에 없을 때 일어난다는 관점을 가지고 있었다.[33] 그러므로 직접행동의 하나로 총파업을 제시하기는 했으나 총파업을 문자 그대로 시행할 필요는 없었다. 또 『광부들의 다음 단계』
에는 고용주를 축출하는 과정은 점진적으로만 이루어질 수 있다고 지적
하고 있다. 여기서는 다른 모든 산업이 동일한 목적을 위해 조직되지
않는 한 광산에서 고용주와 노예제를 없애지 못하며 다른 산업에서
진전이 이루어지는 만큼 광산업에서도 발전이 이루어질 것이라는 관점
이 제시된다.[34] 이런 관점은 혁명은 자연스러운 과정으로 나타나는
것이지 조건을 충족시키지 않은 상태에서 제멋대로 일어나는 것이 아니
라는 점을 지적하고 있다. 따라서 신디칼리스트들이 노동자들의 교육을
강조했는지를 이해할 수 있다. 그들은 노동자들이 경제적 자유에 대한
필요를 알고 느끼게 되는 그런 단계에서 혁명이 가능하다고 본 것이다.
그들이 가장 먼저 만든 조직은 산업 신디칼리스트 교육연맹(ISEL)이었으
며, 이 조직은 신디칼리즘의 원리를 영국 전역에 전파할 목적으로 조직된
것이었다.[35]

　신디칼리스트들이 점진적 입장을 지닌다는 점은 신디칼리스트 운동
과정에서 가장 중시된 조직인 노조에 대한 태도에서도 찾아볼 수 있다.
기존 노조에 대해 비판적인 태도를 견지한 세력 내에서도 두 가지 입장이
있었다. 미국 산별노조주의에 크게 영향을 받은 사회주의노동당은 완전
히 새로운 혁명적 노조를 만들 것을 옹호하면서 이중노조주의[36]를 주장
했다. 사회주의노동당의 입장에 따르면 '자본주의의 보루'인 노동조합들
은 파괴되어야 했다. 사회주의노동당은 노동조건을 개선하는 노력에
대해 부정적인 태도를 보였으며, 그 회원들이 노조에서 어떤 직위도
갖지 못하게 하는 규정이 있었는데, 이런 입장을 통해 사회주의노동당은
자본주의 내에서의 개혁에 대해 반대한 것이다.[37] 그러나 신디칼리스트
들은 산별노조주의자들과 자신을 차별화하는 주장을 펼쳐 완전히 새로

운 조직을 만들기보다는 존재하는 조직을 전환하려 한다는 점을 강조했다.[38] 신디칼리즘은 현재의 노동조합을 파괴하려는 노력이 아니라 오히려 현재의 노동조합을 개혁하고 연합하려는 노력이었다.[39] 만은 산업 신디칼리스트 교육연맹(ISEL) 창립대회에서 "우리가 새로운 조직을 만들 수 있을 때까지는 이제까지의 조직과 아무 관계가 없다는 말을 해서는 안 된다"고 주장했다.[40] 또 작업장 대표자 모델에 따라 독립작업장 조직을 만들어내려 하지도 않았다.[41] 신디칼리스트들은 이미 존재하는 제도를 내부부터 변화시키려고 노력한 것이다. 신디칼리스트들은 노동조합이 노동운동이 지니는 약점의 근원이라는 점을 잘 알고 있었다. 그럼에도 불구하고 그들은 회원들의 노조 가입을 막지 않았다.[42] 단지 그들은 노조를 더욱 강력한 노조로 바꾸어 나가려 했고 노조를 혁명하려 했다.[43] 이를 위해 기존 노조를 산별노조로 전환시켜야 했으며, 노조를 더욱 민주적으로 만들어가야 했고,[44] 또한 노조를 과학적인 기초 위에 다시 조직해야 했다.[45] 그리고 이러한 노선은 후에 길드 사회주의의 방법론으로 이어졌다. 길드 사회주의의 '잠식해 들어가는 통제(encroaching control)'라는 방법론은 신디칼리스트 방법론과의 연관성을 보여주고 있다.[46] 길드 사회주의는 신디칼리즘의 몇 가지 부분을 수정했지만 변화의 추진력과 방법에서는 신디칼리즘을 상당 부분 그대로 이어받았다.

노동자들이 산업의 장에서 운동을 벌여나가야 한다는 주장에서도 연속성을 강조하는 요소를 찾아볼 수 있다. 신디칼리스트들은 변화를 추구하는 지점을 그들의 삶과 매우 가까운 곳에서 찾고 있다. 산업의 장은 정치의 장과는 달리 노동자들이 새로 뛰어들어 뒤엎어야 할 장소가 아니라 노동자들이 이미 자기 위치를 정해 자리 잡고 있는 곳이다.[47] 변화는 먼 곳에서 추구되는 것이 아니라 노동자들이 앉아 있는 그 자리에서부터 연속적으로 추구될 수 있다고 본 것이다. 새로운 제도와 권력을 만들어내고 인위적인 권력이동을 의도한다기보다는 노동자들이 지닌 각자의 역할을 그대로 유지한 채 변화를 확대시켜 나가려는 전략을 취하고 있는 것이다.

신디칼리스트 혁명에 대한 입장을 들여다볼 수 있는 또 하나의 통로는 운동 과정에서 보여준 그들의 전략이다. 예컨대 만은 사회혁명이 실현될 것이라고 하면서도 사회혁명은 두 번째 과제이고 우선적으로 실현될 것은 따로 있다고 지적했다. 그것은 사회의 여러 문제를 가장 빠른 방법으로 치유하는(the speediest remedy) 여러 가지 방법을 시도하는 것이었다.[48] 즉 그는 사회문제에 대해 좀 더 실질적인 개선책을 제시하는 것이 무엇보다도 중요하다는 입장이었다. 그러므로 신디칼리스트들은 임금인상과 노동시간의 축소, 실업 문제의 해결과 같은 구체적인 문제에 우선적인 관심을 보였다. 신디칼리즘의 수사가 아무리 혁명적이라 하더라도 운동의 구체적인 형태는 임금인상을 위한 노력으로 나타났다는 점[49]에서 신디칼리즘은 한번에 끝내는 거대한 개혁을 중시했다기보다는 고통받는 사람들에게 즉각적으로 혜택이 돌아가는 작은 개혁을 중시했음을 알 수 있다. 이런 점에서 풋(G. Foote)은 혁명적 수사만 걷어낸다면 신디칼리즘은 노동주의를 전투적으로 확대시킨 것으로 볼 수 있으며 노동당 좌파가 받아들일 수 있는 이념이라고 주장한 것이다.[50]

혁명이라는 용어에 대한 신디칼리스트의 어법에서도 우리는 신디칼리스트의 혁명 개념을 짐작할 수 있다. 만은 사회주의자들은 의회의 권위를 믿으며 의회를 수단으로 하여 '혁명적 변화'를 성취하려 한다는 식의 발언을 종종 했다.[51] 즉 '의회를 통한 혁명적 변화'를 모순으로 여기지 않고 받아들인다는 점에 주목할 필요가 있다. 여기서 의회가 이루어내는 변화가 혁명적 변화로 규정되는 것은 무엇을 의미할까? 그것은 혁명이라는 용어가 수단보다는 목표에 무게 중심을 놓은 상태로 쓰인다는 점을 보여준다. 신디칼리스트들이 혁명을 말했을 때도 그 무게 중심이 이와 유사하게 놓여 있었을 가능성이 크다.

신디칼리즘의 이론 그 자체에서뿐만 아니라 프랑스와는 달랐던 영국 노동계급의 환경에서도 신디칼리즘의 혁명에 대한 입장을 추론해 볼 여지가 있다. 프랑스의 경우 노동자들은 프랑스 산업화 과정의 특성으로 인해 전체 인구에 비해 소수를 차지할 뿐이었으며 따라서 노동자들이 의회를 이용하는 전략을 채택하려면 소시민층이나 농민들의 공감을 얻어야만 했다. 그것이 불가능하다면 노동자들은 물리적 방법을 동원해 폭력적으로 권력을 장악할 수밖에 없었을 것이다. 이런 상황에서 폭력의 철학을 가진 혁명적 신디칼리즘의 출현은 공감이 가는 일이다. 독일 경제학자 브렌타노(L. Brentano)는 "이 운동은 …… 후진적인 산업 형태가 만연한 곳에서 번성하며 …… 프랑스, 이탈리아, 기타 라틴 국가의 노동자들이 이런 상태에 있음"을 지적했고 미국 사회주의자 스파고(Spargo)는 "신디칼리즘은 절망에 빠진 노동자들의 운동"이었음을 지적했다.[52] 그러나 영국에서는 전체 인구 중 노동자의 비율은 소수가 아니었다. 유럽에서 가장 먼저 농민층이 분해되고 19세기부터 임금노동자 계층이 형성된 영국의 경우, 신디칼리즘이 프랑스처럼 절망에 빠진 노동자들의 운동이 될 이유가 없었다는 말이다.

혁명에 대한 이러한 관점을 전제로 본다면, 만에 대한 "최소한의 구조적 변화만을 원했을 것이며 그의 사상의 핵심은 실제 존재하는 제도를 가장 잘 이용하려는 것이었다"는 식의 평가를 이해할 수 있다.[53] 그렇다면 신디칼리스트들의 혁명은 갑자기 일어나는 혁명이기보다는 조직, 투쟁, 궁극적 승리로 이어지는 일련의 연속된 과정이며,[54] 그들의 노력 과정 속에서 이미 운동하는 그런 혁명이라고 볼 수 있다. 예를 들자면 노동시간을 줄이는 운동을 하는 과정에서 자본의 힘을 약화시키고 노동자들의 연대를 강화하는 결과를 만들어내는 것이 바로 혁명의 과정인 것이다. 즉 혁명을 어느 날 갑자기 일어나는 것으로 파악했다기보다는, 그들이 운동함으로써 지금 꾸준히 혁명을 만들어나가는 것으로 이해한 것이다. 바우만도 노동시간을 통제해 실업을 줄여나가는 것 그 자체가 혁명이라고 선언했다.[55] 그래서 신디칼리스트들은 모든 것이 바뀌고 일거에 모든 것이 획득되는 혁명의 그날을 위해 준비하는 방식으로 운동하지 않았다. 그런 비약의 한순간을 위해 투쟁하기보다는 지금 무엇인가 현실적으로 이루어나가는 운동을 추구한 것이다. 만이 주장했듯이 잘못된 것은 이 세계에서 바로잡아야 하며 우리는 그러한 변화를 지금 봐야만 하는 것이다.[56]

3. 직접행동의 의미

좀 더 구체적으로 보자면 이미 진행되고 있는 신디칼리스트의 혁명은 노동자들의 직접행동을 통해 산업통제를 잠식해 들어가 산업통제력을 획득하는 과정을 의미한다고 이해되었다. 직접행동이란 직접적인 쟁의행위와 자발적인 전투성의 발휘를 의미했다. 이를 홉스봄은 권투장갑을 벗고서 싸우는 것이라고 표현했다.[57] 따라서 작업장에서 진행되는 모든 종류의 투쟁은 하나하나가 혁명의 과정이다. 코울은 이러한 혁명은 세세한 권력의 장악과, 노조조직과 교육의 확대라는 점진적 과정의 집적으로 달성되는 것으로서 내란과는 성격이 다르다고 지적한다.[58) 따라서 신디칼리스트 혁명은 노동자들의 궐기로 어느 한순간 일어나는 파업을 통해 모든 것이 해결된다는 의미에서의 혁명이 아니라, 노동자들의 직접행동을 통해 산업통제력이 획득되어 나가고, 노동자들의 연대가 강화되어 나간다는 의미에서의 혁명이다. 작은 것을 얻어내기 위해 단호하게 투쟁하는 과정 그것이 혁명인 것이다.

이에 비해 생디칼리슴의 경우는 직접행동의 절정으로서 총파업이 강조되었다. 이것은 하나의 사회적 신화(Social Myth)를 의미했다. 이것은 마치 그리스도의 재림이라는 믿음이 초기 기독교인들에게 미친 영향[59) 과도 같았다. 사회적 신화로서의 총파업은 노동자들을 조직하는 힘으로 작용할 것이다. 노동자와 자본가의 최종적 대결이라는 총파업 개념은 노동자들로 하여금, 그들이 겪는 분쟁을 결정적 투쟁이 발생하기 전에 나타나는 작은 분쟁으로 간주하게 했다. 소렐에 따르면 "총파업이라는 생각은 사회주의를 늘 활기차게 만들고, 사회적 평화를 이루려는 시도를 기각시키며, 부르주아 진영으로 넘어가는 사람들에 대해 노동자들이 더욱 저항하게 만드는 것이다."[60) 총파업에 대한 이러한 개념이 생디칼리슴을 사회혁명의 한 형태로 간주하도록 만든 것이다.[61)

물론 직접행동이라는 개념에는 노사갈등에서 폭력이 허용될 수 있다고 주장하는 측면이 있다.[62) 하지만 프랑스와 영국의 노사분쟁을 비교해 볼 때 폭력의 이념뿐 아니라 폭력 그 자체가 영국에서는 훨씬 적게 나타났다고 할 수 있다. 아마도 이 점이 총파업과 함께, 영국과 프랑스에서 행한 직접행동의 차이를 설명할 수 있을 것이다.

그리고 영국의 신디칼리스트들은 직접행동의 여러 형태를 영국 노동운동사 속에서 확인하고 있다. 직접행동의 구체적 형태로 간주하는 파업과 사보타주 같은 생산 현장에서의 항의행위[63]를 신디칼리스트들은 외국에서 수입된 방법으로 인식하지 않았다. 그런가 하면 신디칼리스트들은 직접행동이라는 방법을 그들이 특별히 고안해낸 것으로 또는 그들만의 고유한 것으로 보지 않았다. 이 방법은 영국 노동운동의 연속성 위에서 나타났으며 이미 오래 전부터 노동자들이 사용해 온 방법으로 간주되었다. 또 이 방법을 삶과 자연의 힘 내부에서 나오는 매우 자연스러운 행동으로 보았다.[64] 그들은 영국 역사 속에서 이런 사례를 찾아냈는데 노동조합주의가 합법화된 것[65]과 1889년 런던 가스 노동자들이 8시간 노동을 얻어내는 과정에서 의회의 약속을 얻어내지 못했을 때 보여준 결의와 행동을 그런 사례로 간주했다.[66]

직접행동이 영국적 방법이라는 것을 강조하는 사례는 사보타주의 경우에서 찾아볼 수 있다. 또한 이 방법은 한순간의 혁명이 아니라 진행되는 혁명을 내세운 신디칼리스트들에게 합당한 방법이기도 했다. 사보타주는 전투적 성격과 점진적 성격을 함께 담고 있기 때문이다. 신디칼리스트들은 사보타주라는 용어는 프랑스에서 유래한 것[67]이지만, 그 행동은 매우 영국적인 것이며 또한 이 방법을 처음 실천한 사람들도 영국의 노동자들이었다고 주장한다. '저임금에는 허술한 노동(bad pay, bad work)'이라는 작업장에서 통용된 구호가 바로 사보타주 정신을 요약하고 있다고 보고 있다. 영국의 신디칼리스트들이 든 예를 살펴보자.

만약 세필드(Sheffield)의 제분업자가 노동조합에 급여 지불을 거절했다면 제분업자가 어느 날 아침 작업장에 갔을 때 바퀴를 동력에 연결하는 벨트와 〔여러〕 연장이 치워진 것을 알게 될 것이다. 거기에는 〔임금〕 지급을 요구하는 '메리 앤(Mary Ann)'으로부터라는 딱지

가 붙어 있다. 〔임금을〕 지불했다면 다음날에는 '메리 앤'의 사인이
적힌 다른 딱지가 붙어 있는데 여기에는 연장을 어디서 찾을 수
있는지 적혀 있다. 만약 그가 완고하다면 그는 연장을 절대로 찾을
수 없을 것이다.[68]

그리고 이러한 방법은 온건한 방법이라는 점을 친절하게 설명해 준다.
사보타주의 여러 가지 방법 중 더욱 평화적인 형태를 띠는 방법으로
제시되는 것이 태업(ca'canny)이다. 이것은 스코틀랜드의 방법[69]으로 여
기에 대해서는 다음과 같은 예를 들고 있다.

1889년 글래스고의 부두 노동자들은 임금인상 파업을 벌였다. 고용
주들은 이들을 대체할 많은 농업 노동자들을 고용했다. 파업파괴자
들이 충분히 있었으므로 노동자들은 동일한 조건으로 노동을 다시
할 수밖에 없었다. 〔그런데〕 노동을 시작하기 전 노조의 서기가 노동
자들을 모아놓고 〔주장했다.〕 "…… 파업파괴자들 두 사람이 우리
한 사람의 일을 하지 못한다. 이제 우리는 태업을 하자. 그들이 일하
듯이 우리도 〔그렇게〕 일하자."[70]

사보타주 방법은 다양하게 제시된다. 위에 제시된 방법이 비능률적인
방식으로 노동하는 것이라면 작업량을 늘리는 방식도 제시된다. 알렌은
건축공과 철도원이 벌일 수 있는 사보타주의 예를 들었다.

피카딜리 서커스(Piccadilly Circus) 근방에 큰 호텔 하나가 건축 중일
때 이상한 일이 벌어졌다. 회사는 〔일을〕 '서둘렀고' 노동자들은

재촉을 받았다. 그들 중 일부가 ······ 천장 공사를 할 때 어찌된 일인지 긴 못을 수도관과 전기선이 지나야 할 자리에 박았다. 이런 일이 벌어지면 배관공과 전기공은 다시 일을 해야 한다. 이것은 '더 많은 일'을 하게 하는 방법의 하나였다.[71]

알렌은 사보타주를 영국적인 방법이라고 강변하며 머지않아 공립학교 선생들이 문법시간에 학생들에게 'sabot(사보타주하다)'의 격변화를 물어보게 될지 모른다면서 "I sabot, you saboteth, he sabots ······"라는 격변화의 용례를 친절하게 제시하고 있다.[72] 이러한 사보타주의 장점은 노동자들이 임금을 받으면서도 운동을 할 수 있다는 점이었다. 직접행동을 하기 위해 굳이 노동조합기금에 의존할 필요가 없었다는 말이다. 더욱이 이 방법은 일상적인 생산 활동을 하면서 전개할 수 있는 장점을 지녔다.

흥미로운 점은 신디칼리스트들은 사보타주를 노동자들만의 방법으로 보지 않았다는 것이다. 오히려 자본가들이 사보타주 방법을 먼저 사용했고 가장 위험한 형태로 일상적으로 사용했다는 것이다. 그런데 자본가들의 사보타주는 유감스럽게도 사회를 향하고 있었다. 자본가들은 음식물의 질을 떨어뜨리고, 화학물질을 넣어 맥주를 양조하며, 나쁜 재질을 사용하여 보일러를 만들고, 기타 수천 가지 방식의 속임수를 써서 불량제품을 만들어내는 것이었다.[73] 자본가들의 사보타주는 이익을 올리기 위한 목적으로 시행된다. 하지만 신디칼리스트들은 이타적인 동기에서 사보타주를 이용하는 것이다. 자본가와 노동자들의 사보타주는 이 점에서 큰 차이가 난다.

이상에서 신디칼리스트들은 직접행동을 외부에서 수입해 들여온 낮선 방법으로 받아들이지 않고, 영국 노동운동의 연속성 위에서 확인하고 있으며, 전투적인 방법이기는 하지만 거시적 변화보다는 구체적 이익을 얻어내기 위한 방법으로 간주했음을 알 수 있다. 신디칼리스트들의 혁명은 이러한 직접행동을 축적하면서 나아가는 것이다. 따라서 그들은 혁명을 비약적 현상보다는 연속적 현상으로 받아들였다고 봐야 할 것이다.[74] 즉 직접행동의 방법을 통해 산업에서의 변화를 이루어내는 과정, 권력관계를 수정해 나가는 과정, 개개인의 자유를 확대해 나가는 과정, 노동자들의 자유로운 협동을 이루어나가는 과정[75] 그것이 곧 신디칼리스트들이 의미하는 혁명이었다고 할 수 있다. 궁극적인 사회변화를 염두에 두고 있으면서도 실제적으로는 연속적인 변화를 통해 개선을 추구해 나가는 노력이 그들의 혁명이었던 것이다.

4. 신디칼리즘과 선거

신디칼리스트들은 혁명을 주장함으로써 선거를 거부했는가? 이 문제는 신디칼리즘이 대의제에 대해 어떤 태도를 가졌는가를 가늠하게 해주는 부분이기도 하다.

선거는 일반적으로 의회선거를 의미하기 때문에 정치와 밀접한 연관을 가지고 있다. 그런데 대체로 신디칼리즘은 정치행위를 불신하고 반대하는 입장으로 이해된다. 그러나 영국의 신디칼리즘은 비(非)정치적이긴 했으나 반(反)정치적인 입장을 취하지는 않았다. 즉 정치행위에 적대적인 입장을 지니지는 않았다는 말이다. 혁명적 노조주의에 대한 가장 훌륭하고 분명한 진술로 간주되는 『광부들의 다음 단계』에서[76]

제시되었듯이 "자본가 정당과는 완전히 독립적이고 자본가 정당에 반대
하는 적대적인 지방과 전국에서의 정치행위"는 거부하지 않았다.[77]
만은 정치가들이 할 수 있는 한 많은 것을 하도록 내버려둘 것을 권고하기
도 한다. 하지만 여기에는 어느 정도 냉소주의가 깔려 있다. 즉 정치가들
이 할 수 있는 것을 하도록 내버려둔다 해도 별로 이루어낼 것이 없다는
의미가 깔려 있다. 또 헤이와 아블렛은 정치적 행위의 의미를 다수
유권자들의 기존 견해를 바꾸는 일로 간주하여 이는 필연적으로 대가를
치를 것이라고 지적한다. 그 기간은 길고 그 사이에 많은 노동자들이
계속 굶어야 할 것이라고 지적하면서 그 비효율성을 비판하고 있음을
볼 수 있다.[78] 그 단적인 예로 든 것이 8시간 노동법으로 이를 위해
노동자들이 25년 동안이나 투쟁했음을 지적하면서 정치적 행위에 희망
을 두는 것은 문제를 무한정 연기시키는 것에 지나지 않는다고 주장했
다.[79] 법에 대한 논의는 법을 위반한 것에 대해 일어날 뿐, 정작 중요한
법의 원리에 대한 논의는 일어나지 않으며, 따라서 새로운 법을 만들거나
바꾸는 일은 어렵다는 것이다.[80]

하지만 경제적 투쟁세력이 정치를 지원한다면 지금은 할 수 없는
많은 일을 해낼 것으로 본 점[81]에서 정치의 의미를 완전히 배제하지
않았음을 알 수 있다. 이런 생각은 의회 행위에 반대하지 않지만 의회주
의는 필요한 만큼만 수용하겠다[82]는 생각을 보여주는 것이다.

정치행위에 대해 반(反)정치적인 입장을 취하지는 않았으나 현실 속에
서 정치의 실제적 의미는 극히 미미한 것으로 간주되었으므로 자연히
정치 기구에 대해 불신을 제기했다. 대표적으로 들 수 있는 기구인
의회는 신디칼리스트들이 의지할 수 있는 기구로 간주되지 않았으며
나아가 정당도 의미 있는 개혁을 이루어낼 수 있는 역량을 가진 조직으로

인정받지 못했다. 신디칼리스트들은 의회를 기껏해야 토지와 자본이 서로 우위를 차지하려고 투쟁하는 장소로 간주했다. 19세기에 여러 번에 걸쳐 선거권이 확대된 현상에 대해서도 민주주의의 발전 과정으로 해석하지 않고[83] 토지와 자본 각 진영이 서로 용병을 데려오기 위해 모색한 방법으로 해석했다. 그래서 토리당은 자신들의 세가 강한 농촌 지역에서 선거권을 확대시켰으며, 자유당은 자본이 통제할 수 있는 도시의 선거권자들을 늘렸다는 것이다. 선거권이 확대되었다고 해도 그것은 토지와 자본의 투쟁을 위한 지원병 역할 이상을 하지 못했다고 보았다.[84] 따라서 신디칼리스트들은 의회가 토지와 자본의 대립의 장을 넘어서지는 못했다고 보았다.

의회에 이런 의미를 부여하다 보니 의회선거를 불신하는 것은 당연했다. 설사 선거가 보통선거로 확대된다 해도 선거가 지리적 기초 위에서 실시되는 한, 의회는 기능적인 측면에서 인간을 대표하지 못할 것이다. 결국 아무리 유권자들이 늘어난다 해도 그들은 토지와 자본의 이익이라는 두 범주를 벗어나는 선택을 하지 못할 것이다. 산업 노동자들은 그 지역의 재벌에게 표를 던지며 농업 노동자들은 그 지역 유지에게 표를 던지는 것이다.[85] 의회에 대한 불신은 여성참정권 운동에 대한 관점마저 결정지을 정도였다.[86] 이처럼 의회에 대한 부정적 시각이 의회선거를 부정적인 시각으로 바라보게 했다.

그러나 여기서 선거와 의회선거를 구별할 필요가 제기된다. 왜냐하면 선거는 의회선거만을 의미하지 않기 때문이다. 신디칼리스트들은 의회 선거에 의미를 부여하지 않았을 따름이지 작업장 내의 십장, 지배인, 검사관을 뽑기 위한 투표는 매우 중요하게 생각했다. 이들은 그러한 선거를 거부하기는커녕 그런 사람을 뽑는 데 노동자들이 투표권을 가져

야 한다는 주장을 폈다. 『광부들의 다음 단계』에 나타난 다음과 같은
주장을 보자.

> 광산에서 일하는 사람들이 이들[관리]을 뽑는 데 확실한 능력을
> 갖고 있다. 당신의 십장, 지배인, 검사관 등이 될 사람을 결정하는
> 데 투표권을 갖는 것은 당신의 노동활동을 규율하는 조건을 결정짓
> 는 데 투표권을 갖는 것이 된다. 그 투표에 당신 생명의 안전이 달려
> 있다. 상급자의 억압을 벗어날 자유도 달려 있다. 이것은 …… 당신의
> 노동조건에 관한 통제권을 줄 것이다.[87]

따라서 신디칼리즘을 비의회적이라고 평하는 것은 타당할지 모르나
선거에 반대한 것으로 평하는 것은 옳지 않다. 그리고 비록 의회선거를
부정적으로 보았다 해도 그것은 의회에 희망을 걸지 않는다는 의미였지
선거 자체를 거부하자는 주장은 아니었다. 게다가 신디칼리스트들은
정치판에서의 선거를 믿지 않았지 산업공간에서의 선거는 열렬히 지지
하고 추구했다. 심지어 의회에 대해서도 현재의 의회에 희망을 걸지
않았을 뿐 대표의 기초가 바뀐 의회마저 거부하지는 않았다. 신디칼리스
트들이 선거를 거부하지 않았다는 점은 신디칼리스트들이 대의제를
부정하지 않았다는 말이 된다. 그와는 반대로 대표를 분명히 통제할
수 있는 진정한 의미에서의 대의제를 추구했다고 볼 수 있다. 또 어떤
면에서는 오히려 선거영역을 확대시키려 했다고도 볼 수 있을 것이다.
즉 의회를 넘어서 우리들의 삶과 좀 더 가까이 있는 여러 조직으로
선거 영역을 확대시키려 한 측면이 있음을 지적해야 한다. 제대로 된
선거는 상급자들에 대해 적대감이나 의구심을 품는 조직의 성격을 바꿀

수 있을 것이다. 그리고 이런 선거는 선거인들의 자부심을 고양시킬 것이다. 그 결과 이제까지 힘들었던 노동이 즐거운 노동으로 전화될 가능성이 생겨난다. 그 변화는 기계공이 자신의 노동을 하나의 작품이라 생각할 정도로 획기적인 변화였다.[88] 이처럼 선거는 대단한 의미를 지니는 것이다.

왕권을 제한하기 위해 귀족들이 만들어냈으며, 시간이 지나면서 부르주아가 참여하게 된 의회라는 기구를 믿지 않고, 산업사회에서 노동자들이 만들어낸 노조라는 기구를 신뢰했다는 것은 무엇을 의미할까? 신디칼리스트들은 근대가 만들어낸 국가라는 제도를 부인했다기보다는, 근대사의 발전 과정에서 농업사회가 산업사회로 변화함에 따라 국가도 변화한다는 점을 포착했다. 하지만 대의제와 선거는 여전히 살아 있는 것이다. 그리고 그 대의제와 선거는 진정으로 대표를 통제할 수 있는 민주적 원리가 살아 숨 쉬는 대의제와 선거였던 것이다.

여기서 한 가지 언급해야 할 것이 있다. 비록 신디칼리스트들이 의회와 국가권력을 둘러싸고 벌어지는 정치행위를 무시했다고는 하지만 노동운동을 전개하는 과정에서 정치적 측면과 산업적 측면은 어떤 방식으로든 연관될 수밖에 없다는 점이다.[89] 따라서 현실구조 속에서 사실상 신디칼리즘이 기존 정치, 즉 의회정치를 포함한 국가권력과의 모든 관계를 떼버리고 벌인 운동이었다고 말할 수는 없다. 더욱이 영국의 신디칼리스트들은 정치적 측면에서 프랑스에서처럼 그런 것처럼 극단적으로 밀고 나아가지 않았다. 그들은 만체스터 회의에서 산업신디칼리스트 교육연맹(ISEL)이 '비정치적'이어야 한다는 점을 결정했으나 이 부분에 대해서 회원 개개인이 스스로 결정하도록 했다.[90] 그리고 이론에서뿐만 아니라 현실적으로 볼 때도 두 측면의 상호작용을 찾아볼 수 있다. 즉 신디칼리

스트 운동이 노동당의 입지를 강화시키는 효과가 있는 것을 확인할
수 있다는 것이다. 리버풀 최초의 노동당 시의원은 1905년 전국 부두노
동자동맹(National Union of Dock Labourers)의 지도자로 당선된 섹스톤(James
Sexton)이었다. 그렇지만 노동당이 7명의 의원을 당선시켜 시의회에서
발판을 구축한 것은 1911년 여름의 격렬한 리버풀 파업에 뒤이어 가을에
치러진 시의회 의원선거에서였다.[91]

5. 신디칼리즘은 폭력적인가?

신디칼리스트의 혁명은 폭력적인가? 이 점은 혁명은 당연히 폭력을
수반하는 현상으로 인식되기 때문에 다소 이상한 질문처럼 들릴지 모른
다. 프리비체비치도 신디칼리스트들은 노사갈등에서 모든 종류의 폭력
이 허용 가능하다고 보았다는 주장을 폈다.[92] 그러면 과연 신디칼리스트
들은 폭력을 옹호한 것일까? 이 문제에 대한 신디칼리스트들의 입장을
짐작할 수 있는 사례가 있다. 그중 하나는 만이 1910년 노동절에 벌어진
노동자 집회에 대해 내린 평가 속에 숨어 있다. 만은 4만 명이나 되는
노동자들이 노동절 기념식을 치르기 위해 하이드파크에 모였지만 자본
주의 언론은 음주나 무질서 사례를 단 한 건도 보도하지 못해 매우
실망했다는 점을 지적했다.[93] 만은 질서를 지킨 노동자들을 매우 자랑스
럽게 여겼음을 알 수 있다. 또 하나의 사례는 (영국 병사들에 대한) '공개서
한'을 복사·배부한 이유로 기소된 평범한 철도회사 직원 크라우슬리
(Crowsley)의 예이다. 그는 자신을 변호하면서 다음과 같이 주장했다.

당신들은 당신들의 교리를 배반하고 있다. 당신은 당신의 입으로
'서로 사랑하라'고 말한다. (그러나) 당신의 마음에서는 '총을 쏘아
라, 똑바로 쏘아라!'고 말한다. 왜 당신은 톨스토이가 그의 전 생애를
통해 러시아에서 가르친 것을 주장하는 책자를 나누어 주었다고 나
를 기소하는가. …… 당신은 진실과 자유를 사랑하는 모든 사람들의
눈앞에서 영원히 비난받게 될 것이다.[94]

여기서 크라우슬리는 신디칼리스트 책자가 바로 톨스토이가 가르친
것과 같은 내용을 담고 있다고 지적했다.

우리는 이러한 사례에서 신디칼리스트의 폭력에 대한 입장을 시사
받을 수 있지만 다음과 같은 글에서 폭력에 대한 그들의 생각을 좀
더 직접적으로 확인할 수 있다.

우리는 사회를 살아 있는 유기체로 간주하면서 폭력이 사회생활에
유기적 변화를 가져올 수 있다고 주장하지 않는다. 우리는 변화를
위한 때가 무르익었을 때 폭력이 그 변화를 막을 수 있을 것이라는
점도 부인한다.[95]

이 글에서 제시된 생각은 우선 신디칼리스트들은 사회를 유기체로
간주한다는 것이다. 그리고 사회를 유기적 변화가 일어나는 장소로
여긴다는 것이다. 여기서 폭력은 어떤 의미를 지닐 수 있는가? 글에
담긴 한 가지 분명한 생각은 폭력은 사회가 진화해 나갈 방향으로의
변화를 가져올 수 없다는 것이다. 그뿐만 아니라 폭력은 사회에서 유기적
으로 진행되어 나가는 변화를 막을 수도 없다고 보았다. 즉 변화를

일으키기 위한 폭력이나 변화를 막기 위한 폭력이나 모두 그 변화의 경로를 바꾸는 데는 소용이 없을 것으로 보고 있다.

따라서 신디칼리스트들에게 혁명은 그것이 근본적인 변화를 의미할지언정, 반드시 폭력을 사용해야 한다는 의미는 아닌 것으로 보인다. 이 부분에서는 신디칼리즘이 많은 오해를 받고 있음을 신디칼리스트 스스로도 알고 있었던 것 같다. 그래서 비록 신디칼리스트들이 추구하는 목적이 "미온적인 방법으로 달성되지는 않는다 해도 폭동이나 유혈사태를 일으키기 위해 뛰쳐나가는 방식을 의미하지 않음"을 명시적으로 밝힌 것으로 볼 수도 있다.[96]

이런 면에서 신디칼리즘을 검토해 보는 것은 흥미롭다. 왜냐하면 신디칼리즘은 혁명의 대상을 국가가 아닌 산업으로 보았기 때문이다. 국가를 상대로 하여 벌이는 투쟁은 국가의 물리적 억압기구인 군대나 경찰과의 투쟁을 의미하며 그것은 곧 바리케이드를 의미한다. 그러나 산업에서 벌어지는 투쟁은 지시나 명령을 거부하는 것, 식량이나 의복 제공과 같은 필수적인 서비스를 거부하는 것[97]으로 진행된다. 다시 말하면 작위의 투쟁이 아니라 부작위의 투쟁인 것이다. 노동자들에게 폭력 사용을 강요하거나 권장하지도 않는다. 직접행동은 사보타주를 포함하지만 그것은 자본가들을 향한 무력투쟁을 의미하는 것이 아니다. 강조되는 것은 폭력이라기보다는 연대이다. 만은 노동자들의 힘은 그들이 연대해 지시를 거부하는 행위에서 나온다는 점을 리버풀 파업의 경우를 들어 지적했다.

처칠로 하여금 최선을 다하게 하라. …… 그가 열 배나 많은 군인들을 리버풀로 파견하게 하고, 모든 거리에서 그들이 행진하게 하라. ……

노동자들이 배가 가지 못하도록 결정한다. 어떤 정부가 그것들이 가야 한다고 말하면서, 짐마차꾼들에게 화물을 적재하게 하고, 부두 노동자들에게 그 짐을 싣게 하며, 선원들이 기선을 움직이도록 만들 수 있을 것인가? 신사들이여, 적절하게 조직된 관계 속에 놓여 있는 노동자들의 힘보다 더욱 강력한 힘이 진정 있는지를 말해보라.[98]

신디칼리즘은 폭력을 의도적으로 기도하지 않는다는 점에서 그들이 의미하는 혁명을 폭력혁명으로 간주하기는 어려울 것이다. 이든(F. van Eeden)이 지적하듯 혁명은 낡은 해악을 뿌리 뽑는다는 의미에서 혁명적이지 사람들의 머리를 베고 왕궁을 불태워버린다는 의미에서 그러한 것은 아니었다.[99] 만이 1910년 《산업 신디칼리스트》 1호에서 제시한 신디칼리즘의 방법을 보아도 그러하다. 여기서 그는 신디칼리즘이 수단과 목적에서 모두 혁명적임을 주장하고 있지만 "신디칼리즘이 방법에서 혁명적인 것은 고용주들과 장기적인 어떤 합의도 하지 않고 …… 일반적인 개선(general betterment)을 위한 어떤 투쟁기회도 놓치지 않으려 한다는 점에 있다"고 지적했다.[100] 여기에는 폭력적인 투쟁을 주창하는 어떤 단서도 포착되지 않는다. 하나의 수단으로서 "장기적인 합의를 하지 않는다"는 것은 《산업 신디칼리스트》 3호에서 만이 제시한 예로 보건대 고용주들의 기만에 속아 넘어가지 말라는 의미로 보인다. 예를 들어 면직업의 경우 노동자들이 노조 관리들의 충고에 따라 5년 동안 임금인상 요구를 하지 않는다고 합의했다고 하자. 그런 합의 이후 경기는 좋아지고 호황은 4~5년 동안 지속된다. 그러면 고용주들은 그 기간 동안 모든 이윤을 긁어가게 된다는 것이다.[101] 만은 산업 신디칼리스트 교육연맹(ISEL) 창립대회에서 폭동보다는 노동조합 조직의 효율

성에 관심을 둔다고 밝힌 바 있는데, 그런 태도는 이런 입장의 연장선상
에 서 있다고 생각된다.102)

신디칼리스트들이 주도한 운동의 실제 과정을 지켜볼 때도 혁명과
폭력의 상관관계는 그리 높지 않은 것 같다. 노동불안기의 여러 운동
중 신디칼리스트의 영향이 가장 컸다고 여겨지는 1911년 6월 중순부터
지속된 리버풀 파업에서도 파업의 전 과정을 통해 폭력이 행사된 사례는
거의 없었다.103) 파업노동자들과 지방 경찰과의 관계는 비교적 좋았던
것으로 보인다.104) 8월 13일 '피의 일요일' 사건이 유혈사태를 불러일으
켰지만 그것은 집회군중들에게 경찰이 곤봉 세례를 가한 결과이며 그
피해도 노동자들에게 집중되었다. 시위를 주도한 파업위원회의 만은
집회를 시작하기 직전에 리버풀 경찰국장을 만나 자신들은 평화적인
집회를 열 것이며 질서 문제는 자신들에게 맡겨줄 것을 촉구했다. 그는
리버풀 경찰국장의 동의를 받아냈다. 집회에서도 만은 파업위원회가
평화적인 방법을 채택할 것이라는 점을 천명했다. 만은 '피의 일요일'에
일어난 유혈사태는 경찰이 자기 방어를 위해 곤봉을 휘두른 것이 아니며,
"전적으로 잘 훈련받은 사람들이 순전히 (훈련의) 효과를 최대한 발휘하
여 저지른 야만적이고 극악한 공격"이라고 규정했다.105) 또한 리버풀
경찰의 행위는 세상에서 가장 야만적이고 포악한 자들이 현장에 있었다
해도 그보다 더하지는 않았을 것이라고 평가하였다. '피의 일요일' 사건
에서 경찰이 저지른 가혹한 폭력의 증거는 ≪맨체스터 가디언(Manchester
Guardian)≫의 기사에서도 확인된다. "경찰은 군중을 난간으로 밀어붙여
공격했는데 이를 피해 내몰린 사람들 중 많은 이들이 난간에서 떨어져
부상당했다. 그 광경은 이를 지켜본 사람들을 경악시킨 폭력 장면이었
다"고 전했다.106) 즉 리버풀에서 일어난 폭력은 신디칼리스트보다는

경찰이 저지른 것이다. 사건의 전 과정을 담은 영상물을 상영하려 했으나 경찰의 방해로 실행하지 못한 점은 이러한 사실을 한층 더 확신시켜 준다.107)

1912년 전국 광부파업에서도 경찰이나 군대의 비호하에 파업파괴자들이 막장을 열려고 한 경우를 제외하고는 불필요한 폭력적 충돌은 별로 나타나지 않았다.108) 프리비체비치도 실제 산업분규에서 폭력 이념이 프랑스에 비해 영국에서는 훨씬 덜했음을 인정했다.109) 홀튼은 노동 불안기의 폭력성의 규모와 열기를 강조하는 입장이지만 그 역시 영국에서의 투쟁에는 프랑스의 파토나 푸제가 제시한 것 같은 극적 시나리오가 결여되었다는 점을 인정한다.110) 이런 점을 고려하면 이 시기에 나타난 신디칼리스트 전략을 조직적이고 의도적인 폭력행위로 연결시키기는 어렵다고 생각된다. 물론 모든 공장을 혁명군이 장악할 것이라는 주장을 편 코널리 같은 인물도 있지만 그런 입장이 신디칼리즘의 절대적 원칙은 아니었다.111) 아일랜드의 특별한 상황에서 나온 주장일 뿐이다.

단지 신디칼리스트들은 일반 노동자들과 유리된 노조지도부의 안이한 타협을 거부하고 고용주와의 단호한 대결을 두려워하지 않았다. 그러한 단호함이 신디칼리즘의 방법론을 폭력적으로 규정하게 한 것이다. 신디칼리스트의 파업은 '영국적 기준으로 보면' 폭력적인 것이었다.112)

신디칼리스트들이 페이비언들과 같은 영국의 주류 사회주의자들에게 비판적이었다면 그것은 그들의 비폭력적인 방법에 대한 것이었다기보다는 방법론의 실효성 혹은 효율성이라는 측면에 있었다고 생각된다. 신디칼리스트들이 반노조지도부적 입장을 견지한 것도 노조 대표들의 온건성 때문이기도 하지만 그보다는 노조 대표들이 의회로 눈을 돌린

데 더 큰 이유가 있다. 신디칼리스트들은 노동자와 사회주의자 의원들은 의회에서 "정말로 거의 한 일이 없다"고 보았는데,113) 그런 의회활동에 노조 대표들이 점점 더 끌려들어 가는 것을 보고 노동조합주의의 방향이 잘못되어 간다고 생각한 것이다. 그러고 보면 신디칼리스트의 반노조 지도부라는 태도는 비의회적 태도와 상관관계가 높았던 것으로 보인다.

신디칼리스트들은 자신들을 쇠파리들(Gadflies)이라고 부르는 것을 개의치 않았으며 오히려 어떤 면에서는 그런 명칭이 적절하다고도 보았다. 즉 졸고 있는 사회주의자들에게 일침을 가하는 역할을 바로 신디칼리스트들이 하고 있다는 주장이었다. 그것은 폭력을 사용해야 한다는 의미가 아니라 의회를 바라보는 사회주의자들의 느린 걸음걸이에 지쳤다는 의미였다.114)

6. 맺음말

프랑스에서 먼저 생겨난 용어인 생디칼리슴을 우리는 혁명적 노동조합주의라고 부른다. 하지만 홉스봄이 생디칼리슴을 일반화하면서 준혁명적(quasi-revolutionary) 노동조합주의115)라는 표현을 쓴 것에서 알 수 있듯 '혁명적 노동조합주의'가 지칭하는 혁명은 '혁명적 사회주의'라고 말할 때의 혁명과는 다른 의미를 담고 있다. 게다가 프랑스 생디칼리슴이 도버 해협을 건너왔을 때, 여기에는 프랑스 생디칼리슴 외에 미국의 산별노조주의, 영국의 러스킨과 윌리엄 모리스의 사상과 같은 여러 사상적 조류가 합류하면서 다소 독특한 성격을 지닌 '영국적인' 혁명적 노동조합주의가 탄생했다.116)

이런 점을 고려해 볼 때 신디칼리즘의 혁명을 체제전복을 기도하는 사회혁명과 같은 종류로 단정하는 것은 부적절하다. 영국 신디칼리즘의 혁명은 장기적인 시간 틀 안에서 이룩될 유기적 변화의 완성이라는 의미의, 좀 더 단순화시켜 말하자면 거대한 변화라는 의미의 혁명인 것이다. 비록 개별 작업장과 같은 갈등의 접점에서 치열하고 격렬한 투쟁이 벌어진다 해도 그것은 구조 전체를 단번에 급격히 바꾸려는 노력과는 구별되는 것이다. 직접행동은 영국 노동운동의 연속성에서 벗어나지 않는 것으로 간주되었으며 직접행동을 통해 추구하는 것도 매우 현실적인 이익이었다. 그리고 이를 위해 노조라는 기존의 제도를 이용한 것이다. 따라서 신디칼리스트들은 변화를 추구하는 과정에서 매우 현실적인 입장을 취했다고 할 수 있을 것이다. 신디칼리스트들은 그들의 혁명을 이루어내는 과정에서 의회에 큰 의미를 부여하지 않음으로써 의회선거에 큰 비중을 두지는 않았다. 그렇다고 의회를 완전히 무시하지는 않았다. 또 의회선거를 경시했을지언정 선거라는 방법 그 자체를 포기하지는 않았다. 오히려 산업영역에서는 매우 의미 있게 받아들였으며, 그것은 바로 참여민주주의의 한 형태를 의미했다. 또한 신디칼리즘은 폭력으로 변화를 이룰 수 있을 것이라는 주장에 회의적이었으며 유혈과 바리케이드 투쟁을 통한 변화를 추구하지 않았다. 신디칼리즘에서 투쟁이 공격적이고 전투적인 형태를 띤다는 것은 노동주의의 방어적이고 수동적이며 보수적인 투쟁 방식과 대비될 때 그러한 것이며 그 공격성이 혁명적 사회주의 특히 볼셰비키 투쟁 방식을 의미하는 것은 아니었다. 오히려 어떤 면에서는 신디칼리즘 혁명은 작위적 폭력보다는 비작위적인 저항요소가 상당 부분을 차지한다고 볼 수 있다.

이런 점을 고려한다면 신디칼리즘은 분명히 집산주의적 사회주의와 대별되는 영국 사회주의의 뚜렷한 한 줄기이기는 하지만 장기적 전망과 단기적 목표를 이중적으로 설정하여 현실적으로 운동해 나갔다는 점에서 집산주의와의 공통점을 찾아볼 수 있다. 즉 의회사회주의자들이 궁극적인 사회주의 질서는 먼 미래에 성취될 것으로 보면서도 한편으로는 의회 행위를 통해 즉각적인 사회개혁을 이루려 한 것과 일면 상통하는 부분이 있다는 말이다. 의회를 통한 개혁을 무의미한 것으로 여기는 점에서 분명 의회사회주의자들과는 대립했지만 '전부' 아니면 '전무'식의 양자택일적 논리를 견지하지 않았다는 점에서는 공통성을 찾을 수 있다.

　신디칼리스트들은 개혁의 통로를 의회보다는 노동조합에서 찾았지만, 아울러 기존 노동조합이 고용주와 타협하거나 의회정치 세력을 기웃거리는 자세를 비판했다. 신디칼리스트들이 혁명적이라는 딱지를 얻은 것은, 의회의 정통성을 부인한 점과 기존의 노동조합과는 다른 방식으로 고용주들과 투쟁하려 한 그들의 태도에 기인한다. 그렇다면 비의회, 비노동주의는 혁명적일 수밖에 없고, 비의회적 방식의 점진주의와 비노동주의적 방식의 점진주의는 아예 불가능한 것일까?

　현존하는 의회의 가치나 현존 노조의 노선을 거부하면 혁명세력이 된다는 편견에서 신디칼리즘은 혁명적이라는 일반적인 인식이 생겨난 것이다. 그런 선입견에서 벗어나 영국의 신디칼리즘을 바라본다면 이 사상은 단지 의회가 아닌 또 다른 변화의 통로를 찾으려 했을 뿐, 단계적이고 축적적인 변화를 견지했다는 점에서는 넓은 의미의 점진주의에서 크게 벗어나지 않았다고 볼 수 있다.

10장

신디칼리즘의 방법론적 특징

1. 머리말

신디칼리즘이 이론적으로 볼 때 여느 다른 개혁사상 못지않다는 주장에도 불구하고,[1] 신디칼리스트들이 체제에 대한 이론적 분석이나 대안사회에 대한 설계보다는 현재 상황을 변화시키는 수단에 치중한 것은 분명하다. 프리비체비치도 신디칼리스트들이 운동의 궁극적 목적보다는 방법과 전술에 관심이 많았다는 점을 이 운동의 가장 중요한 특징으로 들었다.[2] 노동불안기의 신디칼리즘에 놀란 사람들도 그 이론에 놀랐다기보다는 신디칼리스트의 행동에 놀란 것이다.[3] 사실 그들에게는 마르크스의 잉여가치론이나 페이비언들의 렌트 이론 같은 자본주의 사회를 분석하는 정교하고 치밀한 이론이 없다. 또 다가올 새로운 사회에 대한 구체적인 청사진을 제공하지도 않았다. 그렇기 때문에 그들이 여타의 운동세력과 확연히 구분되는 부분은 다른 어떤 부분이 아닌 방법론으로 보아야 한다. 그것은 그들이 사회주의의 경제적 교리나 일반 원칙을 받아들이지만 기존 사회주의자들의 방법을 받아들이지 않는다는 점을

분명히 한 것에서도 알 수 있다.[4] 그리고 신디칼리스트들은 사회주의의
어려움이 사회주의를 실현시키는 방법과 수단에 있음을 지적하면서,
바로 그러한 수단을 제공하기 위해 마치 무기를 만들 듯이 신디칼리즘이
만들어졌다고 자평했다.[5] 만이 ≪산업 신디칼리스트≫ 1910년 9월호
에 실린 글에 '무기를 만들며(Forging the Weapon)'라는 제목을 단 것이나
1911년 3월호에 실린 글에 '무기 만들기(the Weapon Shaping)'라는 제목을
붙인 데는 이런 식의 특별한 의미가 담겨 있다고 봐야 한다.

따라서 신디칼리즘은 방법론을 통해 그 특징이 드러난다. 홉스봄은
1970년대 영국에서의 신디칼리즘을 논의하는 글에서 원래 신디칼리즘
은 태도(attitude)와 희망(hope), 전략(strategy)과 기술(technique)로 구성된다
고 지적하면서 아직까지 남아 있는 부분은 태도와 기술 부분이라고
주장한 바 있다.[6] 그것은 구체적으로 관료제에 대한 적대감과 직접행동
에서의 자발성을 의미하는데, 이는 신디칼리스트들이 그들의 비전은
상실했다 해도 방법론에서는 여전히 그들만의 특성을 지니고 있었다는
것을 보여준다. 신디칼리즘에서 무엇이 지속적인 힘으로 작용했는가를
보여주는 부분이다.

물론 신디칼리즘이 영국의 다른 여러 개혁사상과 공유하는 부분이
있다는 점을 간과해서는 안 된다. 사실 신디칼리스트들은 의회와는
다른 대표기구를 세워야 한다고 주장한 점에서, 의회와 관료제를 미신처
럼 믿으면서[7] 이런 기구를 중요한 개혁 통로로 삼은 사회주의 사상들과
방법론에서 정면으로 부딪치는 것처럼 보인다. 하지만 새로운 질서를
만들어나가는 과정에서 나타날 변화에 대해 그들이 표명한 입장을 놓고
보면 반드시 그렇게만 단정할 수도 없다. 예컨대 신디칼리스트들은
가장 강력한 의회사회주의 신봉자들인 페이비언들과 의회의 역할을

둘러싸고는 큰 견해 차이를 보였으나 사회변화가 끊임없이 이루어질 것으로 본 점에서는 유사성을 보여주었다. 단지 페이비언들은 의회를 통해 이런 노선을 추구한 반면 신디칼리스트들은 의회가 아닌 다른 통로를 찾으려고 한 것이다. 그밖에도 페이비언들이 개혁을 추구하는 과정에서 제시한 기본적인 원칙 중 민주적·윤리적 원칙을 지켜야 한다는 점에서는 신디칼리스트들과 페이비언들이 크게 다르지 않았다.[8]

그러나 이것은 어디까지나 신디칼리즘이나 페이비어니즘이 공유할 수 있는 좀 더 넓은 공통의 기반이 있음을 지적하는 것일 뿐이다. 신디칼리즘은 자신들의 독특한 길을 추구하는 데 절대 인색하지 않았다. 여기서는 신디칼리즘과 기존 사회주의와의 공통점보다는 신디칼리즘의 독특한 길이 무엇이었는지를 지적하고자 한다. 흔히 신디칼리즘의 특별한 방법으로 지적되는 것은 직접행동이다. 그런데 이 방법은 몇 가지 원리에 의해 지지되고 있다고 생각된다. 이 장에서는 그러한 원리가 무엇인지를 살펴보고자 한다. 이 장에서는 그런 원리로 '연대의 추구'와 '현실적 접근'을 제시할 것이다. 전자는 힘의 획득이라는 측면에서, 후자는 힘의 실현이라는 측면에서 신디칼리즘의 특성을 보여주고 있다. 영국의 신디칼리즘에서 다른 무엇보다 강조되는 방법론의 주요한 특징을 살펴봄으로써 의회를 거치지 않는 사회주의가 어떤 의미를 지닐 수 있는지를 모색해 보기로 한다.

2. 신디칼리즘의 산업통제

신디칼리즘의 방법론에 대해 논의하기 위해 어느 정도 정지작업을 해두어야 할 필요가 있다. 사회주의자들은 보수주의자들이 생각하듯이 "사람들은 끝도 없고 깊이도 모르는 바다를 출발점도 없고 종착점도 모른 채 항해하고 있다"는 오크서트(Oakeshott)의 말을 받아들이지 않는다.9) 이 점에서는 신디칼리즘도 마찬가지다. 따라서 아무리 방법론이 강조되는 사상이라 해도 그것이 어디를 향해 나아가려 했는가를 가늠해 볼 필요가 있다. 그래서 정치한 내용을 담지 못한 까닭에 그 자체로 비판의 소지를 안고 있기는 하지만 신디칼리스트들이 추구한 목표에 대해 그 윤곽을 간단히 살펴보는 작업부터 시작해 보겠다.10)

신디칼리즘의 목표를 검토하기 위해서는 사회현실에 대한 규정부터 살펴보아야 한다. 여기에 대해서는 신디칼리스트 운동 절정기에 나온 책자인 『광부들의 다음 단계』가 열쇠를 제공한다. 이 책에는 당시 노동자들의 상태를 고대나 중세에 살았던 노동자들의 상황과 동일한 것으로 규정하고 있다.11) 잔인하게 착취당하고 '살아 있는 도구'로 간주된 고대의 노예, 토지에 묶여 영주의 영토에 평생을 갇혀 지내는 중세의 농노, 그리고 한 그릇의 풀죽을 먹기 위해 시장에서 노동력을 파는 근대의 임금노예들. 이들은 차례대로 세 단계의 노예제를 이룬다고 보았다.12) 그 가운데서도 자본주의의 재앙은 소수의 자본가들이 수십만 명의 노동자들을 자본가들이 원하는 방식대로, 또 그들이 정한 임금으로 노동하도록 강제할 수 있다는 점에 있다.13) 그래서 이런 현상은 '램프 노예제'14) 혹은 '백인노예제'로 규정되었다. '램프 노예제'는 노동자들을 가혹한 착취 속으로 몰아갔으며 그들의 커다란 분노와 반감을 야기했다. 착취는 성과급이라는 제도를 통해 광부들이 그들의 근육에서 마지막 힘마저 쏟아내게 하는 방식으로 이루어졌다.15)

이런 현실 분석의 바탕 위에서 만은 신디칼리스트 운동의 목적은 자본주의를 폐지하는 것이라고 주장했다. 그는 자본주의체제를 사회주의로 변화시키고 궁극적으로는 임금제도를 폐지할 것을 제시했다.[16] 이것이 경제적 노예제에서 벗어나 경제적 자유를 달성하려는[17] 신디칼리스트의 개혁목표였다. 그들은 국가가 나서서 임금을 주는 식의 개혁은 노예제를 변형시키는 것에 불과하다고 생각했다.[18] 노예제를 폐지하고자 한 신디칼리스트들에게 임금제의 폐지는 가장 멀리까지 나간 혁명을 의미했다.[19] 이것은 단순히 노동자들에게 높은 임금을 지급하자는 의미가 아니다. 신디칼리스트들은 노동자들에 의한 착취도 원하지 않았다. 소수의 자본가 착취자를 다수의 노동자 착취자로 대체하는 것은 더욱더 나쁜 체제로의 변화를 의미할 따름이었다.[20] 한 걸음 더 나아가 『광부들의 다음 단계』에서는 사람들이 어떤 조건에서 어떻게 노동을 할 것인지를 스스로 결정하게 남겨두는 '진정한 민주주의(true democracy)'의 실현을 주장했다. 신디칼리스트들은 종종 이 표현을 사용했다. 이러한 주장은 그들이 자유를 위한 투쟁을 벌였다는 것을 보여주는 좋은 증거이다. 그들은 상부나 외부로부터의 통제를 배척하고 조직원들 스스로 자신들의 일을 통제하는 자율적인 인간상, 자신의 완전한 인간성(humanity)을 주장하는 인간의 모습[21]을 그리고 있다. 그래서 리버풀 파업이 벌어졌을 당시에 만이 내건 구호는 '자유를 위한 파업'[22]이었을 뿐만 아니라, 자유는 파업의 목적으로 명시적으로 제시되었다.[23] 그렇다면 임금제의 폐지, 진정한 민주주의, 자유의 실현으로 이어지는 일련의 과정이야말로 신디칼리즘의 목표였다고 할 수 있다.

  이러한 목적을 달성하기 위해서는 생산수단을 소유하고 통제하기 위한 새로운 대안을 찾아야 했다. 먼저 생산수단의 소유 문제를 놓고 본다면 이에 대해 모든 신디칼리스트들이 의견일치를 본 것은 아니다.

만은 운동 초기에 노동자들이 생산수단을 소유해야 한다고 주장했다. 그러나 1912년에는 "노동자들은 자신들의 산업을 경영해야지 그것을 소유해서는 안 된다"고 선언했다.24) 여기에 비해 알렌은 모든 산업을 노동자들이 공동으로 소유하는 것이 신디칼리즘이라는 주장을 폈다.25) 영국 신디칼리스트 운동에서 2인자 자리를 차지하고 있던 바우만 역시 노동자들이 산업을 소유해야 한다는 점을 시종일관 주장했다. 프리비체비치는 바우만의 견해가 신디칼리스트들 사이에서 일반적이었다고 지적한다.26)

그러나 산업통제 문제에 이르면 신디칼리스트 이론은 더욱 명확해진다. 모든 신디칼리스트들은 '노동자'들이 산업을 통제해야 한다고 주장했기 때문이다. 그리고 이 부분에서는 다소 구체적인 대안도 제시되었다. 만의 견해에 따르면 '산업조직'은 전국산별노조와 여러 지역의 노동협의회(Trade Council)를 통해 구성될 것이다. 노동협의회가 강조된 것은 당시 개별 조합에서는 각 직능조합의 즉각적이고 이기적인 이해관계가 논의되었던 반면, 노동협의회는 노동의 일반적 문제가 논의될 수 있는 유일한 공간이었기 때문이다. 바우만은 노동협의회가 오늘의 시의회를 대신할 것으로 전망했다.27) 이런 방식으로 신디칼리스트들은 산업통제를 넘어서서 사회의 전체 구조가 산별노조와 노동협의회 조직에 의해 규율될 것으로 기대했다.

3. 분파적 노동조합의 지양

분파적 노동조합 ◎ 신디칼리스트들은 권력의 본질이 산업 부문에 있다고 생각했으므로 투쟁을 벌여야 할 마당도 산업 부문이었다.[28] 신디칼리스트들은 이 과정에서 의회의 역할은 낮게 평가한 반면에 노동자들의 조직은 중시했다. 따라서 노동조합의 역할에 대한 요구가 강하게 제기되었고 당연히 노동조합은 신디칼리스트들의 논의의 핵심으로 떠올랐다. 그런데 신디칼리스트들의 눈에는 당대의 영국 노동조합 상태로는 그에 합당한 역할을 수행할 수 없다고 보았다. 당시의 노동조합에 대한 신디칼리스트들의 평가는 산업 신디칼리스트 교육연맹(ISEL) 대회에 참석한, 한 대표의 발언에서 잘 드러난다. 페인트공이었던 로우(F. Lowe)는 "오늘의 노동조합은 아픈 사람을 도와주고 장례식이나 치르며 구호품이나 나누어주는" 기구이며, 노조 간부들은 일반 노동자들과 접촉하지 않는다고 지적했다.[29] 사실 대부분의 조합은 직능 단위로 조직되어 자신들의 배타적 이익만을 추구했다.

그뿐만 아니라 노동자들이 이미 여러 쟁점에서 분열되었다는 사실을 신디칼리스트들은 확인했다. 노동자들은 자유무역주의자(Free Traders)와 보호무역주의자(Protectionists), 비국교도(Nonconformists)와 국교도(Church-men), 금주가(teetotalers)와 음주가(drinkers), 연합주의자(Unionists)와 자치주의자(Home Rulers), 제국주의자(Imperialists)와 소영국주의자(Little Englanders) 등등으로 갈라졌던 것이다.[30] 게다가 아일랜드 이민자와 유대인 이민자들의 문제는 노동자들을 인종적으로도 갈라지게 했다.[31] 비록 1914년 이전 25년 동안 영국의 노동자들이 대문자 'L'로 시작되는 노동계급으로 변화되는 질적인 변환을 겪었다는 데는 의심의 여지가 없다 하더라도[32] 그것은 분파주의에 젖어 있는 노동계급이었다.

노동자들은 사실상 노동조합이 만들어지기 전부터 서로 투쟁해 왔다. 노동자들끼리 서로 다투는 상황이 현실이었기 때문이다. 빈곤을 피해

영국으로 온 아일랜드인들은 부두에 내리자마자 시간당 4~5펜스의
임금을 받기 위해 그것도 기껏 한두 시간의 노동을 위해 서로 치열하게
다투는 것이 현실이었다.[33] 물론 이것은 경쟁을 피할 수 없는 노동환경에
그 원인이 있었다. 로버트가 관찰한 건설노동자들 간의 경쟁은 치열하다
못해 처절하다. 그는 "어떤 건설 현장의 십장은 50명의 노동자들이
단지 6개의 일감을 놓고 서로 일을 달라는 것을 보게 된다. 100야드
전방의 벽에 6개의 삽을 세워놓는다. 난폭하고 굴욕적인 경주가 시작된다.
일감은 삽을 잡은 사람에게 돌아가는 것이다"라고 상황을 묘사했다.[34]

이러한 상태를 개선하기 위해 노동조합이 조직되었지만, 노동조합
역시 수천 개의 노조로 쪼개져 제각기 서로의 이익을 추구하는 분열된
상황에 놓여 있었다. 자본가들은 노동자들보다 빨리 움직이면서 서로
뭉치는 데 반해 노동자들은 그렇지 못했다.[35] 노동자들은 분열되어
다른 노동자들은 안중에도 없이 자신들의 이익만 보호하려는 근시안적
인 행동을 하여 전체 운동을 망치는 경향이 있다.[36] 만에 의하면 영국에
는 250만 명의 노동자들이 약 1,100개의 노동조합에 제각기 소속되어
분파적인 집단을 형성하고 노동자들의 연대와는 거리가 멀게 움직이고
있다.[37] 한 산업 안에서도 그런 현상이 나타났는데 한 예로 철도원들의
경우를 보면 162개의 분파적 조직이 철도회사들과 개별 협상을 벌이면
서 분파적 이익을 추구하고 있었다.[38] 웹 부부 역시 "모든 산업 문제에서
노동조합 세계는 공통의 목적을 결여한 채 서로 다투는 그룹으로 분열되
어 있었다"고 지적했다.[39] 이 부분을 주목하는 최근의 연구에서도 노동
자들이 작업장에서 그들의 작업 경계를 확정하려는 투쟁과 자신들의
영역을 확립하려는 다툼을 벌였다[40]거나, 랭커셔 직물 노동자들의 경우
에는 심지어 노동자들이 같은 노조 안의 다른 노동자들에게 대항하고

있었다는 점 등 분파주의적인 경향을 부각시키고 있다.[41]

그래서 만은 노동자들의 파업을 분쇄하는 요인은 다름 아닌 동료 노동자들이라고 주장했다. 그는 다음과 같이 지적했다.

> 분파적 노동조합주의는 우리의 재앙이다. …… 광부들이 자신들의 지역에서 조직된다. 수송기 작동자들이 조직된다. 광부들과 고용주 간에는 문제가 있다. 그들은 파업을 한다. 그들은 수송기 작동자들에게 자신들을 도와 파업파괴자들이 광산에 들어오지 못하게 하여 그들을 도와 달라고 요청한다. …… 기기 작동자들은 그들끼리 투표를 한다. 그들은 이것은 자신들의 싸움이 아니라고 결정한다. ─왜 그들이 좋은 직업을 무릅쓰고 위험한 일을 해야 하는가? 광부들에 반대하는 대다수의 사람들이 광부들의 운명을 결정하는 것이다. …… 누가 그들을 분쇄했는가? 파업파괴자들이 아니다! 의심할 바 없이 다른 노동자들이다. 얼마 후 자본가들은 임금인상으로 이들에게 감사를 표시했다.[42]

노동자들이 파업하고 있는 공장으로 파업파괴자들을 실어 나르는 사람들, 음식을 날라주는 사람들, 거주할 숙소를 만들어 주는 사람들 모두가 직종만 다를 뿐 노동자인 것이다. 결국 다른 노동조합주의자들을 분쇄하는 자들은 자본가가 아니라 이들 노조원인 것이다. 많은 노동자들이 수수방관하고 있는 중에 오직 노동계급의 한 분파만이 자본가 계급을 상대로 외로운 싸움을 벌이다가 같은 노동자들에 의해 분쇄되는 결과를 비일비재하게 볼 수 있다는 것이다.[43] 이는 곧 한 노조의 다른 노조에 대한 '파업파괴 행위'였다. 1912년 런던 부두파업은 고용주 계급이

그들과 평화로운 관계에 있는 다른 노동자들을 이용해 파업노동자들을
패배시킨 경우로 볼 수 있다.[44]

당대의 노동조합이 지닌 또 하나의 큰 약점은 고용주들이 여러 노동조
합들과 각기 합의를 도출해 낸다는 것이다. 그 과정에서 합의는 제각기
다른 방식으로 이루어지게 되는데 고용주들은 이렇듯 노조를 개별적으
로 상대하여 노동자들 전체에 대한 통제를 시도할 수 있다는 것이다.
예를 들어 고용주는 한 노동조합의 회원들과 특정한 날에 문제를 해결할
것을 합의하고 다른 조합과는 다른 날에 문제를 타결하기로 합의한다.
고용주들이 날짜를 최대한 다르게 잡는다면 전체 노동자들의 단결된
행동을 방지할 수 있다. 철도회사의 경우를 한 예로 들어보자. 1910년
말에 57건의 합의가 철도회사들과 서로 다른 노조들 사이에 맺어졌는데
이 합의의 종료일자는 제각기 달랐다. 그 날짜는 1910년 12월에서
1915년 4월에 걸쳐 있었는데, 1910년에 1일, 1911년에 1일, 1912년에
6일, 1913년에 8일, 1914년에 9일, 1915년에 3일이 잡혀 있는 식이었다.
철도회사 노스 스태퍼드(The North Stafford)는 5개의 서로 다른 분파적
노동조직들과 합의했는데 1910년 12월 1건, 1913년 3건, 1914년 1건이
종결되었다.[45]

이런 예는 종종 발견되었는데 남 웨일즈에서 발생한 파업의 경우도
마찬가지였다. 남 웨일즈에서는 남 웨일즈 광부연합과는 별도의 2~3개
의 노동조합이 존재했는데 1910년 남 웨일즈에서 파업이 발생하자
이들은 각기 독자적으로 행동했다. 즉 이 파업에서 수갱(竪坑: pit shaft)으
로 석탄을 운반하는 노동자들은 광부연합이 아닌 다른 노조에 가입되어
있었고, 수갱의 기계작동 노동자(winding engine men) 역시 다른 노조에
가입된 관계로 이들이 고용주와 타협하자 파업의 공동보조는 깨져버렸

다.[46] 이 노동조합이 고용주들과 별도로 협약을 체결함으로써 큰 효과 없이 불완전하게 전개될 수밖에 없었다.[47]

연대의 내용 ◎ 노동조합이 노동조합에 대해 적대적인 관계에 놓이게 되는 이런 역설적인 상황에서 벗어나기 위해 필요한 것은 노동조합이 현재 단위보다 높은 차원에서 조직되는 것이었다. 그것은 산업과 연관된 노동자들을 하나로 묶는 노조를 만들어내는 것으로 나타날 수 있었다. 보일러 제조공(boilermaker), 주조공(moulder), 설비공(fitter), 선반공(turner), 구리세공인(coppersmith), 대장장이(blacksmith), 금형 제작공(patternmaker), 드릴공(driller), 기계 제작공(machinist), 잡역부(handyman), 단순 노동자(labourer), 양철공(whitesmith), 보조원(helper) 등이 모두 하나의 산업 안에서 단결해야 하며 한 사람처럼 행동해야 했다.[48] 현재 이들과 연관하여 얼마나 많은 노동조합이 조직되어 있든 간에 이런 조합은 모두 하나의 조직 속에서 묶여야 하는 것이다. 만은 다음과 같이 주장한다.

> 하나의 산업에는 50가지의 직능(trades)이 있을지 모른다. 각각의 직능에는 하나 혹은 그 이상의 조합이 있을지 모른다. 각각은 '노동조합'으로 지정되는데 그것은 직능과 연관된 사람들로 구성되기 때문이다. 계급전쟁을 수행하기 위한 목적으로 이러한 조합들은 전체 산업을 위해 하나의 긴밀한 조직으로 뭉치게 되는데, 이 조합들을 묶어 '산별노조'라고 명명하는 것이다. 산별노조는 이름이 가리키듯이 산업과 관련된 모든 직능의 노동자들(workers)을 대표한다. 여기에는 물론 비숙련노동자들(labourers)도 포함된다.[49]

이것은 산업을 모두 끌어안는 집산적 노동조합주의(collective union-ism)[50]였으며, 정치세력에게서 산업세력을 분리시키는 거대 노동조합주의(Greater Unionism)였고,[51] 혁명적 정신으로 고무된 조합들의 조합이었던 것이다.[52]

그러면 이런 새로운 기준에 따른 노동조합은 어떻게 구성되어야 하는가? 만은 이를 실현하기 위한 유일한 정책은 존재하는 노동조합 안에서 활동하는 것이라고 주장했다. 이런 생각은 신디칼리스트들이 현재의 노동조합을 인정하면서 내부적인 변화를 유도해 내는 전략을 채택하고 있음을 보여준다. 그야말로 '내부로부터 구멍을 뚫어가는 방법(boring from within)'이었던 것이다.[53] 만은 『단일세에서 신디칼리즘으로(From Single Tax to Syndicalism)』에서 경제적 투쟁은 '궁극적으로 노조를 통해 수행될 것'이라는 점과 '지금 노조가 아무리 반동적이라 하더라도 노조를 노동계급이 활동할 적절한 통로로 인정하는 것이 오직 합당한 정책'임을 주장했다.[54]

만은 노조가 산별노조로 변화한 예로 운수노조를 들어 설명했다. 그리고 이것은 만 자신이 1910년 오스트레일리아에서 귀국하자마자 틸렛, 고슬링(H. Gosling) 등과 함께 실천에 옮긴 사항이기도 했다.[55] 1910년 9월 조직된 전국 운수노동자연합(National Transport Workers' Federation)은 11개의 운수노조가 연합했는데 여기에는 부두 노동자연합(Dockers' Union), 선원 및 화부연합(The Sailors' and Firemen's Union), 선적인부연합(Stevedores' Union), 짐마차꾼연합(The Carmen), 사공연합(The Watermen and Lightermen), 크레인 기사연합(The Crane Drivers), 기관사 및 화부연합(The Enginemen and Firemen), 선박 안내원 및 정육공·제빵공연합(The Ships' Stewards, Butchers and Bakers), 전국 비숙련노동자연합(The National

Amalgamated Labourers), 노동자보호연맹(The Labour Protection League), 비숙련노동자연합회(The United Order of Labourers) 등이 포함되었다.[56] 전국운수노동자연합(NTWF)의 구성을 통해 알 수 있는 것은 이 연합에는 모든 부문의 육상운수 노동자와 해상운수 노동자들이 포함되어 있었다는 점이다. 이를 통해 우리는 무엇보다 직능별 노조를 산업 안에서 하나로 연합해 나가려는 신디칼리스트의 노력을 볼 수 있다. 이런 노력은 당시까지 산업을 조직하는 작업을 도맡아온 자본가들에게서 곧바로 그 작업을 넘겨받기 위한 첫 단계 활동이라는 의미를 지녔다.[57] 이러한 노력은 노조를 합병(amalgamation)해 나가는 운동으로 이어졌다. 1913년 철도원연합회(ASRS), 일반철도노동자연합(GRWU), 연합전철수신호수협회(UPSS) 등이 하나로 합쳐 18만 명의 회원을 가진 전국 철도원연합(National Union of Railwaymen)으로 조직된 것은 하나의 가시적인 성과였다.[58] 신디칼리스트들은 특히 건설과 기계업에서 활발한 합병운동을 벌였다.[59] 신디칼리스트들이 합병운동을 중시한 사실은 산업 신디칼리스트 교육연맹(ISEL)의 뒤를 이은 신디칼리스트 조직인 산업민주연맹(IDL)이 합병위원회연합(ACF)을 전신으로 하고 있는 데서 확인할 수 있다.[60]

다른 한편으로 조직되지 않은 노동자들의 문제도 있었다. 만은 노조에 소속된 250만 명의 노동자는 대체로 숙련노동자로 분류되는 사람이라고 보았다. 그에 반해 조직되지 않은 노동자들이 천만 명 이상 존재한다고 보았다. 이들은 대체로 비숙련노동자들로 간주되었다.[61] 따라서 이들을 노동조직으로 끌어안는 것도 중요한 문제였다. 잡역부(handyman)나 비숙련노동자들은 직능조합들이 하나의 조직으로 뭉치는 과정에서 숙련공들과 똑같이 중요한 존재로 간주되어야 했다.[62] 신디칼리스트들은 결국

새로운 비숙련노동자들을 충원해 나가면서 숙련노동자들에 의해 이미
조직되어 있는 노동조합들을 결속시켜 나가는 이중적 노력을 벌여나가
야 했던 것이다. 산별노조가 비숙련노동자들을 또 하나의 축으로 삼고
있는 점에서 숙련노동자와 비숙련노동자의 연대가 추구되었음을 확인할
수 있다.[63]

　당시 비숙련노동자는 거대한 규모로 증가했으며 이 가운데는 기술
변화에 따라 나타난 새로운 직종의 노동자들이 포함되어 있었다. 이들은
대량생산을 기초로 하는 산업에 종사하고 있었는데 화학, 고무, 페인트,
건축자재 산업들이 여기에 해당되었다.[64] 비숙련노동자의 파업은 노동
불안기에 뚜렷한 현상으로 나타났다. 대표적인 예로 1913년의 블랙컨트
리(Black Country) 파업을 들 수 있다. 당시 벌어진 기계공들의 운동은
준숙련노동자와 비숙련노동자들이 주도했다. 이 노동조합 조직은 숙련
공들에게 제한된 분파적인 기계공연합회가 아니라, 1898년 세워진 노동
자연합(Workers' Union)에 기초했다. 최저임금과 노조 인정 같은 요구들이
1913년 봄과 여름, 울버햄턴(Wolverhampton), 빌스턴(Bilston), 스메스윅
(Smethwick), 버밍엄(Birmingham) 등 지역이 속한 블랙컨트리에서 터져
나왔다. 파업노동자들은 <여봐, 여봐, 우리가 여기 다시 왔네>라는
노래를 부르며 한 공장에서 다른 공장으로 새로운 파업노동자들을 데리
고서 행진했다.[65] 바로 이 비숙련노동자들의 노동운동참여가 1차대전
이전 수년 동안 파업이 거대하게 증가한 현상을 잘 설명해 준다.[66]
노조원이 1910년 250만에서 1914년 400만으로 급증한 것을 통계로
확인할 수 있다. 신디칼리즘이 비숙련노동자의 이익을 추구한 것을
고려한다면 비숙련노동자와의 연대 없이는 연대를 운운할 수는 없다.
　그러나 비숙련노동자의 임금이 숙련노동자 임금의 2분의 1에서 4분

의 1에 그쳤다는 점을 고려한다[67]면 이 두 부류의 노동자 연대는 쉽지 않았을 것이라고 생각된다. 그러므로 이런 문제에 대한 처방은 비숙련노동자의 임금을 — 여기에는 준숙련노동자도 포함된다 — 숙련노동자의 수준에 가깝게 끌어올리는 노력으로 나타났다.[68] 한편으로는 공동의 위험에 대처해야 한다는 강박적인 의식이 연대 형성에 긴요했을 것이다. 그러므로 신디칼리스트 운동은 숙련노동자와 비숙련노동자가 서로를 필요로 하고 서로를 동원해야 하는 조건을 찾아내려 노력했다고 할 수 있다. 노동자들 안에 존재했던 위화감이 깨진 사례는 1911년 리버풀 파업과 1913년 더블린 투쟁에 대한 동조파업에서 뚜렷하게 나타난다. 홀튼은 이를 두고 철도원들 사이의 카스트 제도가 무너졌다고 표현했다.[69]

신디칼리스트들은 숙련노동자 계층과 비숙련노동자 계층만을 끌어안으려 한 것이 아니었다. 신디칼리즘은 육체노동자들과 함께 정신노동자들도 끌어안으려고 노력했다. ≪신디칼리스트≫에서는 "육체(manual)노동자들과 정신(intellectual)노동자들 모두가 그들 자신의 노동(산업)을 다른 산업과 협동하여 소유하고 통제해야 한다는 점"[70]을 분명히 밝히고 있다. 또 육체노동자와 사무직 노동자가 하나가 되어 움직여야 한다는 주장도 하고 있다.[71] ≪신디칼리스트≫의 또 다른 지면을 통해서는 "사무원을 위한 신디칼리즘"이라는 글을 3회에 걸쳐 연재하면서 "사무원들은 산업 전체의 노동자들을 위해 봉사하는 좀 더 큰 합병조합 안의 회원들이 되어야 한다"는 주장을 제시하기도 했다.[72]

신디칼리스트들은 임금노동자들(wage-workers)을 임금에서 해방시키고자 했다. 그러므로 그들은 임금노동자들을 끌어안으려 했는데 여기서 임금노동자들은 앞서 지적한 대로 육체노동자와 정신노동자를 포함하여 고용된 모든 사람들을 의미한 것으로 보인다. 숙련노동자, 준숙련노동자, 육체노동자, 사무직 노동자 모두가 공통의 이해를 가진다는 점이 강조되는 것이다.[73] 1912년 산업 신디칼리스트 교육연맹의 만체스터 회합에 소속 노동자 10만 명을 대표하는 235명의 대표가 모였을 때 여기에는 목수나 기사, 철도원, 부두 노동자, 상점 점원, 벽돌공 등 사무원을 포함하는 다양한 부류의 임금노동자들이 포함되어 있었다.[74]

단지 '기생적인 직업'을 가진 노동자들은 여기서 제외되었는데 그런 부류로 지목된 사람들은 법률, 은행, 주식 중개업 등에 종사하는 사무원들이었다. 이들을 기생적이라 부른 이유는, 말 그대로 이들이 다른 사람들에게 기대어 살고 있었기 때문이다.[75]

여기에 덧붙여 신디칼리스트들은 실업자와 일용직 노동자를 끌어들이는 문제도 도외시하지 않았다. 전국 운수노동자연합을 조직한 데는 비숙련노동자들 중 상당수를 차지하는 일용직 노동자 특히 부두 노동자들을 일용직 노동에서 벗어나게 하려는 의도도 깔려 있었다.[76] 또한 정규직 노동자의 노동시간을 축소하여 실업자들에게도 일자리를 제공해야 한다고 주장했다. 이러한 노력은 무엇을 의미할까? 여기에는 정규직 노동자가 일용직 노동자나 실업자를 축출하는 방식으로 자신들의 이익을 추구하지 않는다는 의미가 포함되어 있다. 즉 신디칼리스트의 운동은 기득권을 가진 노동자들의 소집단 이기주의적 노동운동이 아니었다는 말이다. 이들은 연대가 없는 모든 노동운동은 집단이기주의에 빠지게 마련임을 잘 알고 있었다는 말이다. 숙련노동자와 비숙련노동자, 정규직 노동자와 일용직 노동자 그리고 실업자 등 차별화된 구조 속에 놓인 노동자들은 그들 사이의 다른 집단에 대한 상대적 이익을 확보하고 심지어는 지배를 향유함으로써 투쟁에 대한 거시적인 눈을 잃어버린다.

신디칼리스트들은 지배계층의 이런 차등화 전략을 잘 알고 있었다. 그러므로 신디칼리스트들에게는 노동자들 사이에는 귀족이 따로 없으며 모두가 동일한 임금노예라는 점을 노동자들이 자각하게 하는 것이 중요했다.

분파적 노동조합을 지양해 나가려는 신디칼리트들의 이런 노력은 결국 노동자들의 '연대'로 집약된다. 그것은 1912년 산업 신디칼리스트 교육연맹의 만체스터 대회에서 만이 '연대의 재확인'을 제안함으로써 명시적으로 확인되었다.[77] 변화를 이루어내는 것은 폭력적 행위를 통해서가 아니라 변화를 가능하게 하는 단단한 연대를 통해서였다. 바로 이 연대에 숨어 있는 힘을 얻어내기 위해 파업이 필요했던 것이다. 그래서 "노동자들은 일치된 행위를 수단으로 하여 파업을 하고, 노동조건을 결정하며, 그들의 요구를 관천시킬 확고한 연대를 보여줄 수 있을 때, 그런 정도로 부의 생산을 통제할 것"인데, 이제 "이런 행위를 소규모로 발작적으로 하는 대신, 그들이 추구하는 것에 대해 눈을 크게 뜨고 마음을 분명히 정하여 산업에 대한 연대를 완전히 표명하도록 준비해야 했던" 것이다.[78] 『광부들의 다음 단계』에서는 다음 인용문에서 보듯 연대가 단결과 충성의 결정체로서 의미를 지닌다는 점을 강조하고 있는데 물론 이것은 개인의 자발성을 바탕에 깔고 있다는 점을 간과해서는 안 된다.

사람들은 양들이 연대를 이루고 있다고 말하지 않는다. 양치기에게 순종하면서 그들은 양치기와 그의 개들이 끌고 가는 대로 위로 아래로 혹은 앞으로 뒤로 갈 것이다. 그러나 양들에게 연대는 없다. 왜냐하면 연대는 단결과 충성을 의미하기 때문이다. 단결과 충성은 개인이나 개인의 정책에 대한 것이 아니고, 모든 사람들이 만들고 그들이 이해한 이익(interest)과 정책에 대한 것이다.[79]

그리고 그러한 연대는 이론적으로만 추구된 것이 아니라 운동 과정에서 실제로 나타나고 실현되었다. 예컨대 1911년 6월부터 시작된 리버풀 파업에서 나타난 연대에 대해 만은 다음과 같이 지적했다.

> 내 경험상 리버풀 파업에서처럼 그렇게 많은 노동자들이 그렇게 다양한 직업에서 그렇게 철저한 연대를 보여준 적이 없다. 나는 파업이 지속되는 72일 동안 파업위원회의 의장이었다. …… 게다가 리버풀의 7,000명의 짐마차꾼(carter)들은 아일랜드 북부와 밀접한 관계를 맺고 있었고, 훨씬 많은 수의 리버풀 부두 노동자(docker)들이 그에 대응하여 (아일랜드) 남부와 동일시된다. …… 그러나 나는 파업을 시작하고 (파업)위원회 활동이 시작되었을 때 위원회가 어떤 정치적·신학적 의견도 주장하지 않기로 분명히 합의했다는 점을 회상하면 즐거워진다. 우리는 오로지 산업 문제에만 관여했고, 그것만이 우리의 관심사였다.[80]

1911년 리버풀 파업과 같은 경우는 신디칼리스트들이 주장한 연대의 성과가 나타난 전형적인 경우였다. 그러나 그 반대의 경우도 있었다. 1912년 6월과 7월에 걸쳐 발생한 런던 운수파업은 다른 지역의 운수노동자들과의 연대가 부재했기 때문에 실패하고 말았다.[81]

이처럼 연대는 바로 신디칼리스트들의 제일의 방법론이었고 언제나 강조되었다고 할 수 있을 것이다. 만은 직접행동은 단순한 사건이며 전체 문제를 푸는 열쇠는 그 뒤에 숨어 있는 '연대'에 있음을 지적한 바 있다.[82] 1910년 만체스터에서 거행된 산업 신디칼리스트 교육연맹 창립대회에서 퍼셀(A. A. Purcell)은 계급전쟁과 관련해 의미하는 것이 있다면 그것은 노동자들이 그들 스스로 자신을 해방하는 것이며, 이는 단순한 연합(federate)이 아니라, 한 노동자가 공격당하면 다른 노동자들 역시 공격당한다고 여길 정도로 노동자들이 하나로 융합되는(amalgamate) 것이라고 주장했다.[83] 그러므로 부분과 전체는 여기서 통일을 이룬다. 즉 연대는 모두를 위한 각 개인의 노력이며 각 개인을 위한 모두의 노력이었던 것이다.[84]

이런 의미를 지닌 '연대'라는 방법을 통해 신디칼리스트들은 노동자들의 이기적 이익추구를 공통의 이익추구로 전화해 나가는 이익추구의 질적 전환 과정을 모색했다. 즉 '연대'는 집단이기심을 바탕으로 하는 노동자들의 투쟁을 노동자 조직의 확대를 통해 보편적 이익의 추구로 전화시킨다는 의미를 띠고 있었다는 말이다.

4. 현실적 접근: 임금과 노동시간, 실업, 기계화의 문제

신디칼리즘은 현실과 현장의 잘못된 부분들을 미시적으로 고쳐 나가는 데 적극적이었다. 그런 점에서 신디칼리스트 운동은 매우 현실적인 요소를 지닌 운동이었다고 말할 수 있을 것이다. 이런 부분은 만이 1911년 8월 ≪운수노동자≫라는 월간지를 발간했을 때 "그 목적은 산업조직을 이용해 노동자들의 생활수준을 높이는 것"이라고 선언한 것에서도[85] 찾아볼 수 있다. 프리비체비치는 이 점을 놓치지 않고 신디칼리스트들은 일반적으로 먼 미래의 문제보다 오늘의 급박한 문제에 더 많은 관심을 기울였다고 지적했으며 86) 풋도 신디칼리스트의 즉각적인 과제는 노동자들의 생활수준을 방어하는 것이라고 주장했다.87)

이와 같은 현실적 관심 중에서 먼저 지적할 수 있는 것은 임금 문제였다. 그것은 또한 빈곤 문제이기도 했다. 당시는 기아로 인해 사망하는 사람이 부두 노동자들 사이에서는 일반적일 정도88)로 노동자들의 빈곤은 광범위한 현상이었으며 찰스 부스(C. Booth)나 라운트리(S. Rowntree), 바울리, 미언스, 윌리엄 부스(W. Booth) 등의 작품과 조사는 이 점을 실증적으로 보여주었다.89) 만은 여러 곳에서 그가 빈곤과 싸우고 있음을 주저 없이 밝혔다.90) 만은 영국에서는 수백만 명이 일주일에 30실링도 안 되는 임금을 받고 있음을 지적하면서 그중 대부분은 주당 1파운드도 받지 못할 뿐 아니라 수십만 명의 노동자들은 겨우 16실링의 임금을 받을 뿐이라는 점을 지적했다.91) 1911년 발행된 ≪운수 노동자≫는 10만 명 이상의 운수 노동자들뿐만 아니라 절대다수의 노동자들이 주당 1파운드 미만의 임금을 받고 있음을 지적했다.92) 만은 일주일에 1기니(21실링)의 소득이 4명의 자녀를 둔 가정에서 의미하는 바가 무엇인지를 간단한 계산을 통해 제시했다. 1기니 중 집세와 연료, 조명, 의복 등에 그것의 반이 쓰인다면 남는 돈은 정확히 10.5실링 곧 126펜스이다. 6명이 하루에 먹는 밥은 18명의 한 끼 식사에 해당한다. 일주일 동안의 식사는 126명의 한 끼 식사에 해당될 것이다. 이것을 126펜스로 해결하려면 한 끼 식사를 1펜스로 해결해야 한다는 말이다.93) 1페니짜리 식사, 이는 그야말로 생존 수준의 음식인 것이다. 이러한 현상은 바로잡아야 한다. 만은 하루 최저 5실링의 임금을 주장했는데94) 이것은 시간당 8펜스의 임금을 의미했다. 『광부들의 다음 단계』에서도 비록 궁극적인 목적은 다른 곳에 있었다 해도 곧 다가올 미래에 대해서는 최저임금과 같은 구체적인 개혁이 추구되었다.95) 신디칼리스트들의 교육이나 활동에서도 임금 문제를 놓치지 않았다. 1911년 중반부터 메인웨어링, 리즈 등 소위 신디칼리스트 전도사들이 남 웨일즈와 잉글랜드, 스코틀랜드의 각 지역으로 파견되었을 때 그들은 『광부들의 다음 단계』를 보급하는 한편 또한 최저임금 실현을 위한 운동을 벌여나갔던 것이다.96) 만은 맨체스터, 웨스트 미들랜즈(West Midlands) 등 저임금 지역을 겨냥해 《노동자 최저임금》을 출판했다.97) 신디칼리스트들이 영향을 미친 노동불안기의 주요 노동운동에서 임금 문제는 매우 중요한 이슈로 등장했다. 1911년 여러 항구에서 발생한 항만파업도 '주급 2실링 인상' 주장에서 시작되었음을 확인할 수 있다. 1911년 8월 5일 브리스톨(Bristol)에서 시작되어 전국적으로 급속히 퍼져나간 철도파업도 2실링의 임금인상을 당면 목표로 내걸었다. 노동자연합이 버밍엄, 스메스윅, 웨스트 브롬위치(West Bromwich) 등에서 시작한 블랙컨트리 파업도 주 23실링의 최저임금을 내걸고 있었다.98)

최저임금이나 임금인상에 대한 요구는 비숙련노동자들의 복지를 향해 있었다.99) 이는 신디칼리즘이 숙련노동자들의 이익보다도 비숙련노동자들의 이익을 위한 운동이었음을 확인시킨다. 즉 이 운동은 바로 35세가 되어 서너 명의 자녀를 거느리고서도 일주일에 12~17실링밖에 받지 못하는 옥양목 날염공을 위한 운동이었던 것이다.100) 만은 숙련노동자들에 의한 이제까지의 노동조합운동이 일반 노동자들의 복지에는 무관심했음을 지적하고 있다. 또한 숙련노동자들이 일반 노동자들의 복지 향상을 용인한다 해도 그들이 숙련노동자들의 지위와 같아지는 것을 받아들이려 하지 않는 이기적 속성도 지적했다. 그러나 그는 새로운

산업이 출현하고, 도제제도가 급속히 파괴되는 현실에서 이러한 상태가
변화될 가능성을 찾아냈다. 비숙련노동자의 숫자가 전체 노동자의 80퍼
센트를 차지할 정도로 급격히 증가하는 이런 과정 속에서, 노동자들은
숙련노동자와 비숙련노동자를 서열화된 구조 속에서 인식하고, 비숙련
노동자에서 숙련노동자로 지위를 상승시킨다는 생각을 버리게 될 것이
다. 만은 다음과 같은 예를 들고 있다.

> 내가 랭커스터의 면직공장 노동자이고 일주일에 1파운드밖에 받지
> 못한다면, 그리고 지금과 같은 보통의 노동자 이상으로 나아갈 전망
> 이 없다면, 나는 왜 많은 노동자들이 한 주에 18실링 혹은 20실링의
> 겨우 아이들 임금 같은 것에 만족하면서 살아야 하는가를 알고 싶어
> 할 것이다.[101]

이처럼 비숙련노동자들이 자신들의 삶을 긍정하는 상태가 된다면
비숙련노동자들은 숙련노동자를 동경하지 않게 될 것이며, 우선 급여
부분에서 숙련노동자와 동등한 수준을 요구하게 될 것이다. 비숙련노동
자들은 기껏해야 숙련노동자들이 받는 임금의 3분의 1 혹은 4분의
1밖에 받지 못하는 차별화된 현실은 신디칼리즘이 실현되면서 사라질
것이다.[102]
　만은 숙련노동자와 비숙련노동자를 가리지 않고 이들이 대체로 비슷
한 수준의 임금을 받는 것이 공정한 게임이라고 보고 있다. 그리고
숙련노동자들은 이런 노동의 과정에 그들 스스로 적극 참여해야 한다는
점을 지적했다. 만은 숙련노동자들이 노력을 기울여야 할 첫 번째 과제로
비숙련노동자의 임금인상을 들었다.[103]

임금인상 요구는 임금인상분만큼 가격의 상승을 가져와 결국 그 부담
이 고스란히 소비자들에게 전가되는 것이 아닌가 하는 우려에 대해서도
신디칼리스트들은 대답을 준비하고 있다. 즉 임금인상이란 이윤의 일정
부분을 임금으로 돌리자는 것이지 가격인상을 통해 임금을 올리자는
주장이 아니라는 것이다. 노동자들의 임금인상에 관계없이 소비자들은
이전 가격 그대로 생산품을 구입할 수 있을 것이다.[104]

다음으로 들 수 있는 것은 노동시간 문제였다. 신디칼리스트들은
노동시간의 축소를 산업사회에서 발생한 노예제를 일소하는 한 방편으
로 제안했으며,[105] 노동계급에 의한 산업통제를 실현할 수 있는 진정한
열쇠를 쥐고 있는 문제로 간주했으며,[106] 또 사회적 상태를 개선하는
실질적인 조치로 간주했다.[107] 그런데 흥미로운 점은 노동시간의 축소와
임금인상, 실업의 해소, 기계화와 같은 문제가 서로 연관된 문제로 간주
되고 있다는 것이다. 먼저 노동시간의 축소는 무엇보다도 실업과 연관해
이 문제를 해소할 수 있는 하나의 처방으로 간주되었다. 신디칼리스트들
이 노동시간을 8시간으로 줄여 나가자고 주장했을 때, 그들은 현재의
노동시간과 8시간이 줄어듦으로써 생긴 노동시간의 공백만큼 실업자들
을 끌어들일 수 있다는 관심을 표명하기도 했다. 한 심포지엄에서는
노동시간과 실업에 대한 연관관계가 다음과 같이 지적되었다.

다른 중요한 문제는 노동시간을 줄이는 것이다 …… 나는 실업이
완전히 없어질 것이라는 견해에는 공감하지 않지만, 노동시간이 줄어
듦으로써 실업이 크게 줄어들 수 있을 것이다. 노동시간을 전반적으로
축소하는 것은 생산을 위한 노동자들의 수가 늘어나는 것을 의미한다.
이는 증가하는 경쟁적 노동시장에서 '실업예비군'을 줄이는 것이다.

예를 들어 가구산업에 종사하는 노동자들의 수는 2만이다. 그들은 평균 주 52시간 동안 노동한다. 지금은 48시간으로 노동시간이 줄어들어 1,666명을 새로 고용할 수 있게 되었다. …… 이 문제는 구체적인 것이고, 확실히 노동계급에게 호소력이 있을 것이다.[108]

이러한 계산은 다른 산업에도 적용되었다. 철도노동자들에게 8시간 노동이 적용된다면 6만 명의 일자리가 더 생길 것이고, 점원들의 경우 8시간 노동은 수만 명의 여성노동자들에게 일자리를 부여하게 될 것이다.[109] 노동시간은 6시간까지 축소되어야 했다. 만은 생필품 생산에는 하루 6시간 노동으로 충분하다는 입장을 가지고 있었다.[110] 특히 위험한 일을 하는 노동자들, 예컨대 광부들이나 화학공장 노동자들의 경우 6시간 노동을 강력히 주장하였다.

노동시간과 관련하여 신디칼리스트들은 실업자에 대해 매우 적극적인 관심을 보이고 있다. 이는 그들이 고용된 노동자들의 폐쇄적 이익만을 추구하지 않고 기득권을 갖지 못한 모든 사람들에게 관심을 가지고 있음을 보여준다. 신디칼리스트들은 착취당하는 노동자들뿐만 아니라 노동의 기회마저 갖지 못해 착취조차 당하지 못하는 노동자들의 문제에 관심을 보인 것이다. 그들은 항상 실업자들의 명분을 지지하고 그들을 위해 투쟁하는 것을 그들 앞에 놓인 과제로 보았다. 그들은 실업자들을 노동자의 지위로 끌어올리는 것이 중요한 과제임을 강조했다.[111]

그래서 만은 실업이 해결될 때까지 실업자들을 위해 투쟁을 계속하라고 촉구했다.[112] 바우만은 심지어 실업을 없애기 위해서는 결코 고정된 최저 노동시간을 공약해서는 안 된다고 주장했다. 그리고 노동시간은 각 산업에서 그 산업에 의존하는 노동자들 모두에게 고용을 제공할

목적으로 전체적으로 규제되어야 한다는 생각을 제시했다.[113] 노동시간
의 문제를 통해 결국 신디칼리즘은 노동의 공유[114]와 노동할 권리(Right
to Work)를 주장하고 있다.[115]

노동시간의 축소와 실업 문제의 해결은 생산성의 향상과 기계의 도입
이라는 문제와 연계되어 나온 고안물이었다. 먼저 생산성의 향상이
노동계급에게 어떤 결과를 가져왔는지에 대한 만의 지적을 살펴보자.

> 기계공과 (그 외) 다른 사람들이 9시간 노동을 확보한 지 40년이
> 지났다. 그 40년 동안 노동자들의 생산성은 두 배 이상 증가했다.
> 노동자들은 이 부가된 생산물을 받았는가? 아니다. 자본가들이 그
> 것을 받았다. …… 우리가 좀 더 능률적으로 노동한다면 노동계급에
> 게 어떤 결과를 가져다줄 것인가? 우리가 노동시간을 줄이지 않는
> 한, 그것은 더욱더 많은 사람들을 실직하게 하고 동시에 자본가들에
> 게 더 많은 이익을 주게 될 것이다.[116]

만은 여기서 생산성의 향상으로 인한 이득은 노동자들에게 돌아가지
않고 자본가들에게 돌아갔다는 점을 주장하면서, 오히려 생산성의 향상
과 실업의 연관성을 지적하고 있다. 노동시간의 축소는 이러한 생산성
향상의 혜택을 노동자들 전체가 나누어 가지기 위해서 필요한 것이다.
이것은 또한 생산성 향상에 따라 생겨날 수 있는 실업자를 감소시키는
효과도 가져올 것이다. 만은 생산력의 증가와 비례하여 노동시간을
줄이고 줄이고 또 줄이라고 권고한다.[117]

여기서 생산성의 향상을 가져온 주된 동인은 기계였다. 그리고 신디칼
리스트들은 기계의 도입이 생산성의 향상을 불러왔지만, 숙련공들의

기술을 무용하게 만들며 실업을 불러올 수 있다는 점을 알고 있었다. 예컨대 유리공장에 자동화기계가 도입됨으로써 이전 가격의 20분의 1로 동일한 물건을 생산할 수 있게 되었고 이로 인해 숙련된 유리공들이 직장을 떠나야 하는 현상이 나타났다.[118] 그렇다고 하여 신디칼리스트들이 기계 도입을 거부한 것은 아니다. 기계를 파괴하거나 거부하기보다는 기계가 가져온 생산성의 향상에서 노동시간의 축소를 이끌어내려고 했다. 따라서 기계도입을 기피하지 않았고 오히려 기계와 과학적 발견을 환영했다.[119] 단지 중요한 것은 그 혜택이 노동자들에게 돌아가야 한다는 것이다. 만은 기계가 사람들을 일터에서 내몬다면 저주가 되겠지만 "노동시간의 실질적인 감소를 가능하게 할 때는 축복이 될 것"이라고 주장했다.[120]

또한 노동시간의 축소는 임금인상과도 연관된다. 노동시간이 축소되면 실질임금은 높아질 것으로 여겼다.[121] 또 실업이 감소하고 완전고용이 실현된다면 구매력 확대를 가져와 경제 전반에 좋은 영향을 미칠 것으로 생각되었다. "8시간 노동과 실현 가능한 곳에서의 6시간 노동은…… 국내 시장을 자극할 것인데 …… 모두가 노동을 하고 …… 구매력을 가지게 되면 …… 그것은 생산을 자극하고 교역을 증가시키며 번영을 가져올 것"이기 때문이다.[122] 나아가 이 수단 자체가 노동자들의 입지를 강화시키는 하나의 방편이 될 것이라고 보고 있는 것이다.[123] 이런 대안은 신디칼리스트들이 노동시간의 문제를 실업 문제 및 기계화, 임금, 경제 전반의 번영, 노동자들의 연대와 연계하여 생각하고 있으며 여러 마리의 토끼를 동시에 잡을 수 있는 하나의 훌륭한 방편으로 간주하고 있음을 보여준다. 이런 점을 보건대 이들이 이론적인 면에서 빈약했다고 할 수만은 없을 것 같다. 노동시간의 단축으로 실업 문제를 얼마나 해결할 수 있을 것인가에 대해서도 수치를 근거로 나름의 계산이 서 있는 것을 보더라도 이들이 막연한 이상만을 추구하려는 태도에 매몰되지 않았다는 것을 알 수 있다.

게다가 이런 생각은 직접행동의 방법과 연결되어 추구되고 있었다. 태업이 가장 좋은 예가 되었다. 신디칼리스트들은 태업을 임금과 노동시간, 실업은 세 마리 토끼를 한꺼번에 잡을 수 있는 방법으로 간주했다. 태업은 매우 평화적이면서도 큰 효과를 낼 수 있는 사보타주의 한 방법으로 간주되었다. 이런 방식의 사보타주는 결국 생산의 축소를 의미했는데, 이는 부정적 의미만을 지닌 것이 아니다. 노동자들은 이 방법을 통해 더 많은 노동자들을 고용하도록 함으로써 실업자는 줄이고 임금은 올리면서 노동시간은 줄일 수 있다는 것이다.[124] 태업은 노동자들이 매우 현실적인 문제를 동시에 해결하도록 하는 직접행동의 한 방법으로 간주되었다.

노동시간을 줄이자는 요구는 한편으로는 실업을 줄이고 임금을 올리는 등 경제적 문제를 해결하기 위한 방편이기도 했지만, 여기에는 또 하나의 의미가 담겨 있었다. 노동시간의 축소는 일자리가 없는 사람에게는 새로운 일자리를 의미함과 동시에 일자리가 있는 사람들에게는 새로운 여가를 의미하는 것이었기 때문이다.[125] 노동시간의 축소는 노동자들에게 더 많은 여가 시간과 생각할 여유와 행동할 시간을 가져다줄 것이다. 만은 "노동시간을 줄여라, 그리고 (노동)계급의 여가와 즐거움을 확보하라"고 명쾌하게 주장한다.[126] 신디칼리즘이 제기한 이론에는 여가에 대한 정치한 분석은 없지만 사실상 신디칼리스트들이 노동과 함께 여가를 추구했다는 점은 그들이 노동에만 묶여 있는 노동자상을 추구하지 않았음을 시사한다. 이것은 곧 그들이 삭막하고 단조로운 삶에서 벗어나

기쁘고 즐거운 삶을 추구하는 데 관심을 가졌다는 것을 의미한다. 그러기에 만은 경제적 상황이 좋아진다면 노동자들은 스스로 예술가와 음악가들을 배출해 낼 뿐만 아니라 그들 스스로가 예술가가 될 것이라는 생각을 피력했다. 『광부들의 다음 단계』에서도 노동자들이 여가를 쟁취한 상태를 신디칼리즘 운동 결과 나타나는 대안적 삶의 모습으로 그리고 있는 점을 확인할 수 있다.[127]

임금인상과 노동시간의 축소와 같은 주장에서 우리는 신디칼리스트들의 전략이 매우 현실적이었다는 점을 확인할 수 있다. 그리고 이런 노력들은 산업연대의 직접적이고도 자연스러운 결과로 간주되었기 때문[128]에 '연대'라는 끈과도 단단히 연결되어 있음을 확인할 수 있다. 연대를 통해 실질적 이익추구가 확보되며 실질적 이익추구의 확보는 연대를 강화시킬 것이다. 한 가지 더 지적할 것은 현실적 이익추구와 장기적 목표 사이의 관계이다. 앞에서 살펴본 바와 같이 실업문제와 같은 부분에 대해 신디칼리스트들은 매우 계산적이며 합리적인 대안을 제시한다.

그러나 이러한 현실적인 주장이 노동자들의 산업통제라는 신디칼리스트의 장기적인 목표와 분리된 것은 아니다. 만은 노동자들은 바로 이 '노동시간의 규제'에서 산업통제에 대한 진정한 열쇠를 발견할 수 있다고 보았다.[129] 나아가 바우만은 실업자를 없애기 위한 노동시간의 규제 자체를 혁명으로 간주해 신디칼리스트 전략에 접합시켜 버렸다.[130] 신디칼리스트들은 노동시간의 축소와 같은 현실적인 요구와 노동자 산업통제라는 장기적인 목표를 함께 연결시켜 추구한 것으로 보인다. 그것이 바로 '잠식해 들어가는 통제(encroaching control)'라는 경구가 의미하는 것이었다. 더 멀리 있는 목표를 달성하기 위해 그 시작점으로 간주한 곳에 실업을 없애려는 노력, 하루 6시간 노동, 주 5일 근무, 최저임금의 주장[131]과 같은 매우 실질적이고 구체적이며 현실적인 요구들이 있었음을 잊어서는 안 될 것이다.

5. 맺음말

이상에서 살펴본 신디칼리즘의 방법론에 대해 다음과 같은 사항을 정리해 볼 수 있을 것이다.

첫째로 신디칼리스트들이 의도하는 변화가 일어나기 위해서는 분파적인 노동자 조직 사이에서 산업을 단위로 하여 연대가 이루어져야 했다. 그 연대는 직능별 조합들이 각 직능의 이해관계를 뛰어넘는 것이며, 숙련공과 비숙련공들의 반목, 육체노동자와 사무직 노동자의 분리, 정규직 노동자와 일용직 노동자의 구분을 뛰어넘는 것이었다. 그리고 이러한 노력은 타 계층에 대한 상대적 이익 확보라는 차원이 아니라 사회 전체 이익을 위한 산업통제라는 좀 더 넓은 전망을 염두에 두고서 추구되는 것이었다. 이것은 신디칼리스트들이 노동운동을 노동자들의 집단이기주의적 차원을 뛰어넘는, 보편적 가치를 구현시킬 수 있는 사회운동으로 격상시키려 했다는 점을 보여준다.

둘째로 신디칼리스트 운동은 방법론에서 매우 실용적인 측면을 지니고 있었다. 그것은 그들이 임금과 노동 시간의 문제를 운동의 중요한 과제로 삼고 있었다는 점에서 드러난다. 특히 노동시간을 줄이는 문제는 실업을 해결하고 실질임금을 증가시키며 기계 도입의 문제를 건설적으로 해결하고, 노동자들의 여가를 증진시킨다는 다중적 목적을 지니고 있었다. 그러므로 신디칼리스트 운동이 공허한 구호를 외치거나 보이지 않는 추상적인 목표를 추구한 것이 아니라 실제적인 이해관계에 관심을 가지고서 가장 효과적인 방법을 찾으려 했음을 보여준다.

셋째로 신디칼리즘에는 간섭과 지시를 거부하고 개별 노동자들의 자발성을 지향하는 요소와 함께 '연대의 추구'에서 나타나는 것처럼 산별노조라는 거대 단일노조를 지향하는 요소가 공존한다. 전자를 두고 신디칼리즘이 가진 원심력이라고 한다면 후자는 구심력이라고 할 수 있다. 기묘하게도 신디칼리즘은 이 두 요소를 동시에 추구한다. 그러므로 신디칼리즘을 분산과 통일을 함께 추구하며 새로운 종합을 이루어나가려 하는 사상으로 이해할 수 있을 것이다. 신디칼리스트들은 자발성에 기초를 두었지만 연대를 통해 거대한 조직으로 묶일 수 있는 노동자 조직을 만들어내려 했던 것이다.

넷째로 신디칼리스트의 운동은 숙련노동자를 중요한 한 축으로 삼고 있기는 하지만 결국 비숙련노동자들과 일용노동자들 그리고 실업자들을 위한 운동이었다. 그들은 고용주만을 상대로 기득권을 버리라고 주장하고 있는 것이 아니라 숙련노동자들을 향해서도 기득권을 버릴 것을 주장하고 있다. 노동자들의 차별화를 지양하는 방법은 산업에 대해 노동자 통제를 주장하는 것과 임금제 폐지 요구 속에서 한 차원 높게 추구된다.

다섯째로 신디칼리스트들은 사회의 더 큰 변화를 염두에 두고 있으면서도 멀리 떨어진 곳보다 그들이 현재 활동하고 있는 작업 현장에서 일어나는 변화를 원했으며, 또 지금 바로 일어날 수 있고 노동자들에게 실제적 이익을 줄 수 있는 구체적인 변화를 만들어내는 데 관심을 가졌다. 그러면서도 또한 그러한 변화가 더욱 확실하고 연속적으로 일어날 수 있는 운동방법을 원했다. 그들의 실용적인 주장과 분파주의를 넘어서는 연대의 추구는 바로 이런 방식의 변화를 이끌어내기 위한 노력이었던 것이다.

1부 페이비어니즘

1장 자본주의에 대한 페이비언들의 역사적 분석

1) S. and B. Webb, *The Decay of Capitalist Civilization*(London, 1923), p. ix.
   자본주의는 산업과 법률의 분야를 넘어서서 다른 분야까지도 포괄하는 넓은 의미를 지닌다. 자본주의는 하나의 문명으로 파악된다. 자본주의 문명이라는 용어를 사용함으로써 자본주의는 어떤 특정 분야의 원리나 원칙에 국한된 것이 아니라 사회생활 전 분야를 망라하는 생활양식 중 하나로 파악되고 있다. 그리스 문명, 로마 문명, 기독교 중세문명 등과 자본주의 문명을 대비시켰다. 같은 책.

2) 같은 책, p. x.

3) S. and B. Webb, *Problems of Modern Industry*(London, 1920), p. 248.

4) Webbs, *Decay*, p. 83.

5) 같은 책, p. 95.

6) 같은 책.

7) 같은 책, p. 96.

8) S. Webb, "Historic," in *Fabian Essays in Socialism*, 6th ed., ed. B. Shaw(London, 1962: 초판 London, 1899), p. 71.

9) Webbs, *Decay*, p. 96.

10) 같은 책, p. xiii.

11) 같은 책, p. 97.

12) 같은 책, p. 99.

13) 같은 책, p. xv.

14) 같은 책, p. 5.

15) 같은 책, p. 15.

16) 같은 책, p. 15.

17) B. Shaw, "Introduction," *Fabian Essays*, p. 21.

18) B. Shaw, *The Case for Equality*(New York), p. 59.

19) B. Shaw, "On Driving Capital out of the Country," *New Age*, 31(Oct. 1907) in *Practical Politics*, ed. L. Hubenka(London, 1976), p. 81.

20) Webbs, *Decay*, p. 28.

21) 같은 책, p. 41.

22) 같은 책, p. 50.

23) *The Socialism of Shaw*(London, 1926), J. Fuchs(ed.), pp. 63~64.

24) Webbs, *Decay*, p. 52.

25) 같은 책, p. 51.

26) 같은 책, p. 54.

27) 같은 책.

28) 같은 책, p. 55; Webbs, *Problems: Preface to the issue of 1902*, p. viii.

29) Webbs, *Decay*, p. 55.

30) 같은 책.

31) 같은 책, p. 112.

32) 같은 책, p. 113.

33) 같은 책.

34) 같은 책, p. 116.

35) 같은 책, p. 117.

36) S. and B. Webb, "Special supplement on state and Municipal Enterprises," *New Statesman* supplement, 8(May 1915).

37) Webbs, *Decay*, p. 119.

38) 같은 책, p. 122.
나아가 자본가들은 정신적 환경마저 황폐화시킨다는 점이 지적된다.
쇼는 다음과 같이 지적한다. "신문은 금권정치의 손에 완전히 장악되어 있다. 나는 이에 대한 근거로 50가지를 제시할 수 있다." Shaw, *The Case for Equality*, p. 56.
정신적 환경을 황폐화시키는 것과 관련해서 페이비언들은 이들이 정신적·지적·예술적 생산을 해내는 데 실패하고 있을 뿐만 아니라 다른 계급이 창조한 것마저도 파괴하고 있다고 지적한다. Webbs, "What Is socialism? XV," *New Statesman*(12

July 1913), p. 461.

39) Webbs, *Decay*, p. 125.

40) 따라서 사회주의는 재산과 권력 관계의 변화만이 아니라 사회적 가치의 변화를 요구했다. '급격한 마음의 변화(radical change of heart)'를 요구했다. Webbs, "What Is Socialism? III," *New Statesman*(26 Apr. 1913); Webbs, *Decay*, p. 124.

41) Webbs, *Decay*, p. 142.

42) 또 하나는 그다지 놀랍지 않으면서도 매우 일반적인 현상으로 쇼는 한 산업에 의한 다른 산업의 착취현상을 들고 있다. Shaw, *Essays in Fabian Socialism*, p. 188. 이런 자본주의 경제현상을 웹은 『산업민주주의(Industrial Democracy)』에서 분석했다.

43) Webbs, *Decay*, p. 206.

44) Shaw Papers, ADD. MSS. 50681. 27~28.

자본주의적 정신으로 말미암아 끊임없는 군비확장과 주기적인 전쟁이 나타나며 이에 따라 군국주의 정신은 더욱더 우세해진다. Webbs, "What Is Socialism? XXI," *New Statesman*(30 Aug. 1913); Webbs, *Decay*, p. 111.

나아가 남성과 여성의 관계, 성인과 아동의 관계 등도 이와 관련해서 왜곡된다고 본다. 페이비언들은 남녀 관계나 부모와 자녀 간의 관계를 자본주의의 발달이 가져온 모순으로 보고 있지는 않으나 이것이 자본주의와 얽혀 있는 사회주의가 해결해야 할 문제라는 것을 인식하고 있다. Webbs, *Decay*, p. xiv.

45) Webbs, "What Is Socialism? I," *New Statesman*(12 Apr. 1913); Webbs, "What Is Socialism? II," *New Statesman*(19 Apr. 1913); Webbs, "What Is Socialism? VIII," *New Statesman*(31 May 1913).

46) Webbs, "What Syndicalism Means," *Crusade*(Aug. 1912).

47) J. M. Winter, *Socialism and the Challenge of War: Ideas and Politics in Britain 1912~1918*(London, 1974), p. 51.

페이비언들은 사적 이윤 동기를 사회적 봉사라는 동기로 대체하는 근본적인 변화 없이는 사회주의 사회의 진정한 도래는 불가능하다는 점을 지적하고 있다. 만약 이런 변화 없이 혁명이 일어난다면 이것은 자본주의 사회 내에서 헤게모니의 이전을 실현시킬 뿐이다. 다른 계층 혹은 계급으로 헤게모니가 넘어가는 것에 불과한 것이지 새로운 문명으로서의 사회주의는 이루어지지 않는다는 것이다.

48) 페이비언들의 사회주의는 곧 협동주의이다. 그래서 그들은 '협동주의공화국'이라는 표현을 사회주의공화국이라는 용어 대신 종종 쓰고 있다. 또 여기서 협동은 문명과 동격으로 쓰인 것이다. Webbs, "What Is Socialism? XI," *New Statesman*(21 June 1913), p. 332.

따라서 그들의 사회주의는 곧 협동에 기초한 하나의 새로운 문명이라고 할 수 있다. 그리고 여기에는 사적 이윤동기 대신에 공공의 봉사라는 동기가 대체해 들어오는 것이다.

2장 페이비언 사회주의의 렌트 이론

1) D. M. Ricci, "Fabian Socialism : The Theory of Rent as Exploitation," *Journal of British Studies*(Nov. 1969), pp. 118, 120.
  리치(Ricci)는 모든 노동당 법률 제정의 근본 바탕에는 렌트 이론이라는 페이비어니즘의 사회이론이 전제된다고 보고 있다.

2) Fabian Tract 15, pp. 4~5.

3) 웹은 『노동조합주의의 역사(History of Trade Unionism)』에서 렌트 이론을 집산주의 경제의 초석이라고 언급해 그 중요성을 강조했다. Webbs, *The History of Trade Unionism*(London, 1920), p. 162.
  '렌트(rent)'와 '잉여가치(surplus value)'는 동의어로 쓰이고 있다. Webbs, "What Is Socialism? XII," New Statesman(28 June 1913), p. 364.

4) 페이비어니즘의 가치론이 마르크스의 가치론과는 다른 전제에서 출발한다는 것은 다음과 같은 쇼의 고백에서 나타난다.
  "나는 제번스(Jevons) 경제학을 강의하는 윅스티드(Wicksteed) 앞에 앉아 경제학을 공부했다. 내가 자본주의 경제학을 철저히 통달했을 때 나는 추상적 가치이론에 대해 마르크스가 틀렸고 윅스티드가 옳다는 것을 발견하게 되었다." B. Shaw, *Sixteen Self — Sketches*(London, 1949), p. 81.
  쇼는 마르크스 가치이론을 유치한 17세기의 가치이론이라고 비판한다. B. Shaw, "The Solidarity of Social Democracy," *Vorwarts*(1 May 1906).
  또한 쇼는 마르크스 가치이론이 도전받는 이유는 그의 이론이 오직 추상적 인간 노동의 산물로서만 상품을 고려하는 점에 있다고 주장한다. B. Shaw, "Bluffing the Value Theory," *Today 1889. 5* in *Bernard Shaw and K. Marx: A Symposium,* ed. R. W. Ellis(New York, 1930), p. 197.

5) G. J. Stigler, "B. Shaw, S. Webb and The Theory of Fabian Socialism," *Proceedings of the American Philosophical Society*, vol. 10, no. 3, June 1959), p. 469.

6) R. W. Ellis, *Bernard Shaw and K. Marx*, pp. 5~6.

7) G. J. Stigler, "B. Shaw, S. Webb," p. 470.

8) B. Webb, *My Apprenticeship*(London, 1938), p. 489.

9) 같은 책, p. 490.

10) 같은 책.

11) Wolfe, *From Radicalism to Socialism*(London, 1975), p. 79.

12) 같은 책, p. 80.

13) 같은 책, p. 83.

14) 같은 책, p. 85.

15) 같은 책, p. 84.
하지만 마르크스는 조지의 책을 자본주의자의 마지막 피난처라고 비웃었다. A. Freemantle, *This Little Band of Prophets: The story of the Gentle Fabians*(London, 1960), p. 34.

16) Wolfe, *From Radicalism*, p. 86.

17) 같은 책.

18) A. Ulam, *Philosophical Foundation of English Socialism*, Cambridge(1951), p. 73; R. Harrison, "Sidney and Beatrice Webb," in *Socialism and Intelligentsia*, ed. C. Levy(London, 1987). p. 49.

19) Wolfe, *From Radicalism*, p. 93.

20) 그러나 조지(H. George)의 영향력은 매우 컸지만 그것은 토지 문제에 대한 이전의 비판을 결합시킨 것으로 평가해야 할 것이다. P. W. Fox and H. S. Gordon, "The Early Fabians — Economists and Reformers," *Canadian Journal of Economic and Political Sciences*(Aug. 1951), p. 309.
즉 토지독점에 대한 공격은 1860년대와 1870년대에 오길비, 페인 등에게서 계속되었고 스코틀랜드에서는 소작인(crofer)들의 운동에서 나타나고 있다. 밀도 1870년대에 토지개혁운동에 활동적이었으며 체임벌린도 초기에는 이 문제를 이용하고 있다.

21) H. George, *Progress and Poverty*(London, 1879), p. 116.

22) 같은 책, p. 117.

23) 같은 책, p. 118.

24) 고전경제학자들로부터 렌트 개념을 채용했다는 것은 쇼가 *Our Corner*에서 다섯 명이나 되는 고전경제학자의 렌트 정의를 소개하고 있는 것으로도 알 수 있다. B. Shaw, "The Economic Aspect of Socialism: A Paper read to the Fabian Society at Willis's Rooms, on the 5th Oct. 1888," *Our Corner*(1 Dec. 1888), p. 354.
그 다섯 명은 다음과 같다. S. T. Mill, *Principles of Political Economy*, vol. I, Index to chap.xvi(1865): Fawcett, *Manual of Political Economy Book*, vol. II, chap. iii(1876), p. 116: A. Marshall, *Economics of Industry* Book II chap. iii. sec. 3(1897), p. 84: Sidgwick, *Principles of Political Economy* Book II chap. vii(1883), p. 301: General Walker, *Brief*

Textbook of Political Economy chap.ii. sec.216(1885), p. 173.

25) B. Shaw, "Economic," in *Fabian Essays*, p. 38.

26) Fabian Tract 45, p. 8.

27) B. Shaw, "Economic," in *Fabian Essays*, p. 38.

28) 같은 책, p. 39; B. Shaw, "The Economic Aspect of Socialism," *Our Corner*, (1 Dec. 1888), p. 355.

29) 자본의 렌트는 토지 렌트의 연장선상에 놓여 있다. 쇼의 글을 보자. "그 위에 농장이 있는 재산은 렌트를 낳는 토지라고 불린다. 그 위에 철로가 있는 재산은 이자를 낳는 자본이라고 불린다. 그러나 그들이 일단 수입의 원천이 되면 경제적으로 그들 사이에는 차이가 없다." *Fabian Essays*, p. 19.

웹은 리카도의 렌트 법칙은 농업토지에서 나아가 모든 생산수단으로 확대되어야 한다고 말한다. S. Webb, 1888, "The Rate of Interest in Notes and Memoranda," *Quaterly Journal of Economics*, vol. 2.

30) S. Webb, "The National Dividend and its Distribution," in *Problems of Modern Industry*, ed. Webbs(London, 1920), p. 219.

그래서 경제적 이자는 리카도의 지대법칙과 유사해진다.

31) Webbs, *Problems*, p. 227.

32) 같은 책, p. 218; S. Webb, "The Rate of Interest and the Laws of Distribution," *Quarterly Journal of Economics*, vol. 2(1887), p. 202.

33) 웹은 '경제적 임금' 개념을 다음과 같이 지적한다. "경제적 임금을 받는 자는 경제적 렌트를 갖고 있지 않으며 자본에 대한 약간의 이자를 가질지 모르나 이것을 무상의 자본과 동등한 것 ─ 도로, 포장, 경찰 등 다른 곳에서도 무료로 제공되는 것 ─으로 간주할 수 있다." Webbs, *Problems of Modern Industry*, pp. 213~216.

경제적 임금(economic wage)은 마르크스가 지적한 자본주의의 불가피한 결과로 나타나는 임금 수준이 될 것이며 리카도의 자연임금 혹은 정상임금과 같은 수준이 된 것이다. S. Webb, "The Rate of Interest and the Laws of Distribution," p. 193.

34) Webbs, *Problems*, p. 220.

35) 같은 책, p. 219.

36) 그러나 실상 이윤은 자본에 대한 보상과는 다른 의미를 갖고 있다. 웹은 다음과 같이 말한다. "이윤 개념은 다소 복잡하다. 이것은 특정한 한 개의 생산수단이 만들어낸 가치를 말하는 것이 아니다. 이것은 능력의 렌트를 포함하고 있을 뿐 아니라 이자와 토지의 렌트도 포함하고 있다." Webbs, *Problems*, p. 215.

37) S. Webb, "Rate of Interest," pp. 200~203.

38) Shaw, *Fabian Essays*, p. 41.

39) Fabian Tract 5, p. 7; S. Webb, "The Economics of a Positivist Community," *The Practical Socialist*(Feb. 1886).

40) Shaw, *The Intelligent Woman's Guide to Socialism*(London, 1937), p. 331.

41) S. Webb, *The Works Manager Today: An Address Prepared for a Series of Private Gatherings of Works Managers*(London, 1918), pp. 2~4.

42) 토지, 자본, 노동은 모두 '수확체감의 법칙'을 따르며 '한계경작'에 의존하고 있다고 보고 있다. Webb, "National Dividend," p. 223.

43) Fabian Tract 146, p. 15.

44) 경제적 임금의 존재로 말미암아 어떤 생산수단이든 재임대 현상이 몇 번이고 일어나게 되는 것이다. 쇼는 토지의 렌트에서처럼 재임대되는 경우를 다음과 같이 들고 있다. "2파운드를 주면서 복사하는 사람에게 복사를 부탁하면 선불 5실링을 받고는 그것을 제3자에게 1파운드 15실링에 다시 부탁한다. 이 사람은 1실링 6펜스를 선불로 받고 1파운드 13실링 6펜스에 다시 부탁한다. 계속되어 결국 5실링까지 나아가게 되는 것이다." 여기서 5실링은 경제적 임금인 것이다. Shaw, Fabian Tract 107: Socialism for Millionaire(London, 1901), p. 94.
   이는 몇 번이고 재도급 과정에서 생기는 렌트 발생 현상을 잘 설명해 준다.

45) Ricci, *Fabian Socialism*, p. 107.

46) McBriar, *Fabian Socialism and English Politics*(London, 1962), p. 40.

47) Ricci, *Fabian Socialism*, p. 100.

48) 같은 책.

49) S. Webb, "The Economic of a Positivist Community," *The Practical Socialist*(Feb. 1886).

50) S. Webb, "Some Economic Errors of Socialists and Others," *The Practical Socialist*, vol. 2, no. 15(Mar, 1887), p. 33.

51) Fabian Tract 146, p. 11.

52) 같은 책.

53) 같은 책.

54) 쇼는 다음과 같이 말한다. "아치의 쐐기들은 다른 부분의 재료와 동일하지만 가장 중요한 부분을 이룬다. 그 중요성은 단지 그것의 위치에 의해 부여되는 것이다." Fabian Tract 146, p. 14.

55) Fabian Tract 146, p. 15

56) 같은 책, p. 12.

57) Shaw, *Intelligent*, p. 337.

58) Fabian Tract 5, p. 7.

59) 같은 책.
   그러므로 높은 임금을 받는 노동도 모두 착취에 해당하는 것이다. Fabian Tract
   45, p. 10.

60) Shaw, *Intelligent*, p. 341.

61) 쇼는 다음과 같이 지적한다. "만약 한 화가가 초상을 그려주고 2,000파운드를
   받는다고 하자. 그런데 금전적 자극이 약해졌다 해서 그가 그림 그리기를 거부할
   것인가? 만약 50파운드가 시장의 최고가격이라면 2,000파운드 대신 50파운드를
   받고서도 똑같이 훌륭한 초상을 그릴 것이다." B. Shaw, "On Mr. Mallock's Proposed
   Trumpet Performance," *Fortnightly Review*, LV(1894), p. 480.

62) S. Webb, *Manager*, p. 157; Shaw, *Intelligent*, p. 339.

63) B. Shaw, "What about the Middle Class," *Daily Citizen*(18 Oct. 1912).

64) S. and B. Webb, *A Constitution for the Socialist Commonwealth of Great Britain*(London,
   1920), p. 351.

65) 같은 책.

66) 따라서 사회봉사의 동기에 응답해야 할 첫 번째 사람들은 특별한 능력을 지닌
   사람들이어야 했다. Webbs, 1913, "What Is Socialism? XII," *New Statesman*(28
   June), pp. 365~366.

67) 그래서 체임벌린의 '3에이커와 소 한 마리씩'을 갖게 하자는, 예컨대 소토지 보유농을
   확대시키자는 주장에 대해 페이비언들은 한사코 반대하는 것이다. McBriar, *Fabian
   Socialism*, p. 27.

68) 웹은 다음과 같이 말한다. "우리는 불가피하게 거대한 생산군단에서 봉사할 수밖에
   없다. 우리가 이 봉사를 회피할 수 있는 기구가 있다고 생각하는 것은 어처구니없는
   환상이다." Webbs, "What Is Socialism? XIX," *New Statesman*(16 Aug, 1913), p.
   591.

69) Shaw, *Intelligent*, p. 21.

70) Wolfe, *From Radicalism*, p. 192.

71) Shaw, *Intelligent*, p. 19.

72) Fabian Tract 51; *Socialism: True and False*, p. 4.
   웹은 "렌트 법칙을 회피할 수 있는 어떤 방법에 대한 신념도 갖고 있지 않음"을
   분명히 했다. Shaw, *Intelligent*, p. 341.

73) Ricci, "Fabian Socialism," p. 119. 그래서 렌트 이론은 마르크스주의와 무정부주의를

반대하는 이론적 근거가 되고 있다. 렌트를 걷어내는 기구가 없다면 불평등은 렌트라는 형태로 곧 다시 나타날 것이다. N. and J. MacKenzie, *The First Fabians*(London, 1979), p. 112.

74) Fabian Tract 39, p. 10; Fabian Tract 84. Shaw, *Intelligent*, p. 341. 과세는 부분적으로 성공할 뿐이다.

75) Fabian Tract 10. ≪새로운 정치가(New Stateman)≫에서도 과학이 처방하는 사회적 평등에 대한 두 개의 실현 가능한 접근 중 하나로 힘들고 불완전한 방법이기는 하지만 과세를 제시하고 있다. Webb, "What Is Socialism? XII."

76) Shaw, "Socialist Politics," in *Practical Politics*, ed. Hubenka, p. 96.

77) Webb, "What Is Socailism? XII," p. 364.

≪새로운 정치가(New Stateman)≫에서 직접적이고 좀 더 완전한 방법으로 제시된 공공행정의 수단이 곧 이를 지칭하고 있는 것이다.

78) Fabian Tract 15, p. 4.

79) 페이비언들도 과세의 방법이 평등에 접근하는 다소 조잡하고 잠정적인 방법이라는 것을 알고 있었다. Webb, "What Is Socilaism? XII," p. 364.

그러나 그렇다고 하여 페이비어니즘이 복지국가 이론을 제시한 것으로 보기는 곤란하다. 그들의 점진주의적 방법이 복지국가를 페이비어니즘의 일부분으로 정당화시켰을 따름이다. 이미 자유당 집권기에 사회주의가 사회의 한 부분을 구성한다고 관찰되었듯이 복지국가의 경우도 그와 같이 사회주의적 요소가 존재하는 것이다. 따라서 이것은 사회주의로의 도정에 있는 하나의 단계로 간주된다.

3장 페이비언 사회주의의 소비자민주주의와 산업통제론

1) 토지나 자본의 재분배는 아무 의미가 없다. 토지나 가옥을 분배함으로써 평등이 이루어지지는 않는다는 것은 지적할 필요조차 없다. 렌트 법칙은 이것이 환상이라는 것을 경고하고 있다. Webbs, 1913, "What Is Socialism? XIX," *New Statesman*, 16 Aug, p. 591.

페이비언의 사회주의는 단순히 부를 재분배하는 것을 의미하는 것이 아니다. 이것은 산업화된 세계를 전제로 하며 평등한 구조가 지속될 수 있는 정교한 조직과 제도를 만들어내는 것을 의미하였다. G. B. Shaw, 1932, "The Transition to Social Democracy," in *Essays in Fabian Socialism*, ed. Shaw(London), p. 46.

2) Webbs, *A Constitution*, p. xxxix.

3) Fabian Tract 69, p. 15.

4) 같은 책, p. 18.

5) Webbs, *Industrial Democracy*(London, 1897); Webbs, *Constitution*, p. XXXIX; Webbs, "Special Supplement on the Cooperative Movement," *New Statesman* supplement, 30 May 1914, p. 30.

6) Webbs, *Constitution*, p. 149

7) Webbs, "Special supplement on cooperative production and profit sharing," *New Statesman* supplement(Feb. 1914), p. 1.

8) 같은 책.

9) Webbs, *Constitution*, p. 150.

10) 같은 책.

11) 같은 책, p. 93.

12) 같은 책, p. 151.

13) B. Webb, *The Co-operative Movement*(London, 1891), p. 189.

14) 페이비언들은 시민과 소비자를 동격으로 파악하고 있다. 그래서 시민-소비자 (citizen-consumer)라는 표현을 공공연히 쓰고 있다. 이것은 시민혁명을 통해서 나타난 인간의 보편적인 지위인 시민의 지위와 산업혁명을 통해 나타난 보편적인 지위인 소비자의 지위가 같은 범주에 있다고 보는 것이다.
    이것을 통해 알 수 있는 것은 페이비언들이 시민사회의 원리를 폐기하려 했다고 볼 수는 없다는 것이다. 오히려 그들은 정치적 측면에서 관철된 시민사회의 원리를 경제적 측면에까지 관철시키려 했던 것으로 볼 수 있다.

15) Webbs, *English Local Government*, vol. IV(London, 1922), p. 428; Webbs, *English Local Government*, vol. II(London, 1908), pp. 403~404.

16) 부분적으로는 다른 이해관계와의 마찰도 제시되고 있다. 한 예로 산업통제를 둘러싸고 고려해야 할 이해관계로 미래 세대의 이해도 제시되고 있다. 맑은 공기, 깨끗한 물, 손상되지 않은 자연경관 등을 유지하는 것과 그것을 값싸게 지금 마구 이용하는 것 사이의 갈등은 현재 소비자의 이해와 사회의 영구적인 이해 사이의 균열인 것이다. Webbs, *Constitution*, p. 151.

17) 웹 부부는 산업사회는 생산자와 소비자 사이에 일어나는 이해충돌을 특징으로 한다고 주장했다. 따라서 그들의 생각은 마르크스의 산업사회 분석과는 정면으로 배치되고 있다. J. M. Winter, *Challenge*, p. 33.

18) 비에트리스는 1833~1834년의 짧은 혁명운동인 전국연합노조(Grand National Consolidated Trade Unionism)도 각 노조를 국영회사(National Company)로 변화시킬 것을 선언한 것으로 파악한다. 즉 농업조합은 토지를 장악하고, 광부는 광산을 장악하고, 직물노조는 공장을 장악하자는 것이다. B. Webb, *Apprenticeship*, p. 423.

19) Webbs, "Co-operative production and Profit-Sharing," *New Statesman* supplement(14 Feb. 1914), p. 15.

20) B. Webb, *Apprenticeship*, p. 428.

21) Webbs, Profit-Sharing, p. 29.

22) 같은 책.

23) Webbs, *Problems*, p. 196.

24) Webbs, Profit-Sharing, p. 30; Webbs, "What Is Socialism?" XI, *New Statesman*(21 June, 1913), p. 334.

25) Webbs, "Profit Sharing," p. 18.

26) 같은 책, p. 22.

자치 작업장은 임금 노동자들에 의해 시작된 반면 이윤 분배는 중간계급 고용자들에 의해 만들어진 것으로 보고 있다. Fabian Society Papers B 1/9 1912 1021, pp. 3~9.

27) Webbs, "Profit Sharing," p. 21.

28) 같은 책.

29) 같은 책, p. 24.

30) 같은 책, p. 23.

웹 부부가 이윤 분배나 협동 경영의 계획을 거부한 것을 두고 이들이 산업에서 차지하는 노동자의 지위 문제를 무시했기 때문이라고 보는 이도 있다. 그러나 이는 그리 타당한 생각이 아니다. 웹 부부가 이윤 분배를 거부했던 것은 산업에서의 노동자의 지위를 무시해서라기보다는 그것이 그들이 생각한 산업통제 양식에서 벗어난 것이기 때문이었다. J. M. Winter, *Challenge*, p. 38.

31) Webbs, "Profit Sharing," p. 28.

페이비언들은 노동조합을 자본주의 독재에 대한 반란기관으로 간주했다. 페이비언들은 이것으로 인해 야기되는 변화를 이미 인식하고 있었다. 영국 산업의 많은 부분이 혼합된 통제체제 아래 놓여 있다는 것을 지적했다. 노동조합의 성장, 또 한편으로는 공장법이나 광산법과 같은 국가의 규제가 어떤 산업에서는 '삼중통제'로 불리는 통제양식을 만들어냈다고 비에트리스는 지적한다. Fabian Society Papers B 1/9 21 Oct. 1912, pp. 3~9.

32) Webbs, "What Syndicalism means," *Crusade*(Aug. 1912).

33) Webbs, "Profit Sharing," p. 29.

34) 같은 책.

35) Webbs, *Constitution*, p. 162.

생산자민주주의가 산업통제의 방법으로 부적당하다는 생각은 1920년의『근대 산업의 문제(Problems of Modern Industry)』의 개정판 서문에서 1892년의 생각과 변함이 없다는 것이 확인되고 있다. Webbs, *Problems*, preface, p. viii; Webbs, "What Is Socialism? XX," *New Statesman*(23 Aug. 1913), p. 622.

36) S. Beer, "Introduction" in *Constitution for the Socialist Commonwealth of Great Britain*, Webbs(London, 1975), p. xv.

37) Webbs, *Constitution*, p. 154.

38) Webbs, "What Syndicalism means," *Crusade*(Aug. 1912).

39) Webbs, *Constitution*, p. 30.

40) Webbs, "What Is Socialism? VII," *New Statesman* supplement(24 May 1913), p. 205.

41) Webbs, "Co-operative Movement," *New Statesman* supplement(30 May 1914), p. 1.

42) 웹 부부는 끊임없는 분파적 이기심과 배타성에 의해 나타나는 위험에 대해 쓰고 있다. 특히 육체노동자 그룹의 이기심에 대해 지적한다. 그들은 조직된 그룹의 이기심이 고대 카스트 제도나 중세 길드, 그리고 근대 사회에서도 드러나는 역사의 교훈이라고 보고 있다. 따라서 산업에 세워진 자치 정부는 생산자 그룹이 서로를 착취하고, 더 나아가 소비자의 공동사회를 착취하도록 생산자 그룹에 백지 수표를 넘겨주고 있다. Anthony Wright, "Fabianism and Guild Socialism," *International Review of Social History*, vol. 23, no. 2(1978), pp. 230~231.

43) B. Webb. *Co-operative Movement*(London, 1891), p. 167.

44) Webbs, *Problems*, p. 203.

45) Webbs, "Profit Sharing," p. 21.
과거에 생산자 연합이 계속 실패했던 이유는 그것이 적절한 노동규율을 유지할 수 없었고, 필요한 시장 지식을 지니지 못했으며, 변화에 대한 적응력을 갖지 못했기 때문으로 본다. Webbs, 1912, "What syndicalism means," *Crusade*(8 Aug.) pp. 145~148.

46) Webbs, "Profit Sharing," p. 21.

47) 같은 책, p. 30.

48) 같은 책, p. 21.

49) 이것에 기초하지 않은 어떤 다른 조직도 공공의 이익이 요구하는 방식으로 산업이 수행되는 것을 보장하지 않는다고 보고 있다. Webbs, "What Is Socialism? XX," *New Statesman*(23 Aug. 1913), p. 623.
이런 생각에는 페이비언의 가치론도 전제되어 있다고 보아야 한다. 웹은 다음과 같이 지적한다. "이윤과 가치의 증식은 누구에게 속하는가? 이윤은 국민의 소비에 의해 만들어졌다. 따라서 소비자가 이윤을 가져야만 한다." S. Yeo, "Three Socialism-collectiveism, statism and associationism," in *Socialism and the Intelligentia*, ed. C. Levy, p. 231.

50) 페이비언들이 개방된 소비자 조직에 주목한 데에는 또 하나의 중요한 배경이 있었다. 그것은 바로 대량소비가 가능해짐에 따라 소비자라는 집단 개념이 가능해진 산업사회의 생활 조건이었다. 페이비언들은 특정 상품이 특정인을 위해 생산되는 것이 아니라 대개의 생산이 소비자로서의 지위를 갖는 모든 이들을 대상으로 하여 이루어지는 산업사회의 조건에서 소비자 조직의 가능성을 발견한 것이다.

51) Webbs, *Problems*, p. 202

52) Webbs, "Profit Sharing," p. 30.

53) 같은 책.

54) Webbs, "What Is Socialism? X," *New Staesman*(14 June, 1913).

55) Webbs, "Profit Sharing," pp. 28~29.

56) Webbs, *Problems*, p. 203.

57) Webbs, *The Consumer's co-operative movement*(London, 1921), p. 383.
    웹 부부는 영국의 민주적 소비자 조직의 활동을 소비자협동주의로 보았다. 그러나 여기서 소비자협동주의는 단순한 소비자 협동조합의 활동을 넘어서서 자치시와 국가를 포함하는 페이비어니즘의 산업질서를 포괄하고 있다.

58) 같은 책, p. 383.
    그러므로 페이비언들이 생각하는 민주주의는 다음과 같이 세 가지로 나누어진다고 할 수 있다. 시민민주주의, 소비자민주주의, 생산자민주주의가 그것인데, 시민 민주주의는 그것의 제도로 중앙정부와 지방정부를 가질 것이며 소비자민주주의는 협동조합을 가지고 생산자민주주의는 노동조합과 전문가 조직을 가질 것이다. 그러나 중앙정부와 지방정부에 정치조직의 의미보다는 재화와 서비스를 제공하는 경제조직의 의미를 더 크게 부여함으로써 그것은 소비자들의 조직으로 인식되고 있으며 소비자민주주의와 생산자민주주의라는 두 가지로 대별되는 것이다.

59) 웹은 소비자 협동조합의 협동주의에 대해 전 세계에서 발견할 수 있는 가장 완벽한 형태의 민주주의이며 자본주의 연대기에서 발견되는 가장 현저한 성공 케이스로 보고 있다. Webbs, "What Is Socialism? XI," *New Statesman* 21, June 1913, p. 333.

60) Webbs, "Special Supplement on the Cooperative movement," *New Statesman* supplement(30 May, 1914), p. 1.

61) B. Webb, *Apprenticeship*, p. 441.

62) Fabian Tract 15, p. 9.

63) Webbs, "Special Supplement on the Cooperative Movement," p. 2.

64) 같은 책.

  영국에서 초기 협동조합사에 대해 흘요크의 작품, 오웬의 전기, 레드펀의 『C. W.
S. 이야기(The story of C. W. S.)』, 포터의 『영국 협동조합운동(The co-operative move-
ment in G. Britain)』, 존스의 『협동조합 생산(Co-operative Production)』 등을 참고할
수 있다. 소비자를 대표하는 헌정구조의 발전에 대한 배아는 몇몇 자발적 결사에서
발견될 수 있다. 웹 부부는 이것을 영국 외에서 발견해 내려 하고 있는데 이것은
소비자민주주의에 대한 광범위한 발전 경향에 대한 강조에서 나온 것이라 생각된다.
첫 번째 예는 파리(Paris)의 전화사용자 연맹으로 이것은 국가 관리로 인한 억압을
완화하는 데 유용하다는 것이 증명되었으며 두 번째는 역시 프랑스 여행자 클럽으로
이것은 여행자의 다수를 대변하면서 도로, 철도, 교량, 호텔 등 많은 국가와 자치시의
관리에 큰 영향력을 행사했다. Webbs, "State and Municipal Enterprises," *New
Statesman* supplement(8 May, 1915).

65) Webbs, "Special Supplement on the Cooperative Movement", p. 2.

66) 같은 책.

  이것은 생산자로서 협동하려는 욕망에 기초한 것이 아니라 소득을 좀 더 유리하게
지출하려는 소비자로서의 욕망에 기초한 것이다. Webb, *Towards Social Democracy*,
p. 17.

67) Webbs, "Special Supplement on the Cooperative Movement," p. 2.

  협동조합은 방 하나의 가게에서 대형 가게로 성장했고 1851년에는 130개의 협동조합
이 북부 영국과 스코틀랜드에 세워졌다. Webbs, *Cosumer's*, p. 77.

68) Webbs, "Special Supplement on the Cooperative Movement," p. 2.

69) Webbs, *Constitution*, p. 6.

70) Webbs, "Special Supplement on the Cooperative Movement," p.33.

71) 같은 책, p. 2.

72) 같은 책, p. 7.

73) Webbs, *Constitution*, p. 6.

74) Webbs, "Special Supplement on the Cooperative Movement," p. 24.

75) 같은 책, p. 25.

76) Webbs, *Constitution*, p. 6.

77) Webbs, "Special Supplement on the Cooperative Movement," p. 3.

78) 같은 책.

79) B. Webb, *Apprenticeship*, p. 430.

80) Webbs, *Consumer's*, pp. 3~4.

81) Webbs, "Special Supplement on the Cooperative Movement," pp. 3~4.
   끊임없이 회원을 확보하기 위해 그들은 '구매에 따른 배당(dividend on purchase)'이라
   는 방법을 고안해 냈다. 상품의 비용과 소매가격 사이의 차이는 구매자에게 일종의
   할인으로 되돌려주었다(deferred rebate). B. Webb, *Apprenticeship*, p. 429.

82) Fabian Tract 15, p. 9.

83) 같은 책.

84) Webbs, "Special Supplement on the Cooperative Movement," p. 11.

85) 같은 책, p. 34.

86) 같은 책.

87) B. Webb, *Apprenticeship*, p. 422.

88) Webbs, "Special Supplement on the Cooperative Movement," p. 28.

89) 같은 책. p. 9.

90) 같은 책. p. 31.

91) 같은 책, p. 5.

92) 같은 책, p. 33.

93) 같은 책, p. 32.

94) 같은 책. p. 32·29.

95) Webbs, "Special Supplement on State and Municipal Enterprises," *New Statesman*
   supplement(8 May 1915), p. 30.

96) Webbs, *Consumer's*, p. 7.

97) D. E. Nord, *The Apprenticeship of Beatrice Webb*(London, 1985), p. 196.

98) Webb, *Towards Social Democracy*, p. 19.

99) Webbs, "What Is Socialism?: The great Alternative (2) the optimistic view,"
   New Statesman(6 Sep, 1913).

100) 페이비언들은 초기에는 지방정부를 자본가 기업과 경쟁하기 위해 생산을 조직하는
    하나의 수단으로 간주했다. 그러나 곧, 그들은 이것을 재화와 서비스를 제공하는
    하나의 소비자 조직으로 간주하고 있다. Andrew Sancton, "British Socialist Theories
    of the Division of Power by Area," *Political Studies*(1976).
    예컨대 1889년의 「페이비언 에세이(Fabian Essays)」에서는 효율적인 지방정부의
    수립이 사유기업을 대체하기 위해 강조되는 것을 볼 수 있는 것이다. Shaw, *Fabian*

Essays, p. 222.

101) Webbs, *Problems*, p. 200.

102) 법률로 나타난 것은 1835년 자치시기업법(Municipal Corporation Act)이나 협동조
합운동이 1844년을 소급하고 있는 것으로 분석되듯이 이것 역시 그 기원은 소급된다.
Webbs, *Towards*, p. 12.

103) Webbs, *English Local Government* vol. i(London, 1907), p. vi.

104) B. Webb, *Apprenticeship*, p. 442.

105) Webbs, *English Local Government*, vol. iv, p. 439.

106) 같은 책.

107) 같은 책, p. 440.

108) 같은 책.

109) Rev. C. D., Brereton, *The Subordinate Magistracy and Parish System Considered* (Norwich,
1827), p. 9.

이런 성격을 지닌 조합은 19세기 전반부를 통해 주로 농촌에서 계속된 것으로
지적되며 1856년 주경찰(County Constabulary)의 설립이 보편화될 때까지 완전히
없어지지는 않았다고 평가되었다. Webbs, *English Local Government*, vol. iv. p.440.

110) 같은 책, p. 441.

1835년의 자치시기업법(Municipal Corporation Act)이 생산자 연합의 낡은 질서에
종지부를 찍었다고 보고 있다. Webbs, "What Is Socialism? VII," New Statesman,
24 May 1913, p. 204.

111) Webbs, *English Local Government*, vol. iv, p. 441.

112) Webbs, "State and Municipal Enterprises," *New Statesman* supplement(8 May
1915), p. 2.

113) Webbs, *English Local Government*, vol. iii, p. iv.

114) Webbs, "What Is Socialism? VII," *New Statesman*(24 May 1913), p. 205.

115) Webbs, *English Local Government*, vol. iv, p. 444.

116) Webbs, *Constitution*. pp. 8~9.

117) Webbs, "State and Municipal Enterprises," p. 29.

그뿐만 아니라 강력한 지방정부는 종교적 믿음이 사라지고 난 뒤 사회구성원을
결속시킬 대체물로 인식되고 있다. B. Webb, *Apprenticeship*, p. 161.

118) 페이비언 사회주의 운동은 급진주의, 실증주의, 기독교사회주의, 자유주의 좌파
등의 개혁노선의 발전선상에 나타났다는 점이 독특하다. 이것의 점진노선은 영국의
역사적 경험 속에서 탄생한 것이다. 따라서 자유주의, 고전경제학, 공리주의적 노선과

단절되지 않고 있으며 심지어 반종교적 경향도 띠지 않는 것이다. 또, 영국에서는 19세기 전체를 통해 비판적인 사상가들이 계속 나타나고 있는 것을 볼 수 있다. 러다이트(Luddites) 운동가, 벤담주의자, 복음파(Evangelicals), 오웬주의자, 차티스트, 기독교사회주의자, 밀(Mill)주의자, 러스킨, 칼라일 등 비판적인 문사들, 보상케, 리치, 그린, 케어드 등 신자유주의자들은 이런 비판적 사상의 연장선상에서 사회주의도 수용하고 있다.

119) D. Sutton, "Liberalism, State Collectivism and the Social Relations of Citizenship," in *Crises in the British State 1880~1930*, ed. M. Langan and B. Schwarz(London, 1985), pp. 71~72.

120) 피스는 체임벌린이 시장으로 있었던 버밍엄을 시영화의 메카라고 평가했다. E. Pease, *History*, p. 82.

121) A. M. McBriar, *Fabian Socialism*, p. 222.

122) Fabian Tract 10.

123) 같은 책.

124) Fabian Tract 8.

125) S. Pierson, *Marxism and the Origins of British Socialism*(New York, 1973), p. 127.

126) *The Speaker*, 3 Oct. 1891.

웹은 이미 1888년 8월 8일 ≪스타(Star)≫의 '급진적 프로그램(Radical Programme)'을 사회주의자의 요구로서 받아들였다. M. Freeden, *The New Liberalism*(Oxford, 1978), p. 146.

127) 이것은 페이비언들이 40년 뒤에 밝혔듯이 사회주의를 하나씩 하나씩 채택될 실제적인 계획으로 구체화하는 작업을 처음부터 하고 있다는 것을 보여주고 있다. Webb, *Labour Party Conference Presidential Address*(1932)를 살펴보라. 따라서 자본주의로부터 사회주의로의 이전은 연속성을 가지며 19세기의 공장법, 광산법, 주택법, 교육법 등도 자본주의 체제 내에서의 사회주의적 요소의 시작으로 파악되는 것이다.

128) E. Pease, *The History of the Fabian Society*(London, 1916), p. 90.

129) 클라크(W. Clarke)에 따르면 영국에서 일반인들은 1톤의 이론보다 1온스의 실천을 선호했다. W. Clarke, "Limits of Collectivism," *Contemporary Review*, Vol. LXIII(Feb. 1893), p. 266.

1880년대 초 영국인들의 눈에 비친 마르크스주의는 레이(Rae)의 다음 글에 잘 나타나 있다. "영국은 마르크스가 지난 30년 동안 살면서 활동해 온 나라이다. 그의 말은 전 지구상으로 확산되어 나갔고 어떤 나라에서는 정부가 어찌할 수 없을 만큼 크게 울려 퍼지고 있다. 그러나 그것이 공표된 여기 이 나라에서는 그 소리가 거의 들리지 않고 있다." *Contemporary Review*, 1881. 10.

영국에서 마르크스주의는 결국 호소력이 없었고, 그래서 맥브라이어(A. M. McBriar)
는 "1897년까지 영국에서 마르크스주의와 무정부주의(Anarchism)는 거의 죽은 말과
다름없었으므로 더 이상 공격할 가치가 없다"고까지 말했다. McBriar, *Fabian Socialism*,
p. 82.

130) 힌드만(Hyndman)은 혁명의 날을 1889년으로 잡기도 했으나 이것은 주목받지
못했다. G. B. Shaw, "Transition to social Democracy," in *Essays in Fabian Socialism*,
p. 46.

K. Willis, "The Introduction and Critical Reception of Marxist through Britain,"
Historical Journal, 20: 2(1977), p. 441.

131) R. Harrison, "S&B. Webb," in *Socialism and the Intelligentia*, ed. C. Levy(London,
1987), pp. 44~45.

132) W. Wolfe, *From Radicalism*, p. 19.

133) 같은 책, p. 108.

134) G. D. H. Cole, *A History of Socialist Thought*: vol. II 1850~1890(London, 1954),
pp. 387~390; E. Pease, *History*, p. 236.

135) A. M. McBriar, *Fabian Socialism*, p. 347.

136) R. Harrison, "S&B. Webb," p. 44.

137) Fabian Tract 34, p. 3.

138) 같은 책.

139) 같은 책, p. 4.

140) M. Cole, *The Story of Fabian Socialism*(London, 1961), p. 84.

141) Shaw, *Essays in Fabian Socialism*, p. 239.

142) 같은 책, p. 240.

143) Webbs, "State and Municipal Enterprises," p. 7.

144) Webbs, *Constitution*, p. 238.

145) Webb, *Fabian Essays: Historic*, pp. 79~80.

146) Webbs, "State and Municipal Enterprises," p. 32.

147) Webbs, *Consumer's*, p. 432.

148) Webb, *Socialism in England*(London, 1889), pp. 116~117.

149) Webbs, "State and Municipal Enterprises," p. 5.

150) 같은 책, p. 30

151) 같은 책, p. 31

152) 같은 책.

153) Fabian Tract 33, p. 2.

154) Fabian Tract 91, p. 3.

155) 페이비언들의 시영화 주장이 빵, 우유, 주류, 전당포, 도살장, 화재보험 등 교역
부문으로 확대된 시기는 1890년대에 들어서였다. 이는 ≪페이비언 소책자≫ 85,
86, 90, 91, 92, 94, 96 등에서 나타난다.

156) B. Shaw, "A Common Sense of Municipal Trading," in *Essays in Fabian Socialism*,
p. 183.

157) 같은 책. p. 188.

158) 같은 책. p. 196.

159) Webbs, "State and Municipal Enterprises," p. 18.
    자치시가 분배하는 재화는 그 종류에 따라 전혀 무료로 분배되는 경우와 어느
정도의 가격이 부과되는 경우가 있다. Webbs, *Consumer's Co-operative Movement*, p.
433.

160) B. Shaw, "A Commmon Sense," p. 205.

161) Webbs, *English Local Government*, vol. iv, p. 483.

162) B. Shaw, "A Commmon Sense," p. 208.

163) M. Cole, *Story*, p. 148.
    정직한 전문관리의 역할은 매우 강조된다. 술 취하지 않은 경관, 날조하지 않는
서기, 횡령하지 않는 세무서원, 부패하지 않은 공무원, 기만하지 않는 관리들이 필요한
것이다. Webbs, "What Is Socialism? XXII," *New Statesman*(6 sep. 1913), p. 687.
웹이 웰스에게 보낸 편지를 한 번 보자. "미래의 우세한 계급인 엔지니어, 화학자와
함께 훈련된 행정가, 조직하는 전문가 — 화학자나 엔지니어 등 동료들에게 존경받고
경제학과 사회학에 의해 무장된 — 가 존재하게 될 것이다. 당신은 이 계급을 무시하는
듯하다." S. Yeo, "Notes on three Socialisms," in *Socialism and Intelligentia*, ed. C.
Levy(New York, 1987), p. 250.

164) Webbs, *Constitution*, p. 198.

165) Webbs, *English Local Government*, vol. iv, p. 483.

166) Webbs, "State and Municipal Enterprises," p. 31.

167) B. Shaw, "A Commmon Sense," p. 248.

168) Fabian Tract 60, p. 3.

169) 같은 책, p. 9.

170) 같은 책.

171) 같은 책, p. 13.

172) 같은 책, p. 5.

173) 이제까지 일반 시민이 런던의 행정에 참여하는 것은 거의 불가능했지만 1894년 교구의회법(Parish Councils Act)은 전체 상황을 바꾸어놓았다. Fabian Tract 53, 62; A Freemantle, *This Little Band of Prophets*, p. 101.

　또 혼란스런 영국 농촌에 대한 지방정부 제도를 만들어낸 것이다. Pease, *History*, p. 101.

　이 외에도 1888년 영국시의회법(County Council Act), 1899년 런던 정부법(London Govt. Act) 등이 모두 자치시의 발전과 관련된 법이다. Pease, *History*, p. 195.

174) 그런데 각 교구(parish)는 각기 24명에서 120명의 대표를 선출한다. 그런데 런던에는 두 종류의 교구원회(vestry)가 있다. 29개의 큰 교구(parish)에서는(이즐링턴이나 람비스) 교구원회 그 자체가 지역 자치단체가 되고 있다. 지역의회 (District Council)가 되는 것이다. 나머지 47개의 교구는 연합하여 12개의 지역사무국(District Boards of Works)을 형성한다(완즈워드, 스트랜드). 이것이 지역의회(District Council)에 해당하는 것이다. 울위치에서는 지역의회 자치구를 교구회(vestry)라고 부르지 않으며 보건국(board of health)이라 부른다. Fabian Tract 60, p. 5.

175) 같은 책, p. 14.

176) Fabian Tract 67.

　사회화하지 않은 기업은 하나도 남지 않을 것이라는 생각을 할 필요가 없다. 사회화하지 않은 기업도 허용될 것이다. Webbs, *Constitution*, p. 147.

177) *Crusade* supplement(Aug. 1912), p. 152.

178) Webbs, "State and Municipal Enterprises," p. 32.

179) 같은 책.

180) Webbs, *Constitution*, pp. 147~148.

181) McBriar, *Fabian Socialism*. p.233.

182) Shaw, *Essays in Fabian Socialism*, p. 48.

183) Webbs, "Special Supplement on State and Municipal Enterprises," p. 3.

184) 같은 책, p. 2; Webbs, "What Is Socialism? VIII," p. 236.

185) Webbs, *Constitution*, p. 111.

186) 같은 책, p. 13.

187) Webbs, "What Is Socialism? VIII," p. 236.

188) Webbs, *Constitution*, p. 14

189) Webbs, "State and Municipal Enterprises"; Webb, *Towards Social Democracy*(London,

1915), p. 37; Webbs, *Consumer's*, p. 439.

1920년 현재 오직 우체국만이 국유화 방식으로 운영되고 있다고 보았다. Webbs, *Constitution*, p. 168.

190) Webbs, *Constitution*, p. 15.

그래서 7왕국 시리즈(≪페이비언 소책자≫ 119, 123, 125, 126)를 제외하고는 1차대전 말까지 의회를 심각하게 고려하지 않았다는 것이 지적된다. M. Cole, Story, p. 84.

191) Webbs, *Constitution*, p. 15.

192) 페이비언들이 소규모 단위 내에서의 민주주의를 중요시하는 것을 볼 때 이들에게 따라다니는 신성시된 '효율의 가치'는 민주주의를 희생하면서 이루어지는 것이 아니라는 것을 보여준다. A. Sancton, "British Socialist Theories of the Division of Power by Area," *Political Studies*, 24(1976), p. 163.

193) Webbs, *Constitution*, p. 213

194) *The Crusade*(Aug, 1912); L. Radice, *Beatrice and Sidney Webb*(London, 1984), p. 194.

따라서 안전판을 지방정부에서 구하고 있다. 비에트리스는 "나는 안전판은 개인의 행위를 억제할 힘을 가진 강력한 지방정부에 있다고 생각한다. 자신과 그 이웃의 생활을 규제하는 것은 자신이 알지 못하는 것들에 대해 이론화하고 떠드는 것보다는 훨씬 덜 위험한 것이다"라고 말했다. B. Webb, *Apprenticeship*, p. 161.

이것은 획일성과 중앙집권화된 독재에 대한 안전판이었던 것이다. Webbs, *Constitution*, p. 214.

라디스(G. Radice)는 ≪페이비언 소책자≫ 464(1979)에서 공동체 의식, 즉 이웃의 의식이 페이비언 사회주의의 선구자들이 추구한 것이었으며 그것은 현재 새롭게 강조될 필요가 있다는 것을 지적하고 있다.

195) Webbs, *Constitution*, p. 213.

196) 같은 책. p. 214

197) 같은 책. p. 235

198) 각각은 2,000~4,000가구를 포함한다. 구(ward)는 선거와 과세에 대한 지방정부의 기본 단위가 될 것이다. A. Sancton, "British Socialist Theories," p. 163.

199) Webbs, *Constitution*, p. 204.

200) R. Samuel, "The Vision Splendid," *New Socialist*(May 1985), p. 28.

201) Ian Bullock and Sian Reynolds, "Direct Legislation and Socialism: How British and French Socialists Viewed the Referendum in the 1890s," *History Workshop*

Journal(Aug. 1987), p. 28.

202) Fabian Tract 70(London, 1896), p. 5.

203) *Nation*(30 Mar, 1907).

204) Webbs, "Special Supplement on State and Municipal Enterprises," p. 32.
영국에서는 중앙정부와 관련한 지방정부의 영역이 어떠해야 하는가에 대한 고려가
없었다고 웹은 지적한다. 사회주의자는 하나의 중앙정부를 선호한다고 가정하는
것은 오류라고 지적한다. Fabian Society Papers c39.

205) Webbs, *The Crusade*(Aug, 1912).

206) Webbs, "What Is Socialism? XI," *New Statesman*(21 June 1913).

207) Webbs, *Constitution*, p. 15.

208) Webb, *Towards Social Democracy*, p. 15.

209) Webbs, "Expansion of Local Government," *New Statesman*(24 May 1913).

210) Webbs, "State and Municipal Enterprises," p. 14.

211) 같은 책.

212) 즉 지방정부를 희생시키면서 중앙정부의 행정력을 얼마나 증가시킬 것인가에
대한 논의였다. 페이비언들은 전화가 자치시 관할로 들어올 것인가 아니면 중앙정부의
관할에 들어갈 것인가를 두고 체신부 장관과 싸우고 있는 경우를 예로 들고 있다.
Fabian Tract 51, p. 9.

213) Fabian Tract 70, p. 5.
따라서 모든 형태의 경제적 렌트의 전용도 그것이 촌락(parochial)이든 자치시
(municipal)이든 광역권(provincial)이든 전국(national)이든 가장 적절한 공공기구를
통해 이루어져야 한다.

214) 그러면 쇼가 "페이비언협회가 옹호하는 사회주의는 국가사회주의다"라고 발언한
것은 어떻게 해석해야 할 것인가? 여기서 국가사회주의는 "영국에서는 교구의회(Parish
Council이나 vestry)에서 중앙의회에 이르기까지 정교한 민주적 국가기구를 소유하고
있으므로 대륙의 국가에서 보이는 국가와 국민들 사이의 적대는 보이지 않는다"는
전제로 쓰고 있다. ≪페이비언 소책자≫ 72에서는 국가사회주의는 독일인과 영국인에
게 다른 의미를 갖는다고 밝히고 있다. 볼(S. Ball)의 말을 인용해 본다. "국가사회주의가
독일인에게 의미하는 것과 영국인에게 의미하는 것은 다르다. 그리고 애덤 스미스(A.
Smith) 시대에 의미하는 것과 지금 우리 시대에 의미하는 것과는 또 다른 것이다.
후자의 경우에 국가는 그것이 지방적이든, 지역적이든, 전국적이든 집단적 목적을
위해 민주적으로 조직된 사회를 의미하는 것이다." Fabian Tract 72, p. 3, 13; Fabian
Tract 70, p. 5; Shaw, "The Solidarity of Social Democracy," *Vorwarts*, 1(May 1906).

215) Webbs, *Constitution*, p. 236.

216) 같은 책, p. 237.

217) 같은 책, p. 441.

218) 같은 책, p. 442.

219) Webbs, *Constitution*, p. xxxix, p. 92.

220) 산업에서의 소비자민주주의의 개념은 다른 부문에서도 적용될 수 있는 원칙으로 확대될 수가 있다. 예컨대, 어떤 시설물의 경우 소비자민주주의 원칙에 따르면 그것의 주인은 이용객들인 것이다. 그것을 관리하는 자들은 이용객들을 위해 봉사할 뿐이다. 그러나 특정 시설물에서 이들은 관리인이지만 그들은 다른 시설물들을 이용하면서는 주인의 지위를 누릴 수 있게 된다. 즉 관리인으로서 그는 종이 되어야 하나, 소비자로서 그는 주인이 될 수 있는 것이다.

221) S. Pierson, *British Socialists : the Journey from Fantasy to Politics*(London, 1987), p. 314.

222) 자치시사회주의의 정신은 지방정부의 약화를 반대하는 운동 속에 여전히 살아 있다는 것을 확인할 수 있다. Terrins, *100 years*, p. 12.

223) L. T. Hobhouse, *Liberalism*(London, 1964), p. 112.

224) 웹은 자본주의가 갖는 경영능률의 장점은 폐기되지 않았다고 보고 있다. Fabian Society Papers B 1/9 ff.3-9 12 Oct. 1912; Memoranda by B. Webb to Fabian Society Members on the Committee of Inquiry on the Control of Industry; Pugh, *Educate*, p. 124.

225) Webbs, "Profit Sharing," p. 29.

4장 페이비언 사회주의의 새로운 사회구조

1) Shaw, "The Bitter Cry of the Middle Classes," *Tribune*(15 Aug. 1906).

2) 쇼는 노동계급에 대해 "나는 그들의 덕성도 믿지 않으며 지성도 믿지 않는다. ……
나는 노동계급의 친구가 아니다. 나는 노동계급을 종식시키려 하는 만큼 그들의 적이다"고 썼다. Shaw, "The Solidarity of Social Democracy," *Vorwarts*, 1(May, 1906). 유사한 발언은 곳곳에서 발견된다. 다음도 마찬가지다. "월급을 받는 노동자는 중간계급보다 관습과 편견에 더욱 물들어 있다." Shaw, "Athanasian Creed of Fabianism," in *The Socialism of Shaw*, ed. J. Fuchs(London, 1926), p. 7.

3) Shaw, "On Driving Capital Out of The Country," in *Practical Politics*, ed. L. J. Hubenka(London, 1976), p. 71.

4) Shaw, "Socialist Politics," in *Practical Politics*, ed. Hubenka, p. 92.

5) Webbs, *Industrial Democracy*(London, 1897), p. 843.

6) 같은 책.

7) 같은 책.

8) 같은 책, p. 844.

9) 같은 책.

10) 같은 책, p. 845.

11) 같은 책, p. 846.

12) *Fabian News*, 15, vol. 15, no. 9(Aug. 1914), p. 69.

　　1909년의 구빈법보고서에서 아동 양육, 가사일 등의 서비스에 대한 광범위한 사회봉사 기구를 세울 것을 제안함으로써 웹 부부는 기본적 사회단위로서의 가정을 제거하려 했다는 의심을 받고 있기도 하다. J. Harris, B. Webb, *The Ambivalent Feminist*(London, 1984), p. 16.

13) 페이비어니즘은 전문 직업인이 직업 혁명가를 대신했다. 이것이 사회주의 산업통제가 갖게 될 경향이었다. *New Statesman* supplement(30 May 1914), p. 29.

14) 해리스(J. Harris)는 웹 부부의 전문가, 기술자, 훈련된 전문 행정가들을 새로운 사회적 '사무라이' 계층이라고 비아냥거리고 있다. J. Harris, *B. Webb*. p.3.

15) 페이비언들 최대의 이상인 "그들 자신의 절제된 생활방식을 일반화하고 모든 사람이 자신의 사회적 유용성에 대한 감각을 갖게 하는 것"은 바로 이 새로운 계층을 확대시키는 것을 통해서였던 것이다. R. Harrison, "Sidney and Beatrice Webb," in *Socialism and Intelligentsia*, ed. C. Levy, p. 42.

　　그래서 페이비언 사회주의는 노동계급과 중산층에 대한 사회주의적 지지를 함께 얻어내려 하고 있다. 이것이 사회주의 정당을 계급정당이 아닌 국민정당으로 만든 요인이라고 할 수 있을 것이다. 사회주의는 특정 계급의 전유물이 아니며 변화되는 사회의 모든 구성원이 채택해야 하는 생활의 한 양식이었다.

16) Shaw, "A Socialist Program: The Gentle Art," *Clarion*(23 Aug 1907).

17) Webbs, *Constitution*, p. 331.

18) Hubenka, *Practical Politics*, p. xiv.

　　쇼는 그의 사회주의는 젠틀맨(gentleman)으로 구성될 것이라고 보았다. Shaw, "Case for Equality: Mr. Shaw's Part in the National Liberal Club Debate," in *The Socialism of Shaw*, ed. J. Fuchs(London, 1913) p. 83.

19) 프롤레타리아에서 새로운 계층에 들어온 이들로 하디(K. Hardie)와 맥도널드(R. MacDonald)를 들 수 있다. 양자 모두 빈곤한 가정 출신이다. 그러나 이들 모두 자신의 방법으로 존경받고자 했으며 본질적으로 도시생활을 긍정하고 있다. 광부였던

하다는 저널리스트를 거치면서 신분이 상승했다. 맥도널드는 교사생활을 하며 필요한
기술을 습득한 뒤 자유당의 협조를 얻어 초창기 여러 사회주의 조직에 관여하기
시작했다. 레비(Levy)는 이들을 본질적으로는 사회의 중재자들이라고 파악한다. C.
Levy, "Introduction," in *Socialism and Intelligentsia*, ed. C. Levy (London, 1987), p.
21.

반면 상류계층에서 새로운 계층에 들어온 이로는 비에트리스를 들 수 있다. 그녀는
매우 부유한 집에서 태어났으며 그녀의 언니들도 모두 정치가, 기업가 등과 결혼하는
등 전형적인 영국 상류계층에 속했다고 할 수 있다. 그러나 그는 이런 계층의 윤리를
혐오하며 새로운 직업윤리에 자신을 동화시키고 있다.

20) 우생학에 대한 쇼의 생각은 (여자를 만났을 때의 구혼과 결혼의 어려움을 제시한)
평등에 대한 그의 견해를 드러내는 측면도 있지만 그보다는 그의 중산층 의식을
잘 반영하고 있다. 품팔이 여자라 해서 쇼가 결혼할 수 없다고 한 것은 그들이 하층계급과
어울리지 못하는 한계를 드러내며, 귀족가문의 여인이 결혼해 주지 않을 것이라는
생각은 상층계급에 대한 소외감을 드러내고 있는 것이다. 어느 계층에도 속하지
못하는 그들은 상층계급을 끌어내리고 하층계급을 끌어올림으로써 자기 계급으로의
평등화를 실현시키려 하고 있는 것이다. Fuchs, *Socialism of Shaw*, pp. 63~64.

21) Webbs, *Constitution*, p. 292.

22) 페이비언들은 노동자(worker)라는 개념 속에 정신노동자들까지도 포함시킨다. 이런
까닭에 노동자라는 말이 육체노동자만을 지칭하듯 쓰이는 것에 대해 언어의 질병이라
고까지 말한다. 강사, 의사, 과학자들이 모두 노동자에 들어간다고 보고 있다. S.
Webb, *Practical Socialist*, vol. II(June 1887), p. 56.

23) S. Webb, *Towards Social Democracy*, p. 23.

그는 다음과 같이 지적한다. "이제 국가는 루소(Rousseau)나 제퍼슨(Jefferson), 프랭클
린(Franklin)이 생각한 독립생산자들의 민주주의가 아니라 고용된 자들의 민주주의가
된 것이다."

24) Fabian Tract 13.

25) 영(J. D. Young)은 페이비언들이 자신을 노동계급으로부터 소외시켰다고 지적하고
있지만 사실 페이비언들은 끊임없이 노동계급에게 호소했다. J. D. Young, "The
Problems and Progress of the Social History of the British Working Classes,
1880~1914." *Labor History*, 18: 2(spr. 1977).

26) S. Pierson, *British Socialists : The Journey from Fantasy to Politics*(London, 1979), p.
313.

27) *New Statesman* supplement(30 May 1914), p. 32.

28) *Scottish Leader*(4 sep. 1890).

29) 고도로 발전된 산업사회는 복잡한 계서제(hierarchy)의 체계로 나아가게 될 것으로 보고 있다. Webbs, "What Is Socialism? XX," *New Statesman*(23 Aug. 1913), p. 623.

30) Webbs, *Constitution*, p. 149.

31) 같은 책.

32) Webbs, "What Is Socialism? I," *New Statesman*(12 Apr. 1913).

33) 홉스봄은 페이비언들의 사회구성을 둘로 나눈다. 첫째는 사회적 양심에서 자극받은 전통적 중간계급 회원들이다. 둘째는 스스로 전문가가 된(self-made professional) 작가, 저널리스트, 자신의 능력으로 관리가 된 사람들, 전문조직가 등 흥미 있는 집단이다. E. Hobsbawm, *Laboring Men*(London, 1964), pp. 250~269.

34) 비에트리스(Beatrice)의 연구결과는 부스(Booth)의 『런던 시민의 삶과 노동(Life and Labor of the People of London)』에 실렸다. 가족 배경으로 본다면 비에트리스 (Beatrice)는 결코 중간계급이라고 할 수 없다. 아홉 자매 중 여덟 번째로 태어난 그녀의 가정은 전형적인 영국 상류계층에 속했다. 하지만 중간계급의 죄의식을 되뇌며 여기서 벗어나려고 한다. 이에 비해 웹은 전형적인 하층 중간계급 출신이다. 웹은 삼 남매 중 둘째로 태어났다. 그의 할아버지는 켄트(Kent)에서 여관업을 했고 외할아버지는 서포크(Suffork)에서 농사를 지었다. 그의 어머니는 정력적인 여인으로 런던 (London)의 크랜번(Cranbourne) 가에서 부인모자 판매업을 했는데 이 상점의 점원이 바로 웹의 아버지였다. 왈라스의 경우는 지옥 불을 믿는 복음주의자의 아들로 태어났으며 아홉 형제 중 장남이었다. 올리비어(Olivier) 역시 국교회 목사의 아들로 태어났으며 여덟 형제 중 둘째였다. 왈라스와 올리비어는 옥스퍼드(Oxford) 출신으로 왈라스는 대학 강사가 되었으며, 올리비어는 식민성 관리가 되었다. 관료로 들어갈 때 올리비어가 1등, 웹이 2등으로 들어갔다. L. Radice, *Beatrice*, p. 47; M. Cole, *Story*, p. 34; N. MacKenzie, Fabians, pp. 58~60.

35) B. Webb, *Apprenticeship*, p. 436.

36) Webbs, *The History of Trade Unionism*(London, 1920), p. 503.

37) S. Webb, *Socialism in England*(London, 1889), p. 37; Scottish Leader(4 sep. 1890).

38) Fabian Tract 41, pp. 26~28, Webbs, *Decay*, pp. 161~164.

39) 웹은 고도로 진화된 사회의 임금 노동자가 '검은 코트를 입은 프롤레타리아'로 되어가고 있다는 것을 지적하면서 이들을 '소전문가들(minor professional or junior professional)'이라고 지칭하고 있다. *New Statesman* sup., 30(May 1914), p. 5. 구체적으로는 서기, 회계사, 십장, 디자이너, 가게점원, 간호원, 실험실 조수, 시와

국가의 하급 공무원들, 광범위한 경영 기구의 하위직들이 여기에 해당된다고 보고 있다. Webbs, "What Is Socialism? XXII," *New Statesman*, 6(sep. 1913).

그리고 웹 등은 기꺼이 자신들을 '지적 프롤레타리아'라고 부르고 있다. 이들은 중산층이면서 스스로의 지위를 프롤레타리아로 낮춘 지식인들이라고 보아야 할 것이다. Webb, "The New Constitution fo the Labor Party," *Observer*, 2(Oct. 1917).

40) S. Pierson, *British Socialists*, p. 336.

41) 같은 책.

42) D. Smith, "Class Formation in English Society," in *Consciousness and Class Conflict in 19th Century Europe*, ed. J. M. Merriman(1979), p. 250.

43) R. Harrison, "Sidney and Beatrice Webb," in *Socialism & The Intelligentsia : 1880~1914*, ed. C. Levy, p. 61.

44) Webbs, "What Is Socialism? III," *New Statesman*(26 Apr. 1913), p. 76.

45) 따라서 페이비어니즘은 하나의 계층으로서의 프롤레타리아를 옹호하는 이데올로기도 아니며 수공업자나 소작인을 옹호하는 이데올로기도 아닌 것이다. Webb, *Towards Social Democracy*, p. 11.

46) Beatrice Webb, Diary, 15 Mar. 1903 in *The Diary of Beatrice Webb*, vol. II. ed. N. & J. MacKenzie(London, 1984), p. 274.

47) Webbs, *Constitution*, p. 277.

48) 웹 부부는 계급투쟁에 대해 분명한 입장을 취하고 있다고 보아야 한다. 그들은 계급투쟁을 배격하고 이를 계급협동으로 대체시키고 있다. 양극화된 계급투쟁에 대해 통합된 계급협동을 제시하는 것이다. R. Harrison, "Sidney and Beatrice Webb," p. 56.

페이비어니즘은 계급투쟁에 기초하고 있는 것이 아니라 형제애에 기초하고 있다. Fabian Tract 207: *The Labour Party on the threshold*(London, 1923), p. 15.

49) 페이비언들을 중간계급 사회주의자라고 말하는 것에는 오해의 소지가 있을 수 있다. 그들이 중간계급 출신이므로 중간계급 사회주의자라고 말한다면 그것은 마르크스에게도 레닌에게도 카우츠키(Kautsky)에게도 해당되는 것으로 페이비언들에게만 따라다니는 하등 특별한 개념이 되지 못한다. 그러나 이것으로 페이비언들은 중간계급이 주체가 되는 사회를 이룩하려 했다는 것으로 이해한다면 중간계급에 대한 페이비언의 개념을 원용해야 하며 이 개념이 육체노동자를 제외시키지 않는다는 점을 분명히 해야 할 것이다. R. C. K. Ensor, "Permeation" in *The Webbs and their Work* ed. M. Cole(London, 1949), p. 64.

50) Shaw, "Doctor's Dilemma," in *Prefaces* ed. B. Shaw(London, 1934), p. 252.

51) 같은 책.

52) 같은 책. p. 274.

53) 같은 책. p. 272.

54) Fabian Tract 5.

조직화에 대한 거부를 13세기 봉건주의에로의 회귀라고 일축하고 있다. *New Statesman*, 16(Aug. 1913), p. 591.

55) Shaw, "Solidarity," *Vorwärts*(1 May 1906).

56) Beatrice Webb, 27 sep. 1909 in *The Diary of Beatrice Webb*, vol. III. ed. N. & J. MacKenzie(London, 1984), p. 127.

57) S. Webb, *The Consumer's Co-operative Movement*(London, 1921), p. 384.

58) Ayers Brinser, *The Respectability of G. B. Shaw*(London, 1931), p. 42.

59) G. D. H. Cole, "Nationalization and the Guilds," *The New Age*(10 sep. 1914).

60) G. D. H. Cole, "Obituary: B. Webb as an economist," *Economic Journal*, no. 212(Dec. 1943), p. 431.

래스키도 이것을 지적하고 있다. "사회주의는 자유의 가치를 이해하지 못한다는 통렬한 비판을 자주 받는다. 그리고 모든 개성을 상실당하고 또 일상생활을 통제하는 강력한 관료제에 의해 강제될 것이라고 말한다." H. J. Laski, Fabian Tract 216: Socialism and Freedom(1925), p. 3.

61) J. M. Winter, *Challenge*, p. 285.

62) E. Halevy, "Socialism and the Problem of Democratic Parliamentarism," in *The Era of Tyrannies*, ed. R. K. Webb(1967), pp. 191~203.

63) B. Shaw, *Intelligent*, p. 327.

페이비어니즘에서 노동은 항상 육체노동과 정신노동을 같이 가리키는 것으로 사용된다. 생산자도 마찬가지다. 생산자는 항상 '손과 머리에 의한 생산자(producer by hand and brain)'로 표기된다. 따라서 이들이 얼마나 정신노동 혹은 지적 노동에 대한 관심을 표명하였는가를 쉽게 알 수 있다.

64) S. Webb. *Consumer's*, p. 480.

65) S. Webb. *Consumer's*, p. 480.

66) 같은 책.

67) 같은 책. p. 481.

68) 같은 책.

웹 부부는 다음과 같이 말한다. "사회주의자들은 사람이 빵만으로 살 수 없다는 것을 알고 있으며 사람들은 생산자와 전문가로서 자유, 창의력, 존엄성과 권리를 가져야 하는 것이 필수적이라는 점을 알고 있다." Webbs, "What Is Socialism?
VIII," *New Statesman*(31 May 1913), p. 238; "What Is Socialism? XIV," *New
Statesman*(12 July 1913), p. 432; "What Is Socialism? XXI," *New Statesman*(30 Aug.
1913). p. 654.

69) S. Webb, *Consumer's*, p. 483.

70) I. Britain, *Fabianism and Culture : A Study in British Socialism and the Arts*(Cambridge,
1982), p. 53.

71) S. Webb, *Consumer's*, p. 481.

72) Webbs, "What Is Socialism? XVI," *New Statesman*(26 July 1913), p. 493.

73) Webbs, *Constitution*, p. 300.

74) B. Shaw, "The Doctor's Dilemma," in *Prefaces*, ed. Bernard Shaw(London, 1934),
p. 270.

75) 같은 책.

76) 같은 책, p. 273.

77) Webbs, *Constitution*, p. 292.

78) 같은 책, p. 300.

79) 같은 책.
그래서 노동에서 금전적 동기가 제거된다면 노동조합은 왜 새로운 과학을 증진시키지
못할 것인가라고 묻고 있다. Webbs, "What Is Socialism? IX," *New Statesman*, 7
June 1913, p. 269.

80) 동작 연구(Motion Study)가 발전의 유효한 수단이 될 때 그것은 거기에 관련된
노동자들이 그들의 예술을 발전시키려는 순수한 사랑이 있기 때문에 그러한 것으로
보고 있다. Webbs, *Constitution*, p. 301.
그러나 이것은 어디까지나 변화된 직업 세계에서의 주장이며 사적 이윤 동기가
살아 있는 세계에서 이것은 하나의 착취 방법임을 분명히 하고 있다. "미국 고용자들이
과학적 관리라고 부르는 것은 착취의 방법에 불과한 것"으로 단정한다. Webbs,
"What Is Socialism? IX," *New Statesman*, 7 June 1913, p. 268; "What Is Socialism?
XXI," *New Statesman*, 30 Aug. 1913, p. 654; S. Webb and Arnold Freeman, *Great
Britain after the War*(London, 1916), pp. 59~63.

81) Webbs, *Constitution*, p. 301.

82) Webbs, *Consumer's*, pp. 444~445.

83) Webbs. *Constitution*, p. 303.

84) Webbs, *Problems*, p. viii.

85) Webbs, *Consumer's*, p. 486.

86) 같은 책.

87) Webbs, *Constitution*, p. 189.

88) 같은 책, p. 304.
  페이비언들의 바탕에 깔린 사회주의정신은 협동인 것이다. 웹은 다음과 같이 지적한
  다. "우리가 무엇을 하든 협동 정신으로 행하지 않는다면 결코 많은 것을 얻지 못할
  것이다. 영국 사회주의의 창건자는 마르크스가 아니라 오웬(R. Owen)이라는 점을
  기억해야 한다. S. Webb, *The Labor Party on the Threshold* 1923: The Chairman's
  Address to the Labor Party Annual Conference(1923. 6. 26).

89) B. Shaw, *Intelligent*, p. 320.

90) 같은 책, pp. 322~325.

91) 같은 책, p. 328.

92) H. J. Laski, Fabian Tract 216, p. 8; B. Shaw, *Intelligent 1*, p. 322.
  바로 창조적 여가(creative leisure)인 것이다.

93) W. Clarke. "The Limits of Collectivism," *Contemporary Review*, vol. LXIII(Feb. 1893),
  p. 278; Webbs, *Industrial Democracy*, p. 849.

94) 그러나 기계적 노동의 시간이 끝나면 모든 이는 자신의 존재를 추구하는 자유를
  누리게 될 것이다. Clarke, "Limits," p. 273; B. Shaw, *Intelligent*, p. 325.

95) B. Shaw, *Intelligent*, p. 79.

96) Fabian Tract 159.
  이런 생각은 일찍이 「페이비언 에세이(Fabian Essays)」에 나타났으며 최저보장책의
  주장에서 되풀이하여 나타난다. G. Wallas, *Fabian Essays*, p. 183; S. Webb, *Problems
  of Modern Democracy*, p. xxix.

97) Webbs, "State and Municipal Enterprise," *New Statesman* supplement(8 May 1915),
  p. 7.

98) D. Terrins and P. Whitehead, *100 years of Fabian Socialism 1884~1984*(London,
  1984).

99) S. Jones, "Working Class Culture and Working Class Politics in London 1870~1900:
  Notes on the remaking of a working class," *Journal of Social History*(July 1974),
  p. 485.

100) 같은 책.

101) 리치(Ewig Ritchie)의 말은 이것을 잘 보여준다. "이전에 술집에는 사람들이 정치를
  논의하고 그들의 삶을 개선하는 것을 연구하기 위해 모였다. 랭커셔 급진주의자인

뱀포드(Bamford)가 1817년 도시에 왔을 때 노동자들은 런던의 술집에서 주로 정치를 토론하고 있었다. 그러나 그런 것들은 이제 지나가 버렸다."

또 스포츠에 대한 관심으로 축구를 예로 들어 보자. 축구 결승전에 나온 사람은 1888~1889년 기간에는 6,000명으로 추정되나 1895~1896년에는 12,800명, 1903년에는 약 2만 명으로 추정된다. 구경거리는 스포츠에만 국한된 것이 아니라, 예컨대 크리스털 팰리스 브라스 밴드 챔피언십(Crystal Palace Brass Band Championship, 1907)을 7만 명이 관람했다. H. Cunningham, "Leisure," in *The Working Class in England*, ed. J. Benson(London, 1985), p. 143; S. Jones, "Working Class Culture," p. 487.

102) P. N. Stearns, "The Effort at Continuity in Working-Class Culture," *Journal of Modern History*, 52(Dec. 1980), p. 641; S. Jones, "Working Class Culture," p. 487.

103) 가장 현저한 경우로 극장을 들 수 있을 것이다. 1896년 처음 극장이 생긴 이래 1914년까지 영국엔 3,500~4,000개의 극장이 생겨났다. 10만의 인구를 가진 도시는 평균 22개의 극장을 가진 셈이다. 영화관은 빠른 속도로 증가하고 있다. 예컨대 미들즈브러(Middlesborough)는 1907년 오직 두 개의 연극장과 두 개의 뮤직홀(music hall)이 있었을 뿐이나 1911년까지 영화를 상영하는 10개의 뮤직홀을 가지게 된다. H. Cunningham, "Leisure," p. 138.

피아노의 보급 정도에 대해 에를리히(Ehrlich)는 1910년 200~400만 대의 피아노가 있었을 것이라고 추정한다. 이것은 10명 내지 20명당 한 대꼴로 피아노가 있었다는 말이다. 결국 가장 낮게 잡는다 해도 피아노의 소유가 중산층에게만 국한되었다고 볼 수는 없는 것이다. 같은 책. p. 143.

104) B. Shaw, *Intelligent*, p. 165.

웹은 8시간 노동을 옹호하는 1891년의 한 글에서 육체적·정신적·지적인 즐거움을 향유할 새로운 가능성이 매일매일 노동자들에게 열리고 있으나 그 가능성을 이용할 기회는 다수의 노동자들에게 거부되고 있다고 지적했다. Webb, *Fabian Tract 23: The Case for an Eight Hours' Bill*(London, 1891).

105) B. Shaw, *Intelligent*, p. xix.

106) 같은 책, p. 395.

107) 같은 책, p. 396.

108) 같은 책, p. 398.

109) Webbs, *Industrial*, p. 847.

110) Webbs, *History of Trade Unionism*, Appendix VIII, p. 757; Webbs, *Industrial*, p. 847.

111) Webbs, *Industrial*, p. 848.

112) 따라서 왜 웹 부부가 사람의 진정한 노예화는 그가 생산을 하지 않고 있는 동안에 나타난다고 말하고 있는지를 이해할 수 있게 된다. 그는 다음과 같이 지적한다. "육체노동자가 고통을 받는 것은 노동시간 때문이 아니다. 고통은 현재의 빈곤이 그의 여가시간을 활용할 수 없게 제약하는 데 있다. Webbs, "What Syndicalism means," *Supplement to the Crusade 1912*, p. 19; Webbs, *History of Trade Unionism*, Appendix VIII, p. 757.

113) Webbs, *Prevention*, p. 321.

114) 같은 책, p. 321; W. Clarke, "Limits," p. 278.

115) Webbs, *Prevention*, p. 321.

116) 같은 책, 323.
그러므로 벨록의 노예국가에 대한 웹 부부의 반박은 간단하다. 빈곤의 공포에 의해 사람들이 노동하도록 강제되는 사회가 오히려 노예국가가 아닌가 하는 것이다. Webbs, "What Is Socialism XVIII," *New Statesman*(9 Aug. 1913), p. 558.

117) 벨록은 노예국가가 "사람들이 법률에 의해 노동하도록 강제되는 국가이며 그 대가로 사람들은 옛날의 자본주의가 주지 못했던 안전을 누리게 될 것"이라고 보았다. Webbs, "What Is Socialism XVIII," *New Statesman*(9 Aug. 1913), p. 557.

118) Webbs, *Prevention*, p. 320.

119) Webbs, *Industrial*, p. 848.

120) S. Webb, *Towards Social Democracy*, p. 5.

121) B. Shaw, *Intelligent*, p. 405.

122) S. Webb, *Towards*, p. 44.

123) W. Clarke, "Limits," 1893.

124) Webbs, "English Local Government: Imprisonment," in *Prefaces* ed. B. Shaw, p. 311.

125) 같은 책.

126) 같은 책.
웹은 다음과 같이 말한다. "카이사르(Caesar)에게 카이사르의 것을 주었으니 이제 신에게 신의 것을 주어라." 이것이 시민적 자유에 대한 유일한 기초라고 보고 있다.

127) P. Pugh, *Educate*, p. 124; Fabian society Papers, B 1/9 pp. 3~9 1912(BLPES) 유사한 주장이 *New Statesman*(16 Aug. 1913), p. 591에도 제시되고 있다.

128) Webbs, *Constitution*, p. 291.

129) M. Cole, *Story*, p. 93; Fabian Tract 70.

130) M. Cole, *Story*, p. 101; Fabian Tract 72, pp. 11~13.

131) Fabian Tract 219: *Socialism and Standardized Life*, p. 18.

132) Webb, *Fabian Essays*, pp. 50~55.

133) Terrins, *100 Years*.

134) M. Freeden, *New Liberalism*, p. 112.

135) 그러나 전체주의적이라는 비판은 많이 제기되고 있다. 웹의 "로마사에서 개인은 다수에게 냉혹하게 희생되었다. 황제들의 잔인성은 그들의 애국적 정열로 인해 잊힌다. 이 최고의 헌신이 이후의 모든 세대에 지침이 되었으며 의심할 바 없이 로마가 남긴 가장 중요한 유산이다"라는 지적도 이런 요소를 의심하게 했다. S. Webb, "Rome: A Sermon in Sociology," *Our Corner*, vol. 12(1888), pp. 53~64; R. Harrison, "Sidney and Beatrice Webb," in *Socialism & Intelligentsia*, ed. C. Levy, p. 57.

길드 사회주의주의자들이 페이비언들에 가한 기본적인 비난도 페이비언들이 일반인에 대해 근본적인 불신을 가지고 있다는 것이며 그들의 소망에 대한 이해를 별로 하고 있지 못하다는 것이었다. Anthony Wright, "Fabianism and Guild Socialism," *International Review of Social History 23*: 2(1978), p. 229.

메마른 엘리트주의(desiccated elitism), 전체주의라는 주장도 있다. J. M. Winter, *Socialism*, p. 285; R. Harrison, "The Webbs as Historians of Trade unionism," in *People's History and Socialist Theory*, ed. R. Samuel, pp. 322~326.

플린(J. T. Flynn)은 "파시즘(Fascism)과 페이비언 사회주의 사이의 경계는 모호하며 …… 파시즘은 페이비언 사회주의에 독재자를 더한 것"이라고 주장했다. E. D. Butler, *The Fabian Socialist Contribution to the Communist Advance*, p. 32.

136) Webbs, "Imprisonment," p. 318.

137) 같은 책.

138) 같은 책, p. 304.

139) 같은 책.

140) 같은 책, p. 317.

141) 같은 책.

142) 같은 책, p. 319.

143) 같은 책.

5장 페이비언 사회주의의 방법론

1) Webbs, "What Is Socialism? XXII," *New Statesman*(6 sep. 1913), p. 685.

2) Webbs, *Constitution*, p. 98.

3) 같은 책.

4) Fabian Tract 15, p. 15.

5) B. Shaw, *Intelligent*, p. 377.

6) 마찬가지로 자본주의에 반대한다는 것과 사회주의적 주장을 한다는 것도 구별되는 것이다. 자본주의에 대한 저항이 사회주의와는 정반대되는 주장일 수도 있는 것이다. Webbs, "What Is Socialism? XX," *New Statesman*(23 Aug. 1913), p. 623.

7) B. Shaw, *Intelligent*, p. 377.

8) 같은 책.

　혁명에 대한 부정적 태도는 일찍이 1886년 2월 8일 검은 월요일(Black Monday)에 폴 몰(Pall Mall)에서 일어난 폭동, 1887년 11월 13일 피의 일요일에 트라팔가(Trafalgar Square)에서 일어난 폭동의 결과에서 비롯되었다. McBriar, *Fabian Socialism*, p. 17.

9) *Fabian News*, vol. 28, no. 8(July 1917).

10) 같은 책.

11) 샌더스(Sanders)가 영국에 돌아왔을 때 협회는 노병평의회로부터 스톡홀름에서 국제 사회주의 대회를 열기 위한 준비를 논의하기 위해 페트로그라드(Petrograd)에 대표단을 파견해 달라는 요청을 받았다. Pugh, *Educate*, p. 134.

12) Fabian News, vol. 28, no. 8(July 1917); Pugh, *Educate*, p. 135.

13) B. Shaw, *Intelligent*, p. 374.

14) 페이비언들은 혁명의 전통은 자유주의에 뿌리박혀 있다고 보고 있다. 그래서 마르크스주의의 혁명 옹호는 자유주의와 연결되는 것이며 사회주의의 본질적인 속성은 아니라고 파악한다. J. Fuchs ed., *Socialism of Shaw*, p. 15.

15) B. Shaw, *Intelligent*, p. 374.

16) 같은 책, p. 378.

17) 같은 책, p. 376.

18) 같은 책, p. 378.

19) 사회진화론적 입장은 Webbs, "What Is Socialism? XX," *New Statesman*(23 Aug. 1913)에서 뚜렷이 나타난다.

20) Webbs, "What Is Socialism? XX," *New Statesman*(23 Aug. 1913), p. 623.

21) Webbs, *Constitution*, p. 318.

22) 같은 책, p. 320.

23) Webbs, "What Is Socialism?" *New Statesman*(31 May 1913), p. 238.

24) B. Shaw, *Intelligent*, p. 376.

25) 페이비언들은 노예제가 헌정적 방법에 의해 폐지되지 않는다면 폭력에 의해 폐지될

것임을 지배계급에게 설득한 노예 폐지론자들같이, 사회개혁 프로그램이 받아들이지 않는다면 혁명이 그것을 가져올 것임을 지배계급에게 설득시키고 있는 것이다. G. K. Lewis, *Slavery*, p. 263.

26) B. Webb, *Apprenticeship*, p. 405.

27) B. Shaw, *Intelligent*, p. 373.

28) 같은 책.

29) 같은 책, p. 379.

30) 같은 책.

31) S. Webb, *Labour Party Conference Presidential Address*(1923).

32) B. Shaw, *Intelligent*, p. 379.

33) M. Cole, "B & S. Webb" in *Radicals, Reformers and Socialists*, ed. Katanka(London, 1973), p. 240.

페이비어니즘을 엘리트주의라고 비난하는 것은 타당치 않다. 왜냐하면 페이비언들은 아무리 선량한 전문가라 할지라도 그 전문가의 독재를 원치 않으며 아무리 능력 있고 탁월한 자라 할지라도 대중의 동의가 없이는 도덕적 목적이나 물질적 성공을 이루어낼 수 없다고 못 박고 있기 때문이다. 따라서 페이비어니즘이 엄격한 민주주의의 원칙 위에 서 있다는 점을 놓쳐서는 안 된다. Webbs, "What Is Socialism? III," New Statesman(26 Apr. 1913), p. 77.

34) Webb, *Fabian Essays*: Historic, p. 66.

35) Shaw, "Socialist Politics: 1908. 10. 28," in *Practical Politics* ed. Hunbenka, p. 98.

36) *Fabian News*, vol. 35, no. 12(12 Dec. 1924).

37) Shaw, *Socialism at Seventy*(London, 1926), p. 150.

38) Warren Lerner, *A History of Socialism and Communism in Modern Times* (Englewoodcliffs, 1982), p. 62.

39) G. Wallas, *Fabian Essays*, p. 182.

40) E. Pease, *History*, p. 90. 산업의 집산화가 더욱 강화되는 것은 선동가나 간섭하는 정치인들 때문이 아니라 자본주의 산업의 성격에 기인하는 것이다. 자본주의 발전의 결과인 것이다. W. Clarke, "Limits," p. 269.

41) Beatrice Webb, Diary, 27 sep. 1909.

42) 프리맨틀(Freemantle)은 영국을 사회주의화하는데 페이비언들이 썼던 도구는 세 가지가 있었다고 말하지만 그것 이상이었다고 보아야 할 것이다. 그가 지적하는 도구는 다음 셋이다. 노동당, 런던 경제대학, 잡지 ≪새로운 정치가(New Statesman)≫

이다. A. Freemantle, *Little Band*, p. 20.

또 비에트리스의 일기를 보면 학교 기구로서의 런던 경제대(LSE), 선전 조직으로서 페이비언협회, 정치적 도구로서 런던시의회(LCC)의 진보당, 계몽 도구로서 경제적 사실에 대한 창조적인 작업을 변화의 도구로 제시하고 있는 것을 알 수 있다. M. Cole, *Story*, p. 88.

43) *The Scottish Leader*(4 sep. 1890).

44) P. Clarke, *Liberals*, p. 41.

45) *Fabian News*, vol. 25, no. 12(Dec. 1924); P. Pugh, *Educate*, p. 153.

웹은 여기서 1882년 이후의 정치사상에서 눈에 띌 만한 많은 변화가 페이비어니즘에 기인한다고 자신 있게 말하고 있다. 1882년과 비교해 보면 사회주의자가 아닌 자들도 이미 페이비언의 견해를 말하고 있지 않느냐고 지적하는 것이다.

46) 페이비어니즘의 중요한 특징으로 사회혁명에 점잖은 예절 분위기를 부여했다는 점을 지적해 볼 수 있다. B. Shaw, *Socialism at Seventy*, p. 150.

47) Shaw Papers ADD MSS. 50681. (6) The Fabian Society, Election of Executive Committee, 1907~1908.

48) Terrins, *100 Years*, p. 7.

49) P. Clarke, *Liberals*, p. 41.

50) 같은 책.

매싱엄(Massingham)은 그가 1891년 페이비언협회의 회원이 되기 전에 이미 페이비 언화되어 있었다. W. Wolfe, *From Radicalism to Socialism*, p. 310.

51) P. Clarke, *Liberals*, p. 45.

52) 같은 책, 43.

53) Pease, *History*, p. 106.

54) P. Pugh, *Educate*, p. 86; Pease, *History*, p. 170.

55) P. Pugh, *Educate*, p. 28.

56) 같은 책, p. 36.

57) 같은 책, p. 40.

58) M. Cole, "The Fabian Society," *Political Quarterly*(July 1944).

59) 심지어 페이비언협회는 영국인들에게 협회에 가입할 것을 요구하지도 않았다. B. Shaw, Fabian Tract 70: *Report on Fabian Policy*.

60) M. Cole, *Story*, p. 319.

피스 역시 영국 사회주의자들에게 사상의 자유는 페이비언들에 의해 획득되었다고 주장했다. Pease, *History*, p. 237.

61) C. Levy(ed.), *Socialism and the Intelligentsia*, p. 277.

62) *Radicals*, M. Katanks(ed.), p. 254.

63) Fabian Society Papers A 8/4 f37 1890 Runciman Correspondence; Pugh, *Educate*, p. 35.

64) *Weekly Times*(15 Oct. 1893); Pugh, *Educate*, p. 45.

65) Radice, *Beatrice*, p. 92.

66) *Workman's Times*, 25 Nov. 1893; Pugh, *Educate*, p. 50.
    또 한 익명의 페이비언은 ≪노동자의 시대(Workman's Times)≫에서 다음과 같이 침투에 관해 비판했다. "노동계급 급진주의자들은 이제 사회주의에 침투되었다. 회원 다수가 사회주의자가 아닌 급진 클럽이 런던 어디에 있는가? 그러나 클럽 안에서 그들이 무엇을 할 수 있나? …… 기회주의자들인가? 그들은 이제 더 이상 선구자가 아닌가? *Workman's Times*, 15 Oct. 1892.

67) L. J. Hubenka, "Introduction," in *Bernard Shaw: Practical Politics*, p. ix.

68) Beatrice Webb, Diary, 1 Dec. 1903.

69) M. Cole, *Story*, p. 84.
    그러므로 페이비언들은 전부를 얻지 못하면 모두를 포기하는 식이 아니라 최선이 아니면 차선을 택하는 방식을 보여준다. 예컨대 1910년 12월 선거 직전의 보고에서 페이비언 집행부는 노동당이나 사회주의 후보가 있는 곳에서는 이들을 지지하고, 보수당과 자유당이 직접 맞붙는 곳에서는 자유당을 지지할 것을 권고했다. Pugh, *Educate*, p. 100.

70) N. MacKenzie, *Letters of S&B Webb*, vol. II(London, 1978), p. 204.

71) 다음 글이 이런 생각을 잘 보여주고 있다. "민주주의와 결합된 지식의 진보가 바로 끊임없이 발전하는 사회주의인 것이다. Webbs, "What Is Socialism? XXII: the Greatest Alternative-Optimist View," *New Statesman*, 6 sep. 1913.

72) ≪페이비언 소책자≫ 중 많은 부분을 집필한 웹의 기질에 대한 비에트리스의 평가는 다음과 같다. "웹은 대중연설과 대중선동에 대해 혐오감을 가지고 있다. 그는 배후에서 조용히 일하기를 좋아한다. …… 그는 대중에게 인정받기를 즐기지 않는다. 그는 대중 집회에서 터져 나오는 박수에 만족하며 기뻐하지 않는다. 그는 생각하고 고안하며 계획하고 행동을 입안하는 것이다." Beatrice Webb, Diary, 12 Mar. 1911.

73) 페이비언협회는 현재 상태에 대한 정보의 전파에 의해, 혹은 "개인과 사회에 관한 지식의 전파"에 의해 사회를 개선시키려 노력한다는 견해를 공식적으로 표명하고 있다. *Fabian News*(Mar. 1902); J. E. Barker, *British Socialism : Appendix The Fabian society Basic*(London, 1908), p. 496.

비에트리스의 다음과 같은 고백도 이런 방법론을 확인한다. "우리는 생각하지 않는 사람을 사회주의 단체로 조직화하려는 것을 원하는가 아니면 생각하는 사람을 사회주의자로 만들려고 하는가? 우리는 후자의 정책을 믿는다." Beatrice Webb, Diary, 18 Apr, 1896.

74) J. Clayton, *The Rise and Decline of Socialism 1884~1924*(London, 1926), p. 82.

75) Beatrice Webb, *Apprenticeship*, p. 464.

76) 같은 책, p. 465.

77) 같은 책.

78) 같은 책, p. 466.

79) 같은 책, p. 468.

80) 같은 책.

81) 같은 책, pp. 468~469.

82) 따라서 비에트리스에게 사회주의는 사회조사의 방법들을 실제로 실천한 것의 결과였다. 그래서 비에트리스가 도달한 사회주의는 비교조적이며 상대주의적이고, 이론이라기보다는 행동의 도구로 간주되었던 것이다. G. D. H. Cole, "Obituary: Beatrice as an Economist," p. 425.

83) 다른 소책자의 경우도 이런 특징은 두드러진다. "런던 시민을 위한 사실(Facts for Londoners)"의 경우(Fabian Tract 8), 53쪽의 분량에 39개 통계자료가 제시되고 있으며 통계자료가 차지하는 분량은 전체 논문의 40퍼센트에 가깝다. "사회주의자들을 위한 사실(Facts for Socialists)" 외에도 머니(Leo Chiozza Money)의 "부와 빈곤(Riches and Poverty)"이나 전후의 콜린 클라크(Colin Clarke)의 "국민소득과 지출(National Income and Outlay)" 등은 영국 사회주의의 보고를 형성하고 있다. McBriar, *Fabian Socialism*, p. 184.

84) Webbs, *Constitution*, p. 196.

85) Beatrice Webb, Diary, 17 sep. 1893.

86) McBriar, *Fabian Socialism*, p. 183.

87) 같은 책.

88) Engels to Sorge, Jan. 1893, *Marx & Engels Correspondence 1846~1895*(London, 1934), pp. 505~506.

89) 레닌은 그가 시베리아에 유배당했을 때 『산업민주주의(Industrial Democracy)』를 번역했는데 그가 『무엇을 할 것인가(What is to be done)』를 쓰는 데 이 책을 중요하게 이용했다. R. Harrison, "Sidney and Beatrice Webb," in *Socialism & Intelligentsia*, ed. C. Levy, p. 59.

90) 부, 사치에 기인하는 것이라는 주장, 빈곤과 질병에 기인한다는 주장 등이 있었다.
    Pease, *History*, p. 161.

91) 같은 책.

92) 같은 책, p. 183; McBriar, *Fabian Socialism*, p. 185.

웰스는 다음과 같이 쓰고 있다. "협회의 출판물은 우리의 운동에 참여하라고 감정적인
호소를 거의 하지 않고 있으며 우리의 일반 원칙에 대해 효과적인 설명도 거의
하지 않고 있다."

93) S. Pierson, *Marxism and the Origins of British Socialism*, p. 139.

94) Webbs, *Constitution*, p. 78.

95) J. Himmelfarb, "The Intellectual in Politics : The Case of The Webbs," *Journal
    of Contemporary History*, vol. 6, no. 3(1971), p. 3.

96) Webbs, *Industry*, pp. 598, 844, 850.

97) R. Harrison, "S&B Webb," p. 59.

98) G. K. Lewis, *Slavery, Imperialism and Freedom*(New York, 1978), p. 240.

클라이브(J. Clive)는 영국 사회주의를 가슴의 사회주의와 머리의 사회주의로 나누고
있다. 이 중 머리의 사회주의에 페이비언들이 해당된다고 보고 있다. J. Clive, "British
History reconsidered 1870~1914," *American Historical Review*(July 1963), pp. 999~
1000.

99) McBriar, *Fabian Socialism*, p. 186.

100) Webbs, *Industrial*, p. xxxi; S. Ball, Fabian Tract 72, p. 22.

101) B. Webb, *Our Partnership*(London, 1948), p. 16.

102) 코울(M. Cole)도 페이비언들이 마르크스주의자의 신화인 노동가치설과 변증법적
유물론을 거부하는 것 외에 두 개의 중요한 차이점을 보여준다고 지적했다. 그 하나는
점진주의의 불가피성이라 불린 민주주의와 합의에 대한 믿음이며 두 번째는 점진적인
변화의 짐을 감당할 수 있는 제도들을 찾아내려는 노력이었다고 보고 있다. M.
Cole, "Webbs and Social Theory," *British Journal of Sociology*(June 1961), p. 95.
나아가 그녀는 웹 부부의 사회이론을 다음과 같이 요약한다.

① 평등사회로 나아가기 위한 물질적 자산의 공동소유에 대한 믿음.

② 변화를 이룩하기 위해 현재의 제도를 개혁하고 필요한 곳에는 새로운 제도를
만들어낸다는 믿음.

③ 사회주의는 평화적으로 온다는 믿음.

④ 정보를 가지고, 열심히 노력하는 사람들이 이를 실현시키기 위해 필요하고 또
그들이 발견되고 훈련될 수 있을 것이라는 믿음(M. Cole, "Webbs and Social

Theory," p. 96).

103) Webbs, *Methods of Social Study*(London, 1932), pp. 13~4.

104) T. S. Simey, "The Contribution of Sidney and Beatrice Webb to Sociology," *British Journal of Sociology*(June 1961), p. 110.

105) Fabian Tract 69: *Difficulties of Individualism*, p. 3.

106) Webbs, *English Local Government*, vol. I, p. viii.

107) 역사학과 사회학은 웹 부부에게서 통합되고 있다. Himmelfarb, "Intellectual," p. 5.

웹 부부의 『사회연구의 방법(Methods of Social Study)』은 양 학문을 포괄하고 있다. 웹은 역사가 추상화된 'ism'들의 상호작용을 통해 전진해 나가는 것이 아니라는 것을 잘 알았다. 웹은 1894년 '노동조합사'의 서두에서 "우리가 논문에 대한 실마리를 발견하리라 기대한 곳에서 우리는 거미줄을 발견했다. 그 순간부터 우리는 우리가 처음 써야 할 것은 논문이 아니라 역사란 것을 깨달았다"고 쓰고 있다. S. Yeo, "Three Socialisms-collectivism, statism and associationism," in *Socialism and the Intelligentsia*, ed. C. Levy, p. 247.

108) R. Harrison, "The Webbs as Historians of Trade Unionism," in *People's History and Socialist Theory*, ed. R. Samuel, p. 323.

109) 『영국 지방정부(English Local Government)』의 경우 웹은 ① 교구회 필사본 기록(manuscript minutes of parish vestries), ② 지방신문(local news papers), ③ 당대의 팸플릿, ④ 추밀원(privy council), 재무부(Treasury) 등 중앙정부가 지방정부에 대해 내린 결정과 공한들, ⑤ 수천 개의 법령들을 통해 영국 지방정부에 대한 조사를 전개하고 있다.

110) L. Woolf, "Obituary," *Economic Journal*(June/Sep 1943).

111) 페이비언들은 사실과 이론을 밀접히 연관시켜 가설이 증거에 의해 증명되거나 반박되는 과정을 수립하려고 시도하고 있다. T. S. Simey, "Contribution," p. 109.

112) Beatrice Webb, *Apprenticeship*, p. 483.

113) 같은 책.

114) 같은 책, p. 485.

115) 같은 책.

116) 같은 책.

117) 같은 책.

118) B. Potter, "On the Docks," in *Life and Labor of the People*(London, 1902, final edition, poverty series vol. 4), ed. C. Booth.

119) Webbs, *Industrial*, pp. 697~698.

120) B. Webb, *Apprenticeship*, p. 332.

121) M. Cole, "Webbs and Social Theory," p. 95.

2부 신디칼리즘

6장 신디칼리즘의 국가론

1) R. Price, "Contextualising British syndicalism, c.1907~c.1920," *Labour History Review*, vol. 63, no. 3(1998), p. 261.

2) Bob Holton, *British Syndicalism 1900~1914*(London, 1976), p. 203.

3) J. Hinton, *Labour and Socialism*(Brighton, 1983), p. 95.

4) N. Pulantzas, "The Problem of the Capitalist State," *New Left Review*, no. 58 (Nov.~Dec. 1969), p. 68.

5) R. Price, "Contextualising British syndicalism, c.1907~c.1920," pp. 265~266. 이와 같은 견해의 차이는 물론 학자들의 전망의 차이에 크게 기인한 것이다. 예컨대 힌튼의 레닌주의적 전망과 프라이스의 노동자 통제 전망의 차이 같은 것이다.

6) "What is Syndicalism?" *The Syndicalist*(March-April 1912), p. 1.

7) "Workers of the World, Unite!," *The Syndicalist*(May 1912), p. 1.

8) 이 용어는 사회주의 국가에 대비되어 쓰인 것은 아니다. "What is Syndicalism?" *The Syndicalist*, p. 1.

9) W. F. Hay & Noah Ablett, "A Minimum Wage for Miners," *The Industrial Syndicalist*, vol. 1, no. 8(Feb. 1911) pp. 24~25.

10) Tom Mann, "Debate on Industrial Unionism," *The Industrial Syndicalist*, vol. 1, no. 7(Jan. 1911), p. 15.

11) E. J. B. Allen, "Working-Class Socialism," *The Industrial Syndicalist*, vol. 1, no. 5(Nov. 1910), p. 14.

12) Tom Mann, "All Hail, Industrial Solidarity!" *The Industrial Syndicalist*, vol. 1, no. 5(Oct. 1910), p. 4.

13) Fred Bower, "Why Syndicalists Organise by Industry," *The Syndicalist* (March~April 1913), p. 2.

14) "What is Syndicalism?" *The Syndicalist*, p. 1.

15) R. J. Holton, "Syndicalist Theories of The State," *Sociological Review*, vol. 28, no. 1(Feb. 1980), p. 13.

16) K. Burgess, *The Challenge of Labour*(London, 1980), p. 137.

17) 같은 책, p. 145.

18) R. J. Holton, "Syndicalist Theories of The State," *Sociological Review*, p. 11.

19) Geoff Brown, "Introduction," in *The Industrial Syndicalist*(Nottingham, 1974), p. 16.

20) Joe White, "1910~1914 Reconsidered," in J. E. Cronin and Jonathan Schneer(eds.), *Social Conflict and the Political Order in Modern Britain*(London, 1982), p. 82.

21) Joseph White, "Syndicalism in a Mature Industrial Setting: the Case of Britain," in Marcel van der Linden and Wayne Thorpe(eds.), *Revolutionary Syndicalism: an international perspective*(Scolar Press, 1990), p. 110.

22) "What is Syndicalism?" *The Syndicalist*, p. 1.

23) Tom Mann, "The Weapon Shaping," *The Industrial Syndicalist*, vol. 1, no. 9, Mar. 1911, p. 6.

24) '협동주의 국가(cooperative commonwealth)'나 '진정한 국가(true commonwealth)', '노동계급공화국(working-class replublic)', '산업공화국(Industrial Commonwealth)'이 라는 표현이 등장하기도 한다. Joseph White, "Syndicalism in a Mature Industrial Setting: the Case of Britain," *Revolutionary Syndicalism: an international perspective*, p. 113; Frederik van Eeden, "Syndicalism: The Reformation of Socialism," *The Syndicalist*, May 1912, p. 1; E. J. B. Allen, "Working-Class Socialism," *The Industrial Syndicalist*, p. 145.

25) Frederik van Eeden, "Syndicalism: The Reformation of Socialism," *The Syndicalist*, p. 1.

26) Tom Mann, "Debate on Industrial Unionism," p. 50.

27) "What is Syndicalism?" *The Syndicalist*, p. 1.

28) Branco Pribićević, *The Shop Stewards' Movement and Workers' Control 1910~1922*(Oxford, 1959), p. 20.

29) "What is Syndicalism?" *The Syndicalist*, p. 1.

30) "Syndicalism in England," *The Syndicalist*(May 1912), p. 3.

31) Tom Mann, "Syndicalism and the State," *The Syndicalist and Amalgamation News* (March~April 1913), p. 1.

32) W. F. Hay, "The Working-Class and Political Action," *The Syndicalist*(Jan. 1913), p. 2.

33) "What is Syndicalism?" *The Syndicalist*, p. 1.

34) Jack Radcliffe, "Syndicalism and Socialism," *The Syndicalist*(June 1912), p. 1.

35) "Open Letter to the Delegates to the Trade Union Congress at Newport," *The Syndicalist*(Sept. 1912), p. 3.

36) Tom Mann, "Debate on Industrial Unionism," p. 16.

37) 같은 책.

38) Tom Mann, "Forging the Weapon," in H. Pelling(ed.), *The Challenge of Socialism*(London, 1954), p. 212.

39) Chushichi Tsuzuki, *Tom Mann, 1856~1941, The Challenges of Labour*(Oxford, 1991), p. 149.

40) "What is Syndicalism?" *The Syndicalist*, p. 1.

41) Joe White, "1910~1914 Reconsidered," in J. E. Cronin and Jonathan Schneer(eds.), *Social Conflict and the Political Order in Modern Britain*(London, 1982), p. 93.

42) 현실의 국가를 어느 정도 인정하느냐에 따라 영국의 신디칼리즘은 다시 두 경향으로 갈라질 수 있다. 왜냐하면 무정부주의적 신디칼리즘을 구분해 볼 수 있기 때문이다. 이러한 경향은 처음에 스코틀랜드의 블랜타이어(Blantyre) 광부들 사이에서 나타났지만 웨일즈의 무정부주의 광산노조의 선구자였던 샘 메인웨어링(Sam Mainwaring)을 통해 더 잘 알려졌다. 1907년 8월 '직접행동주의자들의 산별노조(Industrial Union of Direct Actionists)'를 만든 가이 알드레드(G. Aldred) 역시 이러한 경향에 기여했다. 그는 만에 비판적이었다. 무정부주의적 신디칼리즘은 상당한 경멸을 받았는데 레닌의 '좌파공산주의-소아병적 질환' — 부분적으로는 갈라처(W. Gallacher)를 향한 것이었다 — 이 나온 이후에 많은 사람들은 이를 레닌의 말처럼 '소아병적 질환(infantile disorder)'의 하나로 여겼다. 당시에는 '소아병적 질환'은 자위에 대한 완곡한 표현이었다. Albert Meltzer, *First Flight: The Origins of Anarcho-Syndicalism in Britain*(London, 1995), pp. 10~12; Hinton, *Labour and Socialism*, p. 94.

43) Tom Mann, "Debate on Industrial Unionism," p. 54.

44) 홀튼은 이 점에서 프랑스 생디칼리스트인 펠루티에가 어느 의미에서는 그람시를 앞서고 있다고 본다. R. J. Holton, "Syndicalist Theories of The State," *Sociological Review*, pp. 6~11.

45) Tom Mann, "A Twofold Warning," *Industrial Syndicalist*, vol. 1, no. 10(April 1911), p. 2.

46) 홀튼은 국가에 대한 영국 신디칼리스트들의 견해는 이 부분에서 가장 두드러진다고 주장했다. R. J. Holton, "Syndicalist Theories of The State," *Sociological Review*, p. 13.

47) C. Watkins, "Conciliation or Emancipation," *Industrial Syndicalist*(Mar. 1911), p. 23.

48) Unofficial Reform Committee of the South Wales Miners Federation, *The Miners' Next Step*, in H. Pelling(ed.), *The Challenge of Socialism*(London, 1954), p. 214.

49) "Open Letter to the Delegates to the Trade Union Congress at Newport," *The Syndicalist*(Sep. 1912), p. 3.

50) J. Wills, "Exposure of Labour Exchange," *Solidarity*(sep. 1913); R. J. Holton, "Syndicalist Theories of The State," *Sociological Review*, p. 14.

51) W. F. Hay, "The Working-Class and Political Action," *The Syndicalist*(Jan. 913), p. 2.

52) E. J. B. Allen, "Working-Class Socialism," p. 11.

53) "Open Letter to the Delegates to the Trade Union Congress at Newport," *The Syndicalist*(Sep. 1912), p. 3.

54) R. J. Holton, "Syndicalist Theories of The State," *Sociological Review*, p. 15.

55) Tom Mann, "All Hail, Industrial Solidarity!" p. 8.

56) E. J. B. Allen, "Working-Class Socialism," p. 11.

57) Tom Mann, "Forging the Weapon," p. 3.

58) Hamish Fraser, *A History of British Trade Unionism 1700~1998*(Hampshire, 1999), p. 124.

59) 억압적 국가기구는 정부·군대·경찰·사법부·행정부를, 이데올로기적 국가기구는 교회·정당·노동조합·학교·대중매체 등을 의미한다.

60) 그럼에도 불구하고 '문화적 지배'의 문제를 체계적인 방식으로 파악하는 데는 실패했음이 지적된다. 홀튼은 프랑스의 펠루티에만을 예외로 인정하고 있다. R. J. Holton, "Syndicalist Theories of The State," *Sociological Review*, p. 19.

61) W. F. Hay, "The Working-Class and Political Action," *The Syndicalist and Amalgamation News*(February 1913), p. 2.

62) N. Ablett, Transcript of Speech 13 Nov. 1912 at Trealaw, Rhondda, reprinted in *Bulletin of the Society for the Study of Labour History*, No.30(Spr. 1975), pp. 31~32.

63) E. J. B. Allen, "Working-Class Socialism," p. 145.

64) Hinton, *Labour and Socialism*, p. 91.

65) Chushichi Tsuzuki, *Tom Mann, 1856~1941*(Oxford, 1991), p. 154.

66) '국가 안의 국가(a State within a State)'를 만들어내자는 주장은 그런 맥락을 잘 보여주고 있다. E. J. B. Allen, "Working-Class Socialism," *Industrial Syndicalist*,

p. 146.

67) W. F. Hay, "The Working-Class and Political Action," *The Syndicalist and Amalgamation News*(February 1913), p. 2.

68) Robert J. Holton, "Revolutionary Syndicalism and the British Labour Movement," in Wolfgang J. Mommsen, Hans-Gerhard Husung(eds.), *The Development of Trade Unionism in Great Britain and Germany, 1880~1914*(London, 1985), pp. 273~274.

69) Max Beer, *A History of British Socialism*(London, 1940), p. 362.

70) 만과 토론을 벌인 로즈(Rose)도 "하지만 법이 거기 있다. 법이! 당신은 당신의 힘을 사용하기 전에 법을 변경시켜야만 한다"고 지적했다. Tom Mann, "Debate on Industrial Unionism," p. 59.

71) Dona Torr, *Tom Mann*(London, 1936), p. 40.

72) R. J. Holton, "Syndicalist Theories of The State," p. 9.

73) 같은 책, p. 10.

74) 같은 책, p. 41.

75) 같은 책, p. 42.

76) Hobsbawm, "The 1970s: Syndicalism without Syndicalists?" in *Worlds of Labour*(London, 1984), p. 280.

77) E. J. B. Allen, "Working-Class Socialism," p. 11.

78) Hinton, *Labour and Socialism*, p. 92.

79) 레이번(Laybourn)은 맥도널드(MacDonald)나 스노우든(Snowden) 등이 신디칼리즘의 중요성을 낮게 평가했다고 주장했다. 홀튼은 웹 부부나 맥도널드, 스노우든 등 의회사회주의자들이 신디칼리즘을 이론적으로 반박한 점은 당시의 반(反)국가적 정서에 대한 우려를 표시한 것으로 본다. K. Laybourn, *A History of British Trade Unionism*(Stroud, Gloucestershire, 1992), p. 100; R. J. Holton, "Syndicalist Theories of The State," *Sociological Review*, p. 18.

80) Robert J. Holton, "Revolutionary Syndicalism and the British Labour Movement," p. 268.

81) "What is Syndicalism?" *The Syndicalist*, p. 1.

82) 같은 책.

83) 같은 책.

7장 신디칼리즘의 반엘리트주의

1) Joseph White, *Tom Mann*(Manchester, 1991), p. 157.

2) J. D. Young, "Elitism, authoritarianism and western socialism: a critical comment," *Bulletin of the Society for the Study of Labour History*, no. 25(1972), p. 69.

3) 같은 책.

4) H. M. Hyndman, *The Record of an Adventurous Life*(London, 1911), p. 432.

5) M. Cole, *The Story of Fabian Socialism*(London, 1961), p. 70.

6) 조셉 화이트가 신디칼리즘을 톰슨에 의해 자발적인 운동으로 평가된 러디즘(Luddism)에 비교하면서, 그 성격을 반(反)레닌, 반카우츠키, 반웹 부부로 규정한 것에서도 혁명적 사회주의자와 개혁적 사회주의자들에게 공통되게 존재하는 엘리트주의를 시사받게 된다. Joseph White, Tom Mann(Manchester, 1991), p. 166.

7) "Trite and Tripe," *The Syndicalist and Amalgamation News*(Feb. 1914), p. 1.

8) Bob Holton, *British Syndicalism 1900~1914*(London, 1976), p. 86.

9) 같은 책.

10) "What is Syndicalism?," *The Syndicalist*(March~April. 1912), p. 1.

11) Joe White, "1910~1914 Reconsidered," in J. E. Cronin and Jonathan Schneer (eds.), *Social Conflict and the Political Order in Modern Britain*(London, 1982), p. 91; Bob Holton, *British Syndicalism*, p. 86.

12) "Trite and Tripe," *The Syndicalist and Amalgamation News*, p. 1.

13) Bob Holton, *British Syndicalism*, p. 146.

14) Jack Radcliffe, "What is Syndicalism?," *The Syndicalist and Amalgamation News*(Feb. 1914), p. 3.

15) Bob Holton, *British Syndicalism*, p. 117.

16) Arthur D. Lewis, "Clerical Militarism," *The Syndicalist and Amalgamation News*, June 1914, p. 3. 신디칼리스트들은 종교가 이론적으로는 평화를 지향하지만 전쟁이 발발하면 선동적인 태도를 취한다고 주장했다.

17) "Trite and Tripe," *The Syndicalist and Amalgamation News*, p. 1.

18) Arthur D. Lewis, "Revolutionary Syndicalism," *The Syndicalist*(Jan. 1914), p. 3.

19) 같은 책.

20) A. Daniels, "The Newest Fabianism," *The Syndicalist*(Jan. 1914), p. 3.

21) Lewis, "Revolutionary Syndicalism," p. 3.

22) Jack Radcliffe, "About Gadflies-and Other Things," *The Syndicalist*(Oct. 1912), p. 5.

23) Lewis, "Revolutionary Syndicalism," p. 3.

24) Bob Holton, *British Syndicalism*, p. 119.

25) 같은 책, p.130.

26) "The Trade Union Congress and Syndicalism," *The Syndicalist*(Oct. 1912), p. 2.

27) Joseph White, "Syndicalism in a Mature Industrial Setting: the Case of Britain," in Marcel van der Linden and Wayne Thorpe(eds.), *Revolutionary Syndicalism: an international perspective*(Scolar Press, 1990), p. 113.

28) Bob Holton, *British Syndicalism*, p. 85.

29) "REMUS," member of the national executive N.U.C, "Syndicalism for Clerks, III," *The Syndicalist and Amalgamation News*(Aug. 1914), p. 4.

30) 같은 책.

31) Bob Holton, *British Syndicalism*, p. 19; Robert J. Holton, "Revolutionary Syndicalism and the British Labour Movement," in Wolfgang J. Mommsen, Hans-Gerhard Husung(eds.), *The Development of Trade Unionism in Great Britain and Germany, 1880~1914* (London, 1985), p. 268.

32) Keith Middlemas, *Politics in Industrial Society: The Experience of the British System sicnce 1911*(London, 1979), p. 56.

33) Tom Mann, "All Hail, Industrial Solidarity!," *The Industrial Syndicalist*, vol. 1, no. 4(Oct. 1910), p. 20.

34) 같은 책, p. 15.

35) Charles Watkins, "Conciliation or Emancipation?," *The Industrial Syndicalist*, vol. 1, no. 10(May 1911), p. 27.

36) "Trite and Tripe," p. 1.

37) "Syndicalism in Birminghan," *The Syndicalist*(Dec. 1913), p. 3.

38) Tom Mann, "Syndicalism and the State," *The Syndicalist and Amalgamation News*(March~April, 1913).

39) Dona Torr, *Tom Mann*(London, 1936), p. 40.

40) Jack Radcliffe, "About Gadflies-and Other Things," *The Syndicalist*(Oct. 1912), p. 5.

41) Unofficial Reform Committee of the South Wales Miners Federation, *The Miners' Next Step* in H. Pelling(ed.), *The Challenge of Socialism*(London, 1954), p. 216.

42) Jack Radcliffe, "The Past of Social Democracy," *The Syndicalist*(Dec. 1913), p. 3.

43) John Callaghan, *Socialism in Britain since 1884*(Oxford, 1990), p. 84.

　　머피(J. T. Murphy)는 노동자위원회운동을 설명하는 가운데서 적절히 투쟁하는 노조주의는 참여민주주의의 구조를 요구한다는 점을 지적했다.

44) "What is Syndicalism?" *The Syndicalist*(March~April), 1912, p. 1.

45) Jack Radcliffe, "What is Syndicalism?" *The Syndicalist and Amalgamation News*, Feb. 1914, p. 3.

46) "Trite and Tripe," p. 1.

47) Tom Mann, "Syndicalism and the State," *The Syndicalist and Amalgamation News*(March-April, 1913), p. 1.

48) "Trite and Tripe," p. 1.

49) 같은 책.

50) R. J. Holton, "Syndicalist Theories of The State," *Sociological Review*, vol. 28, no. 1(Feb. 1980), p. 14.

51) Carl Landauer, *European Socialism*(University of California Press, 1959), pp. 345, 355.

52) Landauer, *European Socialism*, p. 344.

53) 같은 책, p. 344.

54) G. D. H. Cole, *History of Socialist Thought*, vol. III, p. 246.

55) S. Webb, *Socialism in England*(London, 1893), pp. xvii~xviii.

56) R. Price, "Contextualising British syndicalism, c.1907~c.1920," *Labour History Review*, vol. 63, no. 3(1998), p. 269.

8장 신디칼리즘의 사상적 배경

1) Hobsbawm, "The 1970s: Syndicalism without Syndicalists?" in *Worlds of Labour*(London, 1984), p. 276.

2) Bob Holton, *British Syndicalism 1900~1914*(London, 1976), p. 211.

3) R. Price, "Contextualising British syndicalism, c.1907~c.1920," *Labour History Review*, vol. 63, no. 3(1998), p. 262.

4) Robert J. Holton, "Revolutionary Syndicalism and the British Labour Movement," in Wolfgang J. Mommsen, Hans-Gerhard Husung(eds.), *The Development of Trade Unionism in Great Britain and Germany*, 1880~1914(London, 1985), p. 269.

5) Branco Pribićević, *The Shop Stewards' Movement and Workers' Control 1910~1922*(Oxford, 1959), p. 21.

6) 같은 책.

7) G. Foote, *The Labour Party's Political Thought*(London, 1985), p. 88.

8) Robert J. Holton, "Revolutionary Syndicalism and the British Labour Movement," p. 269.

9) 톰 브라운 같은 이는 사회주의노동당(SLP)의 활동을 강조하고 있다. Tom Brown, *British Syndicalism*(London, 1994), pp. 5, 8.

10) 이 문제는 화이트에 따르면 정치적 행위의 중요성을 둘러싸고 일어난 것으로, 산업조직이 정당 결성에 선행한다고 보고, 노조가 당을 끌어안아야 한다고 생각하는 사람들이 생겨나는 과정에서 사임과 축출이 잇따랐다. 하지만 홀튼은 미국보다 영국에서 분리 현상이 먼저 일어났다는 점을 지적하면서 이런 분리를 미국에서 일어난 상황의 귀결로 보는 관점을 거부한다. 영국 신디칼리스트 운동의 독자적 성격을 주장하는 것이다. Bob Holton, *British Syndicalism 1900~1914*, p. 43.

11) Branco Pribićević, *The Shop Stewards' Movement and Workers' Control*, p. 13.

12) Joseph White, "Syndicalism in a Mature Industrial Setting: the Case of Britain," in Marcel van der Linden and Wayne Thorpe(eds.), *Revolutionary Syndicalism: an international perspective*(Scolar Press, 1990), p. 103.

13) 칼라한은 사회주의노동당의 역할을 레옹과 유진 뎁스의 이념을 전파하는 것이라고 보았다. John Callaghan, *Socialism in Britain since 1884*(Oxford, 1990), p. 80.

14) Pribićević, *The Shop Stewards' Movement and Workers' Control*, p. 13.

15) 같은 책, p. 14.

16) 같은 책, p. 14.

17) 같은 책, p. 15.

18) 같은 책.

19) Robert J. Holton, "Revolutionary Syndicalism and the British Labour Movement," p. 275.
    신디칼리즘과 산별노조주의를 구별하려는 입장은 프리비체비치에게서도 발견된다. 그는 사회주의노동당이 만(T. Mann)을 비난하는 데 열심이었음을 지적하고 있다. Branco Pribićević, *The Shop Stewards' Movement and Workers' Control*, p. 21.

20) 톰 브라운 같은 사람은 신디칼리즘에 사회주의노동당을 포함시킬 것을 주장한다. Tom Brown, *British Syndicalism*, p. 8.

21) Bob Holton, *British Syndicalism 1900~1914*, p. 211.

22) Pribićević, *The Shop Stewards' Movement and Workers' Control*, p. 20.

23) Chushichi Tsuzuki, *Tom Mann, 1856~1941, The Challenges of Labour*(Oxford, 1991), p. 170.

24) R. Price, "Contextualising British syndicalism, c.1907~c.1920," p. 269.

25) Pribićević, *The Shop Stewards' Movement and Workers' Control*, p. 21.

26) Albert Meltzer, *First Flight: The Origins of Anarcho-Syndicalism in Britain*(London, 1995), p. 9.

27) Geoff Brown, "Introduction," in *The Industrial Syndicalist*(Nottingham, 1974), p. 18. 홀튼의 주장 이전까지는 만(T. Mann)의 귀환이 영국 신디칼리즘의 시작으로 여겨져 왔다. 칼라한은 사회주의노동당, 플렙스(Plebs) 연맹과 중앙노동대학, 만체스터에서 수립된 산업 신디칼리스트 교육연맹(ISEL) 등을 신디칼리스트 운동의 세 구심점으로 보고 있지만 역시 만(Mann)이 활동하면서 본격적인 신디칼리스트 운동이 시작된다고 보아야 할 것이다. 프리비체비치는 사회주의노동당을 산별노조주의로 신디칼리스트 운동과는 구별하고 있다. 그는 사회주의노동당과 만의 산업 신디칼리즘 사이에는 거의 아무런 접촉도 없었으며 서로를 비난했다고 지적한다. 멜처(Meltzer) 역시 만이 최초의 신디칼리스트 운동을 만들어냈다고 본다. John Callaghan, *Socialism in Britain since 1884*(Oxford, 1990), p. 78; Logie Barrow and Ian Bullock, *Democratic Ideas and the British Labour Movement, 1880~1914*(Cambridge, 1996), pp. 248, 253; Branco Pribićević, *The Shop Stewards' Movement and Workers' Control*, pp. 12, 21; Albert Meltzer, *First Flight: The Origins of Anarcho-Syndicalism in Britain*(London, 1995), p. 9.

28) 그리고 무엇보다도 그는 선동가였고, 항상 연단에 서 있었으며, 파업위원회의 사무실에 있었고, 지도하고, 연설하며, 혁명의 주문을 던졌다. Hinton, *Labour and Socialism* (Brighton, Sussex, 1983), p. 91; G. D. H. Cole, *A History of Socialist Thought*, vol. III(London, 1967), p. 240.

29) White, *Tom Mann*, p. 166.

30) 모리스는 노조를 비숙련노동자들의 공제조합으로 생각하였던 것이다. 당시 사회적 여건은 노조에 대해 새로운 의미를 부여하지 않았다. Joseph White, "Syndicalism in a Mature Industrial Setting: the Case of Britain," *Revolutionary Syndicalism: an international perspective*, p. 101.

31) Dona Torr, *Tom Mann*(London, 1936), p. 12.

32) R. J. Holton, "Syndicalist Theories of The State," *Sociological Review, new series*, vol. 28, no. 1(Feb. 1980), p. 15.

33) E. P. Thompson, "Romanticism, Moralism, and Utopianism: The Case of William Morris," *New Left Review*, no. 99(Sep.~Oct. 1976), p. 103.

34) Tom Mann, "Syndicalism and the State," *The Syndicalist and Amalgamation News*(March~April, 1913), p. 1.

35) White, "Syndicalism in a Mature Industrial Setting: the Case of Britain," p. 101.

영국 사회주의의 부활기에 나타난 많은 사상과 조직들은 사회주의자연맹(Socialist League)을 제외하고는 신디칼리즘에 별 영향을 주지 않았다. 이 조직은 1885년 사회민주동맹으로부터 떨어져 나왔다.

36) 러스킨, 모리스의 영향은 펠링에 의해서도 지적되었다. H. Pelling, "Introduction," in H. Pelling(ed.), *The Challenge of Socialism*(London, 1954), p. 5.

37) Torr, *Tom Mann*, p. 11.

38) Tom Mann, "Syndicalism and the State," p. 1.

39) T. Mann, *From Single Tax to Syndicalism*, p. 51.

40) 이 잡지는 두 번 발간되는 것에 그쳤다. John Quail, *The Slow Burning Fuse: The Lost History of the British Anarchists*(London, 1978), p. 240.

41) Bob Holton, *British Syndicalism 1900~1914*, p. 45.

42) Quail, *The Slow Burning Fuse*, p. 251.

43) K. Laybourn, *A History of British Trade Unionism*(Alan Sutton, 1992), p. 100.

44) Bob Holton, *British Syndicalism 1900~1914*, p. 46.

45) 신디칼리즘에서 만이 차지하는 위상은 매우 높아서 지오프 브라운(Geoff Brown)도 영국 신디칼리즘의 흥망을 만의 활동과 관련짓고 있다. K. Laybourn, *A History of British Trade Unionism*(Alan Sutton, 1992), p. 96.

46) G. D. H. Cole, *A History of Socialist Thought*, vol. III, pp. 239~240.

47) Max Beer, *A History of British Socialism*(London, 1940), p. 360.

48) Foote, *The Labour Party's Political Thought*, p. 95.

49) Young, *Socialism and the English Working Class, A History of English Labour 1883~1939*(London, 1989), p. 98.

50) J. E. Cronin and Peter Weiler, "Working-Class Interests and the Politics of Social Democratic Reform in Britain, 1900~1940," *International Labor and Working-Class History*, No.40(Fall 1991), p. 48.

51) J. D. Young, *Socialism and the English Working Class*, p. 94.

52) G. Foote, *The Labour Party's Political Thought*, p. 90.

53) Price, "Contextualising British syndicalism, c.1907~c.1920," p. 266.

9장 신디칼리즘의 혁명 개념

1) B. Holton, *British Syndicalism 1900~1914*(London, 1976); R. Price, "Contextualising British syndicalism, c.1907~c.1920," *Labour History Review*, vol. 63, no. 3(1998).

2) K. O. Morgan, "The Rise of Socialism," *History Today*, vol. 31, Nov. 1981, p. 34; W. H. Greenleaf, *The British Political Tradition*, vol. II(Cambridge, 1988)

3) B. Holton, *British Syndicalism 1900~1914*, pp. 208~212.

4) Geoffrey Foote, *The Labour Party's Political Thought*(London, 1985), p. 95.

5) 유럽에서 생디칼리슴이 아나키즘에서 파시즘까지 다양한 형태의 정치이념과 접합한 사례를 놓고 본다면 영국의 신디칼리즘을 독자적으로 파악할 필요성은 더욱 커진다고 볼 수 있다. Foote, *The Labour Party's Political Thought*, pp. 86~87.

6) Branco Pribićević, *The Shop Stewards' Movement and Workers' Control 1910~1922*(Oxford, 1959), p. 11.

7) 신디칼리즘은 그 명칭을 프랑스의 생디칼리슴에서 빌려왔으나 생디칼리슴 못지않게 산별노조주의와 동일시되는 경향도 볼 수 있다. 어떤 곳에서는 산업 신디칼리즘 (Industrial Syndicalism)은 곧 산별노조주의(Industrial Unionism)로 불릴 수도 있다고 지적된다. 하기야 프랑스의 '생디칼리슴'을 영어로 번역하면 '노조주의'가 되니 용어상 으로는 틀리지 않다. Tom Mann, "Forging the Weapon," *The Industrial Syndicalist*, vol. 1, no. 3, sep. 1910(Nottingham, 1974), p. 24; "Industrial Syndicalism: What It Is, and What It Isn't," *The Industrial Syndicalist*, vol. 1, no. 6, Dec. 1910, p. 45.

8) Jack Radcliffe, "The Past of Social Democracy," *The Syndicalist*(Dec. 1913), p. 3.

9) 사회주의는 죽었지만 사회주의자들의 주장은 죽지 않았음이 강조되었다. Jack Radcliffe, "The Past of Social Democracy," *The Syndicalist*(Dec. 1913), p. 3.

10) "Syndicalism in Birmingham," *The Syndicalist*(Dec. 1913), p. 3.

11) Radcliffe, "The Past of Social Democracy," *The Syndicalist*, p. 3. 이러한 생각은 지금도 별로 변화되지 않은 것으로 보인다. 톰 브라운은 "우리들에 대한 비판자는 노동주의자들(Labourites), 트로츠키주의자들, 스탈린주의자들, 다른 종류의 볼셰비키 주의자들, 그리고 많은 종류의 사회주의자들"임을 주장하고 있다. Tom Brown, *British Syndicalism*(London, 1994), p. 6.

12) 신디칼리즘에서 거부되는 세력들은 파리로 비유되었는데 그 종류는 다음과 같다. 재미있는 표현이다. Liberalis-Laboris Fakirium, Rex Patrioticum, Socialismus Parliamentariensis, Hypocriticus Nonconformica, Sanctimonia Ecclesiasticus 등이다. Jack Radcliffe, "Fat and His Mule," *The Syndicalist and Amalgamation News*(June 1914), p. 3.

13) 용어상으로 볼 때 프랑스의 생디칼리슴은 노동조합주의를 의미한다. 이 운동은 개혁적 노동조합주의와 혁명적 노동조합주의로 나누어 볼 수 있는데 생디칼리슴은

일반적으로 후자, 즉 혁명적 노동조합주의로 인식된다. B. Russel, *Roads to Freedom* (London, 1923), p. 75.

14) Theda Skocpol, *States and Social Revolutions*(Cambridge University Press, 1979), p. 4.

15) J. Hinton, *Labour and Socialism*(Brighton, Sussex, 1983), p. 87.

16) G. D. H. Cole, *Guild Socialism Re-stated*(London, 1920), pp. 175~176.

17) Joseph White, "Syndicalism in a Mature Industrial Setting: the Case of Britain" in Marcel van der Linden and Wayne Thorpe(eds.), *Revolutionary Syndicalism: an international perspective*(Scolar Press, 1990), p. 110.

18) T. Mann, "Forging the Weapon," *The Industrial Syndicalist*, vol. 1, no. 3(Sep. 1910), p. 4.

19) Griffen S. Hewlett, "From a Miner to a Labour Leader, Mr. W. Brace, M. P." *The Syndicalist*(Nov. 1912), p. 2.

20) E. J. B. Allen, "Is Syndicalism Un-english," *The Syndicalist*(July, 1912), p. 2

21) J. White, "Syndicalism in a Mature Industrial Setting," p. 111.

22) *Debate between Tom Mann and Arthur M. Lewis*(Chicago, 1914), p. 10.

23) 웹은 그의 일기에서 1910~1914년 동안 노동불안기의 사건을 무정부주의적인 혁명운동이라고 규정했다. Royden Harrison, "Sidney and Beatrice Webb," in Carl Levy(ed.), *Socialism and the Intelligentsia 1880~1914*(London, 1987), p. 75.

24) "What is Syndicalism?" *The Syndicalist*(March~April 1912).

25) Tom Mann, "Prepare for Action," *The Industrial Syndicalist*, vol. 1, no. 1(July 1910), p. 6.

26) "Workers of the World, Unite!" *The Syndicalist*(May 1912), p. 1.

27) 더블린 파업의 지도자 짐 라킨(Jim Larkin)의 동생 피터 라킨(Peter Larkin)의 주장이다.

28) B. Holton, *British Syndicalism 1900~1914*, p. 102.

29) J. White, "Syndicalism in a Mature Industrial Setting," p. 112.

30) 같은 책.

31) Hewlett, "From a Miner to a Labour Leader, Mr. W. Brace, M.P." p. 2.

32) Robert J. Holton, "Revolutionary Syndicalism and the British Labour Movement" in Wolfgang J. Mommsen, Hans-Gerhard Husung(eds.), *The Development of Trade Unionism in Great Britain and Germany*, 1880~1914(London, 1985), p. 273.

33) Arthur D. Lewis, "Revolutionary Syndicalism," *The Syndicalist*(Jan. 1914), p. 3.

34) Unofficial Reform Committee of the South Wales Miners Federation, *The Miners'*

Next Step in H. Pelling(ed.), *The Challenge of Socialism*(London, 1954), p. 214.

35) Tom Mann, "Weapon Shaping," *The Industrial Syndicalist*, vol. 1, no. 9(Mar. 1911), p. 2.

36) Hinton, *Labour and Socialism*, p. 91.

37) Pribićević, *The Shop Stewards' Movement and Workers' Control 1910~1922*, p. 15.

38) "Trite and Tripe," *The Syndicalist and Amalgamation News*(Feb. 1914), p. 1.

39) "Industrial Syndicalism: What It Is, and What It Isn't," *The Industrial Syndicalist*, vol. 1, no. 6(Dec. 1910), p. 45.

40) "First Conference on Industrial Syndicalism," *The Industrial Syndicalist*, vol. 1, no. 6(Dec. 1910), p. 39.

41) B. Holton, *British Syndicalism 1900~1914*, p. 140.

42) "REMUS," member of the national executive N.U.C. "Syndicalism for Clerks, I," *The Syndicalist and Amalgamation News*(June 1914), p. 3.

43) "First Conference on Industrial Syndicalism," p. 15.

44) J. White, "Syndicalism in a Mature Industrial Setting," p. 113.

45) "REMUS," member of the national executive N.U.C. "Syndicalism for Clerks, II," *The Syndicalist and Amalgamation News*, vol. III, no. 4(July 1914), p. 2.

46) 신디칼리즘과 길드 사회주의의 관계는 방법론에서만 지적되지 않는다. 일찍이 펠링 (Pelling)이 신디칼리즘은 길드 사회주의로 변형되어 나갔다고 지적한 바 있는가 하면, 프라이스(R. Price)는 길드 사회주의를 신디칼리즘의 원칙이 사회의 여러 측면으로 확대된 것이라고 보고 있다. H. Pelling, Introduction to *The Challenge of Socialism* by H. Pelling(ed.) (London, 1954), p. 10; Price, "Contextualising British syndicalism, c.1907~c.1920," p. 266.

47) Jack Radcliffe, "What is Syndicalism?" *The Syndicalist and Amalgamation News*(Feb. 1914), p. 3.

48) Mann, "The Weapon Shaping," pp. 6~7.

49) Foote, *The Labour Party's Political Thought*, p. 96.

50) 같은 책.

51) Tom Mann, *Tom Mann's Memoirs*(London, 1923), p. 316.

52) Carl Landauer, *European Socialism*(University of California Press, 1959), p. 348.

53) Joseph White, "Syndicalism in a Mature Industrial Setting," p. 112.

54) 같은 책.

55) Guy Bowman, "A National Federation of Our Trades Councils," *The Syndicalist*,

vol. 1, no. 2(Feb. 1912), p. 1.

56) Tom Mann, "All Hail, Industrial Solidarity!" p. 19.

57) E. J. Hobsbawm, *Worlds of Labour*(London, 1984), p. 274.

58) Cole, *Guild Socialism Re-stated*, pp. 185~186.

59) Russel, *Roads to Freedom*, p. 80.

60) H. W. Laidler, *History of Socialism*(New York: 1968), p. 302.

61) Landauer, *European Socialism*, p. 344.

62) Pribićević, *The Shop Stewards' Movement and Workers' Control 1910~1922*, p. 19.

63) "The Policy of the Syndicalist Weekly," *The Syndicalist*(Oct. 1912), p. 2; "REMUS," member of the national executive N.U.C, "Syndicalism for Clerks, II," p. 2.

64) "The Legacy of 1911 to 1912," *The Syndicalist*(Jan. 1912), p. 2.

65) "REMUS," member of the national executive N. U. C, "Syndicalism for Clerks, II," p. 2.

66) Mann, "Prepare for Action," *The Industrial Syndicalist*, p. 8.

67) 고용주가 한 노동자에게 특히 많은 일을 시키자 노동자는 그의 나막신(sabot) 한 짝을 벗어 기계로 던져 기계를 못 쓰게 했다. 여기서 사보타주라는 용어가 만들어졌다. E. J. B. Allen, "Is Sabotage Un-English," *The Syndicalist*(Oct. 1912), p. 2.

68) 같은 책.

69) '쥐꼬리만한 임금에 천천히 일하기(giving slow work for slow wage)'라는 것인데 일을 둥한시하는 것을 말한다. Laidler, *History of Socialism*, p. 296.

70) Allen, "Is Sabotage Un-English," *The Syndicalist*, p. 2.

71) 같은 책.

72) 같은 책.

73) "REMUS," member of the national executive N.U.C, "Syndicalism for Clerks, III," *The Syndicalist and Amalgamation News*(Aug. 1914), p. 4.

74) 따라서 만이 '사회혁명을 기다리지 말고 이를 위해 노력하자'는 식의 어법을 구사하기는 했으나 그가 말한 혁명의 의미는 직접행동을 통한 꾸준한 개선으로 봐야 할 것이다. Mann, "All Hail, Industrial Solidarity!" *The Industrial Syndicalist*, vol. 1, no. 4(Oct. 1910), p. 23.

75) "Trite and Tripe," *The Syndicalist and Amalgamation News*, p. 1.

76) Joseph White, "Syndicalism in a Mature Industrial Setting," p. 107.

77) 같은 책, p. 115. 만도 모든 종류의 정치행위에 반대하지 않음을 밝혔다. *Debate between Tom Mann*

and Arthur M. Lewis, p. 10.

78) W. F. Hay & Noah Ablett, "A Minimum Wage for Miners," *The Industrial Syndicalist*, vol. 1, no. 8(Feb. 1911), p. 33.

79) 같은 책.

80) W. F. Hay, "The Working-Class and Political Action," *The Syndicalist*(January 1913), p. 2.

81) T. Mann, "Prepare for Action," p. 20.

82) T. Mann, "Debate on Industrial Unionism," *The Industrial Syndicalist*, vol. 1, no. 7(Jan. 1911), p. 16.

83) 물론 선거권의 확대도 불완전했다. 1884년의 3차 선거법 개정에도 불구하고 유권자는 전체 성인의 28퍼센트에 불과했다.

84) Hay, "The Working-Class and Political Action," *The Syndicalist and Amalgamation News*, p. 2.

85) 같은 책.
농촌이나 도시에서 노동자들은 자신들의 고용주의 이익과 자신을 동일시하는 습성에서 벗어날 수 없다고 본다.

86) 비록 여성참정권 운동이 당시 체제에 대한 과격한 도전이기는 했으나 그것은 진정으로 너무 많은 에너지가 너무 가치 없는 명분으로 낭비된 것이다. 여성들은 투표권을 얻었을 때 그것이 남성들에 별 소용없는 것처럼, 그들에게도 별 소용이 없다는 것을 알게 될 것이다. 신디칼리스트들은 참정권운동이 여성 참정권운동가들이 인정하는 그런 사회악을 해결하는 데 별 소용이 없을 것이라고 생각했다. Radcliffe, "The Past of Social Democracy," *The Syndicalist*, p. 3.

87) Unofficial Reform Committee of the South Wales Miners Federation, *The Miners' Next Step*, in H. Pelling(ed.). *The Challenge of Socialism*(London, 1954), pp. 214~215.

88) A. G. Tuffton, "Osborne Judgment Outcome," *The Industrial Syndicalist*, vol. 1, no. 9(Mar. 1911), p. 20.

89) Hobsbawm, *Worlds of Labour*, p. 274.

90) Pribićević, *The Shop Stewards' Movement and Workers' Control 1910~1922*, p. 18.

91) Eric Taplin, *Near to Revolution, The Liverpool General Transport Strike of 1911*(Liverpool, 1994), p. 19.

92) Pribićević, *The Shop Stewards' Movement and Workers' Control 1910~1922*, p. 19.

93) Mann, "Prepare for Action," p. 3.

94) Mann, *Memoirs*, p. 296.

95) "Workers of the World, Unite!" *The Syndicalist*(May 1912), p. 1.

96) "REMUS," member of the national executive N.U.C, "Syndicalism for Clerks, II," p. 2.

97) *Debate between Tom Mann and Arthur M. Lewis*, p. 16.

98) Dona Torr, *Tom Mann*(London, 1936), p. 42.

99) Frederik van Eeden, "Syndicalism: The Reformation of Socialism," *The Syndicalist*(May 1912), p. 1.

100) Mann, "Prepare for Action," p. 19.

101) Mann, "Forging the Weapon," pp. 7~8.

102) "First Conference on Industrial Syndicalism," *The Industrial Syndicalist*, vol. 1, no. 6(Dec. 1910), p. 17.

103) Chushichi Tsuzuki, *Tom Mann, 1856~1941, The Challenges of Labour*(Oxford, 1991), p. 159; Taplin, *Near to Revolution*, p. 14.

104) Taplin, *Near to Revolution*, p. 18.

105) Mann, *Memoirs*, p. 272.

106) 같은 책, p. 275.

107) 같은 책, p. 276.

108) B. Holton, *British Syndicalism 1900~1914*, p. 116.

109) Pribićević, *The Shop Stewards' Movement and Workers' Control 1910~1922*, p. 21.

110) B. Holton, *British Syndicalism 1900~1914*, p. 207.

111) Foote, *The Labour Party's Political Thought*, pp. 93, 96.

112) Joe White, "1910~1914 Reconsidered," in J. E. Cronin and Jonathan Schneer(eds.), *Social Conflict and the Political Order in Modern Britain*(London, 1982), p. 81.

113) Geoff Brown, "Introduction," *The Industrial Syndicalist*(Nottingham, 1974), p. 10.

114) Jack Radcliffe, "About Gadflies-and Other Things," *The Syndicalist*(Oct. 1912), p. 5.

115) Hobsbawm, *Worlds of Labour*, p. 273.

116) 만체스터에서 산업 신디칼리스트 교육연맹(ISEL)이 결성되었을 때의 회의록을 보면 여기에 대표로 참가한 많은 사람들이 신디칼리즘을 산별노조주의 노선에 따른 운동으로 이해하고 있음을 볼 수 있다. "A Manchester Message," *The Industrial Syndicalist*, vol. 1(no. 6, Dec), 1910.

10장 신디칼리즘의 방법론적 특징

1) Joseph White, "Syndicalism in a Mature Industrial Setting: the Case of Britain," in Marcel van der Linden and Wayne Thorpe(eds.), *Revolutionary Syndicalism: an international perspective*(Aldershot, 1990), pp. 113~114.

2) Branco Pribićević, *The Shop Stewards' Movement and Workers' Control 1910~1922*(Oxford, 1959), p. 18.

3) G. Foote, *The Labour Party's Political Thought*(London, 1985), p. 86.

4) Jack Radcliffe, "Syndicalism and Socialism," *The Syndicalist*(June 1912), p. 1.

5) Jack Radcliffe, "What is Syndicalism?" *The Syndicalist and Amalgamation News*, Feb. 1914, p. 1.

6) E. J. Hobsbawm, *Worlds of Labour*(London, 1984), pp. 273~274.

7) Jack Radcliffe, "What is Syndicalism?" p. 3.

8) 단지 페이비언들은 수많은 공공재를 국가나 자치시가 책임져야 한다는 아이디어를 가지고 변화의 방법을 찾아나갔다. 그런 점에서 페이비언들은 근대사회가 가져온 현상 중 도시화라는 문제에 큰 비중을 두고 사회를 바라보았던 것으로 보인다. 페이비언들은 수도와 가스, 교통과 교육, 빵과 우유, 책과 문화의 문제 등을 해결하기 위해서는 국가나 자치시가 나서는 방식이 효과적이라고 생각했던 것이다. 이에 비해 신디칼리스트들은 기업의 민주적 운영이라는 아이디어에서 변화의 방법을 찾아나갔던 것으로 보인다.

9) H. Pelling, "Introduction" in *The Challenge of Socialism* by H. Pelling(ed.) (London, 1954), p. 15.

10) 신디칼리즘에 어떤 체계적인 논리가 결여되었다고 치부해 버릴 수만은 없다. 신디칼리스트들은 빵조각을 던져주는 것과 같은 정책에 대해 분명히 거부하는 입장을 취했기 때문이다. 만은 노령연금법 같은 것을 '빵과 서커스의 정책'으로 간주했다. Tom Mann, "Prepare for Action," *The Industrial Syndicalist*, vol. 1, no. 1, July 1910 (Nottingham, 1974), p. 3.

11) G. D. H. Cole, *A History of Socialist Thought*, vol. III(London, 1967), p. 240; K. Laybourn, *A History of British Trade Unionism*(Stroud, 1992), p. 104.

12) Unofficial Reform Committee of the South Wales Miners Federation, *The Miners' Next Step*, in H. Pelling(ed.), *The Challenge of Socialism*(London: 1954), p. 216.

13) Mann, "Prepare for Action," *The Industrial Syndicalist*, vol. 1, no. 1(July 1910) p. 20.

14) W. F. Hay & Noah Ablett, "A Minimum Wage for Miners," *The Industrial Syndicalist*,

vol. 1, no. 8(Feb. 1911), p. 9.

15) W. F. Hay & Noah Ablett, "A Minimum Wage for Miners," p. 9.

16) Mann, "Prepare for Action," *The Industrial Syndicalist*, p. 19; M. J. Davis, "Syndicalism & Trade Unionism," *The Syndicalist*(May 1912), p. 5.

17) T. Mann, "Forging the Weapon," *The Industrial Syndicalist*, vol. 1, no. 3(sep. 1910), p. 1.

18) E. J. B. Allen, "Politicians and the General Strike," *The Syndicalist*, vol. 1, no. 2(Feb. 1912), p. 2.

19) E. J. B. Allen, "Is Syndicalism Un-english?" *The Syndicalist*(July 1912), p. 2.

20) "What is Syndicalism?" *The Syndicalist*(March~April 1912), p. 1.

21) Logie Barrow and Ian Bullock, *Democratic Ideas and the British Labour Movement, 1880~1914*(Cambridge, 1996), p. 251.

22) Chushichi Tsuzuki, *Tom Mann, 1856~1941, The Challenges of Labour*(Oxford, 1991), p. 156.

23) Tom Mann, "From Syndicalism to Communism," *The Labour Monthly*, vol. 3, no. 4(Oct. 1922), p. 206.

24) Pribicévić, *The Shop Stewards' Movement and Workers' Control*, p. 20.

25) Allen, "Is Syndicalism Un-english? " p. 2.

26) Pribicévić, *The Shop Stewards' Movement and Workers' Control*, p. 20.

27) Guy Bowman, "A National Federation of Our Trades Councils," *The Syndicalist*, vol. 1, no. 2(Feb. 1912), p. 1.

28) 만에 따르자면 정치와 경제의 의미를 수치로 표시할 때 5퍼센트 대 95퍼센트의 비중으로 갈라진다. *Debate between Tom Mann and Arthur M. Lewis*(Chicago, 1914), pp. 11~14.

29) "First Conference on Industrial Syndicalism, Dec. 1910," *The Industrial Syndicalist*, vol. 1, no. 6, p. 23.

30) "Straight Talks: Fifty Points against Parliament," *The Syndicalist and Amalgamation News*, vol. III, no. 4(July 1914), p. 1.

31) Alan J. Lee, "Conservatism, Traditionalism and the British Working Class, 1880~1918," in D. E. Martin and D. Rubinstein(eds.), *Ideology and the Labour Movement*(London, 1929), p. 88.

32) Hobsbawm, *Worlds of Labour*, p. 207.

33) Dona Torr, *Tom Mann*(London, 1936), p. 16.

34) J. D. Young, *Socialism and the English Working Class, A History of English Labour 1883~1939*(London, 1989), p. 110.

35) Tsuzuki, *Tom Mann*, 1856~1941, p. 148.

36) "REMUS," member of the national executive N.U.C, "Syndicalism for Clerks, I," *The Syndicalist and Amalgamation News*(June 1914), p. 3.

37) Mann, "Prepare for Action," *The Industrial Syndicalist*, p. 9; Tom Mann, "Debate on Industrial Unionism," *The Industrial Syndicalist*, vol. 1, no. 7(Jan. 1911), p. 8.

38) Charles Watkins, "Conciliation or Emancipation?" *The Industrial Syndicalist*, vol. 1, no. 11(May 1911), p. 19.

39) Torr, *Tom Mann*, p. 8.

40) 리드는 직업적·종교적·인종적·지역적 분열을 지적하고 있다. 그는 노동만이 아니라 자본도 분열되어 있었으며 노동과 자본이 각기 그 안에서 서로 싸우고 있었다는 주장을 한다. Alastair Reid, 1985, "The Division of Labour and Politics in Britain, 1880~1920," in Wolfgang J. Mommsen and Hans-Gerhard Husung(eds.), *The Development of Trade Unionism in Great Britain and Germany, 1880~1914*(London), pp. 159~160.

41) Jonathan Zeitlin, " 'Rank and Filism' in British Labour History: A Critique," *International Review of Social History*(1989), p. 55.

42) Mann, "Prepare for Action," *The Industrial Syndicalist*, p. 10.

43) Tom Mann, "All Hail, Industrial Solidarity!" *The Industrial Syndicalist*, vol. 1, no. 4(Oct. 1910), p. 5.

44) "REMUS," member of the national executive N. U. C, "Syndicalism for Clerks, I," p. 3.

45) Watkins, "Conciliation or Emancipation?" p. 20.

46) "Symposium on Syndicalism," *The Industrial Syndicalist*, vol. 1, no. 5(Nov. 1910), p. 2.

47) Mann, "Debate on Industrial Unionism," p. 11.

48) Mann, "Prepare for Action," p. 13.

49) Mann, "Forging the Weapon," p. 4.

50) Mann, "Debate on Industrial Unionism," p. 13.

51) Tsuzuki, *Tom Mann*, p. 167.

52) Mann, "Forging the Weapon," p. 4.

53) K. Laybourn, *A History of British Trade Unionism*, p. 100.

54) J. White, "Syndicalism in a Mature Industrial Setting," p. 103.

55) Cole, *A History of Socialist Thought*, p. 237.

56) Tom Mann, "Miners, Wake Up!" *The Industrial Syndicalist,* vol. 1, no. 8(Feb. 1911), p. 3.
   운수 노동자들은 광부나 철도원에 비해 노조가 잘 조직되어 있지 않았다.

57) T. Mann, *From Single Tax to Syndicalism*, p. 111; Torr, *Tom Mann*, p. 36.

58) Laybourn, *A History of British Trade Unionism*, p. 108.

59) Bob Holton, *British Syndicalism 1900~1914*(London, 1976), pp. 147, 152.

60) 같은 책, p. 144.

61) 물론 숙련노동자 모두가 조직되어 있고 비숙련노동자들은 모두가 조직되지 않았다고
   할 수는 없을 것이다. 단지 만은 숙련노동자들이 5분의 3 정도 조직되어 있다면
   비숙련노동자들은 5분의 1 정도가 조직되어 있을 뿐이라고 보는 것이다. Mann,
   "Forging the Weapon," p. 6.

62) 같은 책, p. 5.

63) 같은 책; Torr, *Tom Mann*, p. 47

64) Richard Hyman, "Mass Organization and Militancy in Britain: Contrasts and
   Continuities," in Wolfgang J. Mommsen and Hans-Gerhard Husung(eds.), *The
   Development of Trade Unionism in Great Britain and Germany, 1880~1914*(London, 1985),
   p. 260.

65) Bob Holton, *British Syndicalism*, p. 150.

66) J. E. Cronin, "Strikes and the Struggle for Union Organization : Britain and
   Europe," in Wolfgang J. Mommsen, Hans-Gerhard Husung(eds.), *The Development
   of Trade Unionism in Great Britain and Germany*, 1880~1914(London, 1985), p. 59.

67) 신디칼리스트들은 숙련공이 얼마 일도 하지 않으면서 7~8파운드의 급여를 받는
   것을 부당하다고 보고 있다. Mann, "Debate on Industrial Unionism," p. 8.

68) Mann, "Forging the Weapon," p. 5.

69) Bob Holton, *British Syndicalism*, p. 192.

70) "Syndicalism in Birmingham," *The Syndicalist*(Dec. 1913), p. 3.

71) E. Flynn, "Trade Unionism and Solidarity," *The Transport Worker*, vol. 1, no. 4(Nov.
   1911).

72) "REMUS," member of the national executive N. U. C, "Syndicalism for Clerks,
   II," *The Syndicalist and Amalgamation News*, vol. III, no. 4(July 1914), p. 2.

73) 같은 책.

74) Bob Holton, *British Syndicalism*, p. 139.

75) "REMUS," member of the national executive N. U. C, "Syndicalism for Clerks, II," p. 2.

76) Cole, *A History of Socialist Thought*, p. 237.

77) Tsuzuki, *Tom Mann*, p. 167.

78) Joseph White, "Syndicalism in a Mature Industrial Setting," p. 112.

79) J. White, "1910~1914 Reconsidered," in J. E. Cronin and Jonathan Schneer(eds.), *Social Conflict and the Political Order in Modern Britain*(London, 1982), p. 90.

80) T. Mann, *Tom Mann's Memoirs*(London, 1923), p. 263.

81) Bob Holton, *British Syndicalism*, p. 124.
연대와 관련하여 프라이스는 노동의 범주는 넓어져 가고 있었지만 그것들을 함께 끌어 모을 문화적 고리를 찾지 못했다는 점을 지적하고 있다. 예컨대 문화적 위성조직을 만들어내려는 노력 같은 것이 나타나지 않았다는 것이다. 클라리온 클럽에서 볼 수 있는 것과 같은 자전거 클럽, 도보 클럽 같은 것은 나타나지 않았던 것이다. R. Price, "Contextualising British syndicalism, c.1907~c.1920," p. 271.

82) Mann, *Tom Mann's Memoirs*, p. 319.

83) "A Manchester Message, Dec. 1910," *The Industrial Syndicalist*, vol. 1, no. 6, p. 13.

84) W. F. Hay & Noah Ablett, "A Minimum Wage for Miners," p. 35.

85) Tsuzuki, *Tom Mann*, p. 158.

86) Pribićević, *The Shop Stewards' Movement and Workers' Control*, p. 17.

87) Foote, *The Labour Party's Political Thought*, p. 95.

88) J. D. Young, *Socialism and the English Working Class, A History of English Labour 1883~1939*(London, 1989), p. 110.

89) 먼즈(A. Mearns)의 『버림받은 런던의 절규(Bitter Cry of Outcast London)』, 부스(W. Booth)의 『암흑의 영국에서(In Darkest England)』, 부스(C. Booth)의 이스트 런던 조사, 라운트리(S. Rowntree)의 요크(York) 조사, 바울리(A. L. Bowley)의 중간 규모 도시들에 대한 연구가 있다. E. H. H. Green, "An Age of Transition: An Introductory Essay," *Parliamentary History*, vol. 16(1997), p. 8.
부스나 라운트리의 연구에서는 런던은 32퍼센트의 인구가, 요크는 27퍼센트의 인구가 빈곤선 이하에서 생활하고 있음을 보여준다. Torr, *Tom Mann*, p. 9; H. C. G. Matthew, 1984, "The Liberal Age," in K. Morgan(ed.), *The Oxford History of Britain*(Oxford), p. 573.

90) Mann, "Prepare for Action," *The Industrial Syndicalist*, p. 4; Mann, "All Hail, Industrial Solidarity!" *The Industrial Syndicalist*, p. 23; Tsuzuki, *Tom Mann*, p. 161.

91) Mann, "All Hail, Industrial Solidarity!" *The Industrial Syndicalist*, p. 18.

92) C. Wilson, "The Capitalist Orge Unmasked," *The Transport Worker*(Nov, 1911), vol. 1, no. 4.

93) Tom Mann, *The Laboure's Minimum Wage*(Manchester, 1913), p. 5.

94) Mann, "Forging The Weapon," p. 11.

95) Bob Holton, *British Syndicalism*, p. 86.

96) 같은 책, p. 112.

97) 같은 책, p. 151.

98) Joe White, "1910~1914 Reconsidered," *Social Conflict and the Political Order in Modern Britain*, pp. 80~81.

99) Mann, "All Hail, Industrial Solidarity!" p. 2.

100) "First Conference on Industrial Syndicalism," p. 33.

101) Mann, "All Hail, Industrial Solidarity!" p. 21.

102) 같은 책, p. 19.

103) 같은 책, p. 18.

104) W. F. Hay & Noah Ablett, "A Minimum Wage for Miners," p. 28.

105) Tom Mann, "Labour Saving Appliances demand an Eight Hour Day," *The Transport Worker*, vol. 1, no. 7(Feb, 1912).

106) Tom Mann, "Looking Backward and Forward," *The Transport Worker*, vol. 1, no. 6(Jan. 1912).

107) Tom Mann, "The Weapon Shaping," *The Industrial Syndicalist*, vol. 1, no. 9(Mar. 1911), p. 6.

108) T. J. Ring, "The Need for Education in the Trade Unions," *The Industrial Syndicalist*, vol. 1, no. 5(Nov. 1910), p. 9.

109) Mann, "The Weapon Shaping," p. 7.

110) Mann, "Labour Saving Appliances demand an Eight Hour Day."

111) Mann, "All Hail, Industrial Solidarity!" p. 2.

112) Mann, "The Weapon Shaping," p. 9.

113) Bowman, "A National Federation of Our Trades Councils," p. 1.

114) Mann, *The Laboure's Minimum Wage*, p. 13.

115) Tom Mann, "Twofold Warning," *Industrial Syndicalist*, vol. 1, no. 10(April 1911),

p. 11.

116) Mann, "Labour Saving Appliances demand an Eight Hour Day."

117) Mann, *The Laboure's Minimum Wage*, p. 13.

118) Watkins, "Conciliation or Emancipation?" p. 29.

119) Mann, "Looking Backward and Forward."

120) Mann, "Labour Saving Appliances demand an Eight Hour Day."

121) Mann, "Now for the Fight," *The Syndicalist*(Feb. 1912), pp. 1, 7.

122) Mann, "Labour Saving Appliances demand an Eight Hour Day."

123) Mann, "Now for the Fight," p. 1.

124) "REMUS," member of the national executive N. U. C, "Syndicalism for Clerks, III," *The Syndicalist and Amalgamation News*(Aug. 1914), p. 4.

125) Torr, *Tom Mann*, p. 14.

126) Mann, "Now for the Fight," p. 1.

127) Unofficial Reform Committee of the South Wales Miners Federation, *The Miners' Next Step*, in H. Pelling(ed.). The Challenge of Socialism(London, 1954), p. 216.

128) Mann, *Tom Mann's Memoirs*, p. 317.

129) Mann, "Looking Backward and Forward."

130) Bowman, "A National Federation of Our Trades Councils," p. 1.

131) Mann, *The Laboure's Minimum Wage*, p. 13.

제1부 페이비어니즘

1차 사료

■필사본
Fabian Society Papers at Nuffield College.
Passfield Papers at British Library of Political and Economic Science.
Shaw Papers at British Museum Library.
Cole Papers at Nuffield College.
Cambridge University Fabian Society Papers, Cambridge University Library.
Edinburgh Fabian Society Papers, National Library of Scotland, Edindurgh.
J. R. MacDonald Papers, Public Record Office, London.
Oxford University Fabian Society Papers, Bodleian Library, Oxford.
Sheffield Fabian Society Papers, Sheffield City Library.
Wallas Papers at B. L. P. E. S.

■ 신문, 잡지
Fabian News.
Practical Socialist.
Labour Leader.
Pall Mall Gazette.

Justice.

Our Corner.

Spectator.

Observer.

Crusade.

New Statesman.

Nation.

New Age.

Star.

Today.

■ Fabian Tracts(1884~1924년까지)

저자의 이름이 괄호 안에 들어 있는 것은 페이비언협회가 저자의 이름을 표기하지 않고 출판한 책자이다.

1884	1.	*Why are the Many Poor?*(W. L. Phillips).
	2.	*A Manifesto*(G. Bernard Shaw).
1885	3.	*To Provident Landlords and Capitalists:a Suggestion and a Warning*(G. Bernard Shaw).
1986	4.	*What Socialism Is*. Mrs C. M. Wilson and others.
1887	5.	*Facts For Socialists*(Sidney Webb).
	6.	*The True Radical Programme*. Fabian Parliamentary League(G. Bernard Shaw).
1888	7.	*Capital and Land*(Sidney Oliver).
1889	8.	*Facts For Londoners*(Sidney Webb).
	9.	*An Eight Hours Bill*(Sidney Webb).
	10.	*Figures for Londoners*(Sidney Webb).
1890	11.	*The Workers' Political Programme*(Sidney Webb).
	12.	*Pracical Land Nationalization*(Sidney Webb).
	13.	*What Socialism Is*(Bernard Shaw).
	14.	*The New Reform Bill*(J. F. Oakeshott and others).
	15.	*English Progress towards Social Democracy*. Sidney Webb.
	16.	*A Plea for an Eight Hours Bill*(Sidney Webb).
	17.	*Reform of the Poor Law*. Sidney Webb.

18. *Facts for Bristol*(Hartmann W. Just).

19. *What the Farm Labourer Wants*(Sidney Webb).

20. *Questions for Poor Law Guardians*(S. W. Group).

21. *Questions for London Vestrymen*(J. C. Foulger).

22. *The Truth about Leasehold Enfranchisement*(Sidney Webb).

1891   23. *The Case for an Eight Hours Bill*(Sidney Webb).

24. *Questions for Parliamentary Candidates*(Sidney Webb).

25. *Questions for School Board Candidates*(Sidney Webb).

26. *Questions for London County Councillors*(Sidney Webb).

27. *Questions for Town Councillors*(Rev. C. Peach).

28. *Questions for County Council Candidates*(Rural, F. Hudson).

29. *What to Read*(Graham Wallas).

30. *The Unearned Increment*(Sidney Webb).

31. *London's Heritage in the City Guilds*(Sidney Webb).

32. *The Municipalization of the Gas Supply*(Sidney Webb).

33. *Municipal Tramways*(Sidney Webb).

34. *London's Water Tribute*(Sidney Webb).

35. *The Municipalization of the London Docks*(Sidney Webb).

36. *The Scandal of the London's Markets*(Sidney Webb).

37. *A Labour Policy for Public Authorities*(Sidney Webb).

38. Welsh Translation of No. 1.

1892   39. *A Democratic Budget*(J. F. Oakeshott).

40. *Fabian Election Manifesto*(Bernard Shaw).

41. *The Fabian Society: What it has Done and How it has Done it*. G. Bernard Shaw.

42. *Christian Socialism*. Rev. Stewart D. Headlam.

43. *Vote! Vote! Vote!*(Bernard Shaw).

1893   44. *A Plea for Poor Law Reform*(Frederick Whelen).

45. *Impossibilities of Anarchism*. G. Bernard Shaw.

46. *Socialism and Sailors*. B. T. Hall.

47. *The Unemployed*. John Burns.

48. *Eight Hours by Law*(Henry W. Macrosty).

1894   49. *A Plan for Campaign for Labour*(G. Bernard Shaw).

50. *Sweating: Its Cause and Remedy*(H. W. Macrosty).

51. *Socialism:True and False.* Sidney Webb.

52. *State Education at Home and Abroad.* J. W. Martin.

53. *The Parish Councils Act: What it is and How to work It*(Herbert Samuel).

54. *Humanising of the Poor Law*(J. F. Oakeshott).

55. *The Workers' School Board Programme*(J. W. Martin).

56. *Questions for Parish Council Candidates*(Herbert Samuel).

57. *Questions for Rural District Council Candidates*(Herbert Samuel).

58. *Allotments and How to Get Them*(Herbert Samuel).

59. *Questions for Candidates for Urban District Councils.*

60. *The London Vestries: What they are and What they Do.* Sidney Webb.

1895　61. *The London County Councils: What it is and What it Does*(J. F. Oakeshott).

62. *Parish and District Councils: What they are and What they can Do*(No. 53 rewritten).

63. *Parish Council Cottages and How to Get them*(E. R. Pease).

64. *How to Lose and How to Win an Election*(J. Ramsay MacDonald).

65. *Trade Unionists and Politics*(F. W. Galton).

66. *A Programme for Workers*(E. R. Pease).

1896　67. *Women and the Factory Acts*(Mrs. Sidney Webb).

68. *The Tenant's Sanitary Catechism*(Arthur Hickmott).

69. *The Difficulties of Individualism.* Sidney Webb.

70. *Report on Fabian Policy*(Bernard Shaw).

71. *The (London) Tenant's Sanitary Catechism*(Miss Grove).

72. *The Moral Aspects of Socialism.* Sidney Ball.

73. *The Case for State Pensions in Old Age*(George Turner).

74. *The State and Its Functions in New Zealand.* The Hon. W. P. Reeves.

1897　75. *Labour in the Longest Reign.* Sidney Webb.

76. *Houses for the People*(Arthur Hickmott).

77. *The Municipalization of Tramways*(F. T. H. Henle.).

78. *Socialism and the Teaching of Christ.* Rev. John. Clifford. D. D.

79. *A Word of Remembrance and Caution to the Rich.* John Woolman.

80. *Shop Life and its Reform*(William Johnson).

81. *Municipal Water*(C. M. Knowles).

82. *The Workmen's Compensation Act*(C. R. Allen. junr.).

83. *State Arbitration and the Living Wage*(H. W. Macrosty).

84. *The Economics of Direct Employment*. Sidney Webb.

85. *Liquor Licensing at Home and Abroad*. E. R. Pease.

86. *Municipal Drink Traffic*(E. R. Pease).

1899   87. A Welsh Translation of No. 78.

88. *The Growth of Monopoly in English Industry*. Henry. W. Mrosty.

89. *Old Age Pensions at Work*(J. Bullock)

90. *The Municipalisation of the Milk Supply*(Dr. G. F. McCleary).

91. *Municipal Pawnshops*(Charles Charrington).

92. *Municipal Slaughter-houses*(George Standring).

1900   93. *Women As Councillors*(Bernard Shaw).

94. *Municipal Bakeries*(Dr. G. F. McCleary).

95. *Municipal Hospitals*(Dr. G. F. McCleary).

96. *Municipal Fire Insurance*(Mrs Fenton Macpherson).

97. *Municipal Steamboats*(S. D. Shallard).

98. *State Railways for Ireland*(Clement Edwards).

99. *Local Government in Ireland*(C. R. Allen. junr.).

100. *Metropolitan Borough Councils: Their Powers and Duties*(Henry W. Macrosty).

101. *The House Famine and How to Relieve it*. Various.

102. *Questions for Candidates: Metropolitan Borough Councils*(H. W. Macrosty).

103. *Overcrowding in London and its Remedy*. W. C. Steadman. M. P.

104. *How Trade Unions Benefit Workmen*(E. R. Pease).

1901   105. *Five Years' Fruit of the Parish Councils Acts*(Sidney Webb).

106. *The Education Muddle and the Way Out*(Sidney Webb).

107. *Socialism for Millionaires*. Bernard Shaw.

108. *Twentieth Century Politics: A Policy of National Efficiency*. Sidney Webb.

1902   109. *Cottage Plans and Commonsense*. Raymond Webb.

110. *Problems of Indian Poverty*. S. S. Thorburn.

111. *Reform of Reformatories and Industrial Schools*. H. T. Holmes.

112. *Life in the Laundry*. Dr. G. F. McCleary.

1903	113. *Communism*. William Morris Preface by Bernard Shaw.
	114. *The Education Act. 1902. How to Make the Best of It*(Sidney Webb).
	115. *State Aid to Agriculture*. T. S. Dymond.
1904	116. *Fabianism and the Fiscal Question: an Alternative Policy*(Bernard Shaw).
	117. *The London Education Act, 1903: How to Make the Best of It*(Sidney Webb).
	118. *The Secret of Rural Depopulation*. Lieut. -Col. D. C. Pedder.
1905	119. *Public Control of Electric Power and Transit*. S. G. Hobson.
	120. *After Bread, Education*. Hubert Bland.
	121. *Public Service versus Private Expenditure*. Sir Oliver Lodge.
	122. *Municipal Milk and Public Health*. F. Lawson Dodd.
	123. *The Revival of Agriculture :a National Policy for Great Britain*. Henry W. Macrosty.
	124. *State Control of Trusts*. Henry W. Macrosty.
	125. *Municipalisation by provinces*(W. Stephen Sanders).
1906	126. *The Abolition of Poor Law Guardians*(E. R. Pease).
	127. *Socialism and Labour Policy*(Hubert Bland, Editor).
	128. *The Case for a Legal Minimum Wage*(W. Stephen Sanders).
	129. *More Books to Read*(E. R. Pease).
1907	130. *Homework and Sweating: The Causes and Remedies*. Miss B. L. Hutchins.
	131. *The Decline in the Birth-Rate*. Sidney Webb.
	132. *A Guide to Books for Socialists*. 'The Nursery'.
	133. *Socialism and Chritianity*. Rev. Percy Dearmer, D. D.
	134. *Small Holdings, Allotments, and Common Pastures*. Revised Edition of No. 58.
	135. *Paupers and Old Age Pensions*. Sidney Webb.
	136. *The Village and the Landlord*. Edward Carpenter.
1908	137. *Parish Councils and Village Life*(Revised Version of No. 105).
	138. *Municipal Trading*(Aylmer Maude).
	139. *Socialism and the Churches*. Rev. John Clifford, D. D.
	140. *Child Labour Under Capitalism*. Mrs. Hylton Dale.
1909	141. A Welsh Translation of No. 139
	142. *Rent and Value*. Adapted by Mrs Bernard Shaw from Fabian Essays,

The Economic Basis.

143. *Socialaeth Yng Ngoleuni'R Beibl*(Welsh). J. R. Jones.

144. *Machinery: its Masters and its Servants*. H. H. Schloesser and Clement Game.

145. *The Case for School Nurseries*. Mrs Townshend.

146. *Socialism and Superior Brains*. A Reply to Mr. Mallock. Bernard Shaw.

147. *Capital and Compensation*. E. R. Pease.

148. *What a Health Committee can do*(Miss B. L. Hutchins).

1910   149. *The Endowment of Motherhood*. Henry D. Harben.

150. *State Purchase of Railways: A Practicable Scheme*. Emil Davis.

151. *The Point of Honour. A Correspondence on Aristocracy and Socialism*. Mrs. Ruth Cavendish Bentinck.

1911   152. *Our Taxes as they are and as they ought to be*. Robert Jones.

153. *The Twentieth Century Reform Bill*. Henry H. Schloesser.

154. *The Case for School Clinics*. L. Haden Guest.

155. *The Case against the Referendum*. Clifford D. Sharp.

156. *What an Education Committee can do*(Elmentary Schools). The Education Group.

157. *The Working Life of Women*. Miss B. L. Hutchins.

158. *The Case against the Charity Organisation Society*. Mrs Townshend.

159. *The Necessary Basis of Society*. Sidney Webb.

160. *A National Medical Service*. F. Lawson Dodd.

1912   161. *Afforestation and Unemployment*. Arthur P. Grenfell.

162. *Family Life on a Pound a week*. Mrs. Pember Reeves.

163. *Women and Prisons*. Helen Blagg and Charlotte Wilson.

164. *Gold and State Banking. A Study in the Economics of Monopoly*. Edward R. Pease.

165. *Francis Place: The Tailor of Charing Cross*. St. John G. Ervine.

166. *Robert Owen: Social Reformer*. Miss B. L. Hutchins.

167. *William Morris and the Communist Ideal*. Mrs. Townshend.

1913   168. *John Stuart Mill*. Julius West.

169. *The Socialist Movement in Germany*. W. Stephen Sanders.

170. *Profit-Sharing and Co-Partnership: A Fraud and a Failure?* Edward R.

Pease.

171. *The Nationalization of Mines and Minerals Bill.* Henry H. Schloesser [Slesser].

172. *What about the Rates, or Municipal Finance and Municipal Autonomy.* Sidney Webb.

173. *Public versus Private Electricity Supply.* C. Ashmore Baker.

174. *Charles Kingsley and Christian Socialism.* Colwyn E. Vulliamy.

175. *The Economic Foundations of the Women's Movement.* M. A. Mabel Atkinson.

176. *War and the Workers, Handbook of some Immediate Measures to Prevent Unemployement and relieve Distress.* Sidney Webb.

1915   177. *Socialism and thr Arts of Use.* A. Clutton Brock.

178. *The War: Women; and Unemployment.* The Women's Group Executive.

1917   179. *John Ruskin and Social Ethics.* Edith Morley.

180. *The Philosophy of Socialism.* A Clutton Brock.

181. *When Peace Comes. The Way of Industrial Reconstruction.* Sidney Webb.

1918   182. *Robert Owen, Idealist.* C. E. M. Joad.

183. *Reform of the House of Lords.* Sidney Webb.

184. *The Russian Revolution and British Democracy.* Julius West.

185. *The Abolition of the Poor Law.* Mrs Sidney Webb.

1919   186. *Central Africa and the League of Nations.* R. C. Hawkin.

187. *The Teacher in Politics.* Sidney Webb.

188. *National Finance and a Levy on Capital.* Sidney Webb.

1920   189. *Urban District Councils: Their Constitution, Powers, and Duties.* C. M. Lloyd.

190. *Metropolitan Borough Councils: Their Constitution, Powers, and Duties.* C. R. Attlee.

191. *Borough Councils: their Constitution, Powers, and Duties.* C. R. Attlee.

192. *Guild Socialism.* G. D. H. Cole.

193. *Housing.* C. M. Llyod.

194. *Taxes, Rates and Local Income Tax.* R. Jones.

195. *The Scandal of the Poor Law.* C. M. Llyod.

196. *The Root of Labour Unrest.* Sidney Webb.

1921	197. *The International Labour Organization of the League of Nations*. W. S. Sanders.
1922	198. *Some Problems of Education*. Babara Drake.
	199. *William Lovett*. Mrs. L. b. Hammond.
	200. *The State in the New Social Order*. H. J. Laski.
	201. *International Co-operative Trade*. L. S. Woolf.
1923	202. *The Constitutional Problems of a Co-operative Society*. Sidney Webb.
	203. *The Need for Federal Reorganization in the Co-operative Movement*. Sidney Webb.
	204. *The Position of Employees in the Co-operative Movement*. L. Harris.
	205. *Co-operative Education*. L. A. Dawson.
	206. *The Co-operator in Politics*. A. Barnes.
	207. *The Labor Party on the Threshold*. S. Webb.
1924	208. *Environment and Health*. C. P. Child.
	209. *Compulsory Voting: What it is and How it Works*. W. A. Lobson.
	210. *The Position of Parties and the Right of Dissolution*. H. J. Laski.
	211. *The Case Against Proportional Representation*. H. Finer.
	212. *Germany and the League of Nations*. C. M. Kantorowicz.

■ 단행본과 논문

Clarke. William. 1893. "The Limits of Collectivism." *Contemporary Review*. LXIII. Feb.

_____. 1894. "The Fabian Society." *New England Magazine*. Mar.

Fabian Society. 1912. *Songs for Socialists*. London.

Pease, Edward. 1916. *The History of the Fabian Society*. London.

Shaw, G. B.(ed.). 1888. "The Transition to Social Democracy." *Our Corner*. 1 Nov.

_____. 1896. "What Socialism Will Be Like." *The Labour Leader*. 19 Dec.

_____. 1900. *Fabianism and the Empire. London.*

_____. 1906. "Life, Literature, and Political Economy." *Clare Market Review*. Jan.

_____. 1906. "Socialism and the Artistic Professions." *New York Evening Journal*. 22, 24, 25, 26, 27 Dec.

_____. 1906. "The Bitter Cry of the Middle Classes." *Tribune*. 14 and 15 Aug.

_____. 1906. "The Solidarity of Social-Democracy." *Vorwarts*. 1 May.

_____. 1907. "A Socialist Program: The Gentle Art of Unpleasantness." *The Clarion*.

9, 16, 23 Aug.

_____. 1907~1908. "On Driving Capital Out of the Country." *New Age*. from 31 Oct. 1907 through 25 Jan. 1908.

_____. 1908. "Socialist Politics." A *lecture delivered before the Liverpool Fabian society on Wed*. 28 Oct.

_____. 1909. "The Unmentionable Case for Women's Suffrage." *Englishwoman*. Mar.

_____. 1911. "Shaw vs Chesterton: A Debate." *The Christian Commonwealth*. 6 and 13 Dec.

_____. 1912. "What about the Middle Class?" *Daily Citizen*. 18, 19. Oct.

_____. 1913. "The Case for Equality." *New York Metropolitan*. Dec.

_____. 1913. "The Case for Socialism." *Morning Post*. 12 March.

_____. 1920. "Socialism and the Labour Party." *The Christian Commonwealth*. 6 Feb.

_____. 1921. "The Dictatorship of the Proletariat." *Labour Monthly*. Oct.

_____. 1925. "The Impossibilities of Freedom." *New York Times*. 20 Dec.

_____. 1926. "Cultural Internationalism: Shaw Expounds Socialism as World Panacea." *New York Times*. 12 Dec.

_____. 1934. *Prefaces by B. Shaw*. London.

_____. 1937. *The Intelligent Woman's Guide to Socialism*. London.

_____. 1962. *Fabian Essays in Socialism*. London. 6th edition. first published in 1889.

Wallas, Graham. 1898. *The Life of Fransis Place*. London.

_____. 1908. *Human Nature and Politics*. London.

_____. 1914. *The Great Society: a Psychological Analysis*. London.

Webb, Beatrice. 1888. *Wanted, a programme: an appeal to the Liberal Party*. London.

_____. 1891. *The Co-operative Movement in Great Britain*. London.

_____. 1913. "Some Impressions of the Labour Party Conference." *Fabian News*. 24, 4 Mar.

_____. 1913. "The Awakening of Woman." *New Statesman*. 1 Nov(special supplement).

_____. 1913. "The Minimum Wage and How to Get It." *Fabian News*. 24, 2 Jan.

_____. 1913. "Weapons of Socialism." *Christian Commonwealth*. 26 Feb.

_____. 1914. "Personal Rights and the Women's Movement I-V." *New Statesman*. 4, 11, 18, 25 July. 1 August.

_____. 1914. "Motherhood and Citizenship." *New Statesman*. 16 May.

_____. 1914. "Prevention-not Alleviation." *Labour Leader*. 27 Aug.

_____. 1914. "Special Supplement on Women in Industry." *New Statesman*. 21 Feb.

_____. 1914. "Voteless Women and the Social Revolution." *New Statesman*. 14 Feb.

_____. 1915. "Special Supplement on English Teachers and Their Professional Organization." *New Statesman*. 2 Oct.

_____. 1938. *My Apprenticeship*. London.

_____. 1948. *Our Partnership*. London.

_____. 1952. *Beatrice Webb's Diaries 1912-24*. ed. M. I. Cole. London.

_____. 1956. *Beatrice Webb's Diaries 1924-32*. ed. M. I. Cole. London.

_____. 1984. *The Diary* vol. I-III. ed. N. & J. MacKenzie. London.

Webb, Sidney. 1888. *What Socialism Means: a call to the unconverted*. London.

_____. 1890. *Socialism in England*. London.

_____. 1891. *The London Programme*. London.

_____. 1907. *The Decline in the Birth-Rate*. London.

_____. 1911. *Grants-in-aid: a Criticism and a Proposal*. London.

_____. 1912. "The Moral of the Labour Unrest." *Crusade*. 3, 7, July.

_____. 1912. *How the Government Can Prevent Unemployment*. London.

_____. 1912. *The Legal Minimum Wage*. London.

_____. 1914. "Behind the Fighting Lines." *Daily Chronicle*. 25 Aug.

_____. 1914. "Special Supplement on the Working of the Insurance Act." *New Statesman*. 14 Mar.

_____. 1915. *Towards Social Democracy*. London.

_____. 1916. *Great Britain After the war*. London.

_____. 1916. *How to Pay for the War*. London.

_____. 1917. "The New Constitution of the Labour Party." *Observer*. 21 Oct.

_____. 1917. *The Works Manager Today*. London.

_____. 1918. *Labour and the New Social Order*. London.

_____. 1921. *The Story of the Durham Miners*. London.

Webb. Sidney and Beatrice. 1913. "What Is Socialism?" *New Statesman*. April-September.

   1. 'Revolt.' 12 April 1913.

   2. 'Change of heart.' 19 April 1913.

3. 'The Application to society of the scientific method.' 26 April 1913.

4. 'Participation in power and the consciousness of consent.' 3 May 1913.

5. 'An inference from the law of rent.' 10 May 1913.

6. 'The transformation of property.' 17 May 1913.

7. 'The expansion of local government.' 24 May 1913.

8. 'National housekeeping.' 31 May 1913.

9. 'Organisation from below as the safeguard of liberty.' 7 June 1913.

10. 'Co-partnership between producer and consumer.' 14 June 1913.

11. 'Voluntary groupings of producers and consumers.' 21 June 1913.

12. 'The approach to equality.' 28 June 1913.

13. 'Freedom for the woman.' 5 July 1913.

14. 'Protection for the child.' 12 July 1913.

15. 'The development of science, art and religion untrammelled by plutocracy.' 19 July 1913.

16. 'The maintenance of nationality by the growth of internationalism.' 26 July 1913.

17. 'The guardianship of the non adult races.' 2 August 1913.

18. 'The real safeguard against the nightmare of the servile estate.' 9 August 1913.

19. 'Our protection against the disastrous illusion of the distributive state.' 16 August 1913.

20. 'In itself a demonstration of the impossibility of syndicalism and anarchism.' 23 August 1913.

21. 'The great alternative(1) the answer of pessimism.' 30 August 1913.

22. 'The great alternative(2) the optimist view.' 6 September 1913.

Webb. Sidney and Beatrice. 1894. *The History of Trade Unionism*. London.

_____. 1897. *Industrial Democracy*. London; 2nd ed. 1902.

_____. 1906~1929. *English Local Government from the Revolution to the Municipal Corporation Act*. 10 volumes. London.

_____. 1911. *The Prevention of Destitution*. London.

_____. 1912. "China in Revolution." *Crusade*. March.

_____. 1912. "The Social Crisis in Japan." *Crusade*. January.

_____. 1912. "What Syndicalism Means." *Crusade*. August(supplement)

_____. 1914. "Special supplement on Cooperative Production and Profit-sharing." *New Statesman*. 14 Februry.

_____. 1914. "Special supplement on the Cooperative Movement." *New Statesman*. 30 May.

_____. 1915. "Special supplement on State and Municipal Enterprises." *New Statesman*. 8 May.

_____. 1918. *The Principles of the Labour Party*. London.

_____. 1920. *A Constitution for the Socialist Commonwealth of Great Britain*. London.

_____. 1921. *The Consumers' Co-operative Movement*. London.

_____. 1923. *The Decay of Capitalist Civilisation*. London.

_____. 1978. *The Letters of Sidney and Beatrice Webb*. 3vols. ed. N. Mackenzie, Cambridge.

Wells, H. G. 1905. "This Misery of Boots." *Independent Review*. Dec.

_____. 1911. *The New Machiavelli*. London.

2차 사료

■ 연구서

Adelman, Paul. 1984. *Victorian Radicalism; The Middle-class Experience 1830-1914*. London.

Bailey, Peter. 1978. *Leisure and Class in Victorian England*. London.

Barker, Rodney. 1972. *Education and Politics 1900-1951: A Study of the Labour Party*. Oxford.

Beer, Max. 1940. *A History of British Socialism*. London.

Beer, Samuel H. 1966. *British Politics in the Collectivist Age*. New York.

Booth, Charles. 1892. *Life and Labour of the People of London*. London.

Brennan, E. T. J. 1975. *Education for National Efficiency: The Contribution of Sidney and Beatrice Webb*. London.

Briggs, Asa and Saville, John(eds). 1960. *Essays in Labor History in memory of G. D. H. Cole*. London.

_____. 1971. *Essays in Labor History 1886-1923*. London.

Binyon, Gilbert C. 1931. *The Christian Socialist Movement in England*. London.

Brinser, Ayers. 1931. *The Respectability of G. B. Shaw*. London.

Britain, Ian. 1982. *Fabianism and Culture; A Study in British Socialism and the Arts 1884-1918*. Cambridge.

Brown, K. D.(ed). 1985. *The First Labour Party 1906-1914*. London.

Butler, E. D. 1978. *The Fabian Contribution to the Communist Advance*. Toronto.

Caine, Sydney. 1963. *The History of the Foundation of London School of Economics*. London.

Caute, D. 1973. *The Fellow-Travellers*. London.

Clarke, Peter. 1978. *Liberals and Social Democrats*. Cambridge.

Clarke, S. 1982. *Marx, Marginalism and Modern Sociology*. London.

Clayton, Joseph. 1934. *The Rise and Decline of Socialism in Great Britain 1884-1924*. London.

Clegg, H. Fox and Thompson, A. F. 1964. *A History of British Trade Unionism since 1889*. Oxford.

Coker, F. W. 1934. *Recent Political Thought*. London.

Cole, G. D. H. 1950. *British Working Class Politics 1832-1914*. London.

_____. 1956. *A History of Socialist Thought*. 5vols. London.

Cole, Margaret. 1949. *The Webbs and Their Work*. London.

_____. 1961. *The Story of Fabian Socialism*. London.

Coates, D. 1975. *The Labour Party and the Struggle for Socialism*. Cambridge.

Cliff, Tony and Glucksten, D. 1988. *The Labor Party: A Marxist History*. London.

Crossman, R. H. S.(ed). 1952. *New Fabian Essays*. London.

Crossick, Geoffrey(ed). 1977. *The Lower Middle Class in Late Vitorian Britain 1870-1914*. London.

Dangerfield, G. 1936. *The Strange Death of Liberal England*. London.

Ellis, R. W.(ed). 1930. *Bernard Shaw and K. Marx: A Symposium*. New York.

Emy, H. V. 1973. *Liberals, Radicals, and Social Politics 1892-1914*. Cambridge.

Eyerman, R. and Svenson, L. G.(eds.). 1987. *Intellectuals,Universities and the State in Modern Western Societies*. Berkely.

Foote, G. 1985. *The Labour Party's Political Thought: A History*. London.

Fraser, W. H. 1974. *Trade Union and Society: The Struggle for Acceptance 1850-1880*. London.

Freeden, M. 1978. *The New Liberalism: An Ideology of Social Reform*. Oxford.

Freemantle, Anne. 1860. *This Little Band of Prophets: the Story of the Gentle Fabians*.

London.

Fuchs, J.(ed.). 1926. *The Socialism of Shaw, New York*.

Halevy, E. 1966. *The Era of Tyrannies*. New York Univ. Press.

Hamilton, M. A. 1933. *Sideney and Beatrice Webb*. London.

Hardy, Dennis. 1979. *Alternative Communities in Nineteenth Century England*. London.

Harrington, M. 1976. *The Twilight of Capitalism*. New York.

Harrison, B. 1971. *Drink and the Victorians*. London.

Hinton, James. 1983. *Labour and Socialism: A History of the British Labour Movement 1867-1974*. Brighton. Sussex.

Hobsbawm, E. J. *Labouring Men*. London. 1964.

_____(ed). 1974. *Labor's Turing Point 1880~1990*. Nr. Brighton.

Holland, P. 1981. *Political Pilgrims: Travels of Western Intellectuals to the Soviet Union*. Oxford.

Hulse, James W. 1970. *Revolutionists in London: A Study of Five Unorthodox Socialists*. Oxford.

Hunt, E. H. 1981. *British Labour History 1815-1914*. London.

Hurt, J. S. 1979. *Elementary Schooling and Working Classes 1860-1918*. London.

Hynes, S. 1968. *The Edwardian Turn of Mind*. London.

_____. 1972. *Edwardian Occasions*. London.

Inglis, K. S. 1963. *Churches and the Working Classes in Victorian England*. London.

Jarman, T. L. 1972. *Socialism in Britain*. London.

Jones, Peter d'A. 1968. *The Christian Socialist Revival 1877-1914,* Princeton.

Katanka, Michael(ed.). 1973. *Radicals, Reformers and Socialists from the Fabian biographical series*. London.

Kendall, W. 1969. *The Revolutionary Movement in Great Britain*. London.

Kent, Christopher. 1978. *Brains and Numbers: Elitism, Comtism and Democracy in Mid-Victorian England*. Toronto.

Kirk, N. 1985. *The Growth of Working Class Reformism in Mid-Victorian England*. London.

Laidler, H. W. 1968. *History of Socialism*. New York.

Langan, M. and Schwarz, B.(eds.). 1985. *Crises in British State 1880-1930*. London.

Laurence, D. H. 1965 and 1972. *Collected Essays: George Bernard Shaw*, 2vols. London.

Levy, Carl(ed.). 1987. *Socialism and the Intelligentsia*. London.

Lee, H. W. and Archbold, E. 1935. *Social-Democracy in Britain: Fifty years of The Socialist*

Movement. London.

Lewis, G. K. 1978. *Slavery. Imperialism and Freedom:Studies in English Radical Thought*, New York.

Lichtheim, G. 1969. *The Origins of Socialism*. New York.

Lindemann, A. S. 1983. *A History of European Socialism*. London.

Lynd, H. M. 1945. *Englalnd in the Eighteen-Eighties*. London.

Maccoby, S. 1953. *English Radicalism 1886-1914*. London.

Mackenzie, Jeanne. 1979. *A Victorian Courtship. The Story of Beatrice Potter and Sidney Webb*. London.

Mackenzie, N.(ed.). 1978. *The Letter of Sidney and Beatrice Webb*. 3vols. London.

Mackenzie, Norman and Jeanne. 1973. *The Time Traveller*. London.

_____. 1979. *The First Fabians*. London.

Martin, D. E. and Rubinstein, D.(eds.). 1979. *Ideology and the Labor Movement*. London.

Marx & Engels Correspondence. 1934. Martin Lawrence Ltd. London.

McBriar, A. M. 1962. *Fabian Socialism and English Politice 1984-1918*. Cambridge.

McCarran, Margaret. 1954. *Fabinism in the Politidal Life of Britain, 1919-1931*. London.

McKitterick, T. E. M. and Younger, K.(eds.). 1979. *Fabian International Essays*. London.

Milliman, J. M.(ed.). 1979. *Consciousness and Class Conflict in 19th Century Europe*. London.

Miliband, R. 1961. *Parliamentary Socialism*. London.

Morgan. K. 1975. *Keir Hardie*. London.

Morris. A. J. A.(ed.). 1974. *Edwardian Radicalism 1990-14*. London.

Munby, L.(ed.). 1971. *The Luddites and Other Essays*. London.

Newton. D. J. 1985. *British Labour, European Socialism and the Struggle for Peace 1889-1914*. Oxford.

Nord, D. E. 1985. *The Apprenticeship of Beatrice Webb*. London.

Pelling, Henry. 1958. *Labour and Politics 1900-6*. London.

_____. 1962. *A History of British Trade Unionism*. London.

_____. 1965. *The Origins of the Labor Party 1880-1990*. Oxford.

_____. 1968. *Popular Politics and Society in Late Victorian Britain*. London.

_____. 1976. *A Short History of the Labor Party*. London.

Pierson, Stanley. 1973. *Marxism and the Origins of British Sodialism*. New York.

_____. 1979. *British Socialists: the Journey from Fantasy to Politics*. Cambridge. Mass.

Pimlott, J. A. R. 1935. *Toynbee Hall 1884-1934*. London.

Poirier, Philip. 1958. *The Advent of the Labor Party*. London.

Pribićević, B. 1959. *The Shop Stewards Movement and Workers Control 1910-1922*. Oxford.

Pugh, Patricia. 1984. *Educate, Agitate, Organize: 100 years of Fabian Socialism*. London.

Radice, G. H. and E. A. 1974. *Will Thorne: Constructive Militant*. London.

Radice, Lisanne. 1984. *Beatrice and Sidney Webb: Fabian Socialists*. London.

Redmond, J. "William Morris or Bernard Shaw: Two Faces of Socialism." in *The Victorians and Social Protest. A Symposium*. ed. J. Butt and I. F. Clarke. London. 1973.

Rose, M. 1972. *The Relief of Poverty 1834-1914*. London.

Samuel, R.(ed.). 1981. *People's History and Socialist Theory*. London.

Sanders, W. S. 1927. *Early Socialist Days*. London.

Saul, S. B. 1892. *The First London County Council*. London.

Searle, G. R. 1971. *The Quest for National Efficiency*. Oxford.

Semmel, B. 1960. *Imperialism and Social Reform*. London.

Simon, Brian. 1965. *Education and the Labour Movement 1870-1920*. London.

Smith, D. 1982. *Conflict and Compromise: Class Formation in English Society 1830-1914*. London.

Stedman-Jones. Gareth. 1971. *Outcast London*. Oxford.

Stewart, W. J. 1925. *Keir Hardie*. London.

Symon, J. D. 1914. *The Press and Its History: An Account of the Birth and Development of Journalism up to the Present Day, with the History of all the Leading Newspapers*. London.

Tawney, R. H. 1968. *The British Labour Movement*. Greenwood Press.

Terrins, Deidre and Whitehead, Philip. 1984. *100 Years of Fabian Socialism 1884-1984*. London.

Tholfsen, Trygve. 1977. *Working Class Radicalism in Mid-Victorian England*. New York.

Thompson, E. P. 1977. *William Morris*, London.

Thompson, Paul. 1967. *Socialists, Liberals, and Labour:the Struggle for London 1885-1914*. London.

Torr, Dona. 1956. *Tom Mann and His Times, London*.

Tsuzuki, Chushichi. 1961. *H. M. Hyndman and British Socialism*. Oxford.

＿＿＿. 1967. *The Life of Eleanor Marx*. Oxford.

＿＿＿. 1980. *Edward Carpenter 1844-1929*. Cambridge.

Ulam, Adam B. *1951. Philosophickl Foundations of English Socialism*. Cambridge. Mass.

Vicinus, Martha. 1974. *The Industrial Muse, A Study of Nineteenth-Century British Working Class Literature*. London.

Vincent, J. 1967. *Origins of the British Labour Party*. London.

Watson, George. 1973. *The English Ideology: Studies in the Language of Victorian Politics*. London.

Webb, R. K.(ed). 1966. *The Era of Tyrannies*. New York Univ. Press.

West, Alick. 1950. *A Good Man Fallen Among Fabians*. London.

Winter, J. M. 1974. *Socialism and the Challenge of War: Ideas and Politics in Britain 1912-18*. London.

Winter J.(ed.). 1983. *The Working Class in Modern British History*. Cambridge.

Wolfe, Willard. 1975. *From Radicalism to Socialism*. New Haven.

Wright, A. W. 1979. *G. D. H. Cole and Social Democracy*. Oxford.

Yeo, Stephen. 1976. *Religion and Voluntary Organizations in Crisis*. London.

■ 연구논문

Arnold, G. L. 1956. "Notes on Fabianism: Shaw, the Webbs and the Labor Party." *Twentieth Century*. June.

Anderson, Perry. 1968. "Components of the National Culture." *New Left Review*. no. 50.

Baker, W. J. 1979. "The Making of a Working-Class Football Culture in Victorian England." *Journal of Social History*. 13.

Bailey, Peter. 1979. "Will the Real Bill Banks Please Stand Up? Towards a Role Analysis of Mid-Victorian Working-Class Respectability." *Journal of Social History*. vol. 12, no. 3.

Brennan, E. J. T. 1972. "Educational Engineering with the Webbs." *History of Education(G.B)*. no. 2.

Breuilly, J. 1985. "Liberalism or Social Democracy: A Comparison of British and German Labor Politics, c. 1850-75." *European History Quarterly*, vol. 15, no. 1.

Britain, I. M. 1978. "Bernard Shaw, Ibsen and the Ethics of English Socialism." *Victorian Studies*, vol. 21. Spr.

_____. 1980. "Two of the Nicest People if ever there was one: the correspondence of Sidney and Beatrice Webb." *Historical Studies*, vol. 19, no. 74. Oct.

Britain, I. M. 1982. "The Austere Pleasure of S. & B. Webb." *History Today*. Aug.

Bullock, I. and Reynolds, S. 1987. "Direct Legislation and Socialism: How British and French Socialists Viewed the Referendum in the 1890s." *History Workshop Journal*. Aut.

Caine, Barbara. 1982. "Beatrice Webb and the Woman Question." *History Workshop Journal*. vol. 14. Aug.

Calcott, M. 1977. "Sidney Webb, Ramsay MacDonald. Emmanuel Shinwell and the Durham Constituency of Seaham." *Bulletin 11. North East Group for the Study of Labout History*.

Cherry, D. R. 1962. "The Fabianism of Shaw." *Queens Quarterly*. Spr.

Clarkson, J. D. 1953. "Background of Fabian Theory." *Journal of Economic History*. vol. 8, no. 4. Fall.

Cole, G. D. H. 1943. "Obituary: B. Webb as an Economist." *Economic Journal*, no. 212. Dec.

Cole, M. 1944. "The Fabian Society." *Political Quarterly*, vol. 15. July.

_____. "The Webbs and Social Theory." *British Journal of Sociology*. June.

Collini, Stefan. 1976. "Hobhouse, Bosanquet and the State: Philosophical Idealism and Political Argumént in England 1889-1918." *Past and Present*, no. 72. Aug.

Cowden, Morton. H. 1962. "Early Marxist View on British Labour, 1827-1917." *Western Political Quarterly*, vol. 16, no. 1. Mar.

Dunn, D. 1984. "A Good Fabian Fallen among the Stanlinists." *Survey*.

El-Amin, Mohammed Nuri. 1977. "Sydney Olivier on Socialism and Colonies." *Review of Politics*, vol. 39, no. 4.

Feaver, G. 1977. "The Webbs in Canada." *Canadian Historical Review*, vol. 58, no. 3. Sep.

Fox, P. W. and Gordon, H. Scott. 1951. "The Early Fabians-Economists and Reformers." *Canadian Journal of Economics and Political Sciences*. vol. 17. Aug.

Gilbert, B. B. 1966. "Winston Churchill versus the Webbs." *American Historical Review*. vol. 71, no. 3. Apr.

Gregory, R. G. 1960. "Sidney Webb and East Africa." *History*, vol. 72.

Hall, J. A. 1977. "The Roles and Influence of Political Intellectuals: Tawney vs Webb." *British Journal of Sociology*, vol. 28, no. 3. Sep.

Harrison, Royden. 1959. "E. S. Beesly and K. Marx." *International Review of Social History*, vol. 4.

_____. 1964. "The British Labor Movement and the International in 1864." *Socialist Register*, vol. 1.

_____. 1968. "Royden Harrison's Talk on Webb's Early Life." *Bulletin of the Society for the Study of Labor History*, no. 17.

_____. 1968. "The Young Webb: 1859-92." *Bulletin of the Society for the Study of Labor History*, no. 17. Aut.

_____. 1983. "Elitists and Philistines?." *Bulletin of the Society for thee Study of Labour History*, no. 48. Spr.

Harberland. Paul M. 1976. "A Fabian View of Goethe." *University of South Florida Language Quarterly*, vol. 15. Fall.

Henderson, A. 1918. "The New Labor Party Constitution." *Fabian News*. Jan.

_____. "The Outlook for Labor." *Contemporary Review*. Feb.

Himmelfarb, Gertrude. 1971. "The Intellectual in Politics: The Case of the Webbs." *Journal of Contemporary History*, vol. 6, no. 3.

Irwine, William. 1947. "Shaw, the Fabians and the Utilitarians." *Journal of the History of Ideas*, Vol. 8. Apr.

Jones, Howard Mumford. 1957. "Shaw as a Victorian." *Victorian Studies*. vol. 1. Winter.

Judges, A. V. 1961. "The Educational Influence of the Webbs." *British Journal of Education Studies*, vol. 10. Nov.

Leavis, F. R. 1949. "Beatrice Webb in Partnership." *Scrutiny*, vol. 16. June.

Liebman, M. 1962. "The Webbs and New Civilization." *Survey*, 41.

Kumar, K. 1983. "Class and Political Action 19th Century England." *European Jounal of Sociology*, vol. 24, no. 1.

Mack, Mary Peter. 1955. "The Fabian and Utilitarianism." *Journal of History of Ideas*. vol. 16. Jan.

_____. 1958. "Graham Wallas' New Individualism." *Western Political Quarterly*, vol. 11. Mar.

MacKenzie, Norman. 1979. "Percival Chubb and the Founding of the Fabian Society." *Victorian Studies*, vol. 23. Aug.

MacRae, Donald G. 1948. "The Webbs and Their Work." *The Political Quarterly*, vol. 19, no. 1.

Mallock, W. H. 1894. "Fabian Economics." *Fortnightly Review*, vol. 61. Mar.

Mariz, George. 1983. "The Fabians and the 'Episode of Mr. Wells'." *Research Studies*, vol. 51, no. 2. June.

Marwick, A. 1967. "The Labour Party and the Welfare State in Britain, 1900-1948." *American Historical Review*, vol. 72, no. 2. Dec.

Mason, John. W. 1980. "Political Economy and the Response to Socialism in Britain 1970-1914." *The Historical Journal*, vol. 23, no. 3.

McKibbin, Ross. 1984. "Why was there no Marxism in Great Britain?" *English Historical Review*, vol. 99, no. 391.

Melitz, Jack. 1958. "The Trade Unions and Fabian Socialism." *Industrial and Labor Relations Quarterly*, vol. 12. June.

Meller, Helen E. 1968. "Cultural Provisions for the Working Classes in Urban Britain in the second half of the Nineteenth Century." *Bulletine of the Society for the Study of Labor History*, no. 17. Aut.

Milburn, J. F. 1958. "The Fabian Society and the British Labour Party." *Western Political Quarterly*, vol. 11, no. 2. June.

Murphy, Mary E. 1947. "The Role of the Fabian Society in British Affairs." *Southern Economic Journal*, vol. 14. July.

Nadel, I. B. 1976. "Beatrice Webb's Literary Success." *Studies in Short Fiction*. Fall.

Nethercot, Arthur H. 1955. "G. B. S. and Annie Besant." *Shaw Bulletine*, vol. 1. Sep.

Pelling, Henry. 1970. "H. H. Champion: Pioneer of Labour Representation." *Cambridge Journal*, vol. 15. Spr.

Pierson, Stanley. 1972. "Ernest Belfort Bax: 1854-1926, The Encounter of Marxism and Late Victorian Culture." *Journal of British Studies*, vol. 12. Nov.

Ricci, David M. 1969. "Fabian Socialism: A Theory of Rent as Exploitation." *Journal of British Studies*, vol. 9. Nov.

Rodenbeck, John von B. 1972. "Bernard Shaw's Revolt against Rationalism." *Victorian Studies*, vol. 15. June.

Rogers, H. K. 1983. "E. Bernstein Speaks to the Fabians." *International Review of Social History*, vol. 28, no. 3.

Rose, Michael. 1974. "Late Victorians and Edwardians." *Victorian Studies*. Mar.

Rubinstein, W. D. 1977. "Wealth, Elites and the Class Structure of Modern Britain." *Past and Present*, no. 76. Aug.

Sachs, W. L. 1976. "Stewart Headlam and the Fabian Society." *Historical Magazine* of the Protestant Episcopal Church, vol. 45, no. 2.

Samuel, Raphael. 1985. "The Vision Splendid." New Socialist. May.

Sancton, Andrew. 1976. "British Socialist Theories of the Division of Power by Area." Political Studies, 24.

Saville, John. 1965. "Background to the Revival of Socialism in England." Bulletine of the Society for the Study of Labor History, no. 11. Aut.

Schneider, Fred D. 1973. "Fabians and the Utilitarian Idea of Empire." Review of Politics, vol. 35, no. 4.

Simey, T. S. 1961. "The Contribution of Sidney and Beatrice Webb to Sociology." British Journal of Sociology, vol. 12, no. 2. June.

Soffer, Reba N. 1970. "The Revolution in English Social Thought, 1880-1914." American Historical Review, vol. 75, no. 7. Dec.

Starr, Joseph R. 1936. "The Summer Schools and Other Educational Activities of British Socialist Groups." American Political Science Review, 30.

Stearns, Peter N. 1980. "The Effort at Continuity in Working-Class Culture." Journal of Modern History, vol. 54, no. 4. Dec.

_____. 1970-1971. "National Character and European Labor History." Journal of Social History, vol. 4, no. 2. Win.

Stedmen-Jones, Gareth. 1974. "Working Class Culture and Working Class Politics in London, 1870-1900." Journal of Social History, vol. 7. July.

Stigler, George J. 1959. "B. Shaw, S. Webb, and the Theory of Fabian Socialism." Proceedings of the American Philosophical Society, vol. 103, no. 3. June.

Stokes, E. E. 1953. "Shaw and William Morris." Shaw Bulletin, 4. Summer.

Stokes, E. E.(Jnr). 1961. "Morris and Bernard Shaw." Journal of the William Morris Society, vol. 1. Winter.

Strachey, John. 1960. "The Intellectuals and the Labour Movement: Sidney and Beatrice Webb." The Listener, 13 Oct.

Tawney, R. H. 1943. "Beatrice Webb: 1858-1943." Proceedings of the British Academy, vol. 29.

Thompson, Paul. 1964. "Liberals, Radicals, and Labour in London 1889-1900." Past and Present, no. 17. Apr.

Thane, Pat. 1984. "The Working Class and State 'Welfare' in Brtain, 1880-1914." The Historical Journal, vol. 27, no. 4.

Underhill, Frank, H. 1946. "Fabians and Fabianism." *The Canadian Forum*, vol. 26, no. 303. Apr.

Vicinus, Martha. 1975. "The Study of Victorian Popular Culture." *Victorian Studies*, vol. 18. June.

Vincent, John. 1977. "Love Among the Socialists." *New Society*, 14. July.

Walker, Francis. 1887. "The Source of Business Profits." *Quarterly Journal of Economics*, vol. 1.

Weiler, Peter. 1974. "William Clarke:The Making and Unmaking of a Fabian Socialist." *Journal of British Studies*, vol. 14. Nov.

Williams, Francis. 1950. "The Program of the British Labour Party, A Historical Survey." *Journal of Politics*, vol. 12. May.

Willis, Kirk. 1977. "The Introduction and Critical Reception of Marxist Thought in Britain." *The Historical Journal*, vol. 20, no. 2.

Woolfe, L. 1943. "Obituary." *Economic Journal*. June/sep.

Wright, Anthony W. 1978. "Fabianism and Guild Socialism: Two Views of Democracy." *International Review of Social History*, vol. 23, no. 2.

_____. 1984. "A Century of Fabianism 1884-1984." *History Today*, vol. 34, May.

Yeo, Stephen. 1977. "A New Life, The Religion of Socialism in Britain 1883-1896." *History Workshop Journal*, 4. Aut.

Young, James. D. 1974. "Totalitarianism, Democracy and the British Labour Movement before 1917." *Survey*, no. 90.

_____. 1977. "The Problems and Progress of the Social History of the British Working Classes, 1880-1914(review essays)." *Labour History*, vol. 18, no. 2, Spr.

제2부 신디칼리즘

Active Workers. 1910 "Symposium on Syndicalism." *The Industrial Syndicalist*, vol. 1, no. 5, Nov.

Allen, E. J. B. 1912. "Is Sabotage Un-English." *The Syndicalist*. Oct.

_____. 1912. "Is Syndicalism Un-english?" *The Syndicalist*. July.

Barrow, Logie and Bullock, Ian. 1996. *Democratic Ideas and the British Labour Movement, 1880-1914*. Cambridge.

Beer, Max. 1940. *A History of British Socialism*. London.

Bellamy, Richard. 1990. "Book Review on Brian Lee Crowley, The Self, The Individual, and the Community." *History of European Ideas*.

Bower, Fred. 1913. "Why Syndicalists Organise by Industry." *The Syndicalist*, March-April.

Brown, Geoff. 1974. "Introduction." in *The Industrial Syndicalist*. Nottingham.

Callaghan, John. 1990. *Socialism in Britain since 1884*. Oxford.

Church, R. 1987. "Edwardian Labour Unrest and Coalfield Militancy, 1890-1914." *Historical Journal 30, 4*.

Cole, G. D. H. 1914. "The World for the workers: Guild Socialism and Syndicalism." *Daily Herald*, 30 June.

_____. 1967. *A History of Socialist Thought*, vol. III. London.

Cronin, J. 1984. "Industrial Conflict in Modern Britain; Strikes, 1870-1914." in C. J. Wrigley(ed.). *A History of British Industrial Relations 1875-1914*. London.

_____. 1985. "Strikes and the Struggle for Union Organization: Britain and Europe." in Wolfgang J. Mommsen, Hans-Gerhard Husung(eds.), *The Development of Trade Unionism in Great Britain and Germany, 1880-1914*. London.

Cronin, J. E. and Weiler, Peter. 1991. "Working-Class Interests and the Politics of Social Democratic Reform in Britain, 1900-1940." *International Labor and Working-Class History*, No. 40, Fall.

Crowley, Brian Lee. 1987. *The Self, The Individual, and the Community*. Oxford.

Dair, Alan. 1914. "How We Shall Not Make the Revolution." *The Syndicalist*, Jan.

Daniels, A. 1914. "The Newest Fabianism." *The Syndicalist*, Jan.

Davis, M. J. 1912. "Syndicalism & Trade Unionism." *The Syndicalist*, May.

Eisenberg, Christiane. 1989. "The Comparative View in Labour History: Old and New Interpretations of the English and German Labour Movements before 1914." *International Review of Social History*, XXXIV.

Flynn, E. 1911. "Trade Unionism and Solidarity." *The Transport Worker*, vol. 1, no. 4, Nov.

Foote, G. 1985. *The Labour Party's Political Thought*. London.

Fraser, Hamish. 1999. *A History of British Trade Unionism 1700-1998*. Hampshire.

Green, E. H. H. 1997. "An Age of Transition: An Introductory Essay." *Parliamentary History*, vol. 16.

Hay, W. F. 1913. "The Working-Class and Political Action." *The Syndicalist and*

Amalgamation News, February.

Hay, W. F. & Ablett, Noah. 1911. "A Minimum Wage for Miners." *The Industrial Syndicalist*, vol. 1, no. 8, Feb.

Hewlett, G. S. 1912. "From a Miner to a Labour Leader, Mr. W. Brace, M. P." *The Syndicalist*, Nov.

Hinton, J. 1969. review article of *The Revolutionary Movement in Britain, 1920-1921: The Origins of British Communism*. by Walter Kendall, in *Bulletin of the Society for the Study of Labour History*, No. 19, Aut.

_____. 1974. "G. D. H. Cole and the Stage Army of the Good." *Bulletin of the Society for the Study of Labour History*, no. 28, Spring.

_____. 1983. *Labour and Socialism*. Brighton, Sussex.

_____. 1989. "Some Dynamics of Working-Class Politics." *History Workshop Journal*, vol. 28. Aut.

Hobsbawm, E. J. 1984. *Worlds of Labour*. London.

Hobson, J. A. 1932. *From Capitalism to Socialism*. London.

Holton, Bob. 1976. *British Syndicalism 1900-1914*. London.

Holton, R. J. 1980. "Syndicalist Theories of The State." *Sociological Review*, vol. 28, no. 1, Feb.

_____. 1985. "Revolutionary Syndicalism and the British Labour Movement." in Wolfgang J. Mommsen and Hans-Gerhard Husung(eds.), *The Development of Trade Unionism in Great Britain and Germany, 1880-1914*. London.

Hyman, Richard. 1985. "Mass Organization and Militancy in Britain: Contrasts and Continuities" in Wolfgang J. Mommsen and Hans-Gerhard Husung(eds.), *The Development of Trade Unionism in Great Britain and Germany, 1880-1914*. London.

Kendall, Walter. 1969. *The Revolutionary Movement in Britain, 1900-22*. London.

Kirk, Neville. 1994. *Labour and Society in Britain and the USA*, vol. 2. Scolar Press.

_____. *Change, continuity and class: Labour in British society, 1850-1920*. Manchester.

Landauer, Carl. 1959. *European Socialism*. University of California Press.

Laybourn, Keith. 1992. *A History of British Trade Unionism*. Alan Sutton.

_____. 1995. "The Rise of Labour and the Decline of Liberalism: The State of Debate." *History*, vol. 80, no. 259, June.

Lewis, Arthur D. 1914. "Clerical Militarism." *The Syndicalist and Amalgamation News*,

June.

_____. 1914. "Revolutionary Syndicalism." *The Syndicalist*, Jan.

Mann, Tom. 1910. "All Hail, Industrial Solidarity!" *The Industrial Syndicalist*, vol. 1, no. 4, Oct.

_____. 1910. "Forging the Weapon." *The Industrial Syndicalist*, vol. 1, no. 3, Sep.

_____. 1910. "Prepare for Action." *The Industrial Syndicalist*, vol. 1, no. 1, July.

_____. 1911 "A Twofold Warning." *Industrial Syndicalist*, April.

_____. 1911. "The Weapon Shaping." *The Industrial Syndicalist*, vol. 1, no. 9, Mar.

_____. 1912. "Labour Saving Appliances demand an Eight Hour Day." *The Transport Worker*, vol. 1, no. 7, Feb.

_____. 1912. "Looking Backward and Forward." *The Transport Worker*, vol. 1, no. 6, Jan.

_____. 1912. "Now for the Fight." *The Syndicalist*, vol. 1, no. 2, Feb.

_____. 1912. "The Unemployment Question: The Cause and Cure." *The Transport Worker*, vol. 1, no. 8, Mar.

_____. 1913. "Syndicalism and the State." *The Syndicalist and Amalgamation News*, March-April.

_____. 1913. *The Laboure's Minimum Wage*. Manchester.

_____. 1922. "From Syndicalism to Communism." *The Labour Monthly*, vol. 3, no. 4, Oct.

_____. 1923. *Tom Mann's Memoirs*. London.

Marmol, F. Tarrida del. 1914. "The Black International." *The Syndicalist and Amalgamation News*, Aug.

McGrath, Phil. 1911. "Red Sunday, Aug. 13th, 1911." *The Transport Worker*, vol. 1, no. 4, Nov.

Meltzer, Albert. 1995. *First Flight: The Origins of Anarcho-Syndicalism in Britain*. London.

Middlemas, Keith. 1979. *Politics in Industrial Society: The Experience of the British System since 1911*. London.

Pelling, H. 1954. *The Challenge of Socialism*. London.

_____. 1968. *Popular Politics and Society in Late Victorian England*. London.

Phillips, G. A. 1971. "The Triple Industrial Alliance in 1914." *Economic History Review* 24.

Pribićević, Branco. 1959. *The Shop Stewards' Movement and Workers' Control 1910-1922*.

Oxford.

Price, R. 1980. *Masters, Unions and Men: Work Control in Building and the Rise of Labour, 1830-1914.* Cambridge.

_____. 1998. "Contextualising British syndicalism, c. 1907- c. 1920." *Labour History Review*, vol. 63, no. 3.

Quail, John. 1978. *The Slow Burning Fuse: The Lost History of British Anarchists.* London.

Radcliffe, Jack. 1912. "About Gadflies-and Other Things." *The Syndicalist*, Oct.

_____. 1912. "Syndicalism and Socialism." *The Syndicalist*, June.

_____. 1913. "The Past of Social Democracy." *The Syndicalist*, Dec.

_____. 1914. "Fat and His Mule." *The Syndicalist and Amalgamation News*, June.

_____. 1914. "What is Syndicalism?" *The Syndicalist and Amalgamation News*, Feb.

Reid, Alastair. 1985. "The Division of Labour and Politics in Britain, 1880-1920" in Wolfgang J. Mommsen and Hans-Gerhard Husung(eds.), *The Development of Trade Unionism in Great Britain and Germany, 1880-1914.* London.

"REMUS." member of the national executive N. U. C. 1914. "Syndicalism for Clerks, I." *The Syndicalist and Amalgamation News*, June.

_____. 1914. "Syndicalism for Clerks, II." *The Syndicalist and Amalgamation News*, vol. III, no. 4, July.

_____. 1914. "Syndicalism for Clerks, III." *The Syndicalist and Amalgamation News*, Aug.

Saville, John. 1973. "The Ideology of Labourism" in R. Benewick, R. N. Berki and B. Parekh(eds.). *Knowledge and Belief in Politics.* London.

Taplin, Eric. 1994. *Near to Revolution, The Liverpool General Transport Strike of 1911.* Liverpool.

Thompson, E. P. 1976. "Romanticism, Moralism, and Utopianism: The Case of William Morris." *New Left Review*, No. 99, Sep.-Oct.

Thompson, Paul. 1992. *The Edwardians.* London.

Torr, Dona. 1936. *Tom Mann.* London.

Tsuzuki, Chushichi. 1991. *Tom Mann. 1856-1941, The Challenges of Labour.* Oxford.

Unofficial Reform Committee. 1912. *The Miners' Next Step: Being a Suggested Scheme for the Reorganization of the Federation.* Tonypandy.

van der Linden, Marcel and Thorpe, Wayne(eds.). 1990. *Revolutionary Syndicalism: an international perspective.* Scolar Press.

van Eden, Frederik. 1912. "Syndicalism: The Reformation of Socialism." *The Syndicalist*. May.

Webbs. 1912. "What Syndicalism Means." *Crusade*. Aug(supplement)

_____. 1913. "What is Socialism: In Itself a Demonstration of the Impossibility of Syndicalism and Anarchism." *New Statesman*. 23 Aug.

White, J. 1978. *The Limits of Trade Union Militancy, The Lancashire Textile Workers, 1910-1914*. London.

White, Joe. 1982. "1910-1914 Reconsidered" in J. E. Cronin and Jonathan Schneer(eds.). *Social Conflict and the Political Order in Modern Britain*. London.

White, Joseph. 1990. "Syndicalism in a Mature Industrial Setting: the Case of Britain." in Marcel van der Linden and Wayne Thorpe(eds.). *Revolutionary Syndicalism: an international perspective*. Scolar Press.

_____. 1991. *Tom Mann*. Manchester.

Wilson, C. 1911. "The Capitalist Orge Unmasked." *The Transport Worker*, vol. 1, no. 4, Nov.

Young, J. D. 1989. *Socialism and the English Working Class, A History of English Labour 1883-1939*. London.

Debate between Tom Mann and Arthur M. Lewis. 1914. Chicago.

"Militarism and the Politicians." 1912. *The Syndicalist*. Oct.

"Open Letter to British Soldiers." 1912. *The Syndicalist*. Jan.

"Open Letter to the Delegates to the Trade Union Congress at Newport." *The Syndicalist*. 1912. September.

"Sabotage." 1912. *The Syndicalist*. Jan.

"Straight Talks: Fifty Points against Parliament." 1914. *The Syndicalist and Amalgamation News*, vol. III, no. 4. July.

"Syndicalism and Anarchism." 1913. *New Statesman*. 23 Aug.

"Syndicalism at Work."1912. *The Syndicalist*. March-April.

"Syndicalism in Birmingham." 1913. *The Syndicalist*. Dec.

"The Legacy of 1911 to 1912." 1912. *The Syndicalist*. Jan.

"The Moral of the Labour Unrest." 1912. *Crusade*. July.

"The Policy of the Syndicalist Weekly." 1912. *The Syndicalist*. Oct.

"The Trade Union Congress and Syndicalism." 1912. *The Syndicalist*. Oct.

"Trades Councils News." 1914. *The Syndicalist and Amalgamation News*. Aug.

"Trite and Tripe." 1914. *The Syndicalist and Amalgamation News*. Feb.

"Workers of the World, Unite!" 1912. *The Syndicalist*. May.

▌ 지은이

김명환

서울대학교 서양사학과를 졸업했으며 동 대학원에서 석사 및 박사 학위를
받았다. 2002~2003년에는 영국 케임브리지 대학 사학과에서 연구교수로
활동했다. 현재는 신라대학교 사학과 교수로 인문과학연구소장직을 맡고
있다.

저서: 『서양의 지적 운동 II』(공저), 『역사와 혁명』(공저), 『옥스퍼드 영국사』
(공역), 『근대세계체제 II』(공역).

논문: 「페이비언 사회주의의 렌트 개념」, 「제국주의에 대한 Fabian들의 태도」,
「영국의 점진적 사회주의 발생의 사회적 배경」, 「길드 사회주의의 성격-제
3의 민주화 운동」, 「길드 사회주의의 산업통제론」, 「경제적 민주주의를
지향한 두 자유 사회주의」, 「영국 파시즘 연구」, 「모슬리의 조합국가론」,
「영국 에드워드기의 우파」, 「윌러비 드 브로크와 급진 우파의 사상」.

한울아카데미 894

영국 사회주의의 두 갈래 길

ⓒ 김명환, 2006

지은이 | 김명환
펴낸이 | 김종수
펴낸곳 | 도서출판 한울

편집 책임 | 김경아
편집 | 최진희

초판 1쇄 인쇄 | 2006년 12월 20일
초판 1쇄 발행 | 2006년 12월 26일

주소 | 413-832 파주시 교하읍 문발리 507-2(본사)
      121-801 서울시 마포구 공덕동 105-90 서울빌딩 3층(서울 사무소)
전화 | 영업 02-326-0095, 편집 02-336-6183
팩스 | 02-333-7543
홈페이지 | www.hanulbooks.co.kr
등록 | 1980년 3월 13일, 제406-2003-051호

Printed in Korea.
ISBN 89-460-3611-7 93330(양장)
ISBN 89-460-3612-5 93330(학생판)

* 가격은 겉표지에 있습니다.

* 이 도서는 강의를 위한 학생판 교재를 따로 준비하였습니다.
  강의 교재로 사용하실 때에는 본사로 연락해 주십시오.